KB153738

한국사 인식의 두 관점

천 화 숙

1943년 경기도 시흥에서 출생하였다. 연세대학교 사학과를 졸업하고 단국대학교 사학과(문학석사), 국민대학교 국사학과(문학박사)를 졸업하였다. 서울 YWCA 이사, 경원대학교 인문대학 학장, 경원대학교 아시아문화연구소장, 성남문화원 부설 향토문화연구소 소장 등을 역임하고 경원대학교 역사·철학부 교수를 지냈다. 현재는 경원대학교 인문대학 역사·철학부 명예교수, 성남시 향토유적보호심의위원, 학교법인 성일학원 이사, 학교법인 국제대학 이사, 강원도 신사임당상 심사위원, 일제강점하강제동원 피해진상규명위원으로 활동하고 있다.

저서로는『한국여성기독교사회운동사』(2000)와『「奉使圖」 校註』등이 있으며, 논문으로는「韓國과 日本의 基督敎受容과 役割에 관한 비교연구 ; 19세기 후엽을 중심으로」(1991),「의열단 성립과 인물중심으로 본 諸창단설」(1992),「1920년대 조선여자기독교청년회연합회의 조직확대와 이념」(1997),「민영환의 러시아 황제 니콜라이 2세 개관식 수행과 근대 문물의 수용」(1999),「1920년대 조선여자기독교청년회연합회의 농촌사업과 경기지역」(2000),「조선시대 여성들의 삶과 신사임당」(2006) 등이 있다.

한국사 인식의 두 관점
여성의 역사, 문화의 역사
천 화 숙 지음

2009년 6월 30일 초판 1쇄 발행

펴낸이·오일주
펴낸곳·도서출판 혜안
등록번호·제22-471호
등록일자·1993년 7월 30일

⊕ 121-836 서울시 마포구 서교동 326-26번지 102호
전화·3141-3711~2 / 팩시밀리·3141-3710
E-Mail hyeanpub@hanmail.net

ISBN 978 - 89 - 8494 - 362 - 9 93910

값 28,000 원

한국사 인식의 두 관점

여성의 역사, 문화의 역사

천 화 숙

혜안

책을 펴내며

경원 동산에 발을 들여놓은 지 어느덧 30여 년의 세월이 흘러 이제 떠날 때가 되었는가 보다. 떠나는 노교수의 마지막 모습을 담기 위해 제자들이 논문집과 회고록을 준비한다고 하니 너무 고마울 따름이다. 아마도 일생동안 받았거나 또는 받게 될 선물 중 가장 값진 선물일 것임과 동시에 가슴 깊숙이 품고 갈 나의 소중한 유산이 될 것이다.

어느 소설가의 수필집에 "자기가 하는 사업이 무엇이든 그야말로 보릿짚 엮는 일이라 하더라도 그것이 습관적인 직업이 되지 않아야 하며, 그 사소한 일에서라도 끝없는 즐거움을 발견할 수 있다면 우리의 생활은 한결 신선해지고 즐거울 것이다."라는 말이 문득 생각난다. 지금껏 학생들에게 강의를 하고 살아오면서 직업으로 생각한 적이 없고 그저 즐거워서 그리고 보람되게 생각되어서였다고 말할 수 있을 것 같다. 그런 점에서 나는 무척 행복한 삶을 살아왔다. 그리고 그 곁에는 항상 사랑스런 제자들이 있었고 자기 길을 묵묵히 걸어가는 당당한 모습을 지켜보면서 내 삶의 의미를 찾았던 것 같다.

경원대학이 설립된 그 해부터 강의를 시작했으니 근 30여 년을 학교의 울타리에서 살아왔다. 때로는 어려움도 있었고 때로는 보람된 일도 있었다. 길다면 길고 짧다면 짧다고 할 수 있는 이 기간 동안 내 젊음을 포함한 모든 것을 다 바쳤기에 지금 아무런 회한도 없으며, 남은 세월 또 다른 황금기를 꿈꾸며 살아가리라 다짐을 해 본다. 세상이 더욱

살기 힘들어지면서 서로간의 경쟁이 심화되고 있는 이때, 내 제자들이
자신의 길을 성심껏 걷고 있음을 옆에서 지켜보는 것만으로도 얼마나
기쁘고 자랑스러운지 모른다.

　돌이켜보면 학문 활동 중 가장 보람있었던 일은 아시아문화연구소
장 시절 중국에서 『奉使圖』와 『朝鮮詩選』을 발견하여 한국에 최초로
소개한 것이다. 역사에 전무후무한 화첩인 『봉사도』는 조선 영조시대
궁궐 내부와 관료들의 모습, 그리고 농민들의 삶 및 의상, 가옥의 모습,
궁중연회 모습 등 당시의 상황을 생생히 보여주는 자료로써, 현재까지
도 1차 사료로 많은 학자들에 의해 활용되고 있고, 특히 지금의 태극기
와 똑같은 그림이 세 군데 나타나 있어 왕이 즐겨 사용했던 문양으로
태극기의 기원에 대한 연구에 의미 있는 역할을 하고 있는 것으로 알
고 있다. 그리고 산대의 모습도 처음 나타나 있으며 화첩 앞뒤에 나와
있는 문인들의 글은 내용과 서체에서 중국 당대 최고의 걸작이었음이
학계에서 널리 받아들여지고 있다. 『조선시선』 역시 임진왜란 중 명나
라 문인 오명제가 종군을 하면서 허균이 외웠던 시를 필사해서 후에
책으로 남긴 단 1권의 善本으로, 한국 사학계의 소중한 자료로 인식되
는 것에 이를 발굴하여 학계에 소개한 한 학자로서 큰 보람을 느낀다.
또한 아시아문화연구소와 중국 산동대학교와의 적극적인 학술교류에
한 몫을 거든 것에도 적지 않은 보람을 느낀다. 하루가 다르게 발전해

나아가고 있는 아시아문화연구소를 볼 때 초대 소장을 지낸 나로서는 여간 마음 든든한 일이 아닐 수 없다.

내 인생에서 YWCA가 갖는 의미는 각별하다. 젊은 시절 나의 또 다른 활동무대이기도 했던 YWCA는 나에게 개인과 사회 그리고 민족이 무엇인지를 진지하게 고민할 수 있게 해준 소중한 기회였기 때문이다. 젊은 시절의 이와 같은 인연은 본격적인 학자의 길로 접어든 이후 나의 주된 연구 대상으로 이어졌다. 이들 논문에는 당시 내가 YWCA활동에 대해 품었던 여러 생각과 구상이 고스란히 담겨져 있다. 그동안 여기 저기에 발표했던 글들을 한데 모아 다시 찬찬히 들여다보니 내용과 구성에서 다소 엉성하고 부족한 부분이 눈에 들어와 부끄러운 바가 없지 않으나, 잠을 설쳐가며 고민하고 씨름했던 젊은 시절의 모습이 떠올라 감회가 남다르지 않을 수 없다. 연구와 관련하여 또 한 가지 기억에 남은 것은 최근 강원도 여성들과 함께 했던 일이다. 화폐 5만 원권에 신사임당의 초상화가 실리게끔 이론적 배경을 강원도 여성들을 대상으로 강의하며 이 문제와 관련하여 여러 차례 의견을 나눈 것이었는데, 이 흔치 않은 경험은 아마도 내 기억에 오래도록 남을 일일 것만 같다.

연구에 매진할 세월이 앞으로 내게 얼마나 남겨질지 모르겠으나, 늘 시간에 쫓겨 충분히 다루어 보지 못했던 한·중·일 삼국의 여성문화 및 여성운동에 대해 여유로운 마음을 가지고 관심을 기울이고 싶다. 그리고 후학들이 『봉사도』와 『조선시선』에 대해 관심을 가지고 좀 더 세밀한 연구에 나설 수 있도록 지원하고 독려하고픈 마음 간절하다.

끝으로 본인의 정년을 맞아 훌륭한 논문집을 꾸미기 위해 정성과 수고를 아끼지 않은 경원대학교 교양학부 정문상 교수께 감사의 말씀을 드리고, 국어국문학과 김진호 박사를 포함하여 제자인 이순영, 박슬기, 한용암, 전형국, 정연우, 조은진, 채아람, 김경선, 조보람, 김혜연, 오승영 등 역사·철학부의 모든 관계인들에게 고마움을 전한다. 마지막으로 경영적으로 어려운 시기에 논문집을 기꺼이 출판해주신 혜안출판사 오일주 사장님과 편집부원들에게 감사의 말씀을 드린다.

2009년 5월
史賢 천화숙

목 차

제3부 근대인식과 문화상으로 본 문화의 역사

제1부

시대가 만든 여성, 여성이 이끈 역사

조선시대 여성의 사회적 지위에 대한 역사적 고찰
－주자학과 실학의 사상적 기반을 중심으로－

Ⅰ. 머리말

한국사에서 近世라고 할 수 있는 조선시대에는 性理學이 통치이념 내지는 사회윤리로 중요한 역할을 담당하였다. 고려멸망의 원인을 불교의 타락과 여성들의 자유분방함에 있었다고 생각한 조선건국의 주도자들은 억불숭유정책을 폈고 또한 여성들에게도 사회적 윤리적인 면에서 규제를 가하기 시작하였다.

그러면서 조선시대 법전인 『經國大典』에 여성들의 再嫁금지나 외출규제 등을 법제화함으로써 중기쯤이면 위와 같은 풍습이 일반 습속화하는 것을 볼 수 있다. 위와 같은 점을 근거로 조선시대 여성의 지위라고 하면 대체로 강력한 朱子學的 가치체계에 얽매어 남자에 비하여 상대적으로 종속적인 상태를 벗어나지 못하였다고 보는 것이 일반적 통념이다.[1]

---

1) 이제까지 조선시대 여성사는 그 지위가 가장 열악하였던 受難史로 대부분 이해되어졌다. 金貞玉, 「近世朝鮮文化史上으로 본 女性地位」, 『韓國女性文化論叢』 1, 1958 ; 丁曉燮, 「李朝時代에 있어서 女性의 位置」, 『亞細亞女性研

그러나 최근에는 조선의 男歸女家婚俗, 재화의 子女均分相續 등의 연구를 통해 여성의 지위에 대해 새로운 시각에서 접근하려는 몇 편의 논문이 나오고 있는 것을 볼 수 있다. 그러나 체계적이고 종합적인 연구로는 아직 미흡한 단계에 있다. 이 글에서 주목하는 것은 植民史家들에 의해 연구된 조선시대의 여성사이다. 이들이 주로 관심을 보인 분야는 고대사와 근세사로, 특히 조선시대 역사는 정체성적이었고 (당쟁을 논거로) 분열적이고 중국에 事大思想이 심화된 타율성적 민족으로 일관하여 서술하였다. 이러한 영향은 현재에도 조선의 역사를 부정적으로 보는데 원인으로 작용하고 있다.

그러나 조선시대 역사를 부정적으로만 볼 수 있는가 하는 점에 강한 회의를 갖게 되었다. 왜냐하면 조선시대는 내부적으로 중세적인 사회적 요소를 극복하기 위한 노력과 열망이 항상 존재하였기 때문이다.

특히 여성사에 있어서 조선시대 烈女觀이나 內外觀이 여성비하의 사상이고 윤리로만 인식되었으나 오히려 정치, 경제, 사회적으로 여성의 지위를 확보해주는 한 단면이 있었던 것이었음을 발견할 수 있었다.

그러므로 본 논문에서는 조선시대를 보다 올바르게 규명한다는 점에서 그 시대 여성들이 차지하였던 사회적 지위의 실재를 고찰해 보기로 하겠다.

연구의 범위와 방향은 외래문화의 유입으로 인한 변화, 즉 서구문화 영향에 의한 것보다 내부적인 시대성과 문화기반을 中心으로 변화한 모습을 살펴보기로 하겠다. 특별히 15세기부터 18세기 후엽까지 주자학과 실학의 사상적 문화기반을 중심으로 고찰해 보기로 한다.

究』 3, 1964. 이외에도 서너편의 朝鮮時代 女性地位에 관한 연구논문이 있으나 내용은 역시 유사하다.

Ⅱ. 조선전기 유교주의적 가치관의 확립

조선은 1392년 이성계를 중심으로 한 新興士大夫 계층에 의해 건국되었다. 이들의 사상적 경향은 고려말 舊貴族들이 신봉하였고, 고려시대를 일관하여 지배하고 또 國敎化되다시피 했던 불교를 비판하고 배격하면서 유교의 정치이념화를 단행하는 것이었다. 성리학은 유교경전인『大學』,『中庸』을 중심으로 性卽理의 기본 명제 하에 理氣論的, 人性論的인 과제로서 인간의 心性論과 우주와 인간의 상호관계에서 파생되는 가치, 윤리, 정치 등의 經世論을 주로 하여 이론을 정립한 지식체계를 지니고 있다.

조선초기의 성리학자들은 이성계 일파의 혁명세력과 당시 정권에 적극 협조한 이른바 어용학자들로 이들을 관학파 또는 훈구파라고도 한다. 또한 이들은 실천유학세력으로 성리학을 현실정치에 이용하여 국가를 부강하게 한다는 목적의식을 가지고 있는 사람들이었다.

그러므로 충·효 등과 같은 단순한 덕목으로 체제합리화의 차원에서 書典類의 간행을 통해 중국의 문물제도를 수입하고 통치윤리를 밝히는데 주력하였다. 또한 官制·科擧·各種 儀式을 유교적 가치관에 의해 보급하면서 나아가 유교규범에 의한 정치를 지향하였다. 이러한 지배적 영향과 함께 민중들에게도 유교적 윤리의식을 생활화하게 하면서『朱子家禮』의 보급을 적극 추진하였다.

따라서 당시의 유학의 경향을 보면 排佛思想을 기초로 하여 民本, 爲民政治의 시행을 전제로 한 經世的 實踐儒學으로 흘렀다. 이런 사상의 대표적 인물로 정도전과 권근을 들 수 있다.

특히 鄭道傳은 그의 저서『佛氏雜辨』에서 성리학적 입장에서 불교를 비판했고[2]『朝鮮經國典』,『經濟文鑑』등을 저술하여 治國의 大要를 밝히면서 儒敎의 民本, 爲民政治의 시행을 재삼 강조하였다.

이와는 달리 權近의 경우는 人間 心性에 관심을 갖고 心性의 理를 통한 天人合一의 가능성을 제시하여 四端七情 같은 心性의 이해에 역점을 두었다. 따라서 조선전기 성리학의 철학적 사상적 안내자로서 德治, 禮治에 의한 王道政治의 실현을 위해 통치자에게는 心性의 수양과 모범을, 민중에게는 윤리·도덕의 실천을 강조하였다.

이러한 데에 힘입어 조선초기 15세기에는 실천유학세력의 권력장악과 함께 과학·기술을 천시하기보다는 이의 발전을 위한 제 정책이 이루어졌다.3)

그러나 16세기에 士林派의 중앙정계 진출이 활발하게 이루어지면서 양상이 달라졌다.4) 그들은 관학파들을 "관직을 빌려 이익을 탐하는 소인배들"이라고 비판하는 것에서 엿볼 수 있듯이 무엇보다 대의명분과 의리를 중시하는 형이상학적 성리철학을 신봉하던 사람들이었다.

이러한 사상적 경향은 圃隱을 조선 성리학의 비조로 하는 學統觀을 수립하였고, 실천적 가치치중의 정신을 드높였다. 뒤이어 趙光祖(1452~1519)는 至治主義를 이상으로 하여 士林의 義理精神, 名分精神을 정치적 차원에서 구현하려다가 반대세력에 의해 실패하고 말았다. 그는 "王의 생각은 필히 存養과 省察에 두고, 君臣과 百姓을 거느림이

---

2) 『佛氏雜辨』의 구체적인 항목을 보면
   (1) 佛氏輪回之辨
   (2) 佛氏因果之辨
   (3) 佛氏心性之辨
   (4) 佛氏作用是性之辨
   (5) 佛氏心□之辨…… 등 20개 항목으로 되있으며 대체로 성리학의 객관적 관념론과 불교의 주관적 관념론의 대결이 그 主된 내용이다.
3) 특히 조선초 세종대왕 시기에 많은 발전이 있었다.
4) 成宗 때 훈구파 사대부들의 권력이 비대해지자 이 견제를 위해 사림파 사대부들을 대거 관직에 등용시키기 시작했다. 이들 두 파의 갈등이 士禍로 나타나게 된다.

堯·舜·湯·武와 다름이 없어야 이들 聖王의 政治에 미칠 수 있다"고 생각하여 뜻을 세우면 마침내 실현할 수 있다고 하면서, "아랫사람을 振作하는 것은 윗사람에게 있는 것이다. 즉 먼저 德을 닦아 감화시키면 감동하여 至治를 할 수 있다"라고 道學理想을 역설하였다. 즉 조광조는 요·순·탕·무와 같은 聖代는 오직 統治者의 一心에 있다고 보았던 것이다. 이 시기의 성리학은 『大學』중심에서 『小學』중심으로 그 방향을 바꾸어 理氣說에 의한 우주론적 形而上學的 연구를 본격화하였다.

이와 같이 선조대의 조선사회는 후기 사림파들이 정계를 완전히 장악하여 義理精神을 성리학적 가치규범으로 생활화하였으니, 즉 유교의 한국적 禮俗化가 민중에게까지 보급되고 양반 중심의 봉건적 계급사회를 구축하는 등 조선 정통성리학이 성립할 수 있는 여건이 형성되고 있었다. 돌이켜 볼 때 사림파가 지배하는 16세기 조선사회에 있어 성리학이 정치·사회뿐 아니라 가족윤리로 뿌리내리고 내면적 성리철학의 발전을 가져온 것은 긍정적으로 평가할 수 있으나, 다른 학문이나 사상을 거부하는 극단적인 편견 속에 당쟁이 발생하고 과학기술을 천시하는 사회풍조를 조성하여 물질문명의 발전이 둔화된 점 등은 부정적 요소로 지적할 수 있다.

그러나 人倫道德의 확립, 形而上學의 체계화, 政治道德의 확립 등 인간성 회복과 우주원리에 대한 無知로부터 해방을 가능하게 하여 객관적 진리와 주체적 인간성을 구현하려고 한 점에 대해서는 역사적 평가를 받을 만하다.

그러면 이와 같은 사상적 기반을 가진 조선전기의 지배계층이 어떻게 그 윤리의식을 사회적으로 뿌리내리게 했는지, 그 속에서 여성들에 대한 의식은 어떠했는지에 대해 다음 장에서 살펴보고자 한다.

Ⅲ. 주자학적 사회윤리의 보급

조선시대는 전반적으로 朱子學的인 理念의 지배에 있었다. 그러나 조선의 주자학이 실제로 사회적으로 일반화된 정착의 시기는 조선중기 이후의 일로 보아야 한다.[5]

앞에서도 밝혔듯이 위정자들이 표방한 정치적 지도이념이나 제도의 측면에서는 주자학적 의식이 조선초기부터 두드러지게 나타난다고 할 수 있다. 그러나 일반백성의 일상생활에 뿌리를 두고 있는 풍속과 관습의 변화는 정치제도의 경우처럼 단시일 내에 이루어질 수 있는 것이 아니므로, 따라서 성리학이 조선시대 지도이념으로 위치를 공고하게 한 것은 건국 초기부터 시작되었다 해도, 그것이 일반적 사회윤리나 생활습관으로 보급된 것은 16세기를 지나면서부터이다.

고려시대는 儒·佛이 공존한 시대로 유교는 정치적 이념이었고, 사상이나 문화는 불교가 큰 역할을 하였기 때문에 성리학이 일반 백성들의 생활 속까지 파급된 것은 시간이 필요했던 것이다. 결국 士林派가 주도하는 역사가 16세기부터 전개되면서 성리학적 문화의 저변 확대와 심화가 급속히 전진되게 되었다.

그러면 먼저 주자학적 사회윤리의 보급으로 큰 역할을 담당할 『朱子家禮』에 대하여 고찰하기로 한다.

1. 『朱子家禮』의 보급

성리학의 완성자 주희에 의해 쓰여진 『朱子家禮』가 언제 누구에 의

---

5) 李泰鎭, 「15, 16세기 新儒學 정착의 社會, 經濟的 배경」, 『奎章閣』 5, 1981. 뿐만 아니라, 韓㳓劤 교수도 家廟制의 시행이 成宗代까지도 이행되지 않았다는 점에서 사회일반적 문화와 유교적 행위가 유리되었음을 주장하고 있다.

해 우리 사회에 수용되었는지는 확실하지 않다. 그러나 대체로『四書集註』나『伊川易傳』등 다른 성리학 기본서와 비슷한 시기에 수입되었다고 본다. 麗末의 성리학자 정몽주, 조준, 이숭인 등이 家禮에 대해 언급하고 있음을 볼 때 그와 같이 추측할 수 있다.[6]

이와 같이 고려말부터 성리학적 소양을 갖춘 일부 지식인들 사이에 수용되어졌던『朱子家禮』는 조선 건국과 함께 王室과 위정자들에게는 보급이 되었지만 일반 민중들 사이에는 깊숙이 침투하지 못했다.

이것은 家禮의 시행이 식자들 간에 일종의 당위로서 주장되어졌을 뿐, 실제로 당시 사람들의 실생활 속에 구현되어진 것은 아님을 뜻한다.[7] 그러므로 가례의 규범과 같은 유교적 예제의 실제에의 실행은 16세기경부터라고 주장한 李泰鎭 교수의 의견은 타당하다고 생각된다.

즉 주자학은 도입된 이후 2세기라는 시간이 지나서야 우리 사회에 뿌리를 내리게 되었고 또한 16세기 사림파들이 정치 일선에 들어서면서 향촌을 중심으로 留鄕所를 설립하고, 鄕村禮鄕酒禮 등을 통해 백성들을 교화하려는 노력에 의해서 더욱 확대되었다고 볼 수 있다.

결국 16세기에 와서야 유교적 예제가 조선사회에 정착되기 시작했다는 사실은 그 시기 이전까지는 조선사회의 일반적인 예속이 주자학적인 것이 아니었음을 말해주는 것이라고 할 수 있다. 다시 말하면 15세기 후반까지는 그 이전에 토착화되었던 관습이 민중의 예속을 주도하고 있었다고 볼 수 있다.

그러므로 조선전기 여성의 사회적 지위는 중기에 있었던 통제적 여성관이 극에 달했던 시기를 중심으로 보기보다는 조선시대를 거슬러

---

6) "時俗喪祭 專向桑門法 夢周始令士族 倣朱子家禮 立家廟奉先祀"(『高麗史』卷117, 列傳 卷30, 鄭夢周).

7) 士大夫 家廟制만 해도 조선 건국 후 1세기가 지난 成宗代에도 一部 士大夫 階層을 제외하고는 제대로 이행되지 않았다고 한다.

한국사의 연장선 위에서 이해하여야 할 것이다.[8]

그러나『朱子家禮』는 여하튼 조선시대 전반에 걸쳐 일반생활의 규범으로서 큰 역할을 하였다. 초기보다는 중기 이후 習俗化하였다고 볼 수 있다.

2.『小學』의 보급

『朱子家禮』가 冠 · 婚 · 喪 · 祭 등 집안에서 행하는 주요 행사의 禮制를 규정한 것이라면,『小學』은 일상적 생활에서 모범을 제시한 實踐倫理書라고 할 수 있다. 이 小學書는 모두 6개 장으로 구성되어 있는데, 이 가운데 가장 중심적인 내용을 담고 있는 부분이 明倫이다.[9] 明倫이란 人倫을 밝히는 것으로 五倫의 실천을 그 목적으로 한다.

이『소학』역시『주자가례』와 함께 주희의 저작이지만 그의 새로운 사상을 담은 것이 아니라 기존의 경전들에서 人倫 · 道德에 관련된 문구들을 발췌하여 재구성한 것이다.

『소학』은 윤리덕목의 실천 습관화를 중요시하여 어려서부터 예의생활이 자연스럽게 습관화되게 할 것을 강조한다. 이러한 내용을 주로 담고 있는 小學書가 조선초기 위정자들에 의해서 民衆敎化의 수단으로 채택된 것은 지극히 당연한 일이었다. 유교적인 지도이념을 설정하고, 제도의 정비에 착수하였다고는 하지만 사회일반의 생활양식이 유교적인 것과는 일정한 간격이 있는 한 유교적 이상사회의 구현은 불가능하다는 생각을 자연스럽게 하였던 것이다.

---

8) 韓㳌劤, 「朝鮮王朝初期에 있어서의 유교이념의 실천과 信仰 · 宗敎 · 祭祀問題를 중심으로」,『韓國史論』3, 서울대학교, 1975, 166쪽.
9)『小學』은 入校 · 明倫 · 敬身 · 稽古 · 善行 · 嘉言 등 6개장으로 이루어져 있고 후 3章은 앞의 3章을 부연하여 실례를 보여주는 주도로 되어 있다. 이 중 明倫 분량이 가장 많으며, 부연 경우도 明倫이 중심이 되고 있다.

따라서 교화의 수단으로서『소학』보급을 적극 장려하기에 이르렀다.10)『소학』의 보급방법으로는 공식적 교육기관에서 교과목으로 채택하고, 성균관 입학시험인 生員試에서 小學考講을 거치도록 하였으며, 武科에서도 선택과목으로 정했다.11) 그러나 이런 제도적 장치에도 불구하고『小學』에서 말하는 주자학적 실천윤리가 최소한 15세기까지는 일반인의 실생활을 이끌지는 못했던 것으로 보인다.

16세기 들어와 사림파 성리학자들의 활동이 두드러지면서 小學의 주자학적 실천윤리가 본격적으로 일반 민중에까지 파급되었다. 士林들은 원래 지방 鄕里를 그들의 근거지로 삼고 있었던 사람들이었으며 修己·治人의 유학이념에 충실한 경향을 갖고 있었다. 그러므로 그들은 소학공부에 있어서도 자신의 수양을 바탕으로, 鄕村의 德化에까지 힘을 썼던 것이다. 또한 16세기 후반기에는 私學기관인 書院이 설립되어 그 세력을 증대시키기 시작하였으며, 官學인 鄕校와 더불어『小學』을 주요 교과목으로 채택하였으므로『소학』은 더욱 널리 보급될 수 있었다.

이리하여『小學』은 16세기 후반을 지나 건국 이후 200여 년이 지난 후에 와서야 조선사회의 윤리지침으로서 그 위치를 공고히 하게 되었다.

그러면 새로운 윤리규범으로서 주자학적 주자가례와 소학의 행위규범이 뿌리내리지 못했던 15세기와, 그것이 정착되었던 16세기에 각각 여성의 사회적 지위가 어떠했는가를 살펴보기로 한다.

---

10) 金駿錫,「朝鮮前期의 社會思想 - 小學의 사회적 기능을 중심으로」,『東方學志』29, 1981.
11)『世宗實錄』卷31, 8년 正月 壬戌.

Ⅳ. 조선전기 여성의 사회적 지위

15세기 조선여성의 지위는 16세기의 강한 주자학적 규범 아래에서의 사회적 지위와는 다른 면모를 보이고 있다. 즉 15세기는 상대적으로 16세기보다 女權이 강했다. 이를 뒷받침할 수 있는 몇 가지 관습적 禮俗을 실례로 하여 논하여 보겠다.

첫째로 男歸女家婚俗에 대하여 살펴보면, 이 婚俗은 조선후기에 親迎制度가 정착되기까지 우리 사회의 보편적인 혼례양식으로 존재하였다. 이 혼속은 조선전기까지 계속하여 있어 왔던 풍습이었기 때문에 많은 연구가들의 주목을 받았다.[12]

男歸女家란 말뜻 그대로 혼인 후에 남자가 여자집으로 들어가 머물면서 생활하는 것을 말한다. 조선초기에 위정자들은 유교적인 德化의 일환으로 男歸女家婚 대신 중국에서 행해지고 있던 親迎制度를 실시할 것을 권장하였다. 그러나 이 婚俗은 조선시대에도 오랜 기간 동안 광범위하게 시행되었다. 이 제도가 유행하였을 때는 남자가 혼인 초기에만 여자의 집에 머무는 것이 아니라, 자식을 낳아 성장할 때까지도 처가에서 동거하였고, 그것 때문에 사위와 처부모의 관계가 긴밀하게 되었다. 또한 사위뿐만 아니라 外孫도 외조부모를 친조부모와 같이 여길 정도로 가까웠다.[13] 그 밖에 門蔭을 받는 경우, 子·孫·弟·姪의 순으로 되었으며 妻父母, 外祖父母의 喪이 차지하는 비중이 적지 않았다는 점도 女權과 관련이 있는 것으로 생각되어진다.

---

12) 男歸女家의 婚俗에 관한 연구로는, 金一美, 「朝鮮의 婚俗變遷과 그 社會的 性格 - 李朝前期를 中心으로」, 『梨花史學研究』 4, 1969 ; 朴惠仁, 「壻留歸家 婚俗의 變遷과 그 性格 - 朝鮮時代 家族制度 變化를 中心으로」, 『民族文化研究』 14, 1979 등 참조.

13) "上日 本國之俗 與中國異 不行親迎之禮 故或乳 養於妻父母家 思義甚篤" (『世宗實錄』 卷48, 12年 6月 庚午).

이렇듯이 유교적 예제보다도 전통적인 관습이 일반인의 생활문화를 지배하였던 조선초기에는 제사나 재산상속 문제에 있어서도 여성의 권한이 중·후기보다 컸었다.

조선초기에 조상에 대한 제사는 자손들 중에 여자형제가 참여하였음은 물론 남자형제가 없을 때에는 女息이 祭祀를 전담하였고 또 外孫奉祀까지 하기도 하였다.

아들이 없을 때 養子를 두어 제사를 지내도록 한 제도는 조선후기에는 일반화되었으나, 초기에는 극히 드문 경우였다. 또 집안의 嫡孫이 사망하였을 경우, 그의 부인 즉 그 집안의 蒙婦[14]가 선조의 제사를 주관하는 것도 그 시기의 관행이었다.

결국 祭祀祖續의 문제에 있어 남녀의 차별이 없었음은 가정에서의 여성지위가 남성에 비해 그렇게 열등하지 않았음을 의미하는 것이다.

제사상속과 함께 재산의 상속이 자녀 사이에 균등하게 배분되었던 것도 조선초기 사회의 특징 중의 하나이다. 分給文書, 和會文書에 대한 기존연구와 실록기사에 보면 조선초기의 재산상속은 嫡長子差等相續이 아닌 子女均分相續이었다.

『경국대전』의 재산분배 조항을 보면 서얼차별의 특징은 두드러지게 나타나고 있지만, 남자·여자의 성별에 대한 자식의 재산분배상의 차별은 전혀 볼 수 없다.[15] 초기 조선사회가 재산상속 문제에 있어서 남녀는 동등한 권한을 갖고 있었음을 말한다.

이와 관련하여 여성의 경제적 지위와 관련된 중요한 문제는 夫婦別産制이다. 이것은 남녀형제와 똑같이 상속받는 여자의 재산은 그가 혼인한 후 남편 혹은 媤家의 재산으로 흡수되지 않고 어디까지나 부인의

---

14) 蒙婦란 宗家의 맏며느리를 말한다.
15) "父母奴婢 承重子 加五分之一衆子女平分 良妾子女 七分之一, 賤妾子女 十分之一"(『經國大典』 卷5, 刑典, 私賤).

재산으로 존속되었다는 점이다. 또한 그 부인이 자녀가 없이 죽게 되면 그 재산이 媤家의 財産으로 상속되는 것이 아니라 本族에게로 돌아가도록 되어 있었다.16) 이러한 점을 종합하여 볼 때 조선초기 여성들은 실질적으로 독립된 재산권을 보유하고 있었다. 한걸음 나아가 경제적인 면에서 그들의 지위가 결코 남자에 종속되어 있지 않았음을 의미하는 것이기도 하다. 이런 여성의 권한, 특히 재산권이 축소되는 변화가 일어나기 시작한 것은 16세기를 지나면서부터였다. 이는 유교적 가치규범이 공고해지면서 사회전반에 걸쳐 嫡長子에게로 이어지는 家系繼承이 중요한 의미를 갖게 되었기 때문이다. 즉 재산을 분할하지 않는 것이 가문의 보존을 위해서는 매우 필요한 일로 인식되었기 때문이었다고 생각된다.

위와 같은 제도의 변화와 더불어 16세기에 오면서 여성들 사이에 자유로이 행해졌던 傳統的 風習들이 많은 규제를 받게 되었다.

당시 여자들의 생활 가운데 규제의 대상으로 삼은 것은 그 대표적인 것이 부녀자의 寺刹出入, 雜神들에 대한 祀神行爲,17) 여자의 복장문제, 남녀간의 접촉문제 등이다.

여기서 부녀자들의 사찰출입을 금지한 것은 당시의 排佛政策에 따라 불교교세를 억제하기 위한 의도도 있었지만 그보다 중요한 이유는 유교적 윤리규범에 따라 당시 여자들의 자유분방한 외출을 제어하기 위함이었다고 보여진다. 上寺禁止와 함께 外出禁止의 문제가 빈번하게 거론된 사실은 다음의 사료에서도 가히 알 수 있다. 世宗 13년 7월 大司憲 申槩 등은 다음과 같은 상소를 올렸다.

---

16) 崔在錫, 『朝鮮時代의 相續에 관한 연구』, 정문출판사, 1973, 117~125쪽. 1500~1600년대 中葉까지 分財記는 거의 균분이며 1600년대 中葉에서 1700년대 中葉까지 過渡期, 1700년대 中葉 이후는 長子優待女子差別이 뚜렷해졌다.
17) 儒者들은 이것을 淫祀라고 불렀다.

禮에 부인은 낮에 뜰을 거닐어도 안 되고 까닭없이 中門을 나가서도
안된다고 하였으니 聖人이 婦道를 엄히 함이 이에 이르렀는데도……
성대한 행사가 있을 때마다 다투어 거리와 장막에 모이고 혹은 난간에
기대어 거리낌없이 구경하니……원컨대 이제부터 부녀가 구경하는 것
을 일체 금하여 폐풍을 개혁하고 婦道를 바로하시면 매우 다행한 일이
겠습니다.[18]

이러한 논리는 이후 세종 26년, 32년에도 계속 거론되었다. 그리고
부녀 上寺禁止조치도 계속 거론되었지만 이것 역시 잘 지켜지지는 않
았던 것 같다.[19] 왜냐하면 여자들의 失節을 방지하려는 의도로, 또 排
佛的 입장에서 上寺를 금지하기는 했으나 왕실의 아녀자나 일반 민간
인 사이에서는 그래도 불교가 신앙으로 그 위치를 계속 유지하고 있었
기 때문이다.

그러나 이와 같은 여성의 생활규제조치는 태종대부터 시작되어 세
종대에 이르러 빈번히 거론되고 또한 강력한 정책집행 의지로 추진되
었다(內外法 등).[20]

세종조에는 정치적 안정을 얻음으로써 민중의 교화문제에 큰 관심
을 기울일 수 있어서 정착의 분위기가 더욱 성숙되었다고 보인다.

그러다가 『經國大典』의 완성과 함께 규제조치가 法條目化함으로써
일반 習俗化하였고, 그 결과 여성들에게는 烈女가 되는 것을 희구하는
가치관 형성이 가능하게 되었다. 선조 25년 임진왜란 때 많은 여성들

---

18) 『世宗實錄』 卷53, 13年 7月 癸末.
19) 세종~성종기 婦女의 上寺禁止가 자주 거론되고 있고 이 문제는 조선후기까
   지도 간간이 實錄에 등장한 것으로 보아 禁止法의 정착이 쉽지 않았던 것으
   로 생각된다.
20) 內外法이란 男女間의 자유스런 접촉을 금지하는 行動規制法이다. 즉 女子는
   임의로 문밖을 출입할 수 없을뿐 아니라 가까운 친척 이외의 사람과 접촉해
   서는 안된다는 것이다.

이 貞節을 지키기 위하여 죽어갔다던지, 피난 도중에 뱃사공이 손을 부축이며 나룻배에 태웠다고 해서 이를 失節로 생각하여 자결하였다는 어느 士大夫家 여성의 예화를 통해 그 단면을 보게 되는 것이다.

또한 이 시기는 점차 守節하는 여성에 대한 표창의 사례가 현저하게 줄어든 것을 볼 수 있다. 이는 성종 이전에 활발한 표창회수가 의미하는 것과는 대조적인 것으로 그만큼 대상이 적었다는 역설을 반증하고 있는 것이다. 나아가 이 시기에는 일반여성의 일상생활 규제도 잘 지켜진 때로 볼 수 있다.[21]

그러나 한편으로 財産相續에 있어서 여성의 지위는 지속적으로 높았던 시기였다. 이는 재산을 자녀에게 均分하여 상속하도록 법적 보장을 條文化하였다는 점에서 검증되고 있는데, 이것은 건국이래 사회·윤리적인 면에서 여성들에게 심한 규제를 가했던 사실과 대조를 이루고 있다.

또한 이 시기 여성들은 문화활동이 크게 눈에 띄고 있다. 문학, 예술 면에서 許蘭雪軒, 申師任堂, 李玉峰, 黃眞伊 등 많은 여성들이 이 시기에 활동하였다. 이러한 활동은 여성문화를 한 차원 높게 발전시키는데 기여하였다. 즉 여성들에게 새로운 가치관 형성을 있게 하였고 이것은 중세에서 근세로의 체질전환이라는 긍정적인 기여로 이어지게 하였다.

이후 임진왜란·병자호란을 거치면서 여성들의 정절관념이나 사회의식이 전기와는 다르게 나타나는 것을 볼 수 있다. 계속하여 양란 이후 여성관과 사회적 지위를 살펴볼 차례이다.

---

21) 보통 조선후기 17, 18세기를 전통적 여성상의 확립기로 보고 있으나 이미 이때는 근대적 여성상이 태동할 수 있는 사상이 나타났으므로 본 논문에서는 조선중기 16세기로 보게 되었다.

V. 실학의 발달과 근대적 여권사상의 태동

임진·병자의 양대 국난을 극복한 17세기 중엽 이후 조선사회는 정치, 경제, 사회, 문화 전반에 걸쳐 많은 변화를 거듭하였다. 納粟策, 束伍軍 모집, 空名帖 賣買 등에 의하여 신분상승 현상이 뚜렷하여진 반면, 老論의 장기적 집권으로 인한 양반신분의 下降 현상도 현저하여 양반중심 사회질서는 변질하고 있었다. 특히 농업증산을 위한 移秧法이 전국적으로 확대 보급되면서 농업경쟁에 변화가 일어나 농촌사회도 분화되고 있었다. 또한 大同法의 실시로 상공업이 발달하고 화폐가 널리 유통되었으며, 인구의 이동도 현저하였다.

이 같은 사회변화에도 불구하고 사상적으로 성리학적 지배체제는 여전히 고수된 채 사회적 변화와 乖離되어 있었다. 이에 일부 선각자적인 官人과 在野學者들간에 각박한 사회현실을 구제할 수 있는 현실적이고 구체적인 학문을 연구함으로써, 안으로는 輔國安民을 통한 사회적 재통합을 이룩하고 밖으로는 변천하는 국제정세에 능동적으로 대처하여 국력을 伸張할 것을 주장하자는 이론이 고조되었다.

이러한 實學運動은 주자학적 사회규범에 대한 경험주의적 회의와 실증적 비판정신의 토대 위에서 발전하였는데, 이와 같은 인식태도는 淸을 통해 새로 유입된 서양학술과 淸의 考證學의 영향도 컸다.

實學의 학풍은 농촌경제를 진흥시켜 이상적 농업국가를 이룩하려는 중농주의 실학파와 상공업을 발전시켜 裕國安民을 꾀할 것을 주장한 重商工 實學派로 대별될 수 있다.[22]

柳馨遠(1622~1673), 李瀷(1681~1763), 丁若鏞(1762~1836) 등은 重農主義學派의 대표적 학자로서 이들은 농촌문제를 토지의 경작자인

---

22) 실학의 학파는 이밖에 經世致用學派, 利用厚生學派 및 實事求是學派로 구분하기도 한다.

농민의 이익을 중심으로 해결하고자 하였으며, 士農一致의 원칙하에 신분적 차별 없이 교육의 기회를 균등히 하여 능력별로 관리를 등용할 것 등을 주장하였다.

이들의 경제관은 아직도 토지경제에 얽매어 있었으나, 종래의 주자학적 사회규범을 타파하여 새로운 사회질서를 확립함으로써 종래의 신분제도를 점차 변혁하고자 한 것은 사상적으로 큰 진전이었다고 볼 수 있다.[23]

반면 柳壽垣(1694~1755), 朴趾源(1737~1805), 朴齊家(1750~1805), 洪大容(1731~1783) 등은 商工業을 일으켜 생산도구나 유통수단을 개발하고 기술의 개발도입에 적극 노력할 것을 주장하였다. 이들은 대부분 연경을 왕래하면서 淸의 문물에 대한 새로운 인식을 가진 사람들로서, 서양선교사를 통해 西洋學文에도 접하였다. 또한 상공업이나 농업을 높이 평가하고, 노동하지 않고 무위도식하는 양반을 통렬히 비판하였다. 이들은 온 국민이 신분적 차별없이 상공업에 종사하여야 하고 균등한 교육에 의하여 전문적 관리가 양성되어야 한다고 주장하였고, 이러한 기초 위에 이상적인 새로운 관료기구를 구성할 것을 제의하였다. 이들의 사상에는 상공업과 기술을 천시하는 양반들의 전통적인 생리와 관념을 타파하고, 새로운 신분관과 직업관을 수립하려는 근대적 욕구가 깃들어 있었다.

근대적 학풍운동인 實學을 연구한 實學者들은 남녀평등문제에 깊은 관심을 갖지는 못했다. 그러나 학문의 성격이 합리적이고 과학적인 것이었기에 인간생활의 기초가 되는 가정에 관계되는 주제들에 대하여서도 연구영역이 확대되었다. 이러한 경향은 여성에게도 많은 영향을

---

23) 千寬宇, 「磻溪柳馨遠研究」, 『歷史學報』 29, 1952 ; 鄭求福, 「磻溪柳馨遠의 社會改革思想」, 『歷史學報』 45, 1970 ; 韓㳓劤, 『李朝後期의 社會와 思想』, 서울 : 乙酉文化社, 1961.

미치게 되었고,[24] 위와 같은 시대적 분위기 속에서 근대적 여성관의
태동이 가능하였다. 아울러 유교적 여성관 동요는 양란 중에 많은 여
성들이 수난을 당하면서 열녀관에 회의를 품기 시작한 요소도 작용하
였다.

특히 임진왜란 때 矢節을 당한 여성들이 너무 많아 사회문제화 되
었다. 士大夫家에서는 矢節한 처녀와 결혼을 하는 것을 거부하였는데
宣祖는 이런 풍조를 대단히 우려하면서 "만약 이런 분위기가 조장된다
면 온 나라를 통틀어 士大夫집안으로 완전한 자격을 갖춘 집안은 거의
없을 것이다."라고 말하였다. 실제 그는 宗室, 貴戚에게 變을 당한 집
안과 혼인을 맺도록 권하여 그 뒤부터는 점차 없어지게 되었다.[25]

이는 임진왜란의 피해가 지역적으로는 전국적으로, 신분상으로는 上
下를 막론하고 지대하였다는 사실을 엿볼 수 있게 하는 기록이다.

이러한 요소는 17세기에 접어들어 여성의 貞節에 대한 관념의 변화
를 가져왔다. 이상적인 여성상이 烈女였던 前期와는 다르게 이 시기에
는 賢母良妻로 바뀌었다.

계속하여 18세기에는 실학운동의 영향으로 현실에 바탕을 두려는
학문적 분위기가 성숙되어 여성들도 학문 활동에 참여하였다. 조선전
기부터 교육의 중요성은 강조되었으나 여성들에게는 기회가 차단되었
다. 여성들은 공식적인 교육을 받을 수 없었고 단지 가정에서 비정규
적인 가정교육에 의존하는 것이 고작이었다.

그러나 17, 18세기에 들면서 새로운 양상을 보였다. 主氣學派, 實學
者의 家門에서 女性學者들이 배출된 것이 그것이다. 구체적으로 畿湖
學派의 湖洛兩論을 止揚하고 主氣設을 超克하여 唯氣論을 제창한 任
聖周(1711~1788) 집안에 유기론적 도학 연구에 정진한 그의 누이 任

---

24) 朴容玉, 「韓國近代女性運動史硏究」, 『韓國精神文化硏究院』, 1984, 14쪽.
25) 原文은 『公私見聞錄』 上에 『燃藜室記述』, 『增補文獻備考』 등을 참조.

允摯堂(1721~1793)이 있다. 또 학문과 經世에 뛰어난 洪奭周(1774~
1842)家에서 數理學과 詩文에 뛰어난 안목을 보인 母夫人 徐令壽閤
(1753~1823)이 있고, 『林園經濟志』의 저자인 實學者 徐有榘(1764~
1845)家에서는 女流 家政實學者 李憑虛閤(1759~1824) 등이 배출되었
다.

　이들의 업적은 任允摯堂은 性理學研究에서, 李憑虛閤은 家政實學
의 雄編巨章이요 閨秀文學의 최고봉으로 평가받을 만하며,[26] 李憑虛
閤의 고모이며 柳喜의 어머니인 李朱師堂은 『胎教新記』를 저술하였
다. 그는 이 책에서 교육의 근본이 胎教에 있음을 갈파하여 存心의 문
제를 깊이 다루었다. 또 閨巷에서 널리 읽혔던 民譚들 중에는 정의롭
고 용맹스러운 여성상이 주인공으로 그려져 있는데 「沈淸傳」과 巫覡
說話 바리데기 등이 그것이다. 沈淸傳은 孝行說話처럼 보이지만 세속
적 효녀일 수는 없다. 그녀는 세속적인 도덕규범에 타협함이 없이 초
월적 존재와의 약속을 지키는 사람의 正道를 걸어간다. 심청의 영웅성
에 비춰볼 때 심봉사는 의존적이고 무능하고 비겁한 남성으로서, 그는
시대의 눈먼 家父長상을 보여주는 것이라 하겠다.[27] 또 바리데기에서
일곱째 공주는 여자이기 때문에 쫓겨났으나 온갖 고행 끝에 아들 일곱
을 낳고 父王과 王妃를 죽음에서 소생시키고, 자신은 萬神의 王이 되
며 그녀의 저승의 남편은 父王이 주는 벼슬자리를 얻는다. 이와 같이
지상을 다스리는 王보다도 높은 王인 바리데기는 능력있는 여성을 비
유한 것으로 유교적인 열악한 여성관이 근대적 여권사상으로 다가올
수 있는 의식성장의 한면을 보여주는 것이라고 볼 수 있다.

　다음은 경제적인 면에서 17, 18세기 여성들의 활약상을 고찰해 보기

---

26) 『東亞日報』 1939年 1月 3日字, 2面 「家庭實學의 雄編巨章」이라는 제목 하에
　　그 내용을 자세히 소개하고 있음.
27) 朴容玉, 『韓國近代女性運動史研究』, 韓國精神文化研究院, 1984, 20쪽.

로 한다.

17세기 이후 상공업의 발달로 인하여 유교적인 생활윤리 내지 사회윤리가 무너지게 되었다. 여성 속박의 이론적 근거였던 三從制는 사회경제적 측면에서 보면 여성의 독립적 생계를 부정하는 것이었다. 그러나 烈女制 확립에 따른 과부의 수적 증가와 守信田制가 科田制 붕괴로 인하여 승습받을 수 없게 되자, 과부로 하여금 가족과 자신의 생활수단을 스스로 강구하게 하여 과부의 경제능력이 커질 수밖에 없었다. 특히 부인들의 綿布, 細紵, 麻綿緞 등 手工業은 훌륭한 理財의 방편이 되었던 만큼 부인에 의한 축재를 훨씬 용이하게 하였다.

『靑邱野談』에 나오는 尙州 金生의 妻가 경상도 일대에서 손꼽히는 부자가 된 것도 그의 10년에 걸친 綿布生活에 기초한 것이었다.28) 또 고리대의 방법으로 상업자본을 축척하기도 하였으며 廣作農의 발달도 과부들의 축재를 용이하게 하였던 것이다. 이외에 여성들 중 生産企業活動을 활발히 하여 큰 재산을 모은 자도 있었다. 18세기 초 제주도의 김만덕이 한라산 중턱에 사슴목장을 만들어 녹용 녹피장사를 하고, 약초재배와 과수원 경영 등으로 막대한 재산을 모아 제주에서 손꼽는 大商이 되었던 것이 그 좋은 예이다. 김만덕이 평생 모은 재산을 큰 흉년 때에 모두 제주도 관아에 바쳐 餓死者를 구한 여장부다운 기개도 겸하였기 때문에, 당대의 재상 蔡濟恭과 실학자 朴齊家 등이 그의 인물됨을 높이 평가하였다. 18세기 이후 여성의 활발한 지적활동과 더불어 일어난 위와 같은 경제활동은 여성들 간에 움튼 전통적인 여성관을 벗어나려는 움직임으로, 근대적 여권사상의 萌芽라고 평가할 수가 있다.

---

28) 『靑邱野談』 卷1, "營産業夫婦異候"(東國大韓國文化硏究所 編, 『韓國文獻說話全集』 2, 1981, 80~82쪽 수록).

VI. 조선후기 여성의 사회적 지위

앞에서 지적한대로 17, 18세기에는 實學운동이 일어나 현실적인 문제에 관심을 돌리게 되면서 여성관에 변모가 있게 되었다. 또한 현실적 시대적 요구로 인한 가치관의 변화가 있게 되었다.

물론 실학자 중에도 柳馨遠 및 李瀷과 같이 男女有別觀을 고수하여야 한다고 주장하는 이들도 있었으나,[29] 丁若鏞은 烈女制의 이행으로 여성이 희생되는 것은 非人道的이라고 비판하였다.[30]

여하튼 實學運動은 전반적으로 근대적 사회로의 변화를 유도할 수 있는 의미있는 것이었으며, 여기에 상응하여 여성관도 상당히 변화하게 되었다고 볼 수 있다.

특히 앞서도 지적했듯이 여성들 스스로 富를 축적하기 위한 수단이 강구되었고 학문적인 활동에도 참여하여 17, 18세기에는 여성들 스스로가 사회, 경제적 지위를 높이는 계기를 마련하는 것을 볼 수 있다.

그러나 이와는 대조적으로 조선후기에는 차츰 재산의 子女均分相續이 없어지고 그 대신 嫡長子가 재산의 대부분을 상속하는 경향을 띠게 된다. 그리고 이와 동시에 여성의 財産觀과 相續觀도 조선초기의 성격에 비하여 큰 변화를 보이고 있다.[31]

이런 변화는 일제의 식민지지배 초기의 법원판결에서 제시되고 있는 우리나라의 관습에서도 그 일단을 엿볼 수가 있다. 다음 몇 가지 예를 들어두고자 한다.[32]

---

29) 李瀷, 『星湖僿說』 上, 「婦人無外事」條.
30) 丁若鏞, 『牧民心書』 卷25, 「敎民」條.
31) 梨花女子大學校 韓國女性史 編輯委員會, 『韓國女性史』.
32) 이것은 조선중기에 家父長的 가족윤리가 정착되고, 또 제사 지내는 것이 長子나 子 등에게 돌아가고 女性은 밀리게 되면서 나타난 현상이라고 보여진다.

첫째, 嫡室의 남자형제만 있을 경우에는 嫡長子가 사망한 戶主의 재산의 3분의 2를 받고, 아우는 그 나머지 3분의 1을 받게 되어 있었다. 만약 嫡子와 庶子 각 한 사람씩일 경우에는 戶主의 재산은 적자가 3분의 2이상, 서자는 3분의 1 이하를 상속받았으며, 적장자 이외에 적자, 서자가 2명 있을 경우에는 적장자가 상속재산의 2분의 1을, 나머지 2분의 1을 여러 아우들이 인원수대로 分割相續 받도록 되어 있었다. 이 경우 서자의 상속분이 적자에 비해 적은 것은 조선초기의 재산상속 정신과 동일하였다고 할 것이다.

둘째, 被相續人인 戶主에게 남자 상속인이 없을 경우에는 그 집에 있는 여자가 상속받되 남자 상속인이 나타날 때까지의 일시적인 상속이었을 뿐이다. 그리고 여자의 상속 순위도 祖母, 母, 妻의 순서로 되어 있었다. 이에 대해 구체적인 실례가 있다. 즉 1922년에 조선고등법원은 위의 관습을 들면서 戶主인 趙命九의 사망 당시 상속할 남자는 없고, 조명구의 조모 朴賢淑, 母, 妻가 있는 사실을 인정하고, 먼저 조모인 朴賢淑에게 상속하는 것을 조선의 관습에 합치하는 것으로 判示하고 있는 것이다. 이러한 재산상속 방식은 조선초기와 다르다는 것을 알 수 있다.

셋째, 여자가 재산을 상속받을 수 있는 요건은 사망한 戶主의 家籍에 있어야 했다. 만약 혼인하여 남편의 家籍에 있는 경우에는 상속 대상에서 제외되었다. 1913년 朝鮮高等法院의 判決文에 의하면, "여자가 혼인하여 他家에 있는 이상 그 상속을 할 수 없는 것은 朝鮮에 있어서의 뚜렷한 慣習이다"[33]라고 하면서 李守業에게 출가한 金賢天의 딸이 아버지의 遺産을 상속할 수 없음을 明示하고 있다. 이것도 조선전기와는 다르다. 즉 조선전기에는 출가한 딸도 親家의 재산을 상속받

---

33) 大正 11年(1922) 民上 第287號 同 11年 12月 1日 『朝鮮高等法院民事部判決民錄』, 513쪽 참조.

았으며 오히려 相續分이 적다고 부모를 걸어 소송한 事例까지 보이고
있는 것이다.[34)

위에 든 몇 가지 예에서 조선전기와 후기에는 많은 차이가 있음을
알 수 있다. 이 사실이 적용된 上限 시대를 정확히 알 수 없지만 아무
튼 조선후기에 해당할 것이며, 이것은 『經國大典』의 立法 내용과 다
르다는 점은 확실하다. 그러므로 조선시대에는 시간이 지나갈수록 여
성의 재산상속 지위가 점점 저하되어가는 점이 주목된다. 이것은 조선
전기에 사회적, 윤리적인 규제가 심했던 때, 재산상속상 지위가 높았던
것과 많은 대조를 이룬다.

이와 같은 재산상속 상의 문제는 고려시대부터 관습되었던 것이 조
선시대 중기까지 그대로 지속되었다고 보여지며, 여성의 윤리적, 사회
적 규제에 대한 문제는 고려의 멸망이 여자들의 자유분방함에 있다고
보아 조선시대에 취해진 조처였다고 보여진다. 또 하나 지적할 수 있
는 것은 조선건국 주도자들이 유교주의적 통치이념, 사회·가족윤리
등 모든 방면에서 중세성을 극복하려는 의지가 있었는데 처음에는 잘
실현되지 않다가 中期쯤 오면 습속화되므로 『朱子家禮』에 의한 생활
이 정착화되고, 조상에게 제사지내는 제례의식이 상당히 중시되었다는
점이다.

동시에 제사지내는 子에게 재산을 상속해야 하는 관념이 있게 되어
이때부터는 재산상속상 여자가 남자에게 밀리게 되는 것으로 파악된
다. 그러나 이런 상황 속에서도 조선후기 17, 18세기에는 사회적 변화
와 더불어 여성들 특히 과부들의 사회경제적 지위가 상당히 높았던 것
으로 생각되어진다.

---

34) 『世祖實錄』 卷46, 世祖 14年 5月 乙亥.

VII. 맺음말

지금까지 조선시대 여성의 사회적 지위에 대해 성리학과 실학의 思想性 및 그 文化基盤을 중심으로 살펴보았다. 살펴본 바, 건국초부터 1세기 간인 15세기는 유교주의적 윤리의식을 백성에게 敎化하였으나 그 습속이 그리 빨리 변할 수 없기 때문에 女權은 고려시대에 준하는 높은 편이었다. 그 사례를 ① 男歸女家制, ② 門蔭받을 때 순서가 子, 孫, 婿, 弟, 姪 순이었던 점, ③ 喪에서도 妻父母, 外祖父母의 喪이 차지하는 비중이 컸던 점, ④ 祭祀에 여성이 참여하였던 점, ⑤ 재산상속상 子女均分相續이었던 점, ⑥ 재산도 夫婦別産制였던 점 등을 들어 고찰해 보았다. 이후 16세기는 유교주의적 윤리의식에 의한『朱子家禮』와『小學』의 보급이 일반화되고, 또 국가가 여성의 上寺금지, 재혼에 대한 제도적 억제, 內外法의 실행, 복장 제한, 외출 억제 등을 실행하도록 강력히 권장하였으며,『經國大典』의 완성과 함께 위와 같은 문제들을 明文化함으로써 2세기가 지난 다음에 일반 習俗化하였다.

그리하여 본 논문에서는 16세기를 조선시대 전통적 여성관이 확립된 시기로 보게 되었다(그러나 이와는 반대로 경제적 지위는 그대로 높은 편이었다. 즉 재산상속상 子女均分制, 夫婦別産制 등에 있어서는 종래와 다름이 없었는데 왜 이런 현상이 있었는지에 대해서 아직 종합적 연구가 미흡한 편이다). 다음으로 지적할 수 있는 것은 16세기는 여성들의 문화활동이 활발해진 점이다. 이것은 여성의 일상생활이 규제되고 사회적 지위가 열악했던 것과는 아주 대조적인 현상으로 여성문화가 한 차원 높게 형성되었음을 나타내는 것이라는 점에 긍정적 평가를 내릴 수 있다고 본다.

다음 17, 18세기 여성의 사회적 지위에 대해서 實學運動과 함께 근대적 여권의 태동을 중심으로 살펴보았다. 당시는 임진왜란·병자호란

의 양란 이후 사회가 피폐하였고, 民生의 고통이 있게 되면서 성리적
가치체계로는 위와 같은 문제를 해결할 수 없다는 한계성을 인식하고
현실적 문제에 관심을 갖는 實學運動이 일어나게 되었다. 그러면서 사
회전반에 많은 변화에 발 맞추어 근대적 여권사상의 태동이 있게 되었
고 또 경제적인 면에서도 많은 변화가 있었다. 우선 生計에 보탬이 되
기 위한 생산활동에 여성들이 참여하면서 적극적 여성상이 대두하게
되었다. 특히 烈女制 확립에 따른 과부의 수적 증가가 있었는데 조선
후기에는 守信田制가 몰락함으로써 科田을 과부들이 승습받을 수 없
게 되자 더욱 열심히 생활전선에 뛰어들어 畜財하게 되었다고 볼 수
있다.

그러나 위와 같은 발전된 현상 속에서 이와는 대조적으로 재산상속
상 지위는 저하되었다. 이것은 朱子家禮에 의한 생활규범이 사회전반
에 윤리적으로 뿌리를 내리게 되면서 家父長的인 가족윤리와 더불어
祭祀가 중시되면서 長子 즉 嫡長子에게 이어지는 家系繼承이 중요한
의미를 갖게 된 데서 비롯되었다고 볼 수 있다. 그러므로 가문의 보존
을 위해 재산을 분할하지 않게 되었으며, 결과적으로 子女均分制에서
여성이 밀리게 되었고 제사에서도 여성의 참여가 배제되었다.

결론적으로 17, 18세기에는 16세기에 확립된 조선의 전통성에 입각
하여 마련되었던 일부 제도가 그대로 이어지기도 했지만, 여러 면에서
근대화를 위한 싹이 솟아났고 그 중에도 여성들의 경제적 활동이 괄목
할 만하였다. 물론 사회적 지위가 조선전기와 다르게 변해진 事例가
별로 없지만 여성 스스로 사회의식이 근대화되었고, 또 경제적 활동이
활발해짐으로써 여성에 대한 의식도 점차 근대화되게 되었다고 볼 수
있다. 이후 서구문화 수용이 있게 되면서 천주교가 전래되었을 때에도
많은 여성들이 신자가 되었고, 기독교가 들어왔을 때도 열심히 믿는
여성들이 생기게 되었으며, 그 맥은 일제 식민지시대에 3·1운동으로

이어졌다. 결국 근대화와 국권회복을 위한 운동에 여성들이 적극 참여함으로써 해방이 된 점을 간과할 수 없다. 살펴본 바 조선시대 여성의 사회적 지위가 극히 열악했고 수동적이 여성상이었다는 이때까지의 인식에는 문제가 있다는 것을 지적할 수 있으며, 아울러 중세에서 근대로 도약하기 위한 갈등과 진통, 그리고 내부적으로 부단한 전진적 여권사상과 신장이 있었음을 인식하여야 한다고 생각한다.

일제하 조선여자기독교청년회연합회의
여성운동

I. 머리말

한국 여성의 근대적 의식개혁은 개신교 계통의 선교학교를 중심으로 키워져, 3·1운동 때에는 그 일각을 담당할 만큼 빠르게 성장해 갔다. 그리하여 3·1운동 이후 남녀평등에 기초한 여성해방의 논리는 크게 확산되기에 이르렀다.

그리고 1923년 조선여자기독교청년연합회(이하 조선YWCA연합회로 약칭)의 창립은 여성해방운동의 새로운 지평을 여는 것이었다. 기독교의 여성 조직들을 포용하면서 성립된 조선YWCA연합회는 창립 직후 기독교 전 여성계를 망라하면서 전국적으로 확대되어 갔다.[1] 조선YWCA연합회는 창립된 지 불과 3, 4년 만에 30여 개의 지부를 거느리는 전국 규모의 조직으로 성장할 수 있었다. 이같이 조선YWCA연합회의 조직이 급속히 커 나갈 수 있었던 바탕에는 지방 교회를 중심으로 자생적인 성장을 보이던 여자기독교청년회와 폭넓게 존재한 선교계

---

1) 이에 대해서는 천화숙, 「조선YWCA연합회의 창립과 초기 조직」, 『亞細亞文化硏究』 제1집, 중국중앙민족대학 한국문화연구소·경원대 아시아문화연구소, 1996 참조.

여학교의 성장에서 찾아볼 수 있었다. 그리고 이러한 여자기독교청년
회는 자체의 조직 기반을 바탕으로 전도대나 강연대를 구성하면서 활
동의 폭을 넓혀 갔으며, 이와 같은 활동은 YWCA의 이름을 정식으로
내걸지는 않았어도 그와 비슷한 목적과 활동을 전개해 가고 있었다.
즉 YWCA의 잠재적 조직 기반을 이루고 있었던 것이다. 그리하여 1923
년 서울에서 조선YWCA연합회가 정식으로 창설되자, 이들 조직들이
조선YWCA연합회의 지부 형식으로 가입하면서 조직적 연계를 이루었
던 것이다.[2]

　이와 같은 조직 기반을 바탕으로 조선YWCA연합회는 다양한 사업
프로그램 활동을 전개하였다.[3] 그러한 조선YWCA연합회의 사업과 활

---

2) 천화숙, 「1920년대 조선여자기독교청년회연합회의 조직 확대와 이념」, 『우송
　　조동연선생정년기념논총(1) 한국민족운동사연구』, 1997 참조.
3) YWCA의 활동은 그 범위와 종류가 다양하기 때문에 일률적으로 범주화하기
　　가 쉽지 않다. 존스와 어니스트가 1930년에 한국으로 파견되어 YWCA에서
　　실시해 온 사업과 프로그램을 108종으로 지적한 바 있듯이, YWCA의 활동은
　　종교와 사회 다방면에 걸쳐 폭 넓게 이루어졌다. 이들이 작성한 보고서에서
　　는 YWCA 사업과 프로그램을 종목별로 다음과 같이 분류한 바 있다. (1) 영속
　　적인 종교적 프로그램 : 성경연구 및 기도모임, 일요학교 및 기도그룹, 주간
　　기도모임과 개인적 전도사업 등 (2) 교육 및 사회사업 : 주간학교, 야간학교,
　　유치원, 고아원 경영, 지도자 훈련 및 농촌 지도자 훈련 (3) 체육프로그램 : 농
　　구, 궁술 서커스, 덤블링, 하이킹 등 (4) 강의 및 출판물 : 종교, 도덕, 위생, 농
　　촌교육 및 사회교육 그리고 성교육, 산업교육 등 농촌교육과 종교교육을 위
　　한 소책자 번역 및 출판사업 (5) 공업 및 산업분야 : 이 부분은 회관을 마련한
　　후로서 강의실·회의실 대여 및 학생이나 회원과 직원을 위한 기숙사 경영
　　등 (6) 사회적 모임 및 친목클럽 : 주로 사회적·사교적 행사로서 리셉션, 만
　　찬회와 교회 및 다른 기관의 협동 및 구제사업, 소설가 클럽과 아동 클럽 등
　　의 모임 (7) 연례행사 : 하령회가 으뜸이며 아동성경학교, 친선모임, 농촌지도
　　사업 이 밖에 야유회, 캠프, 운동 경기 및 수예반, 편물반 등 (8) 의식행사 : 연
　　합회 창립기념행사와 크리스마스 행사 그리고 이때 행하는 빈민구제사업. 또
　　한 특별활동으로는 (1) 모임 : 음악회, 아마추어 연주 클럽, 특별봉사 및 구제
　　사업, 특별손님의 초대, 오락 이외에 학생들의 특별 기도모임, 학생연합회의

동은 크게 종교·여성·민족 운동의 범주로 구획해 볼 수 있다. 여성
운동 부문의 경우는 여성의 의식개혁과 문맹퇴치를 위한 각종 프로그
램이 계획되어졌고, 그 중에서도 공창폐지운동이나 야학과 강습소의
운영 등이 대표적이었다. 공창폐지운동은 범사회적으로 전개되었으며,
야학은 주로 지부조직 차원에서 이루어지고 연합회가 이를 총괄하는
양상으로 전개되었다.

따라서 이 글에서는 조선YWCA연합회가 벌인 여성운동을 살펴보기
로 한다. 이러한 작업은 조선YWCA연합회의 역사적 성격을 규명하기
위한 작업이기도 하지만, 그 자체가 한국 여성의 근대적 의식개혁을
살피는 중요한 지표가 될 것으로 믿기 때문이다.

II. 여성의 의식 개혁

조선YWCA연합회는 기본적으로 종교단체의 성격을 갖고 있지만, 다
른 한편으로는 구성원의 요건상 여성단체라는 특성을 지니고 있다. 그
리하여 조선YWCA연합회가 종교운동 못지 않게 여성의 의식개혁에도
앞장섰던 것은 주지의 사실이다. 특히 남존여비의 봉건적 전통적 관습
이 강하게 지배하던 당시 한국의 현실적 처지를 감안할 때 조선YWCA
연합회의 여성운동에 대한 지향은 시대적 요청이기도 했다.

합동모임, 기독교인 조직의 모임, 국제회의에 대표파견 등 (2) 사회개량사
업 : 금연·금주운동과 공창폐지운동, 흰옷 안입기 운동, 도박금지운동, 조혼
금지운동 (3) 농촌위생사업 : 요리법 개선운동, 부엌개량운동, 하수도 및 배수
로 개량, 질병예방 캠페인, 모기파리박멸 캠페인 (4) 농민교육 : 한글교육을
필두로 어린이 양육법, 종자개량, 비료시비법, 농기구개량법 (5) 농촌사회발전
을 촉진하는 프로그램 : 양잠, 양봉, 양계 등 부업장려와 채소, 꽃 재배에 의
한 활동(Elise, V. Jones & Ernest M. Best, *Comments on the Report of the Survey in Korea
and the Status of the YMCA and YWCA*, 1930).

전통사회에서 여성의 지위는 남성에게 종속되어 있었다. 자녀출산과 함께 대가족제도 하에서 가사노동과 길쌈, 그리고 농사에서 여성들은 노예와 같은 노동을 해내야 했다. 또한 관습적인 早婚과 內外法이 여전히 잔존하여 철나기 전에 혼인을 강요당했고, 이혼이나 改嫁한 경우에는 평생 떳떳치 못하게 살아야 했다. 거기에다 蓄妾制度와 소위 보쌈이라는 약탈혼은 여성들의 삶을 억압하는 굴레가 되었다.

기독교의 전래는 이와 같은 전통적 봉건사회의 모순을 타파하는 데 결정적인 계기를 이루었다.4) 남녀평등에 의한 기독교적 사상은 여성들의 구래관습을 깨치고 여성교육의 필요성과 일부일처제 가족제를 제시함으로써 조선여성의 개화와 지위향상을 위한 교두보를 마련해 주었다.

1886년 이화학당을 시작으로, 정신여학교(1887년), 배화여학교(1898년), 평양의 정의여학교(1899년), 숭의여학교(1903년), 목포의 정명여학교(1903년), 광주의 수피아여학교(1908년) 등과 같은 여성교육기관이 설립되면서 여성의식의 개혁은 궤도에 올랐던 것이다.

이와 같은 신여성에 의하여 애국부인회, 여자청년회, 여자수양회 등과 같은 여성단체들이 조직되어 서울과 지방에서 각기 활동을 활발히 전개함으로써 여성의식의 개혁은 그 기반을 넓혀 나갔다. 이러한 여성의식은 3·1운동을 기점으로 새로운 단계를 맞이하게 되었다. 3·1운동 이후 민족운동의 이념이 국민주권주의로 확립되면서 그에 따른 여성의 지위가 향상되었고, 여성문제는 각종의 언론매체를 매개로 하여 사회화되기에 이르렀다. 그리하여 1920년대 초에는 여성해방에 대한 문제가 심도 있게 다루어졌다. 이 시기 여성문제의 주된 관심은 남성과 권리동등 및 여성의 자주자립 등으로 요약되어진다. 이 무렵 『靑

---

4) 이만열, 「한말 기독교인의 민족의식 형성과정」, 『한국기독교와 민족운동』, 1986, 22~29쪽.

年』에 실린 다음의 글은 이 점을 드러내 주고 있다.

　우리가 아는 범위에서 부인운동이라 함은 대체 네 개의 문제가 포함
된 줄로 생각한다. (1)은 결혼문제다. 자각한 부인들은 종래에 행하여
온 바와 같이 자기들을 물품 모양으로 친부모가 媤부모에게 무단히 허
부입취하게 함은 실로 불감불사의 치욕으로 생각하게 되었다.……이것
이 부인운동 중에서 제일 선착수된 문제다. 문호 입센의『인형의 家』
가운데 여주인공 노라는 그 전형적 부인인데 이것이 점차 우리 사상계
에 경종을 난타하여 오는 바이다.
　(2)는 직업문제다. 이것은 결혼에 대한 지위의 향상을 보증할 필요로
서 배타한 것이다. 남자와 같이 대항하여 가려 하면 아무리 하여도 경
제적 독립을 하지 못한 가정의 주부를 부부란 미명 하에 은폐한 창녀
라고 모욕한다.
　(3)은 교육의 문제다. 이것은 위에서 말한 독립에 대한 정신적 독립의
요구에 기인하여 일어난 문제이다. 여자라 할지라도 마땅히 남자와 동
등의 교육을 받아야 할 것이다. 또 그러한 교육을 받을 능력도 충분히
향유한 바이다. 오늘날 여자의 능력에 대하여 이렇다 저렇다 의아하는
것은 고래 여자를 학대하고 억압하여 온 인습의 여폐다. 자고로 남자
에 지지 않게 출중한 자가 적지 않다고 볼 때 이것이 여자 자신의 죄가
아니요, 남자의 불법한 소위였음을 알겠다.
　(4)는 권리 문제다. 위에 말한 3개 문제의 결론이라 하겠다. 즉 부인
이 경제와 교육의 독립에 의하여 결혼의 지위를 향상한 이외에는 필연
적으로 법률상에도 남자와 동양의 권리가 없지 못할 것이다. 남자에게
만 참정의 권리를 주며 관공리의 등용을 허락함은 실로 불공평한 사실
이다. 그러므로 이 문제가 구체적으로 출현된 것이 즉 부인참정권운동
이다.5)

---

5) 崔昌鉉, 「婦人運動」,『靑年』1-7, 1921. 10, 6~8쪽.

위의 글에서 여성운동상의 주요점을 결혼·직업·교육 그리고 여성의 권리 등으로 파악하고 있다. 요컨대, 여성의 진정한 지위 회복을 위해서는 남성에 예속된 결혼생활을 타파하는 것이 제1차적 과제이며, 이를 위해서 경제적 독립이 필요하고 그러려면 직업을 가져야 한다는 것이었다. 그리고 직업을 갖기 위해서는 여성도 남성과 똑같이 교육을 받아야 하고 또 교육을 받을 만한 능력이 충분하다는 것이었다. 따라서 이것이 실천될 때 법적으로나 실질적으로 여성이 남성과 동등하게 될 수 있다는 것이고, 이러한 주장은 당시 여성해방론과 여성의식개혁의 요체를 잘 보여주는 것이다. 즉 결혼, 직업, 교육, 권리 문제는 이 시기 여성운동의 핵심적 과제가 되는 것이다.

당시 여성들은 자신의 문제에 국한시키지 않고 가정과 사회, 민족으로까지 여성운동을 확대 연결지으면서 여성의 의식개혁에 박차를 가하였다. 즉 사회구성의 기본요소가 되는 가정이 행복하려면 먼저 여성에 주어진 굴레를 타파해야 한다는 것이었다. 즉 남녀 부동석도 타파하여 남자와 같이 있으면 배워야 하고 내외법도 타파하여 주인이 없을 때에는 여자도 능히 주인 노릇을 하여야 된다는 것이었다. 결혼은 사랑과 이해를 바탕으로, 자유결혼으로 이루어져야 한다는 것이었다.[6]

---

6) 이에 대하여서는 다음의 논설이 참고된다. "참말 조선 가정은 여러 가지로 개량할 점이 많이 있습니다. 정신적으로 보든지 형식적으로 보든지 어느 점으로 보든지 개량치 아니하면 아니 될 결점이 매우 많습니다. 그러나 나는 단축한 시간에 그 여러 가지를 말하고자 아니 합니다. 다만 사랑이 없는 조선 가정, 이해가 없는 조선 가정, 쓸쓸하고 재미없는 가정을 사랑이 많고 이해가 있는 향기롭고 즐거운 가정으로 개량하지 아니함이외다. 그러면 그 방법과 수단에 대해서도 역시 여러 가지가 있겠지요. 그러나 그것을 정확히 말할 수가 없으며 따라서 그 구체적 방침을 말할 수가 없습니다. 어쨌든 서로 사랑하고 이해하는 가정이 되려면 부부 두 사람이 서로 사랑하고 이해가 있어야 하겠지요. 필경 그리하려면 부부 두 사람이 상당한 수양이 있고 상당한 교육이 있어야 할 것이며 그와 동시에 뜻이 맞고 생각이 맞는 남녀 두 사람이 자유

또한 남편이 죽은 후라도 정절을 지키는 것은 칭찬할 만한 일이로되, 재가함도 무방하도록 해야 하고, 나아가 정조는 여성의 전유물이 아니고 남녀가 동일하게 육체적으로나 정신적으로나 지킴이 당연하다는 것이었다. 딸을 팔아먹는 야만의 법과 인신매매의 원인이 되는 창부를 폐지하도록 해야 하며 혼인제도도 개혁하여 재산과 권력 등을 의지하는 비루한 혼인법을 타파하고 순결한 합리적인 결혼이 이루어져야 한다는 것이다.

여성의 자주성과 관련, 남편과 동거할 때에는 의식주를 그에게 의뢰함이 당연하지만 만일의 경우에 대비해서 여성도 자주자립할 만한 능력을 연구하며 배양해야만 비로소 여자의 지위가 견고해질 수 있다는 것이었다. 이를 위해서는 교육을 받아야 하는데, 청년여자는 학교교육을 받게 하며 학교교육을 받지 못한 부인에게는 사회교육, 즉 강습회, 야학 등을 열어야 한다고 했다.

이렇듯 기독교측은 여성문제 해결에 적극적이었음은 물론 기독교신앙의 수용을 강조하여 기독신앙의 범주에서 여성 지위의 향상을 주장하였다.[7]

여성의 지위향상을 위한 노력은, 비단 기독교회 안에서만 수행할 것이 아니라 교회 밖에서도 이루어져야 한다고 주장하였다. 다음의 기사는 이를 잘 드러내 주고 있다.

오늘날 모든 것이 엉망이 되고 온갖 형편이 뜻과 같지 못한 이때에 도저히 남자편에서만 떠들고 남자들만 부르짖는다면 그것은 자못 한편 다리가 병든 사람이 달음질을 치고자 하는 비유와 같으니 결코 만족한 계몽운동이나 문화운동을 일으킬 수가 없을 것은 오늘날 세계의

결혼으로 하여야 할 것이다"(『동아일보』 1923년 1월 1일(3)10).
7) 李德鳳, 「女子의 歷史的 觀察과 其將來」, 『靑年』 1-8, 1921. 11, 5~7쪽.

현상이 이것을 정확히 증명하는 것인가 합니다. 그러하므로 여자로 사람이 된 이상-조선에 생겨난 이상에는 조선사회를 위하여 사람다운 즐김과 빛을 위하여 일하는 마당에는 남자와 함께 일을 할 의무와 책임이 있을 것이요 남자측면에서도 이에 반대할 말이 없을 줄로 압니다. 그러나 우리는 모두 형편이 좋은 일이든지 적극적으로 모여 지식을 서로 교환하여 사교를 익히기도 하며, 한 걸음 나가서 아직 깨이지 못한 사람을 위하여는 문명의 종을 치기도 하며, 아직 듣지 못한 이에게는 배움의 나팔도 불어주어 우리 형제자매로 하여금 기쁨의 동산-행복의 사회로 나아갈 길과 빛을 억세하여 줄 수 있는 청년사업으로만 할지라도 목하 십삼도 각처에 남자편의 청년회는 거의 없는 곳이 없어서 그 효과도 차차 나는 모양이오나 불행히 여자편에서는 오직 예배당 안에서 예수교끼리만 모여 조직한 극히 협의의 엡윗청년회가 몇 곳 있을 뿐이요 모든 사회의 온갖 여자가 함께 모여 조직한 통산청년회가 아직 한 곳도 없고 더욱 조선 문화의 한복판이 되는 경성의 여자 사회가 이같이 적막한 것은 생각할수록 사회를 위해서나 여자 편을 위해서나 매우 유감으로 생각하는 바 올시다.[8]

위의 기사에서 보여주듯이 여성운동은 먼저 깨친 선각적인 여성들이 희생과 봉사로써 임해야 할 것과, 또 그것의 실천조직으로서 여성단체의 필요성이 제기되기에 이르렀다. 청년운동의 경우 남자측의 단체는 전국 방방곡곡에 존재하는 데 비해 여성단체는 없다는 것이었다. 그리고 여성단체라고 해야 기껏 교회 내에서 조직되고 있음은 안타까운 일이라고 하였다. 따라서 여성의 조직도 교회 밖 일반사회로 진출할 것을 다음과 같이 주장하였다.

그러하므로 저는 무엇보다 먼저 우리 여자 사회에서는 큼직한 청년

---

8) 『동아일보』 1921년 3월 2일(3)5.

회를 조직하여서 한편으로는 먼저 깨친 여자가 함께 단결을 하여 큰 힘을 내어가지고 아직 깨치지 못한 여자의 손목을 이끌어 가며, 누구나 다같이 알며 함께 잘살기를 기약할 것이올시다. 그러나 우리 여자에게는 아직 그만한 경륜을 세울 만한 전문가가 박약하고 앞서서 일할 삶이 아직 나서지 않는 모양이니 매우 통탄할 일이오나 생각건대 우리 여자 사회는 이제야 바야흐로 깊은 잠 속에서 깨어나는 새벽머리에 있는 터이라. 먼저 깨인 사람같이 답답하고 외로운 이는 다시 없을 것이니, 이때에 이르러 우리는 다시 용기를 내어 가지고 성패를 운수에 부치고라도 오직 양신의 가르침조차 다소의 비난과 희생이 있을지라도 오직 여자 사회의 개혁을 위하여 크게 활동하고자 하는 결단이 필요한 줄로 압니다. 그러나 외손벽이 홀로 울지 못하는 심으로 비록 무슨 일이든지 먼저 발기는 하여 놓는다 할지라도 조선 여자들의 목하 모든 형편이 가정을 벗어나 사회에 나가기는 도저히 어려운 일이니 제일 먼저 남편있는 이는 남편된 이가, 부모가 있는 이는 그 부모된 이가 좀 시대를 헤아리어 한걸음 양보를 하여서 어느 정도까지는 아내나 며느리나 딸에게 사회사업에 참여할 수 있는 자유와 시간을 주어서 사람은 저 하나만 살면 그만이라는 어두운 생각을 타파하여 주어야 하겠으며, 혹은 다행히 가정의 양해를 얻어 사회에 나서기를 어떤 여자는 매사에 조심을 게을리하지 말아 아무쪼록 부모와 남편된 이의 거스리지 않도록 힘을 쓰면 우리 여자의 사회사업은 별로 어렵지 않게 진행될 것이요, 이리된 후에야 비로소 자기가 앞서서 주장코자 하는 여자청년의 조직도 성공할 줄로 믿습니다.[9]

즉 여성이 사회의 주체가 되기 위해서는 전문가를 양성해야 함은 물론이고, 또한 주위로부터의 후원과 지지를 끌어내야 한다는 것이다. 그리고 이와 같은 사회 진출을 위해서는 무엇보다 여성 자체의 교육이 선행되어야 했다. 그것은 여론에서도 추동되고 있었다.

---

9) 위와 같음.

학교교육에 대하여는 학교경영자가 서양인이든지 일본인이든지 조선사람을 가르치는 학교는 조선사람의 학교요 조선사람의 학교이면 조선사람을 위하는 학교이라. 그런데 이 조선사람을 위한다는 학교에서 조선사람의 생활 정도에 맞지 않는 교육제가 있다. 이것은 속히 고치기를 바란다. 셋째는 영혼의 교육 즉 종교교육이다. 종교라는 것은 보통사람이 이치 밖으로 아는 참이치를 깨닫게 하고 보통사람의 의무 밖으로 아는 큰 의무를 실행하게 하는 것이다.……현대 문명의 태반은 내 맘을 바치고 남에게 봉사하는 희생적 정신에서 생긴 것이다. 이리하여 개인이 완전하면 사회가 완전할 것이요, 사회가 완전하면 국가가 완전할 것이다. 그 외에는 사회산업이 일어나야 하겠다. 근일 서대문 밖에 고아원을 설치하였다는 말을 들었다. 그러나 여자고아원이 아직 없다 한다. 어서 설치하기를 바란다. 다음은 도덕 표준이다. 근일 옛 도덕은 파괴되고 새 도덕의 표준이 없는 모양이다. 그러나 나는 그 전에 있던 삼강오륜을 잘만 응용하면 확실히 그 곳에서 새진리를 얻을 줄 안다. 그 외에 금주, 금연, 공창폐지 등의 운동이 일어나기를 바라며 또는 여자청년회가 많이 되기를 바란다. 생활이 곤란한 빈가의 여자가 돈푼이나 얻어 쓰고자 담배회사 같은 곳으로 가는 것이 실수로 천 명이라. 그러나 그러한 곳에서 어떠한 곳으로 타락될지는 모르니 어린 여자를 잘 인도할 것은 여자청년회의 책임이다. 그 다음은 지방의 순회공연 같은 것을 많이 하여 지방 사람을 깨우치는 것이라.……그리고 그 지방마다 그 지방문화사업에 몸을 바치는 자가 한 사람씩만 있었으면 좋겠다.

시대가 전환하여 사회의 향상과 발달에 대한 인간의 봉사가 남녀가 동일한 권리와 의무를 가지게 되는 금일에 있어서 사회의 생활에 몰간섭하여 온 종래의 교육이 얼마나 사회의 불행이며 인간의 최대한 문제인 이성의 생활에 얼마나 큰 결함이리오, 과거의 교육이 이미 무의미하여 불완비한 결함이 많았음을 이제 다시 거론치 아니하거니와 현하의 교육제도를 돌아볼 때도 오히려 여자의 교육이 너무나 한심한 것을 느끼지 아니할 수 없다. 물론 남성의 교육기관도 아직 완비할 시간도 아직 묘연하다. 그러나 여성을 위하는 교육기관은 남성의 그것에 비하여도 큰 차이가 있는 것은 사실이다. 또 여성의 입학률을 보더라도 아직 부진하는 현상에 있는 것이 사실이다. 이 점에 있어서는 종래의 전통적 인습에 젖은 여성의 자각을 기다리기 전에 먼저 전 사회를 통하여 종래의 인습을 타파할 만한 모든 가정의 자각으로 말미암아 다 각각 그들의 여성을 교육의 무대에 해방하지 안하면 아니 될 것이오. 따라서 부진하는 그들 교육의 기관을 부지런히 증설하지 않으면 아니 될 것이다. 그럼으로써 오인은 참담한 목하와 조선사회로 하여금 신생명을 가진 향상과 발달을 도모하려면 종래 사회의 생활에 몰간섭하여 온 여성들이 교육의 무대에서 완전히 해방되어 남녀의 소유한 개성이 우리 사회의 봉사를 위하여 충분히 지휘하여야 할 것이오, 또 금일과 여한 이성의 생활에 있어서 모든 충동으로 말미암아 발생하는 이혼 문제의 아름답지 못한 사실이라든지 또 이성의 생활이 서로 조화되지 못하여 모든 고통과 번민에서 신음하는 현상을 구제하려면 또한 이 여성의 교육적 해방에 있는 것을 의심치 아니한다. 이와 같이 여성의 교육적 해방이 목하 우리 사회의 중대한 급무인 것을 생각할 때에 다시 일언으로써 고하노니 만천하 동포는 우리 자매의 지식상 수양을 위하여 각성과 분투에 노력하기를 촉하노라.[10]

위의 기사는 과거 남녀불평등 교육의 모순을 신랄하게 공박하면서 남녀가 동일한 권리와 의무를 행사하기 위해서는 여성교육이 급선무임을 강조하였다. 또한 그러기 위해서는 교육기관을 증설해야 된다는 것이었다. 그리고 여성의 교육은 조선사회가 새로운 생명을 가지고 발달하기 위한 전제가 됨을 밝혔다.

한편 1922년 12월 28일 중앙기독교청년회관에서 여자기독교청년회 주최로 행해진 강연회에서 金弼濟가 행한 「現代와 女子의 使命」이라

---

10) 「여성의 교육적 해방」, 『조선일보』 1924년 5월 7일(1).

는 강연 내용을 요약하면 다음과 같다.

일천 구백 년 전에 예수그리스도는 근본적으로 남존여비의 사상을
타파하고 인격평등의 진리를 절대로 창도하였다. 그 성서의 개소를 거
할 여가가 없거니와 혼인에 대하여도 절대로 남녀평등을 주장하고 정
조에 관하여도 결코 여자에게 편중하게 보지 아니 하였다. 또한 물질
적 경제력으로써 남녀의 경중을 구별치 아니하고 도리어 그 정신을 귀
중시 하였다.……이것이 다 여성에 대한 신도덕의 건설이 아니고 무엇
인가. 그리하여 그리스도는 여성을 사랑하셨다.……이에 나는 현대문
명의 사역자로 기독교청년여자에게 기대함이 실로 다대한 바이다. 오
라 남녀평등이라는 사상을 문득 남녀무별로 악화하여 가는 형편이 보
이지 아니하는가……지금 보니 헌법 제2장 제2조목의 운운을 보니 "기
독적 품성을 계발하여 청년의 영적·지적·사교적·신체적 행복을 증
진케 함으로 함"이다. 아, 과연 현대에 이 중대한 사명을 맡은 이가 누
구인가. 물론 기독교 여자이다. 기독적 품성·영적 행복·사교적 행복
이 3요건이 있고야 완전한 여성 이상적 생활이라 하겠다. 8억이나 되
는 인류의 반수를 점함이 여성을 향상시킬 사명이 이 조선YWCA연합
회가 아닌가. 우리 반도로 말하면 적어도 8백만 이상 되는 이 가련한
여성의 동포를 암흑에서 광적으로 사에서 생으로 인도할 사명을 가진
이가 이 조선YWCA연합회가 아닌가. 동성인 제군은 이 사역을 부담하
라. 이성인 유지는 이 미거를 찬성하라. 그리하여 이 현대문명에 낙오
자가 되지 말고 일념 전진하기를 절망한다.[11]

여기에서는 남녀평등의 사상을 기독정신에서 찾고 있으며, 그것의
실천자로서 즉 여성해방운동의 적임자로서 조선YWCA연합회를 내세
우고 있는 것이다. 그리고 여성해방의 요건으로 '基督的 品性', '靈的

---

11) 金昶濟, 「現代와 女子의 使命」, 『靑年』 3-2, 1923. 2, 7~9쪽.

解放', '社交的 解放'을 제시하면서, 여성운동상에서 조선YWCA연합회의 역할을 강조하였다. 실제로 조선YWCA연합회는 여성운동의 기수로서 여성의식의 개혁에 앞장섰고, 또 실천적 활동을 전개하였다. 조선YWCA연합회의 사업 가운데 문맹퇴치와 공창폐지운동은 그 대표적 사례였다.

그런데 조선YWCA연합회는 단순히 문맹퇴치, 공창폐지에 머물지 않고 더 나아가 여성의 지위향상을 위해서는 무엇보다 경제적 독립이 필요함을 역설하였다. 유각경은 조선YWCA연합회의 논리를 다음과 같이 대변했다.

> 금일은 시대의 변천을 따라 남녀가 동일한 교육을 받으며 보조를 같이하여 사회에 출입하는 자유가 있으니 해방이요 동등한 듯합니다. 그러나 나의 관찰로는 동등과 해방보다 개성의 몰락이 전시대에 비하여 더 심한 듯합니다.……일방으로는 금전만능주의를 숭배하여 교육이 아니면 여자는 청춘시기에 화장을 숭상하여 남자의 애정을 유인하는 것으로 목표를 삼는 교육에서 헤매이며 직업적 교육이 없고 사치적 교육만 받는 여성들 중에는 중등교육을 받은 자로도 적당한 직업을 취하여 자영자활하며 선진된 책임과 후진의 모범이 되기는 고사하고 도리어 허영심에 배불러서 안일한 생활에 인간성의 약탈을 당하고 경제 빈박을 면치 못하므로 그 말로는 혹 황금가에 별당생활을 하거나 혹 그보다 더한 데에 투신하는 자가 없지 아니하여 신문지상의 모독과 조롱을 면치 못한즉 우리가 아무리 입으로 해방을 주장하며 붓끝으로 남녀평등을 창수한들 하등의 효과가 있습니까.……그 뒤에는 경제상 독립을 도모하기 위하여 반드시 직업적 생활을 면려하여야겠습니다.……그러면 우리는 우리의 입으로 여자해방이라 하는 수치의 어구를 말하지 말고 우리의 손으로 일하여 경제상 해방과 인격상 평등을 말하며 버렸던 권리를 회복키 위하여 분투 노력합시다. 그러는 때에야 우리의 해방은

사실화할 터이올시다. 그 전에는 비록 논단에서는 해방을 굉장하게 부르짖었지만 가정 안방에 들어가는 때는 먹는 것과 입는 것과 지내는 것으로 아니하여 남자에게 간구하게 되며 복종하게 되어 해방의 정신도 소멸되고 여성이 남성으로부터 협정하여 건전한 사회를 건설 창조할 여지가 없겠습니다. 고로 교육에서부터 여성의 경제자유를 얻는 것으로써 힘쓰고 또는 여성끼리 서로 도와 경제의 자유를 속히 얻도록 합시다. 그 자유만 얻으면 해방은 저절로 따라올 줄로 믿습니다.[12]

유각경의 주장은 여성해방이나 남녀평등을 아무리 외쳐도 여성이 경제상 독립을 이루지 못하면 그와 같은 구호도 결국 무위에 그치고 만다는 것이었다. 따라서 경제상 독립을 구하기 위해서는 직업 생활을 면려해야 할 것이고, 이것이 바로 남녀평등의 첩경이라는 것이었다.

김필례의 다음 글도 같은 논조를 띠고 있다. 즉 여성문제를 해결하기 위해서는 교육·도덕·직업 문제가 해결되어야 하는데, 그 중에서도 여성의 경제적 지위가 만성에 예속됨으로써 남녀불평등을 극복할 수 없었다는 것이다. 따라서 여성지위 회복을 위해서는 무엇보다 경제적 독립이 선행되어야 한다는 것이었다.

부인문제는 사회문제 중의 중대한 것입니다. 자유사상이 발달되고 평등주의가 고조되는 시대를 당하여 부인들도 권리감이 비로소 각성되고 실제로 실행운동에 착수하게 되었습니다. 제일로 먼저 시작한 것이 부인참정권운동이요 그 다음에는 보통여권운동 즉 여자의 인격운동입니다. 이 여권운동은 다방면인데 교육, 도덕, 직업 등입니다.…… 여자의 권리가 남자에게 빼앗겨진 유래를 사회학상 견지로 보면 전부가 여자의 경제적 지위의 불편을 남자가 이용한 것입니다. 그렇기 때문에 여자 권리를 회복함에도 먼저 경제로 독립하지 아니하면 안 될

것입니다. 그래서 부인의 직업문제는 여러 가지로 연구되고 선전되었
습니다.……조선은 형편상 남자도 정치에 아무 권리도 없고 언론출판
에 대한 아무 자유가 없고 경제에 대하여 심한 불만을 느끼게 됩니다.
따라서 설상가상으로 조선여자는 종의 종 노릇을 하게 됩니다. 말하자
면 이 세상 사람 중에 조선에서보다 더 불쌍한 사람은 없겠다고 하겠
습니다.13)

즉 여성의 권리회복을 위해서는 무엇보다 경제적 독립이 필요하다
는 것이었다. 그리고 이를 위해서는 교육이 절실함을 강조하였다. 이와
같은 기조 위에서 추진된 여성운동에 대해 김활란은 단기간 동안에 이
만큼이나 여성단체의 활동이 활발해진 것은 극소수 신진여성의 희생
적 노력에 의한 것이라고 인정하면서 교육을 통해 여성운동을 일반 여
성에게 확산시켜야 한다고 주장하였다.

아무리 자각이 있고 사회의식을 가졌다 할지라도 이처럼 소수의 여
자로만은 사회운동의 일류적 임무를 다할 수 없습니다. 일천만의 백분
지일 되는 십만 명이라도 깨기 전에는 우리 정신 상태가 건전해질 수
없습니다. 천분지일인 만 명만 되어도 현존한 단체들이 저렇게 무력할
것이 아닙니다. 그러나 오늘 중등 정도의 교육을 받은 여자는 오직 수
백으로 불과 수천으로 그 수를 세게 되니 언제나 사회생활 각 방면에
우수한 공헌이 있는 여자가 많아지고 따라서 모든 여자 문제가 해결되
어 건전한 사회가 확립되겠습니까?
이러한 견지에서 조선여자운동은 오는 10년간 교양에 집중할 것이라
합니다. 같은 말이라도 유식한 사람이 할 때는 진정한 웅변가가 되어
서 알아듣기 쉽게 하되 무식한 자가 할 때는 그저 늘하는 그 말밖에 별
수가 없다고 조롱합니다.……권위 있는 생활을 하려면 먼저 알아야 되

---

13) 金弼禮, 「婦人運動에 對한 史的 考察」, 『靑年』 6-4, 1926. 4, 16~22쪽.

고 자각 있는 개인으로 다수가 사회에 드러나는 공헌이 있어야 됩니다. 이같이 되면 일편으로 전무적·직업적 교육을 힘써 다수의 인재와 기사를 산출하며 일편으로 상식적 교육을 일반 여자계에 보급시켜 자존심과 사회의식을 가지고 의식적으로 자기 본분을 다하는 일반여자계를 만들어야겠습니다.[14)

김활란은 여성운동의 나아갈 방향을 극히 한정된 소수에 의해 추진될 것이 아니라 여성 전반으로 확산시켜야 하고, 참정이나 경제, 여권을 획득하기 위해서는 교양운동이 필요함을 역설하였다. 여성운동의 대중화를 주장하고 있는 것이다. 그에 따르면 여성운동이 본궤도에 오르기 위해서는 전 여성의 1%인 10만 명 정도는 자각되어야 한다는 것이었다. 그러나 당시 깨친 여성이 수백 수천에 머물고 있으니 여성문제의 해결은 어려울 수밖에 없는 처지이므로, 향후 10여년 간은 교양계몽에 주력해야 된다는 것이었다.

이렇게 볼 때 조선YWCA연합회를 이끌어 간 여성지도자들의 논리는, 여성해방을 위해서는 기독정신에 의거하여 남녀불평등의 고루한 위기를 타파하고, 남녀평등의 실현을 위해서는 경제적 독립과 여성 일반의 교양 향상이 이루어져야 한다는 것이었다. 이 같은 기조 위에서 조선YWCA연합회 사업은 계획·추진되어 갔던 것이다.

Ⅲ. 금주·공창폐지운동

금주·금연운동은 아편·축첩·매음·잡기 등의 사회악에 대한 정화운동과 함께 3·1운동 전후의 교회를 통하여 일어나고 있었다. 윤리

---

14) 金活蘭, 「朝鮮女子運動의 今後」, 『靑年』 10-2, 1930. 2, 3~4쪽.

운동인 동시에 여성해방운동의 성격을 띠고 전개된 이 운동은 조선
YWCA연합회 창립 직후부터 이 사업이 제시되었고, 조선YWCA연합회
에서는 이 운동을 여성해방운동의 제1차적 과제로 전개해 갔다. 이 운
동은 조선YWCA연합회 자체뿐 아니라 조선YWCA연합회의 주요 인사
들이 주도한 조선여자금주회, 조선여자기독교절제회 등과 같이 조선
YWCA연합회의 유관단체들과 연대를 이루어 활발하게 전개되었다. 따
라서 조선YWCA연합회의 금주·공창폐지운동은 이들 유관단체의 활
동과 연관하여 살펴보겠다.

　1923년 조직된 조선여자금주회는 조선YWCA연합회의 중심 인물인
유각경과 선교사 부인들이 주도하였다. 1926년 당시 임원의 구성은 회
장 유각경·최활란, 총무 삘링스 부인·손메례, 서기 문인순·김보린,
회계 밀너 부인·협쓰 부인 등이었다.15)

　조선여자금주회 총무 손메례는 전국 각지를 순회하며 금주에 대한
선전활동을 폈다. 1928년 8월 평북 선천군에서 순회시에는 감동을 받
은 면장이 앞장서서 금주를 선언하였으며, 또 충남 공주에서는 금주강
연에 감동되어 그 지방에 술먹기로 유명한 사람들이 회개하는 등 커다
란 성과를 거두었다.16)

　금주와 금연을 비롯하여 절제운동을 조직적으로 실천하던 조선여자
기독교절제회에서도 역시 전조선연합회를 개최하는 한편 금주강연회
등을 개최하였다. 이 회의 총무 손메례는 지방순회에 앞장서 금주강연
회를 개최하였고, 금주운동에 동참하는 지방조직을 16개나 연합시킴으
로써 동회의 활동을 크게 진작시켜 나갔다.17) 동회의 임원은 회장 유

---

15)『기독신보』1926년 12월 1일(2)1.
16)『기독신보』1926년 12월 1일(2)3.
17) 이때 순회 활동에 의해 조직된 곳과 회원 수는 다음과 같다. 선천 : 55명, 평
　양 : 170명, 해주 : 150명, 성진 : 81명, 부산 : 137명, 전주 : 101명, 철원 : 47명,

각경, 부회장 김선, 총무 손메례, 서기 문인순 등으로 구성되었는데, 임원진을 통해 볼 때 동회는 조선여자금주회와 이름만 다를 뿐 사실상 같은 단체라고 해도 과언이 아닐 정도로 임원이 중복되고 또 활동도 같이 이루어지고 있음을 볼 수 있다.[18] 이들 대부분은 조선YWCA연합회 임원들이기도 했다.[19]

이렇듯 금주·금연운동을 활발히 전개하는 한편 조선YWCA연합회는 여성의 인권을 유린하는 공창제도에 대해서도 깊은 관심을 표명하면서 공창폐지운동에 앞장섰다. 조선YWCA연합회의 공창폐지운동은 여론의 호응도 크게 받았다. 『동아일보』는 공창제도에 대해서,

오늘날 인류 사회제도 가운데 공창제도와 같이 사람 가운데도 특히 여자의 모욕과 부끄러움이 되는 것은 없을 것이다. 사람은 일반이나 같은 여자는 말할 것도 없이 같은 사람이라는 뜻에 있어서 남녀가 역시 다른 점이 없다. 그러한데 현 사회 도덕이 여자의 정조도 남자의 정조와 일반으로 그 방일함을 묵인한다 하여도 그렇지 못하겠거든 하물며 여자의 정조를 여자 그 자신이나 제삼자 다같이 생명같이 보는 아래에 있으면서 한편으로는 의연히 그러한 공창제도를 묵인한다. 그것이 얼마나 여자의 삶된 권리를 무시하면 한낱 동물과 같이 여깁니까.……그러한 악제도의 발생의 원인이 어디 있는가를 한 번 밝혀 보

이천 : 31명, 영변 : 81명, 재령 : 101명, 원산 : 92명, 대구 : 248명, 부산진 : 102명, 군산 : 90명, 원주 : 37명(『기독신보』 1924년 12월 24일 3면).
18) 『동아일보』 1924년 8월 31일(2)5.
19) 제6회 조선여자기독교절제회가 1935년 9월 3일 평양성 문밖 예배당에서 60여 명이 참석한 가운데 총회를 개최하였는데, 이때 선출된 임원은 거의가 YMCA연합회 연합위원들이었음을 알 수 있다. 실행위원 : 회장 유각경·최활란, 서기 정현숙·장정심, 회계 양매륜·박양무, 총무 이효덕, 연합위원 : 김폴린·홍에서더·김선·김매불·변부인·전마대·고숙원·윤활란(『기독신보』 1935년 9월 11일(3)6).

려 함에 있는 것이다.……첫째는 금전에 팔리는 것, 둘째는 남에게 꾀임을 받아 모르고 팔려가는 것, 셋째는 제가 스스로 즐겨 그에 몸을 던지는 것이라고 볼 수가 있는 것이다.[20]

라고 하여 공창의 '공급'이 되는 창기의 발생 원인에 관심을 표명하면서 공창제도의 모순을 밝히고자 하였다.

이와 같은 사회여론과 함께 조선YWCA연합회는 1925년 사회문제연구부를 설치하여 그 당시 가장 급선무의 문제들을 조사하여 사업을 종합적으로 풀어 가고자 했다. 축첩, 조혼 문제 및 禁, 巫, 금주, 금연과 공창폐지운동이 여기에 통합되고 여자노동 문제, 남녀교제 문제 그밖의 사회진상을 연구하여 개선하려는 방향을 제시하려고 하였다.

유각경은 이와 같은 금주·공창폐지운동에 대해 절제운동의 관점에서 다음과 같이 주장하였다.

절제운동의 여론은 비교적 높아진 줄 알겠습니다. 조선기독교여자절제회에 있어서 전문 총무를 두고 전 조선을 빠짐없이 순회하면서 이 운동을 일으키면 도울 만한 이들에게는 이 운동을 일으키게 하였으며 절제생활을 할 필요가 있는 이들에게는 직접적으로 절제생활을 참가하기를 권하여 왔습니다. 소극적과 적극적 두 방면에 매우 충실한 임무를 하여 온 줄 압니다. 그뿐만도 아니고 각 교회 안에 있는 엡윗, 또는 면려 등 청년단체들이 역시 절제 혹은 문자는 다르나 그 실상은 다름없는 사업 등을 열심히 하여 왔으면 또는 구세군이라던가 그 밖에 소위 사회개량을 뜻하는 지사들의 열성으로 적지 아니한 효과를 거두고 있는 줄로 압니다. 더구나 연래에 『기독신보』가 종종 절제에 대한 특호도 발행하고 또는 근년에 와서 매월1회씩은 반드시 절제문제를 포

20) 「여자의 인간성을 무시하는 공창제도에 대하여(1)」, 『동아일보』 1925년 11월 24일(3)1.

함한 소론을 실어서 일반 신자들에게 절제사상을 격려하는 것이 있으므로 적지 아니한 효과를 거두고 있는 줄로 압니다. 그런고로 철저한 과학적 조직적 운동이 있어야 하겠습니다. 우리 절제운동이 결코 범연한 운동이 아니고 우리가 우리의 생명의 선을 잡고 꾸준히 나가는데 있어서 가장 긴요한 운동 중의 하나라고 할 것이면 기회와 형편에 의한 강연회 혹은 선전지 또한 피동적으로 설립되는 회의 조직 등으로써는 큰 효과를 보기가 매우 어려울 것이올시다. 그런고로 그제도 여하는 불문하고 전조선교회가 다 이 운동에 참가하며 또는 전조선교인들이 다 이 운동에 나선 투사가 되어야 하겠습니다.……그런고로 이 운동은 조직적으로 기관을 형성하면 따라서 유기적 연락을 갖도록 할 것이며 따라서 전반화시킬 것이며 또는 최선을 다하여야 할 것이올시다. 그리고 실제에 있어서는 명실히 상부하는 운동이 되어야 하겠고 상대자를 향하는 방법에 있어서 투철한 과학적 지식을 요구하게 됩니다. 즉 절제운동을 하는 개인, 절제운동을 하는 기관은 먼저 절제 그것에 있어서 백방으로 산 모본이 되어야 하겠다는 말씀이올시다. 말로는 글로는 절제를 주장하지만 실지 생활에 들어가서는 절제를 못하거나 또는 아니하는 형편이 얼마나 많은지 알 수 없습니다. 적극적으로 술집이 없어지면 양주회사가 파산이 되며 카페가 전멸이 되며 고양이 폐지가 되도록 적극적 투쟁을 계속하여야 하겠습니다.[21]

유각경은 조선여자기독교청년회와 엡윗청년, 면려청년회 등 기독교청년단체들이 전개한 절제운동에 대해 일단 그 성과를 높이 평가하면서도 절제운동은 한 개인, 한 단체에 의해 이루어질 수 있는 것이 아니라 전 교회적으로 이루어져야 하고 전 사회적으로 확산되어야 한다는 것이다. 또 막연한 선동만이 아니라 과학적이고 조직적으로 전개되어야 할 것임을 역설하였다. 따라서 이와 같은 운동의 중심체는 바로

---

21) 유각경, 「절제운동의 합리화」, 『기독신보』 1933년 6월 28일(6)1.

조선YWCA연합회와 같은 전국적 종교사회조직이 되어야 한다는 것이었다. 때문에 조선YWCA연합회의 금주, 금연, 공창제도폐지운동은 하령회 개최시 늘 주요 안건으로 상정되었고 또 그에 대한 대책이 강구됨으로써 지속적으로 전개되었다. 이러한 실천적 운동을 위한 조직으로서의 조선여자기독절제회는 한층 구체적 활동을 펴 나갔던 것이다.

Ⅳ. 야학의 설치와 사회봉사활동

조선YWCA연합회는 총회와 하령회 개최시 사회복음의 지도방침으로서 문맹퇴치를 강조하였다. 그것은 여성해방을 위한 교육계몽과 밀접한 관련을 맺는 것이었다. 조선YWCA연합회에서는 야학을 비롯하여 각종 강습소를 설치하였다. 그중에서도 야학은 조선YWCA연합회가 행한 여성교육의 대표적인 것이었다. 야학교육은 정식학교를 다닐 형편이 되지 못한 사람들을 대상으로 운영되었고, 주로 각 지부를 중심으로 이루어졌다. 조선YWCA연합회는 총회나 하령회를 통해 이를 총괄 지도해 갔다. 여기서는 조선YWCA연합회 지부의 야학 활동을 중심으로 살피기로 한다.

조선YWCA연합회의 직할 지부의 성격을 띠었던 경성조선YWCA연합회는 태화여자관에서 영어 강습을 실시하였고 등급에 따라 초등·고등·특별의 세 반으로 나누어 운영하였다.22) 그러다가 1925년 2월에 태화여자관 안에 야학을 설치하였다. 그 대상은 연령 제한이 없이 공장의 직공이나 행랑어멈과 같이 어떠한 신분이든지 모두 망라했다. 입학금은 무료였지만 약간의 경비를 보충키 위하여 월사금을 이십 전씩 받았고 졸업기한은 3개월로 하였다. 교육목표는 한글을 깨치는 것이었

---

22) 『동아일보』 1924년 9월 9일(3)3.

지만 필요에 따라 한문도 교수하였다.[23]

이 야학의 학생들은 주로 고무공장, 제사공장, 직조공장, 연초공장에서 과도한 노동을 하는 무산부인들이었고, 행랑부인도 입학했다. 그 중에는 '하인'으로 불리는 여성들도 참여했다. 처음에는 학생이 40여 명이었고 선생은 의무적으로 이화학당 교사, 태화여자관 교사 13명이 담당하였다. 학장은 황에스터가 맡았다.

이 야학은 개학 이래 학생들이 크게 증가하면서 불과 두 달만에 70명을 넘어섬으로써 보통과를 증설하여 4년제로 바꾸어 교육을 실시했다. 또한 언문반 외에도 편물반과 영어반은 3년제로 중등 이상의 정도로 가르치는데 생도가 30여 명이고, 편물반은 일주일에 한 번 강습하였는데 가정부녀의 수예를 향상시키는 것으로 생도가 십여 명에 이르렀다. 교사 중 손정규는 재봉교과서를 직접 저술하여 학생들에게 배부하고 실생활 개선에 크게 도움을 주기도 했다. 이 야학은 부녀에게 기독교 정신 아래 부덕을 향상하면서 부인의 교육을 보급시켜 문화향상을 돕는 것이 가장 중요한 목적이었다.[24]

여자야학부는 재경학생기독교청년회에서 그 경비를 보충하여 운영하였으며, 1928년의 경우 한 학기에 70여 명의 여성들이 졸업하는 성과를 거두었다.[25] 야학부 생도는 거의 무산자의 여자로 모진 어려움에도 불구하고 열심히 면학한 결과 1929년 봄에도 제2회 졸업생이 9명이 나올 수 있었다.[26]

원산 조선YWCA연합회에서는 100명의 학생에 4명의 상근교사를 두었으며 선천에서는 70명의 학생을 가르치고 있었다. 평양에서는 계절

---

23) 『동아일보』 1925년 1월 26일 부록2(2)6.

24) 『동아일보』 1925년 4월 3일(2)1.

25) 경성여자기독교청년회, 『靑年』 9-1, 1929. 1, 13쪽.

26) 「地方靑年會活動」, 『靑年』 9-4, 1929, 59쪽.

에 따라 야학을 개최하였는데, 이들 학교에서는 학교에 가지 못하는 아이들을 상대로 성경·산술 등을 공통으로 학습시켰다. 청주 조선 YWCA연합회에서는 이와 달리 여섯 명의 고아를 맡아 기르는 조그마한 집을 갖고 고아원 사업을 운영하기도 하였다.[27]

광주 조선YWCA연합회는 첫 사업으로 야간학교 즉 야학반을 열어 부녀자들의 계몽활동에 주력하였다. 그리고 조선YWCA연합회 단독보다는 교회와 조선YWCA연합회 등이 힘을 합쳐 운영해 나갔다. 이때 야학의 장소로 이용된 흥학관은 1층 목조건물로 3·1운동 당시 독립운동가들의 모임 장소였고 일제의 농민수탈이 심할 때는 농민들의 쟁의 장소로 이용되었던 곳으로, 노동공제회, 신간회 지부, 그리고 야학 장소로 같이 썼다.

야학반 과목은 한글, 산수, 음악, 성경을 주로 가르쳤고 학생들이 보통 100명 안팎, 많을 때는 300명에 달했고 연령도 40세 이상의 부인들도 있었으며, 학교에 갈 수 없는 가난한 가정의 딸, 유학생 남편을 둔 새댁, 부잣집 며느리, 이혼을 당한 여성들까지 다양했다.

한편 조선YWCA연합회에서는 신문명과 더불어 새생활 교육법을 실시함으로써 조선YWCA연합회의 대중적 접근을 시도하였다. 그 방법은 다양하게 시도되었는데 바자회, 웅변대회, 음악회, 일반강연회, 극회 그리고 구호활동을 벌여나갔다. 이러한 조선YWCA연합회 운동 사례를 소개하면 다음과 같다.

• 경성 조선YWCA연합회에서는 1924년 1월부터 부인들을 위한 (毛絲編物) 강습회를 개최, 20명 내외의 가정부인들이 화요일이면 회관을 찾아와서 오후 2시부터 5시까지 강습을 받았고 이 강습은 계속되었다.
• 종로청년회와 경성여자기독청년회 주최로 5월 2, 3 양일 간 종로

---

27) Elise, V. Jones & Ernest M. Best, 앞의 글 참조.

청년회 안에서 바자회를 개최(『동아일보』 1924년 5월 3일).

• 경성 조선YWCA연합회에서는 10월 28일 중앙청년회관 내에서 기근동정토론회를 개최(『동아일보』 1924년 10월 26일).

• 평양 조선YWCA연합회에서는 5월 7, 8일 양일에 전조선여자현상웅변대회를 조선·동아 양 신문 평양지국 후원으로 개최, 연사는 중등과정 이상의 여학생 및 여자청년단체 중 각 2인씩(『동아일보』 1925년 4월 11일).

• 조선YWCA연합회에서는 여자음악회를 11월 28일 종로청년회관에서 개최(『동아일보』 1925년 11월 26일).

• 경성 조선YWCA연합회에서는 1925년 7월에는 의료반을 조직하여 동대문 밖 마포, 영등포, 양평리, 신촌, 뚝섬 등지를 순회하면서 질병에 걸린 사람 189명을 치료.[28]

• 원산 조선YWCA연합회에서는 3월 26일 고등여학교 강당에서 신춘음악회를 개최하였다(『동아일보』 1927년 3월 30일).

• 부산 조선YWCA연합회에서는 7월 19일부터 21일까지 부산청년동맹회관에서 보통위생, 부인위생, 아동위생 등의 강연회를 개최, 강사는 김형기(『동아일보』 1928년 7월 12일).

• 전주 조선YWCA연합회에서는 6월 13일 서대문 밖 예배당 안에서 창립2주년기념 음악회를 개최(『동아일보』 1929년 6월 13일).

• 광주 수피아 조선YWCA연합회연합회에서는 11월 17일 창립기념식을 모교 강당에서 성대히 거행하고 식후 음악회를 개최(『동아일보』 1932년 11월 10일).

• 광주 조선YWCA연합회에서는 3월 11일 양림리 숭일학교 강당에서 음악과 극의 밤을 개최(『동아일보』 1933년 3월 5일).

• 경성 조선YWCA연합회에서는 동 회관 내에서 서양요리 실습을 하는데 강사는 최활란과 겐소 부인(『동아일보』 1934년 10월 3일).

---

28) Elise, V. Jones & Ernest M. Best의 앞의 글에서 보면 전체 활동 참가자 수의 50%가 구호활동에 참가하고 있다.

• 경성 조선YWCA연합회에서는 5월 2일부터 3일까지 종로청년회관
에서 바자회를 개최, 물품발매소는 동아부인상회를 비롯하여 20여 상
점이 출장하였으며 송도고등보통학교 실업부도 참가(『기독신보』1925
년 5월 7일).

• 협성여자신학교 조선YWCA연합회에서는 10월 24일과 25일 시내
죽첨정 동교 대강당에서 종교극회를 개최(『기독신보』1930년 10월 22
일).

이상에서 볼 때 조선YWCA연합회의 사회활동은 다양한 방면에서
이루어지고 있었음이 확인되어진다. 위에서 확인되는 것만 열거해 보
아도 모사편물강습회, 바자회, 기근동정토론회, 웅변대회, 음악회, 순회
의료, 위생강연회, 요리실습, 종교극회 등으로 다양하다. 이러한 사회
활동은 여성의 의식과 지위를 향상시키는 데 기여한 바가 적지 않았
다. 즉 실생활 교육에서부터 기독교적 정서 함양에 의한 의식개혁에
이르기까지 광범위한 범위에서 조선YWCA연합회의 사회봉사가 이루
어지고 있었던 것이다.

V. 맺음말

조선YWCA연합회는 사회복음의 정신을 구현하기 위하여 적극적으
로 사회활동을 전개하였다. 그리고 처음부터 여성문제에 커다란 관심
을 보였다. 조선YWCA연합회는 여성문제에 관한 모든 방면의 것을 다
루었지만, 그 가운데에서도 여성의 의식개혁과 교육에 비중을 두었다.
그리하여 각 지부들을 중심으로 야학 또는 강습소를 설치하는가 하면
각종 계몽강연회를 개최하면서 기독신앙에 의한 여성의 의식개혁에
앞장섰다. 그리하여 여성의 사회적 지위를 남녀평등의 위치로 자리매

김하는 데 커다란 역할을 맡았다.

이 무렵 여성계뿐 아니라 남성계에서도 남녀평등의 소리는 높았지만, 조선YWCA연합회는 그 문제를 가장 앞서서 해결하고자 노력하였다. 그런데 여기서 주목할 것은 현모양처만이 여성교육의 목표 내지는 주의라고 주장하는 편협된 것에 대한 반박인 것이자 조선YWCA연합회가 무조건 남녀평등을 내세우고 있던 것은 아니라는 점이다. 즉 남녀평등의 기회를 통한 여성의 권리회복이라는 점에 초점을 맞추고 있는 것이다. 이러한 점이 무조건적 남녀평등을 외쳤던 신여성해방의 논리와는 구별되어질 수 있다고 하겠다. 즉 남녀의 신체적 조건이라든지 가정에서의 역할을 무시한 채 오로지 외면적인 평등을 주장한 것이 아니라, 여성으로서의 역할을 인정하면서 기본권이나 사회활동에 있어 종래 불평등했던 관습의 인식 타파를 내세우고 있었던 것이다.

그리고 당시에도 물론 교회를 중심한 여성의 선교회나 전도회가 있었지만, 여성들의 사회적 활동의 장을 폭넓게 제공했다는 점에서 조선YWCA연합회의 역할과 의의는 아무리 강조해도 지나치지 않을 정도로 높게 평가받을 만하다고 하겠다. 그리하여 조선YWCA연합회는 1920년대 기독교 여성운동의 새로운 장을 열면서 구심체로서 기능했으며, 사회 발전에도 크게 기여할 수 있었다.

조선YWCA연합회의 창립과 초기 조직

I. 머리말

조선YWCA연합회는 1922년에 창설되어 1938년 일본YWCA에 강제로 예속될 때까지 전국의 방대한 여성기독교청년회를 지도 통할하면서 기독교청년여성의 구심체로서 활동하였다. 그리고 1920년대 여성운동과 기독교운동의 선봉에 섰을 뿐 아니라 槿友會의 참가, 농촌계몽운동 등을 통해 민족운동의 부문에서도 커다란 족적을 남겼다. 따라서 조선YWCA연합회는 조직 성격상 기독교운동과 여성운동, 민족운동의 측면에서 다양하게 접근될 수 있다고 하겠다.

조선YWCA연합회는 조직의 성격이나 활동의 범위로 보아 근대사연구 분야에서 관심을 받아 왔다. 그리하여 여성운동사나 기독교운동사 분야의 거의 모든 연구에서 조선YWCA연합회를 언급하지 않은 경우가 없지만, 정작 YWCA연합회에 대한 전문 연구는 이루어지지 못한 채 조선YWCA연합회의 團體史가 발간된 정도이다. 조선YWCA연합회에 대한 선행 연구로는 대한YWCA연합회에서 출판한 『YWCA 40년사』 (1962)와[1] 『한국YWCA 반백년』(1976)이[2] 있다. 그리고 지방YWCA의 연구로는 『광주YWCA 70년사』(1992)가[3] 있는 정도이다.

---

1) 대한YWCA 역사편찬위원회, 『YWCA 40년사』, 1962.
2) 한국YWCA 50년사 편찬위원회, 『한국YWCA 반백년』, 1976.

『YWCA 40년사』는 1922년 창립부터 1962년까지 YWCA연합회의 역사를 5장으로 구분하고4) 개괄한 것으로 일제하 YWCA연합회의 시기를 초창기(1922~1936)와 수난기(1937~1945)로 나누어 서술하였다. 1922년부터 1936년까지의 일제하 조선YWCA의 실질적 활동기를 통틀어 초창기로 명명한 것은 1960년대 서술시점이 반영된 것이기는 하나 조선YWCA의 역사적 성격을 밝히기 위한 서술체제로는 미흡하지 않을 수 없는 것이다. 따라서 일제시기 조선YWCA에 대한 성격은 시기별로 보다 구체적으로 연구될 필요가 제기된다고 하겠다. 그럼에도 이 책은 典據는 밝히지 있지는 않지만 당시 생존자들의 증언을 토대로 YWCA연합회 중심인물의 역할과 逸話를 중심으로 엮음으로써 자료적 성격을 지니는 것이다. 이것은 시기적으로 자료의 정리가 이루어지지 않은 상황에서, 文件에 드러나지 않는 이면의 귀중한 사실들이 중심인물의 회고와 증언에 의해 서술됨으로써 YWCA연합회의 실체를 파악하는데 도움을 주고 있는 저서라 하겠다.

이효재가 서술한 『한국YWCA 반백년』은 1920년부터 1972년까지 YWCA연합회의 역사를 6장으로 나누고, 그 가운데 일제하 YWCA연합회에 대해서는 제1장 태동기(1920~1923), 제2장 창설·강화기(1923~1936), 제3장 수난·암흑기(1936~1945)로 다루었다. 이것은 전자와 달리 YWCA연합회의 회의록을 비롯하여 선교사의 보고서, 신문자료 등을 활용하면서 YWCA연합회의 변천사를 일단 정리한 연구이다. 따라서 이 연구는 YWCA연합회에 대한 향후 연구의 길잡이가 되고 있다. 그렇지만 이 연구의 주요 관심은 YWCA연합회의 조직과 사업을 사실

---

3) 광주YWCA 70년사 편찬위원회, 『광주YWCA 70년사』, 1992.
4) 이 책의 목차는 다음과 같이 구성되었다.
　　제1장 초창기(1922~1936), 제2장 수난기(1937~1945), 제3장 광복기(1945~1950), 제4장 6·25동란기(1950~1953), 제5장 재건기(1953~1962).

적으로 정리하는데 역점을 두었으므로, YWCA연합회의 배경이나 자매
단체인 YMCA와의 관계, 조직면에서 지방 YWCA와 학생 YWCA와의
관계라든지, YWCA연합회의 운영상태, YWCA연합회의 수난과 해체,
또 YWCA연합회 사업의 성격과 의의를 당시의 시대적 조건 및 여성운
동과 민족운동과의 관계에서 확대시켜 살피기까지는 미치지 못한 채
이들 문제를 과제로 남기고 있다.

  한편 조선YWCA연합회와 자매단체인 YMCA에 대한 연구는 YWCA
에 비해서는 상대적으로 풍부한 성과를 거두었다.『한국기독교청년회
운동사』5)와『韓國YMCA운동사』(1986)6)를 비롯하여 적지 않은 개별 연
구도 축적되어 있다.7) 전자는 한국 YMCA창립 70주년을 맞이하여 서
울 YMCA에서 기획한『한국YMCA70년사』의 前篇에 해당되는 것으로
1899년부터 1945년까지 YMCA의 변천사를 다루었다. 전택부가 서술한
이 책은 한말과 일제 시기 YMCA에 대한 활동을 풍부한 자료에 의거하
여 폭넓게 다룸으로써 YMCA의 이해에 새로운 지평을 열었다. 그리고
YMCA와 관련한 YWCA연합회에 대한 부분도 서술함으로써 YWCA연
합회에 대한 연구에서 볼 때 보조연구의 의미를 지니고 있기도 하다.
후자는 대한YMCA연맹에서 YMCA창립 70주년을 맞이하여 1984년에
기획하여 1986년에 발간된 성과물이다. 이것은 김천배와 송건호가 집
필하면서 1895년에서 1985년까지 1백년간 한국YMCA의 역사를 개괄하
여 다루고 있다. 그런데 이 연구의 기본적 관점은 기독교사의 차원에
서 YMCA를 규명하고자 한 것이다. 즉 민족운동이나 教會史的 기준에

---

5) 전택부 지음,『한국기독교청년회 운동사(1899~1945년)』, 정음사, 1978.
6) 대한YMCA연맹 엮음,『韓國YMCA운동사』(1895~1985), 1986.
7) 이만열,「한국근대사와 YMCA」,『한국기독교와 역사의식』, 1986 ; 장규식,
  「1920-30년대 YMCA 농촌사업의 전개와 성격」,『한국기독교와 역사』제4호,
  한국기독교역사연구소, 1995.

서8) 파악하지 않고 YMCA의 주체적인 기준에서 보고자 한 것이다. 이와 같은 관점은 민족운동의 관점에서 볼 때 YMCA의 활동과 성격이 자칫 손상될 염려가 있으므로, YMCA의 활동을 원형으로 복원하고자 한 뜻으로 해석되어진다. 때문에 기독교의 역할을 민족사의 입장에서 파악하는 태도와는 일정하게 차이를 갖는 것이다.

선행 연구에서 보듯이 조선YWCA연합회에 대한 연구는 기초적 수준을 크게 넘어서지 못하고 있다. 따라서 YWCA연합회에 대한 연구는 자료발굴과 함께 연구시각과 방법이 새롭게 강구될 때 본격적 연구가 이루어질 것이다. YWCA조직의 실체를 밝히는 작업이 선행되어야 함은 물론이지만, YWCA운동의 경우도 기독교운동과 여성운동, 민족운동의 측면도 함께 지니고 있으므로 그에 대한 접근도 종합적 관점에서 이루어져야 할 것이다.

이 글에서는 조선YWCA연합회의 창립 과정과 초기 조직의 성격을 살펴보기로 한다. 특히 조선YWCA연합회의 성립을 중심인물의 역할이나 敎會史的 배경에서 접근하지 않고 여성운동의 성장과 자매단체인 YMCA의 발달이라는 내재적 민족역량의 성숙과 3·1운동 이후 개조위기가 고조되었던 시대적 상황에서 폭넓게 살펴보려 한다.

조선YWCA연합회는 존립 기간이 길고, 또 합법적 등록단체였으므로 회의록이나 사업보고서 등과 같은 1차 자료가 풍부할 것으로 여겨지지만, 실제로는 그렇지 못한 실정이다. 일제 치하의 YWCA연합회의 문서 대부분이 한국전쟁 동안 소실되거나 분실되었고, 현존하는 자료는 극히 일부에 불과하다. 현재 남아 있는 YWCA연합회 문서로는 「YWCA연합회會錄」, 「YWCA연합회 期成會事業正項報告」, 「夏令會會錄」 등

---

8) 교회사적 기준이란 YMCA운동을 교회 확장의 한 분절로서 파악하는 것을 뜻한다. 즉 YMCA운동 자체를 상류층·지식층에게 전도하는 수단으로 이해하는 것을 말하는 것이다.

이 있는 정도이다. 필사본으로 전해지는 이들 자료는 결본이 많아 해
당 연도를 망라하지 못하고 산발적이지만 YWCA연합회 연구의 1차적
자료로써 유용하게 활용될 것이다. 이와 아울러 해방후의 것이지만
YWCA연합회에서 발행한 『한국YWCA연합회』(월간)와, YWCA연합회
의 자매단체인 YMCA의 기관지 『靑年』[9] 등도 귀중한 자료적 가치를
지니고 있다.

II. 3 · 1운동 이후 여성 지위의 향상

한국에서 근대적 여성 조직의 효시는 1898년 順成會에서 찾을 수
있다.[10] 순성회의 목적은 여학교의 설립에 두고 있었다. 당시 여학교로
는 서양선교사들이 운영하는 이화학당, 정신학당 등이 있었지만, 정부
에서 세운 여학교는 없는 실정이었다. 순성회는 광무황제에게 여학교
설립을 요청하였고, 이에 따라 대한제국 정부는 1899년 학무국 예산에
경비를 책정하여 설립을 약속한 바 있었다. 그런데 정부의 여학교 설
립계획이 지연되면서 순성회 인사들은 順成學校(일명 승동학교)를 세
워 여성들에 대한 교육을 시작하였다. 이렇게 시작된 여성의 사회운동
은 개화적 사조에 영향을 받은 것이었다.[11]

그러는 가운데 개화운동의 방향은 1904년 러일전쟁 · 한일의정서 ·
한일협약과 같은 일련의 일제침략으로부터 민족적 위기를 자각하면서
계몽운동으로 전환해 갔다.[12] 그리고 여성운동의 방향도 그러한 맥락

---

9) 『청년』은 당초 YMCA의 기관지로 출발하였지만 1926년부터 YWCA도 함께 참
   여함으로써 이후의 시기는 사실상 YWCA와의 공동기관지로서 역할했다.
10) 이화여자대학교 출판부, 『개화기 여성의 사회진출』(한국여성사 2), 1969, 60~
    67쪽.
11) 丁堯燮, 『韓國女性運動史』, 일조각, 1984, 37~38쪽.

에서 조정되어 갔다. 국채보상운동이 일어나던 무렵 여성운동의 방향
은 교육의 진흥과 革舊從新하는 생활계몽운동을 내걸어 단체활동을
통하여 계몽운동에 참여하였다.

1894년 갑오개혁과 1895년 을미개혁에 의해 여성은 적어도 법적 지
위가 제도적으로는 남성과 동등하게 보장될 수 있었다.13) 그러나 이러
한 제도가 실생활에 적용되고 정착되지는 못한 채 여전히 관습적인 早
婚과 內外法이 이루어지고 있었다. 천민계급의 여자들을 제외하고는
바깥 출입조차 제한되고 있었다. 그리고 離婚이나 改嫁도 사회적으로
용납되지 않는 상황이었다. 그렇지만 이 시기의 여성개화운동은 자유
연애 또는 여성해방에만 매달리지 않았다. 즉, 한국여성의 개화는 국가
및 민족의식과 함께 싹텄으며 서양과 같이 개인의식에 기초한 여성해
방운동으로서라기보다 구국운동에의 참여로 시작했던 것이다. 그리고
여성의 구국운동 참여는 3·1운동 이후 본격화되어 갔다.

조선YWCA연합회 창설의 주역을 맡았던 김필례가 지적하듯이14)
1910년대 여성의 지위는 '여성참여의 권리와 자유가 시작된 탄생기를
거쳐 유아기'로 접어든 때였다고 할 수 있을 것이다. 김필례에 의하면

---

12) 趙東杰, 「韓美啓蒙主義의 構造와 獨立運動上의 位置」, 『韓國民族主義의 成
   立과 獨立運動史硏究』, 지식산업사, 1989, 108~112쪽.

13) 이에 앞서 남녀동권론의 대두는 갑신정변의 주역이었던 박영효가 1881년 1월
   고종에게 올린 자주적 개화를 간청하는 장문의 상소문에서 찾아질 수 있다.
   이 상소문에는 남편이 아내를 완력으로 대하지 말 것이며, 소·중학교를 설
   립하여 남녀아 6세 이상을 취학케 할 것이며, 남자의 축첩을 법령으로 금하
   게 하고 孀婦의 개가를 허할 것 등의 내용이 담겨져 있다. 이후 남녀동권론
   은 동학의 2대교주 崔時亨에 의해 보다 구체화되었다. 그는 '夫和婦順'을 동
   학의 제일 宗旨로 내세우며 남존여비의 통념적 사교를 과감하게 떨쳐버렸다
   (박용옥, 『한국여성독립운동』, 독립기념관, 1989, 18~21쪽).

14) Mrs. Choi Pil Ley, "The Development of Korean Women during the Past Ten Years",
   The Korea Mission Field, Vol.XVX, No.4(1923.11), Seoul, Korea, pp.222~223.

이 시기에 조선YWCA가 창설된 것을 결코 우연이 아니었다. 그만큼 여성 역량이 성숙되어 갔던 것이다. 여성 역량이 발전한 사실과 사례를 김필례는 다음과 같이 다섯 가지로 들었다.

첫째, 과거에는 아들에게만 교육을 시켰고 딸은 집을 지키는 것으로 생각하였으나, 이 시기에 이르러서는 딸에게도 교육을 시켜야 할 의무가 있다는 것을 깨닫기 시작했다는 것이다. 그리고 그 증거로써 10년 전인 1912년만 하더라도 보통학교에 3,889명, 중등학교에 291명이 다녔으나, 1922년에는 보통학생이 42,816명, 중등학생이 3,284명이라는 사실을 제시하였다.

둘째, 결혼생활에 있어서 새로운 자유를 갖게 되었다는 것이다. 옛날에는 결혼하기 전까지 상대자의 목소리조차 듣지 못하였으며 보지도 못하고 결혼을 승낙해야 했으나, 오늘날에는 약혼자끼리 자유롭게 대화할 수 있으며 자유롭게 자기 의견을 말할 수 있게 되었고, 뿐만 아니라 결혼을 안하고 살 수 있는 여자의 권리에 대해서도 차츰 인식이 되었다고 했다. 그러나 무엇보다도 큰 변화는 며느리와 시어머니 관계로 옛날의 시어머니는 노예적인 며느리의 지배자였으나 오늘날의 며느리는 그가 새로 들어간 집의 관리자요 협의자라는 것이다.

셋째, 사교문제로서 10년 전에는 처녀들은 머리서부터 치마를 쓰고 다녔으며 부인들은 장옷을 입고 다녔으나 지금은 아무런 것을 쓰지 않고 낮에도 외출할 수 있을 만큼 행동의 자유가 생겼다는 것이다. 뿐만 아니라 여자들은 아무런 비난을 받지 않고 전국에 걸쳐 일을 할 수 있게 되었다는 것이다. 도시나 마을의 부인들이 야학이나 유치원에서 책임을 맡고 있으며 몇몇의 정규학교에서도 교편을 잡고 있는 사실이 그것을 말해준다는 것이다. 10년 전만 해도 여자들은 보통학교 교사가 되기 힘들었으나 지금은 중학교 선생도 가능하고, 또 10년 전에는 교회에서의 여성들의 일은 여자 선교사에 의해 이루어졌으나 오늘날에는 한국여성들에 의하여 친히 이루어지고 있다. 교회 예산을 편성하는 데도 여성의 손이 미치고 있으며 전도부인을 위한 교육의 수준도 높아져 여성 집사나 주일학교 선생으로서 충분한 일을 담당하고 있다고 했다.

넷째, 사업면에서의 여성의 참가도 눈부신 변화를 보였다는 것이다. 전에는 여자들이 물건을 사는 것조차 금지되어 있었는데 이즈음에 커다란 여러 상점들이 여자들에 의해 경영될 정도로 여성의 사업 참여가 늘었다고 했다.

다섯째, 지난 10년간 여성단체의 성장은 한국 여성들의 사회적인 발전을 의미하고 있다는 것이다. 10년 전에 여성들의 단체는 존재하지 않았으나 1922년 현재 58개의 여성단체가 조직되었음은 여성의 성장을 말해주는 것이라 했다.[15]

즉 김필례는 교육, 결혼, 사회적 활동 및 위치와 역할, 여성단체의 출현 등을 들면서 1920년대초 한국여성의 역량이 10년 전에 비해 현저하게 성숙·발전한 실상을 설명하고 있는 것이다.

그런데 여기서 주목할 것은 이 같은 여성 역량의 성숙에는 기독교의 역할이 무엇보다 크게 작용하고 있음을 강조하는 점이고, 또 여성 역량의 표출인 여성단체들이 각기 기독교회나 기독교 조직과 연결되고 있음을 강조하고 있는 점이다. 사실 여성운동단체를 보면 기독교와 관련한 조직들이 주류를 이루고 있음을 살필 수 있다.[16] 즉 여성의 의식 개화와 역량 성숙에 기독교의 역할을 말해주고 있는 것이다.

이상에서 볼 때, 여성의 지위는 3·1운동 이후 현저하게 향상되었음

---

15) 李效再·鄭忠良, 「여성단체활동에 관한 연구」, 『이화여대 논총』 14집, 이화여대 한국문화연구원, 1969, 125~128쪽.
16) 趙東杰, 「3·1운동 전후의 民族知性」, 『韓國民族主義의 발전과 독립운동사 연구』, 지식산업사, 1993, 174~176쪽.

을 알 수 있다. 물론 19세기 말부터 개화운동의 조류에 따라 소수의 선
각적 부인들이 사회단체를 조직하면서 여성교육과 민족운동에 앞장서
기도 했지만, 일반적으로 여성이 독자적 지위를 차지하기 시작한 것을
3·1운동 이후 본격화되었다고 할 수 있다.

　3·1운동과 더불어 여성의 독립운동에 대한 참가는 비단 만세운동
뿐 아니라 비밀결사에 의한 적극적 투쟁으로 나타났다. 전국 각처에서
자생적으로 생겨난 여성 비밀결사가 헤아릴 수없이 존재했던 것은 그
러한 사실을 잘 말해주고 있다. 3·1운동 전까지만 하더라도 여성 비
밀결사라면 평양 숭의여학교를 중심한 松竹會 정도였으나, 3·1운동
이 일어난 1919년 한 해만 해도 대한민국애국부인회와 평양의 대한애
국부인회 등을 비롯하여 부인관찰단, 결백단, 부인향촌회 등 무수한 단
체들이 생성되고 있었다.17) 이러한 여성 비밀결사의 생성은 여성의 사
회적 역할 증대와 맥을 같이 하는 것이었고, 아울러 자유주의 이념이
확산·정착되어간 사회현상의 반증이기도 한 것이었다.18) 이들 여성은
임시정부의 독립운동을 계속 뒷받침하기 위해 지하조직으로 군자금
모집을 주로 담당했다. 그리고 1920년을 전후해서는 비밀결사뿐 아니
라 표면단체로서 여자청년회가 전국 각처에서 생겨나기 시작하였다.19)
이들 여자청년회는 비밀결사와 같이 독립운동을 표방하지는 않았지만,
여성의 사회적 역할이 제고되어 갔던 당시의 분위기를 보여주는 것이
었다. 그러한 분위기에서 1920년 조선여자교육협회의 전국순회강연의
활동은 여성운동의 새로운 출발을 알리는 신호탄이 되었다.

---

17) 장석홍, 「1920년대초 國內秘密結社의 성격」, 『한국독립운동사연구』 제7집,
　　1993, 7~11쪽. 이 무렵 생겨난 여성 비밀결사는 수십 개가 넘었다.
18) 趙東杰, 「3·1운동 전후의 民族知性」, 『韓國民族主義의 발전과 독립운동사
　　연구』, 지식산업사, 1993, 174~176쪽.
19) 朝鮮總督府, 『朝鮮治安狀況』(1922년), 179~180쪽.

이렇듯 1920년대에 들어서는 여성의 지위향상과 여성들에 의한 문화활동, 신앙활동이 부쩍 증폭되고 있었다. 그리고 식민지 악법이기는 해도 1921년 '朝鮮民事令'에 의해 여성의 법적 지위가 변화하였고, 일반 여성들이 구습에 얽매어 있으나 각 분야에서 여성생활의 변화는 현저하게 나타나기 시작했다.

국내에서 여성의 지위 향상과 더불어 기독교를 중심한 선각적 여성들은 여성운동의 구심체로서의 조직을 계획하고 구상해 갔다. 이때 구심적 역할이란 다름아니라 '기독신앙의 사회복음'을 의미하는 것이었고, 그에 대한 조직체의 필요성이 요청되었던 것이다. 이 무렵 전국 각처에서 생겨난 '여자기독교청년회'들이 그러한 현실요청의 반영이었다. 동아일보의 지상에 나타난 것만 하더라도, 평양여자기독청년회, 선천여자기독청년회, 대구여자기독교청년회, 진주여자기독청년회 등 수많은 조직들에 의해[20] 기독교 여성들의 모임이 조직화되고 있었던 것이다. 주로 교회를 기반으로 조직된 이들 단체는 YWCA 조직으로 생겨난 것은 아니더라도 기독신앙의 사회복음이라는 목적을 공유하고 있었던 것이다. 이러한 노력은 YWCA 탄생의 밑거름이 되는 것이었다. 그리하여 이들 조직은 YWCA 태동을 가능케 한 사회적 기반으로서 성숙되고 있었던 것이다. 그리고 이 무렵 세계YWCA의 흐름도 한국여성의 자생적 노력에 접근하고 있었다.

세계YWCA의 성장과 함께[21] 때마침 미국교회에 일기 시작한 해외

---

20) 『동아일보』 1920년 5월 15일, 1921년 3월 8일, 2월 8일. 이밖에도 이 무렵 『동아일보』의 기사를 보면 수십여 개의 기독교여자청년회가 생겨나고 있음이 확인된다.

21) 원래 YWCA의 기독교 정신적 기반은 여권운동이 서구를 풍미하던 1855년 영국 런던에서 자리잡기 시작했다. 서구에서 18세기부터 천부인권설을 사상적 배경으로 여자의 인권을 인정하지 않는 불평등에 도전하며 소수 여성들이 여성해방을 부르짖기 시작하였다. 이러한 운동은 19세기 중반에 이르러 여성의

선교의 붐을 타고 YWCA는 각 나라와 도시로 뻗어나갔으며, 1894년에
는 국제기구로서 세계YWCA가 조직되었다. 세계YWCA는 미국YWCA
의 재정적 뒷받침으로 인도YWCA를 돕기 위하여 간사를 파견한 일을
계기로 YWCA의 국제적 협조와 유대가 급속하게 발전하였다.[22]

　미국내에서 이렇게 성장하는 YWCA는 교회의 해외 선교활동이 팽
창되면서 국제적 여성기독운동으로 활동영역을 넓히게 되었다. 이로써
영국, 스웨덴, 미국, 노르웨이 등의 구미 YWCA들은 1894년 세계YWCA
라는 국제기구를 조직하였으며, 그 후 첫 사업으로 같은 해에 미국
YWCA의 재정적 뒷받침으로 인도YWCA의 조직을 돕기 위한 젊은 여
성을 간사로 파견하였다. 이렇게 시작된 YWCA의 국제적 협조와 유대

參政, 교육 및 노동의 권리를 요구하는 여권운동으로 구미 각국에서 전개되
어 갔다. 그러한 가운데 1844년 영국에서 교파와 국경을 초월한 기독교청년
회의 이념을 받아들여 기독교 정신을 부녀자의 실생활 문제와 사회행위에 적
용, 실천하려는 노력으로 YWCA가 시작되었다.

이때는 이미 영국의 산업혁명 이후 수많은 젊은 여성들이 농촌이나 고향의
가족을 떠나 구직차 도시에 몰려와 있으므로 저소득 근로 여성의 문제가 심
각하게 대두되었다. 그리고 산업화, 도시화에 따른 가정생활의 변화로부터 오
는 주부들의 여가문제 등 기혼, 미혼여성과 가정 및 직장 생활에 관련된 수많
은 문제들이 제기됨으로써 여성을 위한 조직 활동이 사회적으로 강하게 요청
되고 있었다. 미국 사회에서도 도시로 몰려든 직업여성들을 위한 기독교 정
신의 부흥운동이 일기 시작하였다. 1858년 뉴욕에서 로버트(Mrs. Marshall
Roberts)가 주동이 되어 기도단을 조직하였다. 이들은 직업여성의 육체적, 도
덕적 및 정신적 복지를 위해 노력한다는 목적 아래 종교집회를 이끌어 나갔
다. 이와 비슷한 종교적 활동은 미국 동부지방으로 빨리 번져 나갔으며 보스
턴 지역에서 1866년 미국에서는 처음으로 YWCA라는 명칭을 사용하게 되었
다. 주로 종교활동으로 시작된 이 단체들은 여성들의 다양한 문제와 요구에
따라 프로그램이 융통성이 있고 다양하게 전개되어 갔다. 즉 여성들의 건강
을 위한 보건체육과 오락활동, 심리상담 및 민주시민의 자질향상을 위한 조
직활동 교육과 자원지도자 양성 등의 광범위한 분야에 걸쳐 빨리 발전되어
갔다.

22) 광주여자기독교청년회, 『광주YWCA70년사』, 1992, 28~29쪽.

는 급속하게 발전하여 1906년에는 13명의 해외 간사를 파견하였으며, 1917년과 1921년 사이에는 170명의 해외 간사들이 중국, 일본, 인도를 포함한 동양 각국과 남미 여러 나라에 파견될 정도로 국제활동이 확대되어 갔다.

1920년 12월, 미국YWCA는 한국YWCA의 설립을 권장하기 위해 위원단을 파견하였다. 이들은 당시 정신여학교에서 교편을 잡고 있던 겐소(Mrs. John F. Genso)집에 머물면서 서울에 있는 기독교계의 지도층 여성들을 초대하여 YWCA의 이념과 조직활동 등을 소개하였다. 그러나 일제 식민지하의 상태였으므로 일본YWCA동맹의 지회로 조직되어야 한다는 조건이 있어 한국측에서는 단호히 거부하였다. 이러한 상황에서도 한국YWCA를 독립적으로 창설하고자 하는 의지는 변함이 없었다.

Ⅲ. 조선YWCA기성회의 성립

조선YWCA연합회는 1920년대 초부터 조직되기 시작한 각 지방 '여자기독교청년회'의 결성과 더불어 태동하기 시작하였다. 산파 역할은 주지하듯이 김필례·유각경·김활란 3인이 맡았다. 김필례가 YWCA를 접할 수 있었던 것은 1908년 일본유학 시절이었다. 학교 기숙사를 이용했던 그는 기숙사가 폐쇄되는 방학 중에 그 곳 YWCA 기숙사를 사용하면서 자연히 YWCA 분위기에 익숙해질 수 있었다. 그런 관계로 그는 학생YWCA 부회장을 지내기도 하였다. 귀국 후 그는 모교인 정신여학교에서 교편을 잡으면서도 YWCA를 세우기 위한 노력을 게을리하지 않았다. 그러던 중 아펜젤러(H. G. Appenzeller)의 소개로 이화학당 교사 김활란을 만나게 되면서 YWCA에 대한 조직 구상은 구체화되어

갔다.

한편 유각경은 1914년 북경 협화여전에 유학 중 학생기독교청년회 회원으로 일하면서 YWCA의 봉사사업과 기독친선정신을 일찍부터 경험한 바 있었고, 그 역시 국내에서 YWCA의 창설을 결심하였다. 그리고 이러한 그의 의지는 같은 뜻을 지니고 있던 정신여학교 동문 김필례와 자연스럽게 연결될 수 있었다.

그리하여 이들의 의지가 구체화되면서 얻은 첫 번째 결실은 YWCA 발기회였다. 이들 3인의 주동이 되었던 발기회는 1922년 3월 27일 결성여자교육협회에서 YWCA 창설에 뜻을 같이 하는 남녀 유지 30여 명이 모여 제1차 발기회를 열고, 여기에서 조선여자기독교청년회를 조직하기로 결의하기에 이르렀던 것이다.

그리고 임원 선출도 이루어져 회장에 유각경, 위원으로 김미리사 · 김필례 · 방신영 · 김샬로매 · 김경숙 등이 피선되었다.[23] 또한 이들은 YWCA 창설을 위한 작업의 일환으로 때마침 4월에 북경 清華大學에서 열리기로 되어 있는 세계기독교학생청년회(WSCF)총회에 김활란 · 김필례 등 2명을 보내기로 결정하였다.[24] 그리고 조선YWCA가 창설되기 까지는 미국YWCA의 도움을 받아야 한다는데 이의를 달지는 않았지만, 조직 운영의 원리는 독자성을 지켜야 된다는 기본 입장을 분명히 정리하였다.[25]

세계기독교학생청년회 총회에는[26] 세계 32개국의 대표들이 참가하

23) 『동아일보』 1922년 3월 29일(3).
24) YWCA연합회 소장 문건, 「조선여자기독교청년회 연합회 회록」, 1922년 참조.
25) 『매일신보』 1922년 3월 29일 3면.
26) WSCF의 북경대회에 앞서 아시아에서는 1907년 도쿄에서 열렸는데 이때 주요 관심사는 '아시아의 전도'에 있었다. 이때 아시아 기독학생들의 주요 슬로건은 '20세기를 동양인의 선교세기로 만들자!', '예수를 아시아의 왕으로 삼자!'는 것이었다. 그런데 1922년 북경대회에서는 '전도'의 개념이 이전과는 크게

였는데, 김활란, 김필례 양인은 새로운 비전을 배우는 한편, 회의의 주제에 영향을 받아 YWCA조직의 구상을 더욱 구체적으로 굳혀 나갈 수 있었다. 이 세계기독교학생청년회 총회는 사실상 조선YWCA연합회 창설은 물론 향후 탄생할 조선YWCA연합회의 지위를 결정짓는 중요한 자리가 되고 있었다. 이때 한국은 회원국이 아니었으나, 여자측으로 김활란·김필례가, 남자측으로는 이상재, 신흥우, 내쉬(W. L. Nash) 세 사람과 기자가 참석하였다.

4월 4일부터 9일까지 6일 동안 북경에서 열린 이 대회의 주된 과제는 '기독과 세계 개조'였다. 이 같은 주제의 제기는 당시 국제사회의 요구에서 비롯된 것이었다. 이 무렵 국제사회는 1차대전에서 제국주의 국가들의 반인륜적 참상을 겪고난 뒤 그 어느 때 보다 세계 개조의 분위기가 무르익던 때였다.[27] 이러한 상황에서 기독교는 기독의 정신으로 세계 개조에 앞장서야 한다는 분위기가 고조되고 있었다. 따라서 이 대회는 세계 개조의 동기를 마련하면서 세계 개조의 총기관으로 자임하려는 세계 각국의 기독청년들이 모인 것이었다.[28]

그리하여 이 대회에서 결의된 사항의 요지를 간추려 보면 다음과 같

변화를 보이면서 사회봉사와 사회운동을 위한 헌신이 강조되었다. 이와 함께 북경대회에서는 제국주의 국가대표와 식민지 민족대표가 함께 하는 자리가 만들어지고 있었다. 즉 인도인과 영국인, 필리핀인과 미국인, 중국인과 일본인, 한국인과 일본인이 회의에 참석하여 기독교 신앙을 바탕한 대화와 기도의 시간을 가질 수 있었다(광주여자기독교청년회, 『광주YWCA70년사』, 1992, 35~36쪽).

27) 당시 세계는 1차대전에 대한 반성으로써 사회정의와 인도주의 논리가 크게 부상하였다. 그것의 기본 논리는 개인과 민족과 인류가 모순없이 존재한다는 도의 체계로써 세계평화에 도달한다는 것이었다. 이러한 논리는 국외뿐 아니라 국내에서도 크게 영향되면서 민족운동의 새로운 이론으로 정착되어 갔다(조동걸, 「3·1운동 전후의 민족지성」, 앞의 책, 169~170쪽).

28) 李大偉, 「第十一次萬國基督敎學生同盟大會經過事項」, 『靑年』 2-5, 1922. 5, 53쪽.

다. 첫째 국제와 종족 문제였다. 즉 국제적 친선과 종족적 평등을 제창 실행해야 한다는 것이었다. 인류평등을 파괴하는 제국주의의 위력을 봉쇄한 기독의 정신으로 세계평화를 위해서 정의와 인도의 깃발을 들자는 것이었다. 그리고 둘째는 '기독과 사회 및 실업적 개조'를 실천해야 한다는 것이었다. 세계를 개조함에는 먼저 사회를 개조하여야 하고 사회를 개조함에는 개인을 혁신함에 있으니 기독교는 개인으로부터 세계적 종교가 된다고 하였다. 사회의 불량한 舊風과 舊慣習들도 타 종교를 쇄신하여 개량케 하도록 힘을 쓰는데 있으니, 세계적 유랑사회의 현상을 기독교에서 풀어야 한다는 것이었다. 그러므로 세계의 모든 청년들이 희생적 정신으로써 인류 행복을 향상시키는 데 복무해야 된다는 것이었다.[29]

결국 이 대회의 결의 사항을 종합적으로 보면 세계 개조는 정치, 무력, 과학의 힘으로 이루어질 수 없음을 1차대전의 결과를 통해 확인할 수 있으므로, 오직 기독의 정신으로 인도와 정의의 사회를 개조시켜야 한다는 것이었다. 이러한 인도와 정의의 세계 개조 분위기는 비단 이 대회에서 뿐 아니라 극도의 전쟁참상을 통해 인류 반성이 되던 시기의 일반적 현상이기도 했다. 이 때문에 제국주의의 식민지 지배의 모순이 정치집단이 아닌 이 같은 대회에서 보다 분명하게 드러날 수 있었던 것이다.

이때 김활란·김필례는 세계 각국에서 모인 기독교계 지도자들과 만나 조선YWCA의 창설에 대한 의견을 제시하고 협조를 요청하였다. 그러나 세계YWCA 실행위원회나 미국YWCA 외국부에서는 일본YWCA 동맹의 허가를 전제하지 않고서는 어렵다는 입장을 견지하였다.[30] 그

29) 李大偉, 「第十一次萬國基督教學生同盟大會經過事項」, 『靑年』 2-5, 1922. 5, 55~56쪽.
30) 김활란, 『그 빛속의 작은 생명』, 여원사, 1965, 98~101쪽.

리하여 김필례는 이 회의에 참석한 일본YWCA 총무 가와이 미치코(河合道子)를 만나 조선YWCA 설립에 따른 일본YWCA의 협조를 요청하는 담판을 벌인[31] 결과, 세계YWCA에 단독 가입한다는 조건과 한국에서 가입신청서를 제출할 때는 단독 가입동의서를 첨부하여 준다는 약속을 받아낼 수 있었다.[32] 이렇게 해서 조선YWCA는 조선YMCA가 단독으로 세계연맹에 가입하지 못한 채 중국YMCA연맹과 자매관계를 맺어 간접적으로 가맹했다가, 망국 후인 1913년에 일본YMCA에 예속됐던 것과 같은 전철을 밟지 않을 수 있었다.[33]

이와 같은 성과를 거두고 북경회의에서 돌아온 김필례, 김활란은 국내의 기독교 지도자들에게 상황을 보고하고 조선YWCA의 조직 작업을 더욱 가시화시켜 갔다. 이 해 4월 20일에는 서울 이화학당에서 제2차 발기회가 다시 열렸다. 여기에서는 YWCA 창설을 위한 청년회 女子夏令會 개최에 대한 문제가 다루어져 하령회 임원으로 회장 김활란, 부회장 방신영, 총무 김필례 등이 선출되었다.[34]

이들은 제3차 발기회를 5월 4일 중앙YWCA회관에서 열어 YWCA조직 움직임에 박차를 가했다.[35] 이때, 이들은 "이 불우한 시기에 처해

---

31) 이때 김필례는 만약 일본측에서 요구에 응하지 않으면 3·1운동 때 일제가 잔학하게 만행한 '제암리사건'의 진상을 폭로하겠다고 함으로써 이에 놀란 일본측은 김필례의 요구에 따랐다고 한다.

32) 김필례, 「하령회의 유래」, 『YWCA월간』 제4권 제5호, 1956. 7, 14~18쪽.

33) 전택부, 앞의 책, 159~163쪽.

34) 『조선여자기독교청년회연합회 회록』(1922. 4. 20)에 의하면 1922년 4월 20일 하오 3시에 경성 정동 이화학교 내에서 여자기독교청년회 제2회 발기회가 열리고, 임시회장 김활란을 비롯하여 남녀 40여 명이 참가한 가운데 여자 하령회에 대한 개최 건을 다루고, 하령회 임원을 다음과 같이 선정했다고 한다. 회장 김활란, 부회장 방신영, 총무 김필례, 서기 김합라·김산라미·김해나, 회계 김산라미.

35) 경성종로중앙기독교청년회관 내에서 열린 제3회 여자기독교청년회 발기회에는 20여 명이 참석하였고, 여자 하령회 경비문제를 의논하여 그 자리에서 회

있는 전 국민의, 특히 여성들의 각성을 촉구해야 한다"는 것에 의견을 모았고, 조선YWCA 조직의 첫 방법으로 하령회 개최를 결정했다. 그리하여 1922년 6월 13일에는 협성여자성경학원에서 전국의 공사립 고등여학교 대표와 각계 여성단체 대표 65명이 참가한 가운데 제1회 조선여자기독교청년회 하령회를 개최하고 하령회 마지막 날인 22, 23일에는 발기총회를 열었다.

이때 하령회에서는 "새로운 정신을 가지고 조선사회를 위하여 일하고자 하는 여자들에게 일층 원기를 주고 자각을 주기 위한" 각종 교육 프로그램과 함께 여성운동을 위한 의식이 크게 고조되었다.[36] 그리고 아펜젤러의 '세계 여성들의 책임'이라는 주제 강연은 많은 여성들에게 세계로 향한 눈을 뜨우고 깊은 감명을 주었다. 또한 YMCA 총무 신흥우의 인도 아래 우리 삶을 주관하는 예수 그리스도의 사랑과 봉사와 헌신에 대하여 감사하고 승복하는 예배 모임을 가졌다. 그리고 마지막 이틀 동안에는 당시 논란이 되었던 축첩과 이혼, 공창문제에 대한 토의와 함께 YWCA 창설을 구체적으로 검토하고 만장일치로 가결하여 '조선여자기독교청년회연합회기성회'가 발족되기에 이르렀다. 당시 선출된 임원 및 위원은 다음과 같다.[37]

회장 방신영, 부회장 홍에스터, 총무 김필례, 서기 김합라 · 신의경, 재정위원 유각경 · 박양빈 · 김경라미 · 박용애[38]

원 일동에게 의연금을 거두어 5백여 원을 모을 수 있었다. 그리고 제반 하령회 준비에 대한 안건을 임원회에 위임키로 했다고 한다(『조선여자기독교청년회연합회 회록』 1922년 5월 4일).

36) 『동아일보』 1922년 5월 11일(3).

37) YWCA연합회기성회의 창립 회장인 방신영이 그 해 12월에 사임함으로써 후임 회장에는 유각경이 보선되었다.

38) 『조선여자기독교청년회연합회 회록』 1922년 6월 23일.

그리고 새롭게 조직할 여자기독청년회 규칙을 작성키로 하고, 김활란 · 김필례 · 마제시 · 김보원 · 신의경 등을 규칙 제정위원으로 선정하였다. 다음날 6월 23일에는 규칙 제정위원이 작성한 규칙을 심의하여 약간의 정정을 거친 뒤, 임원회에 위임하여 규칙을 발행케 하였다. 그리고 순회자 1인을 택하여 전국 각처를 돌면서 본회를 선정하여 조직을 결성케 하고, 그 대표로 김필례를 뽑았다.[39] 연합회기성회의 발족을 계기로 조선YWCA의 조직 운동은 한층 본격적으로 추진되어 나갔다.

IV. 조선YWCA연합회의 창설

기성회의 성립 이후 YWCA의 조직에 대한 내용은 「조선여자기독교청년회연합회기성회 사업정항보고」에 잘 나타나 있다. 기성회 성립 직후인 1922년 6월부터 제2회 하령회가 열리는 1923년 8월 18일까지 약 1년 동안의 활동 상황을 이 보고서에 따라 살펴보면 다음과 같다. 먼저 회원으로 가입된 지방YWCA와 학생YWCA는 다음과 같이 12개였다.[40]

  1) 지방청년회
   (1) 청주기독교여자청년회
   (2) 경성여자기독교청년회
   (3) 대구여자기독교청년회
   (4) 선천여자기독교청년회

  2) 학생청년회
   (1) 개성 호수돈여학교학생기독교청년회

---

39) 『조선여자기독교청년회연합회 회록』 1922년 6월 23일.
40) 『조선여자기독교청년회연합회 회록』 1923년 8월 18일.

(2) 마산 의신여학교학생기독교청년회

(3) 경성 정신여학교학생기독교청년회

(4) 경성 이화여학교학생기독교청년회

(5) 경성 협성여성경학원학생기독교청년회

(6) 동대문 부인병원간호원양성소학생기독교청년회

(7) 원산 信貞여학교학생기독교청년회

(8) 원산 여성경학원학생기독교청년회

이들 지부는 기성회 성립 이후 연합회 창립 때까지 가입된 지부들이 었다. 이렇듯 조선YWCA는 상부 조직인 연합회기성회가 먼저 조직되고 그 지부를 가맹시키는 양상을 띠었다. 이에 대해서는 뒤에서 다시 상술하겠지만, 어쨌든 YWCA의 조직운동은 기성회 성립 이후 급속히 지방으로 확산되어 갔음을 알 수 있다. 지방조직의 성립은 곧 YWCA 연합회의 기반이 되었다.

기성회는 신흥우·아펜젤러 등을 고문으로 추대하였고, 7월 경에는 종교계와 일반 사회의 지도급 유지 31명을 찬성원으로 규합할 수 있었다. 이어서 찬성원회를 소집하여 여자 하령회 경과 사항을 보고하고 조선YWCA연합회기성회가 조직된 사실을 알림으로써, 찬성원회 당일 지방조직에 착수할 순회 비용과 청년회규칙 및 각종 서류의 인쇄에 필요한 소요 경비 500원의 절반을 거둘 수 있었다.[41]

이 해 11월 5일에서 12월 14일까지 총무 김필례가 전국의 도시 즉 진주·마산·대구·청주·선천·평양·진남포·해주·재령·개성· 인천·함흥·원산·목포·경성·광주 등 17곳을 순회하며 고등여학교와 일반 여성계를 상대로 조직 작업에 착수하여 각지에서 지방 YWCA를 조직할 수 있었다.[42] 지방 순회를 마치고 돌아온 김필례는

---

41) 위와 같음.

동년 12월 21일에 종로 중앙청년회관에서 '조선여자기독교청년회연합회기성회 전선순회보고회'를 여는 한편 사회 일반에 동회를 크게 선전하였다.[43]

한편 연합회기성회는 회관을 처음부터 세울 수 없는 처지였으므로 연지동 136번지의 서양선교사 하트니스의 집을 본회 사무실로 차용하였다. 기성회 임원들은 경성여자기독교청년회 임원과 힘을 합하여 공동 명의로 YWCA연합회기성회의 상황을 미국YWCA에 보고하여 원조를 요청하기도 했다. 이와 때를 맞추어 미국과 세계YWCA의 인사들이 한국을 내방함으로써 조선YWCA연합회 조직은 더욱 원만하게 이루어질 수 있었다. 미국 '시카고 헐하우스' 창립자 아담스가 한국을 방문하여 YWCA연합회기성회의 주최로 「여자계에 신운동」이라는 연제로 강연회를 열었으며, 동시에 세계YWCA연합회 총무 미스 열맨이 한국을 방문하여 기성회의 주최로 「여자기독교청년회의 유래와 목적」이라는 제목으로 강연하면서 YWCA연합회 창설의 분위기는 무르익어 갔다.[44]

그런 와중에 기성회에는 임원 변동이 있었다. 기성회 성립 직후인 7월에 회장에 선임되었던 방신영이 사임함으로써 전국 각처의 순회가 끝날 무렵인 12월 경에 후임 회장으로 유각경이 선임되고 김영순이 회계를 맡았다.[45] 이에 앞서 1923년 3월 경에 부회장 홍에스터가 사표를 제출한 바 있는데, 이때 하복순을 부회장으로 보선하고 조직을 정돈하였다.[46]

기성회가 발족된 지 1년 뒤인 1923년 8월에는 다시 제2회 하령회를

---

42) 위와 같음.
43) 이때 YWCA임원들은 각지의 청년회를 단합하기 위해서 「Meaning of Prayer」를 택술하여 각 청년회에 발송하면서 지방의 조직을 독려하였다.
44) 『조선여자기독교청년회연합회 회록』 1923년 8월 18일.
45) 위와 같음.
46) 위와 같음.

개최하였다.47) 이것은 연합회기성회의 제2회 총회를 겸한 것이기도 했
다. 1923년 8월 20일부터 28일까지 9일 동안 협성여자성경학원에서 열
린 연합회기성회 제2회 총회는 기성회 발족 이후 1년 동안의 사업을
점검하고 향후 연합회기성회의 새로운 방향을 결정하는 매우 중요한
의미를 지니는 회의였다. 이때 모인 사람들은 회장 유각경을48) 비롯하
여 전국 각처의 지방·학생YWCA 대표자 약 80여 명으로서, 성황을 이
루었다. 이 자리에서는 그동안 기성회 사업을 위해 집행한 회계보고
와49) 일부 지방·학생YWCA의 활동보고도 이루어졌다. 이때 학생
YWCA에서는 개성 호수돈, 원산 신정, 대구 신명, 부산 日新 대표 등이
그동안의 상황을 보고하였다. 아울러 새로운 회원 가입도 이루어져 원
산YWCA, 평양YWCA, 안주YWCA가 본회에 가입하기도 했다.50)

　이 모임에서 가장 중요한 점은 조선여자기독교청년회연합회란 정식
이름으로 조선YWCA연합회가 탄생하게 된 것이었다.51) 그것은 이 하
령회에서 기성회 발족 이후 1년간의 YWCA운동에 관한 제반 사항들을
처리하면서 제4일째 되는 날인 8월 23일에 이제까지의 기성회란 이름
을 떼고 '조선여자기독교청년회연합회'를 창립했던 것이다. 연합회의
창설과 더불어 이들은 먼저 헌법 제정에 착수하였다. 이때 헌법제정위

---

47) 기성회에서는 제2회 하령회 경비로 천원을 예산하고, 본회의 찬성원과 그 외
　　유지 인사들에게 의연금을 청구함으로써 사전에 하령회에 대한 선전물을 작
　　성 광고하였다(『조선여자기독교청년회연합회 회록』 참조).
48) 제1회 하령회 회장 김활란은 이때는 미국 유학 중에 있었다. 따라서 기성회
　　회장 유각경이 겸했던 것으로 보인다.
49) 1년간 기성회의 총수입은 8백 28원 5전이고, 총지출액은 5백 94원 81전이었
　　다. 이때 재정검사위원으로 김성모·문인순을 선정하고 회계부를 검사하였
　　다.
50) 『연합회 회록』 참조.
51) 창립총회는 김필례의 제청과 참석회원의 만장일치로 이루어졌다(앞의 『회록』
　　참조).

원으로는 김필례·황에스터·유각경·신의경 등 4명이 선정되었다. 그리하여 YWCA연합회는 법적 체제를 이루게 되었으며,[52] 헌법에 의해 조직을 구성해 갔다. 우선 방신영·김정임·김성실·김성모·이선애·김경숙·박석근·옥어진 등 8명이 연합위원을 선거하는 천거위원으로 뽑혔고 이들에 의해 유각경·김합라·신의경·김성실·하복순·김영순·김성모·이선애·채광덕·황에스터·조숙경·방신영   등이 연합위원으로 선출되었다.[53]

이 날 선임된 YWCA연합회의 창립임원은 회장 유각경, 부회장 김합라, 서기 신의경, 부서기 김성실, 회계 하복순, 부회계 김영순이었다. 이때 총무는 무급으로 두되 유각경이 임시로 겸임하기로 했다.[54]

이렇게 해서 역사적인 '조선여자기독교청년회연합회'가 창립됨과 동시에 임원들도 선출되어, 한국여성운동에 새로운 장을 열게 되었다.

V. 조선YWCA연합회의 조직

일반적으로 연합회란 각 단체들이 모여 이룩한 회의체이기 때문에 지회격인 단체들이 먼저 결성되고 그런 단체들이 모여 연합회를 결성하는 것이 통상적인 관례다. 그러나 YWCA연합회는 그렇지 않다. 지방 혹은 지회의 단체들이 모여 만든 것이 아니고, YWCA연합회가 먼저 발족되고 그 후에 지방의 YWCA가 조직되어 갔던 것이다. 이는 한국 YWCA 조직의 특성을 나타내는 것이었다. 즉, 지방의 조직 대표들이 중앙에 모여 동일한 목표 아래 YWCA연합회를 결성할 만큼 지방에서

---

52) 유감스럽게도 창설 당시의 헌법은 현재 남아 있지 않다.
53) 『연합회 회록』 참조.
54) 『연합회 회록』 참조.

YWCA가 조직되지 않은 상태였을 뿐 아니라, 그것을 연합할 중앙의 구심적 조직도 없는 상태였다고 하겠다. 그렇지만 교회를 중심으로 생겨나고 있던 여성들의 모임은 YWCA의 조직은 아니었다 하더라도 YWCA 조직의 1차적 기반으로서 조성되어 있었다. 따라서 이러한 상황 아래 중앙의 선각적 기독여성들에 의해 먼저 YWCA연합회가 결성되고, 지방과 선교학교들을 중심으로 커나가던 기독여성들의 모임이 자연스럽게 YWCA지부로 편입 또는 성립될 수 있었던 것이다.

앞서 보았듯이 1923년 제2회 하령회 때 종래의 기성회는 정식으로 연합회로 발족하게 되었다. 따라서 제2회 하령회는 YWCA연합회 제1회 정기총회를 겸하게 된 셈이었다. 이때 연합위원과 임원들이 선출되면서 YWCA연합회의 사업에 대한 안건들을 다루고, 또한 향후 YWCA 사업의 방향 등이 결의되었다.[55]

---

55) 이때 연합위원에 의해 심의·결의된 사항들은 다음과 같다.
  1. 경비 : 1년 예산액 1천 6백 원
  1) 수입 방침
  가. 본회 목적을 선전하며 기부금 청구하기 위하여 전선을 순회하며 강연하되 연사는 조숙경·이선애·유각경·김성모로 정함(1천 원)
  나. 본회에 가맹한 각 청년회 부담금(360원)
  다. 연합위원의 月捐金(120원)
  라. 고문과 명예총무의 의연금(60원) 합계 1,540원
  2) 지불부
  가. 회부 1개월 선금(50원)
  나. 명년 하령회(300원)
  다. 통신교제비(50원)
  라. 총무와 반일 시무할 서기의 연봉(1,200원) 합계 1,600원
  2. 회보 발행할 사안
  잡지는 다대한 금전이 요구되는 고로 회보를 간단히 발행하고 내용은 祈禱工課, 각 지방 소식, 논설 같은 것을 매부 약 20개씩 되게 함
  3. 순회 사안
  본회에 가맹한 각 청년회는 강연단 출발할 시에 겸하여 각 청년회 정정을 시찰케 함. 이 밖에 회장이 새로운 안을 제출하니 토의하여 다음과 같이 결정한

YWCA연합회의 최고의결기관은 각 시 YWCA 대표 및 학생 YWCA 대표들이 참석하여 열리는 총회이다. 정기총회는 매년 1회씩 열기로 되어 있으며, 보통 하령회를 겸하여 열렸다. 그리고 총회에서 선출된 연합위원으로 구성되는 연합위원회와, 집행기구로서 회장, 부회장, 총무 각 1인과 서기, 회계 각 2인으로 구성되는 임원회가 있다. YWCA연합회의 방향과 정책 결정은 총회와 연합위원들로 구성되는 연합위원회에 의해서 이루어지고 있었다. 총회에서 선임된 임원들이 의결기구에서 위임한 안건들을 중심으로 한 해 동안의 모든 사업을 실행하였다.

총회는 창립 이후 1930년까지 매년 하령회와 함께 열렸으나, 1930년 전국대회에서 하령회는 매년, 총회는 2년마다 한번씩 열기로 헌장을 개정함으로써 YWCA가 해체되는 1941년까지 2년마다 계속 개최되었다.[56]

연합위원회는 매년 열리는 총회와 하령회를 주관하며 그 구성원인 연합위원은 8~12명으로 구성되며, 매년 총회 때 회원의 투표에 의하여 선정된 공천위원들이 연합위원을 천거하고 총회가 이를 인준하였다. 집행부의 임원은 연합위원회에서 선출하였다. 집행기구의 임원으로는 회장·부회장·서기·부서기·회계·부회계를 두었고, 총무와 각 부서에 간사제도를 두었다. 각 부서로서는 종교부·사업부·체육부·음악부·교육부·회우부, 그리고 1928년부터는 농촌부를 새롭게

다.
1) 물산장려 : 외출 시에는 결코 토산물 의복을 입을 것이오 또 선전할 事
2) 교육문제 : 일반 회원은 여가대로 야학·강습·유치원을 설시하고 교육이
보급되도록 노력하며 가정에서 개인 교수라도 하여 무한 자를 가르칠 일.
3) 금주금연
56) 『대한여자기독교청년회연합회회록』 1922~1950, 참조. 1936년 총회 때 다시
매년 열기로 결정한 일도 있으나 실행에 옮기지는 못하였다.

두었다. 이 밖에 고문과 명예총무 제도를 두었다.

연합회의 회원은 수세·연령 및 회비에 따라 4종으로 분류되었는데, 수 여부와 연령에 따라 정회원, 준회원의 2종으로 나뉘고 다시 다음과 같이 4종류로 나누었다.

평생회원 : 15세 이상인 여성으로 100~200원의 회비를 일시불한 자.
유지회원 : 매년 6원의 회비를 내는 자.
보통회원 : 매년 10~20원의 회비를 내는 자.
명예회원 : 연령이나 회비에 관계없이 지방에서의 여러 교회의 지도
　　　　　자.57)

支部로는 도시를 비롯한 지역 단위의 지방 YWCA와 학생 YWCA를 두었다. 학생 YWCA는 학교별로 조직되고, 학교소재의 지방 YWCA에 소속되지 않고 지방 YWCA와 동등한 자격으로 연합회에 가입하여 지부의 지위를 차지하였다. 초기에는 전문학교와 중등학교의 학생 YWCA가 구분이 없었으나, 1936년 이후에는 학생 YWCA도 전문부와 중등부로 나뉘어졌다.

VI. 연합회 창립 임원의 성격

앞에서 보듯이 YWCA연합회의 창립임원은 회장 유각경, 부회장 김

---

57) 회원의 권리와 의무는 다음과 같다.
　　1. 정회원은 선거 및 피선거의 권이 유하며 그 외 각항 권리는 준회원과 정회원이 동일함.
　　1. 본회 회원은 집회에 출석하며 회비를 납입할 의무가 유함.
　　1. 회원은 본회 이사부 지도하에 재하여 본회 목적을 달하기까지 진력함(「조선경성기독교여자청년회 규칙」 참조).

합라, 서기 신의경, 부서기 김성실, 회계 하복순, 부회계 김영순 등이고, 여기에 창립의 주역인 김필례·김활란과 연합위원인 채광덕·황에스터·홍에스터 등을 꼽을 수 있다. 그러면 이들의 인적 사항을 통해 창립 임원들의 성격을 살펴보기로 한다.

유각경

YWCA연합회 창립 회장인 그는 1892년 6월 14일 서울에서 출생했다. 개화집안에서 성장한 그는[58] 1910년 정신여학교를 4회로 졸업한 뒤, 장로교 여선교사의 주선으로 북경에 유학하였다. 1914년 북경 協和女專서 유학 중 그 학교의 학생기독교청년회 회원으로 활동하면서 YWCA의 봉사사업과 기독 친선 정신을 배우고 돌아와 이 사업을 창설하기로 결심하였다.[59] 1914년 귀국 후 정신여학교에서 교편을 잡으면서 은사인 겐소 부인(Mrs. Mable Genso)의 협조를 얻어 한국에서 YWCA 창설 준비를 시작했다. 1918년 결혼하여 개성에서 살던 그는 서울과 개성을 왕래하다가 1922년 남편이 유학을 떠나자 서울에 올라와 YWCA 창설 작업을 본격적으로 전개했다. 1922년 3월 27일 첫 번째 발기회에서 임시회장을 맡았고, 최초의 유급 총무로서 일하였다. 그는 당시 YWCA 사무실로 빌려쓰고 있던 대화여자관에서 북경에서 배운 아동교육(보육과)을 살려 유치원을 개설하였다. 경성YWCA를 주도적으로 조직하고 회장과 전임총무를 역임하면서도 도서관 건립과 기숙사 경영에 남다른 힘을 쏟음으로써 YWCA의 사회활동에 앞장섰다.[60] 1924년 상해에서 열린 YWCA 트레이닝코스(School of Method)에서 훈련을

---

58) 유길준이 큰아버지이고, 보성교장을 지낸 유성준이 아버지가 되며, 연희전문 교수 유억겸과는 사촌간이 된다.
59) 유각경, 「YWCA와 나」, 『YWCA 월간』 제7권 제7호, 1959. 8, 4~8쪽.
60) 『기독신보』 1924년 4월 16일(3)1.

받고 돌아와[61) 조선YWCA의 연구와 계획을 주도하였다. 1932~1936년 연합회 회장, 1935~1940년 조선여자기독교절제회 회장을 역임했으며, 1937년 미국에서 열린 여자기독교절제회 세계대회에 한국대표로 참석했다. 1937~1947년 대한예수교장로회 여전도회 회장을 지냈다.

김필례

YWCA연합회 초대 총무인 그는 1891년 11월 19일 황해도 소래에서 첫 번째 교회 여전도사인 어머니의 9남매 중 막내로 태어났다. 그의 집안은 독실한 기독교 가정이었고, 또한 독립운동과도 관련이 깊은 집안이었다. 언니 김순애와 형부인 김규식, 오빠 김필순, 그리고 김노득과 조카 김합라, 김마리아(대한애국부인회 회장) 등은 독립운동에 종사하였다. 그는 1907년 정신여학원을 1회로 졸업 후 1908년 6월에 동경으로 유학했다. 그곳에서 일본어와 심상소학교 과정을 속성으로 마친 다음 1909년 4월에 동경여자학원에 입학하여 서양사를 공부하였다. 이곳에서 그는 YWCA를 접하였다. 그는 고등부 시절 세례를 받음과 함께 학생 YWCA에 가입하여 임원이 되었다. 그의 오빠 金弼淳[62)이 '105인 사건'에 연루되어 만주로 망명함에 따라 학비 조달이 어려워지자 동경여자학원 동창회의 장학금과 동경유학생회의 학비 보조금을 받아 학업을 마칠 수 있었다. 그는 1916년 귀국하여 모교인 정신여학교에서 서양사를 가르치면서 YWCA 창설을 위한 방법을 모색하는 한편 동지 규합에 힘을 쏟았다. 또한 교장 루이스(Miss M. L. Lewis)와 이화학당 교장 아펜젤러 등에게 YWCA 창설에 관한 자문과 협조를 구하기도 했다. 그리고 이때 아펜젤러의 소개로 김활란을 만날 수 있었다.[63)

---

61) Rhodes, H.A., *History of the Korea Mission Prebyterian Church, U.S.A(1884-1934)*.

62) 김필순은 세브란스 의학전문을 1회로 졸업하고 교감, 의예과장 등으로 15년 간 재직하였다.

그 후 1920년 미국YWCA 위원들이 내한했을 때 그는 이들 위원들과 접촉했으나, 미국 위원들이 일본YWCA동맹에 종속된 한국YWCA 조직을 종용하는 데 반해, 독자적인 YWCA 조직을 주장했으므로 뜻을 이룰 수 없었다. 그러나 포기하지 않고 계속 노력하던 중[64] 1922년 3월 북경 청화대학에서 열린 세계기독교학생대회에 김활란과 함께 참석할 수 있었다.

이때 김필례는 일본YWCA총무 가와이 미치코에게 "독립된 한국 YWCA의 창설"을 승인해 주도록 요청하였다. 비록 식민지의 상태였다고 해도 독립된 조직의 사례가 없었던 것이 아니었다. 당시 캐나다나 인도는 영국의 속령이었지만 독립된 국가 단위로서 가입되었던 것이다. 앞서 보았듯이 YWCA연합회 창설 직후 그는 순회총무로서 5개도시 11개 여학교를 순회하면서 지부 설치를 위해 크게 활동했다. 창립 초기 14개 지부를 설치하는 데 그의 역할은 거의 절대적이었다. 그리고 직접 광주YWCA를 창설하고 초대총무를 맡았다.[65] 그는 1927년 渡美하여 컬럼비아 대학 대학원에서 공부하는 중에도 연합회 회관 건립을 위한 미주지역 모금운동을 펼쳤다. 귀국 후 그는 YWCA연합회 연합위원으로 활약하는[66] 한편 광주 수피아여학교와 정신여학교 교장 등을 역임했다. 일제 치하에서는 신사참배, 창씨개명 문제로 경찰에 끌

---

63) 아펜젤러는 김필례에게 "조선에서 YWCA를 창설한다는 것은 매우 기쁜 일이나 외국인이 앞에 나서면 좋지 않으니 우리 헬렌 선생을 데리고 가라."고 하며 김활란을 소개하였다고 한다.
64) 그는 이 무렵 첫 아들을 잃었으며, 또한 남편이 1921년에 미국 유학을 떠나자 광주와 서울을 왕래하면서 YWCA 조직 창설에 더욱 힘을 기울였다(이기서, 『교육의 길 신앙의 길 - 김필례 그 사랑과 실천 - 』, 1988, 142~145쪽).
65) 광주여자기독교청년회, 앞의 책, 38~42쪽.
66) 「여자청년회의 消息」, 『靑年』 9-11, 1929. 12, 9쪽. 광주수피아여학교 교장으로 있으면서도 연합위원의 일을 맡았던 김필례는 조선기독교청년회연합회 학생부 주최의 학생상황연구회의에 참석하였다.

려가 고초를 당하였고 사람들을 선동한다는 트집을 잡아 3년동안 교회
마저 다니지 못하게 방해를 받았고, 1937년경부터는 YWCA연합회와도
관계를 멀리한 채 일제 말에는 농사일에만 전념하면서 번역과 저술에
몰두하다 해방을 맞았다.

김활란

조선YWCA연합회 발기회 회장인 그는 1899년 2월 27일 제물포에서
金鎭潤과 박또라의 8남매 중 일곱째로 태어났다. 독실한 기독교인이었
던 어머니에 의해 일곱 살에 세례를 받고 어머니의 투철한 신앙에 크
게 영향받으며 성장했다. 1918년 이화학당 대학과를 졸업하고, 이화학
당에서 교편을 잡는 한편, 1920년에 김보린 · 홍에스터 등과 함께 7인
전도대를 만들어 평양, 안주 등 북부지방을 순회하면서 전도활동을 폈
다. 한편 이화학당의 以文會를 통해 단체 경험을 쌓은 바 있었고, 1922
년 아펜젤러의 소개로 김필례를 만나면서 YWCA 창설 작업을 구체화
시켜 나갔다. YWCA기성회 창설 직후 미국 유학의 길에 올라 오하이
오 웨슬리안 대학을 우등으로 졸업하였다. 그리고 1924년 세계YWCA
협회에 한국측 대표로 참석, 한국의 가입을 신청하고 승인을 얻어냈
다.[67] 앞서 보았듯이 YWCA연합회는 제2회 총회 때 1924년 5월 워싱턴
D.C.에서 열린 세계YWCA임원회에 회원국 승인요청을 결의하였고, 김
활란을 대표로 위임하였다. 그리하여 김활란의 활약으로 조선YWCA연
합회는 세계YWCA로부터 개척회원국(Pioneer category)으로 가입될 수
있었다. 이후 뉴욕에서 열리는 하기 YWCA 지도자 강습학교에서 6주
간의 강습을 받기도 했다. 1925년 7월에 귀국하여[68] 동년 8월의 정기

---

67) 김활란, 『그 빛속의 작은 생명』, 여원사, 1965, 130~131쪽.
68) 『동아일보』 1925년 7월 13일(2).

총회에서 회장으로 선출되어 YWCA연합회를 이끄는 한편, 1926년 4월
부터는 이화학당의 학감을 맡기도 했다.

그는 YMCA와 함께 구미 농촌시찰을 다녀오기도 했으며, 1931년에
는 컬럼비아 대학에서 조선·덴마크·러시아·미국 등 농촌교육에 관
한 「조선부활에 대한 농촌교육」이란 논문으로 철학박사 학위를 받았
다. 1931년 12월 귀국 후 조선YWCA연합회의 총무와 위원장을 역임하
면서 YWCA 활동을 이끌었다.[69] 그리고 1939년 4월에는 이화여전의 7
대 교장에 취임하였다.

김성실

YWCA연합회 창립 당시 서기를 맡았던 그는 이화학당 출신으로
1924년 미국 뉴욕YWCA 사업을 시찰 연구하는[70] 한편, 메사추세츠에
있는 마운트홀리욕 여자대학에 입학하여 1929년 여름에 대학을 졸업
하고 귀국하였다.[71] 귀국 후 1930년 YWCA연합회 巡行總務로 활동하
였다. 이때 그는 전국 각지를 순회하면서 강연활동을 펴는 한편 원주
YWCA 조직에 큰 힘을 쏟기도 하였다.[72] 1932년에는 부위원장을 맡았
다.

황에스터

1892년 4월 19일 평양 외성에서 출생했다.[73] 이화학당 중등과를 졸

---

69) 『靑年』 12-1, 1932. 1, 15쪽.
70) 이때 그의 미국행의 여비로는 민영휘가 1천 원을 희사했다고 한다.
71) 「개인소식」, 『靑年』 9-9, 1929, 3쪽.
72) 『기독신보』 1929년 11월 27일.
73) 본관은 제안, 부친 황석청, 모친 홍유례 사이의 2남 6녀의 넷째 딸이다. 조부
    는 평양감사 민영휘 아래에서 감찰벼슬을 지냈고, 민속무용연구소를 개시했
    던 황인덕과 중앙여자고등학교 재단이사장인 황신덕이 그녀의 아우이다.

업한[74] 뒤 동경여자의학전문학교에 유학하던 중 1919년 2월 8일 독립
선언에 참가한 경력을 가지고 있다. 1913년 평양 숭의여학교의 비밀결
사 송죽회에서 활동한 그는 동지들과 함께 3·1운동에 참가했다가 일
경에 붙잡혀 옥고를 치르다가 1919년 8월 4일 예심면소 결정으로 김마
리아와 함께 출옥하였다.[75]

출옥 후 그는 김마리아와 함께[76] 비밀결사 대한애국부인회를 재건
하고 독립운동을 전개하였다.[77] 그러다가 1920년 초 일경에 피체되어
대구감옥에서 복역하다가 만기 출옥 후 다시 이화전문에 입학하여 졸
업한 뒤, 동교에서 교편을 잡던 중 YWCA연합회 회장에 선출되었다.
이후 1925년 미국에 건너가서 컬럼비아 대학 문학부 교육과를 졸업하
고, 동대학에서 농촌문제를 연구하다 미국 각지의 농촌을 돌아보고
1929년에 귀국하여 YWCA 농촌부 간사의 일을 맡으며 농촌사업에 노
력하였다.[78] 1929년 4월에는 감리교 여자신학교 농촌과장에 취임하였
고, 농촌계몽부대를 만들어 농촌 실태조사를 했으며, 1930년 여름방학
에는 수안·수원·신원·곡산·예산에 각각 책임자를 보내었다. 최용

---

74) 그는 이화학당을 마친 다음 일본에 유학하기 전에 평양 숭의학교 교원 1년,
   이화학당 대학과 1년 수업, 평양 기홀병원에서 의학공부 1년, 총독부 의학교
   청강생 1년, 다시 숭의학교 교원 4년 등의 다양한 경력을 보였다. 이화학당
   재학 중인 1912년에 남녀 중등학교 학생들을 대상으로 禁酒에 대한 논문을
   현상 모집할 때, 응모하여 1등에 당선된 일도 있었다(추계 최은희 문화사업회
   편, 『한국근대여성사(하)』, 조선일보사, 1990, 199~200쪽).
75) 그가 김마리아와 친교한 것은 1917년 9월 동경유학의 길에서였다.
76) 추계최은희 문화사업회 편, 앞의 책, 1990, 23~24쪽.
77) 대한민국애국부인회는 1919년 10월 19일 김마리아와 황에스터의 환영 위로연
   을 위해 장선희·이정숙·백신영·유인경·김영순·이혜경·유보경·정근
   신·오현주·오현관·이성완·홍은희·이희경 등과 신의경이 모인 자리에서
   결성되었다(박용옥, 『한국여성 독립운동』, 독립기념관 한국독립운동사연구소,
   1989, 117~120쪽).
78) 『동아일보』 1929년 1월 26일(3).

신이 수원 샘골로 파견된 것은 바로 이때였다. 그는 농촌문제에 특히 관심을 가졌다.[79] 그는 미국에서 기부받아 온 재정으로 시작한 농촌사업의 상황과 명세를 쉬얼쓰 부인에게 보내고 이후 태평양전쟁으로 통신이 끊어질 때까지 14년간 재정지원을 받았다. 1930년에 朴順浦와 결혼한 뒤 부군과 함께 하얼빈과 만주에서 농장을 경영한 적도 있었다. 慶城縣에서 교포들을 격려하며 황무지를 개간하였다. 또 동아일보 지국을 경영하면서 교포의 계몽운동을 하는 한편 학교와 교회를 세우는 일에 힘썼다.[80]

신의경

1898년 2월 21일 서울에서 출생하였다. 그녀의 모친 김마리아는 정신여학교 초대 교육자로 교감직에 있었으며, 교회 발전에 힘을 많이 쓴 여류인사였다.[81] 그녀의 이모 박에스터는 이화학당 출신으로 1896년 도미하여 볼티모어 여자의과대학을 졸업하고 1900년에 영예로운 의학박사 학위를 얻고 돌아온 우리나라 서양 의학계의 효시였다.[82] 이렇듯 기독교의 개화적 분위기에서 성장한 그는 정신여학교를 졸업하였고, 3·1운동에 참가한 뒤 1919년 5월 하순 연건동 이혜수 집에서 이혜수·김원경·백혜상 등 20여 인으로 비밀결사 대조선독립애국부인회를 조직하였고, 1919년 10월에는 황에스터·김마리아 등과 함께 대한애국부인회를 결성하고 서기의 일을 맡았다. 이런 비밀결사 활동을 벌이다가 일경에 발각되어 1년형의 옥고를 치렀다.[83]

---

79) 『동아일보』 1930년 1월 1일(其3)1.
80) 추계 최은희 문화사업회 편, 앞의 책, 1990, 109~111쪽.
81) 그녀는 신마리아로 행세하였고, 신의경이 애국부인회 사건으로 투옥되어 복역중 1921년 6월 병사했다.
82) 추계 최은희 문화사업회 편, 앞의 책, 1990, 116~117쪽.
83) 박용옥, 앞의 책, 117~118쪽.

출옥 후 YWCA연합회기성회의 헌장제정위원으로 활약했고, YWCA
연합회 창립서기, 1926년에는 부회장 등을 역임하였다.

김영순

1893년 12월 17일 서울에서 태어났다. 아버지 金授根은 정신여학교
에서 40년간 한문과 습자를 가르친 교사였다. 1916년 정신여학교를 졸
업하고 전라북도 군산 메리볼텐 여학교 교사로 1년간 근무하였으며,
1917년 4월부터 모교인 정신여학교 기숙사 사감직을 맡아 보던 중 대
한애국부인회 사건으로 대구복심법원에서 2년의 징역형을 언도받고
옥고를 치렀다.[84] 출옥 후 태화여자관 교사로 봉직하는 한편 YWCA연
합회기성회의 재정위원의 일을 맡았으며, YWCA 창립 때부터 1929년
까지 회계를 맡았다. 1929년 37세에 李斗烈과 결혼, 이후에는 남편 고
향인 함경도 高原에서 농촌생활을 하며 부인계몽운동과 함께 전도에
힘을 기울였다.[85]

김합라

김필례의 조카딸로 정신여학교를 나왔으며 대한애국부인회 김마리
아의 언니이다.[86] 1908년 수피아여학교 개교와 함께 최초의 한국인 정
식 교사로 부임한 선각여성이었다. 3·1운동 때 광주만세시위에 앞장
서며 항일투쟁을 전개하였다. 이화학당에 대학과가 설치되자 입학하여
1922년에 졸업하였다.[87] YWCA 창설 이전에도 광주부인회를 통해 여

---

84) 박용옥, 위의 책, 117~120쪽.
85) 추계 최은희 문화사업회 편, 앞의 책, 1990, 117~118쪽.
86) 정신여자중·고등학교동창회, 『정신여자중·고등학교동창회 역사』, 1984, 23
쪽.
87) 이화여자대학교, 『이화80년사』, 1967, 104쪽.

성운동에 앞장섰다. 김필례와 함께 조선YWCA연합회 창설 초기부터 참가하여 1922년 YWCA연합회기성회의 서기를 지내고 YWCA연합회 창립 후, 김필례와 함께 광주YWCA 창설의 주역으로 활동했다. 부군인 남궁혁 목사가 미국에서 한국인 최초로 신학박사가 되어 귀국하여 평양신학교로 부임하면서 평양으로 이사를 가게 되기까지 교회와 YWCA 운동에 헌신하였다.[88]

채광덕

1897년 황해도 황주에서 태어난[89] 그는 1913년 평양의 숭의여학교 재학시절에 비밀결사 송죽회에 박현숙·황신덕 등과 함께 참가하여 황해도 황주 지방조직의 책임자로 활약했다.[90] 1916년 숭의여학교 졸업[91] 후 일본 히로시마여학교로 유학한 뒤, 1920년 5월에 숭의여학교 교사로 재직하면서 김경숙 등과 함께 평양에서 여자기독청년회를 조직하는 한편 평안도 일대의 기독교 전도활동에 앞장섰다. 그러다가 YWCA연합회 창설과 더불어 평양YWCA의 주도적 역할을 맡았으며, 1923년에 YWCA연합회 연합위원으로 활동하였다. 1926년부터는 배화여학교에 교사로 취임하여 YWCA운동의 발전에 크게 기여하였다.

홍에스터

1920년 이화학당 재학시 김활란 등과 함께 7인 전도대의 일원으로

---

88) 그는 해방후 월남하여 서울에서 거주하다가 6·25 때 남편 남궁혁 목사가 납북되는 비극을 당하기도 하였다(광주여자기독교청년회, 『광주YWCA70년사』, 1992, 43~44쪽).
89) 배화여자중·고등학교, 『배화칠십년사』, 1968, 329쪽.
90) 丁堯燮, 『韓國女性運動史』, 일조각, 1984, 45쪽.
91) 숭의여자중·고등학교, 『숭의육십년사』, 271쪽.

활동하였으며, 1921년에 졸업 후 모교에서 교편을 잡다가 1923년 5월
에 미국으로 건너가 테네시주 내쉬빌에 있는 스카리트 대학을 1926년
에 졸업한 뒤 귀국, 협성여자신학교에 재직하는[92] 한편 YWCA와 관계
했다. 1927년 8월 정기총회에서 회장으로 선출된 이래 1932년까지 회
장직을 수행했다. 1934년에는 다시 부위원장의 일을 맡으며 YWCA연
합위원으로 활동하다가 1940년 조선YWCA연합회의 마지막 위원장이
되었다.

이상에서 일부 창립 연합위원들의 인적사항과 활동내용을 살펴보았
다. 이를 통해서 연합위원들의 성격을 정리해보면 다음과 같다.

첫째, 이들은 모두 선교학교를 나온 기독교 신여성들이라는 점이다.
그 가운데서도 정신여학교와 이화학당 출신이 다수를 차지하고 있음
을 볼 수 있다. 예컨대 이화 출신인사들로는 김활란을 비롯하여 하복
순(대학과 6회), 김성실·홍에스터(대학과 7회), 김합라(대학과 8회), 황
에스터(대학과 10회), 신의경(이화전문 1회) 등이 있었다. 그것은
YWCA연합회 창설의 주역인 김필례·유각경이 정신, 김활란이 이화출
신이었다는 점과 이후에도 이들이 계속 YWCA연합회에 깊게 관여하고
있었던 점에서 이해된다.

둘째, 이들 중 대부분은 국내에서 중등학교 과정을 이수하고 대학과
정은 미국이나 일본·중국 등지에서 유학하였다. 따라서 이들은 보다
넓은 견문을 쌓을 수 있었고 3·1운동 이후 '세계 개조'의 국제정세 분
위기를 일찍 감지할 수 있었던 지식 계층이었다.

셋째, 이들은 대체로 20대 중반에서 30대 초반의 청년여성으로서 진
취적 기백이 높았으며, 또한 학교 교사로 재직하는 청년 교육자들이

---

92) 『동아일보』 1926년 8월 29일(3)1.

많았다. YWCA연합회에서 지방 YWCA보다 학생 YWCA가 활발했던 배경도 여기서 찾아 볼 수 있게 한다.

넷째, YWCA연합회의 창립 임원 가운데는 3·1운동을 전후한 시기에 항일투쟁에 참가한 경력을 가진 여성이 많이 참가하고 있음을 볼 수 있다. 황에스터·신의경과 같이 1910년대 비밀결사인 송죽회나 3·1운동, 대한애국부인회 등에 참가했다가 옥고를 치른 여성이 적지 않다. 이러한 현상은 여러 가지로 해석될 수 있겠지만, 3·1운동 이후 일제가 '문화정치'를 표방하면서 국내사회가 개량국면으로 접어들었던 당시의 시대적 배경과 깊게 연관지어 살펴볼 수 있을 것이다. 즉 3·1운동 전후 고조된 민족의식이 직접적 항일투쟁으로 표출되었다가, 3·1운동 이후 개량화 국면에서 '문화운동'이 크게 부상되는 것과 함께 국내 민족운동자들의 상당수는 종전의 직접 투쟁 방식에서 '실력양성'의 구호 아래 타협적 민족운동의 방도를 모색해 갔던 것이다. 이러한 점에서 YWCA연합회 창립과 조직성격의 일면도 이해할 수 있다.

Ⅶ. 맺음말

이상에서 조선YWCA연합회의 창립 과정과 초기 조직의 구성을 살펴보았다. 그러면 이제까지 논의된 것들을 정리함으로써 결론을 대신하기로 한다.

조선YWCA연합회의 창설 배경은 크게 여성역량의 성숙이라는 주관적 조건과 국내외 정세의 객관적 조건 등 두 개의 흐름에서 이해될 수 있다. 먼저 주체적 조건에서 볼 때 한국여성의 근대적 의식화는 개신교의 영향 아래 20세기 초부터 배출된 선교학교를 중심으로 키워져 3·1운동 때에는 그 일각을 담당할 만큼 빠르게 성장해 갔다. 그리하여 3·1운동 직후 남녀평등에 기초한 여성해방의 논리는 크게 확산되기에 이르렀다. 한편 1차대전 후 인도주의가 크게 부상했던 세계 개조의 분위기에서 세계YWCA의 기독교적 인도주의가 제창되던 상황은 조선YWCA 탄생의 외적요인으로 크게 작용했다. 여기에 조선 YWCA의 독립적 지위 획득은 조선YWCA 성립의 직접적 길을 열고 있었다.

바로 이와 같은 배경 위에서 YWCA의 창립은 추진되어 갔던 것이다. 1922년 3월 남녀유지 30여 명이 모여 최초의 발기회를 개회한 이래 동년 4월에는 김필례와 김활란을 북경에서 열리는 세계기독교학생청년회 총회에 파견함으로써 조선YWCA 성립의 모색을 국제사회에 타진하기에 이르렀다. 이 회의는 YWCA연합회가 탄생하는 데 결정적 계기를 이루었다. 그리하여 1922년 6월에는 하령회를 개최하면서 이 자리에서 연합회기성회가 발족되었던 것이다.

그리하여 김필례의 지방 순회를 통하여 불과 2~3개월 만에 14개의 창립 지부를 설치할 수 있었고, 이를 바탕으로 1923년 8월 제2회 하령회를 기하여 정식으로 조선YWCA연합회가 창설되기에 이르렀다.

YWCA연합회의 기구는 최고의결기관으로 각 시 YWCA 대표 및 학생 YWCA 대표들이 참석하여 매년 열리는 총회가 있고, 총회에서 선출된 연합위원으로 구성되는 연합위원회와, 집행기구로서 회장, 부회장, 총무 각 1인과 서기, 회계 각 2인으로 구성되는 임원회가 있다. YWCA연합회의 중심적 역할은 정기총회와 연합위원들로 구성되는 연합위원회에 의해서 이루어지고 있었다. 그리고 정기총회에서 임원이 결정되어 한 해의 운영방침과 행동지침이 결정되었다. 이러한 총회는 창설 이후 1930년까지 매년 하령회와 함께 열렸으나, 1930년 전국대회에서 하령회는 매년, 총회는 2년마다 한 번씩 열기로 헌장을 개정함으로써 YWCA의 간판을 내린 1940년까지 계속 2년마다 대회를 개최하였다.

연합회 임원들의 인적 구성은 우선, 창설 때의 중심인물들이 해체될 때까지도 20여 년간 주도적 역할을 맡을 만큼 고정되어 있었다. 그 가운데에서도 회장과 총무직은 김활란·유각경·김필례 등을 비롯하여 황에스터·김성실 정도의 인사들만이 차지할 만큼 연합회 지도층은 변동이 없었다. 따라서 사실상 YWCA연합회의 임원 및 간부는 이들 몇 사람에 의해 움직여졌다고 해도 과언이 아닐 정도였다. 그리고 그밖에 임원들의 경우에도 이들 지도층의 인맥과 깊게 연결되면서 정신여학교와 이화학당 출신이 주류를 이루고 있었다. 물론 후기에 이르면, 지방출신의 임원들도 등장하지만 여전히 주도권은 이들 두 학교 출신이 장악하고 있었다. 그것은 YWCA연합회 창설의 주역인 김필례·유각경이 정신, 김활란이 이화 출신이었다는 점과 이후에도 이들이 계속 YWCA연합회에 깊게 관여하고 있었던 점 등과 관련해서 이해될 수 있을 것이다. 그리고 이들 YWCA연합회 임원들의 학력과 경력을 보면, 대체로 미국이나 일본·중국 등지에서 유학한 20대 중반에서 30대 초의 지식 여성들로서 주로 교사들이 주류를 이루었다.

한편 YWCA연합회는 창립된 지 불과 1년도 안되어 13개의 지부를 거느리는 전국 규모의 조직으로 성장할 수 있었다. 그런데 이같이 YWCA의 조직이 급속히 커나갈 수 있었던 바탕은 지방 교회를 중심으로 자생적인 성장을 보이던 여자기독교청년회와 폭넓게 존재한 선교계 여학교의 성장에서 찾아 볼 수 있다. 당시 여자기독교청년회는 3·1운동 이후 전국적으로 조직되고 있었다. 그리고 이러한 여자기독교청년회는 자체의 조직 기반을 바탕으로 전도대나 강연대를 구성하면서 활동의 폭을 넓혀 갔으며, 이와 같은 활동은 YWCA의 이름을 정식으로 내걸지는 않았어도 그와 비슷한 목적과 활동을 전개해 가고 있었다. 즉 YWCA의 잠재적 조직 기반을 이루고 있었던 것이다. 그리하여 1923년 서울에서 YWCA연합회가 정식으로 창설되자 YWCA연합회의 지부 형식으로 가입하면서 조직적 연계를 이루었던 것이다.

1920년대 조선여자기독교청년연합회의
조직 확대와 이념

I. 머리말

3·1운동 이후 일제가 이른바 문화정치를 표방함에 따라 민족진영의 대응양상도 다양하게 나타났다. 그것은 여성운동의 경우에도 마찬가지였다. 여성들의 사회참여는 3·1운동과 더불어 확산되었고, 많은 여성단체의 출현을 보게 되었다.[1] 그런데 여기에서 주목할 것은 이들 여성단체들의 경우 대부분이 기독교회나 기독교 조직과 연결되고 있었던 점이다. 이러한 사실은 여성의 의식 개화와 역량 성숙에 기독교의 역할이 지대했음을 보여주는 것이라 하겠다. 즉 기독교의 이념을 바탕으로 여성들의 의식이 근대적으로 성장해 갔던 것이다.

특히 기독교 여성의 역량은 1923년 조선여자기독교청년회연합회(이하 조선YWCA 또는 YWCA연합회로 약칭)를 창설할 만큼 성숙되었다.[2]

---

1) 趙東杰, 「3·1운동 전후의 民族知性」, 『韓國民族主義의 발전과 獨立運動史研究』, 지식산업사, 1993, 174~176쪽.
2) 조선YWCA의 창립과 초기의 조직에 관해서는 千和淑, 「朝鮮YWCA聯合會의 創立과 初期 組織」, 『亞細亞文化硏究』 제1집, 中國中央民族大學 韓國文化硏究所·경원대학교 아시아문화연구소 편, 中國民族出版社, 1996에서 다룬 바 있다.

조선YWCA는 창립 이후 종교단체가 가질 수 있는 이념적 한계를 초월하여 여성계를 거의 망라한 대표적 단체로서 성장해 갔으며, 그 역할 또한 지대하였다. 나아가 1920년대 초반 여성운동과 기독교 운동의 선봉에 섰을 뿐 아니라 이후 근우회의 참가, 농촌계몽운동 등을 통해 민족운동의 부문에서도 커다란 자취를 남겼다.

　이 글에서는 창립 이후 조선YWCA의 성장과정을 주로 조직의 확대와 이념의 측면에서 살펴보려고 한다. 조선YWCA는 창립된 지 불과 수년 만에 국제조직의 지부로 가맹할 수 있었는데, 그와 같은 사실은 괄목할 만한 세력의 확장으로 가능할 수 있었다. 그리고 조선YWCA는 국제적 종교단체의 지부로 존재했지만, 그 뿌리는 한국적 특수상황의 토양 위에서 배양되고 있었으므로 그 이념과 지도노선을 살피는 것은 식민지하 여성운동의 성장과정을 이해하는 데 중요한 과제로 여겨지기 때문이다.

Ⅱ. 조선YWCA의 세력확장과 세계YWCA 가맹

　1차대전 후 인도주의가 크게 부상했던 세계 개조의 분위기 속에서 세계YWCA의 기독교적 인도주의가 제창되던 상황은 조선YWCA 탄생의 외적 요인으로 크게 작용하였다. 그리고 여기에 남성단체인 조선YMCA가 일본YMCA로부터 독립적 지위를 획득하였던 사실은 조선YWCA 성립의 직접적 길을 여는 계기가 되었다.[3] 이와 같은 배경 속에서 조선YWCA 창립이 추진되었고, 1922년 4월 북경에서 열린 세계기독교학생청년회 총회는 조선YWCA가 탄생되는 결정적 계기가 되었다. 1922년 6월에는 夏令會를 개최하면서 이곳에서 연합회기성회가 발

---

3) 천화숙, 위의 글 참조.

족되었고, 이후 지방순회를 통하여 창립지부를 설치해 가면서, 1923년 8월 제2회 夏令會를 기하여 정식으로 조선YWCA연합회가 창설되기에 이르렀다. 이 회는 창설 직후 전국 규모의 조직으로 성장하는데, 그것은 지방교회를 중심으로 자생적인 성장을 보이던 여자기독교청년회와 폭넓게 존재한 선교계 여학교의 성장에서 가능했다. 또한 조선YWCA의 지부 조직이 급속도로 확산된 데에는 무엇보다 선각자적인 여성들의 헌신적인 봉사와 활동의 역할이 컸다. 기독교 정신으로 새로운 가치관을 정립한 이들은 주로 외국에 나가 유학하면서 발전된 모습과 의식을 접하고 돌아와 민족을 위해 무엇을 할 것인가를 생각하면서, 그 중에 가장 중요한 것이 여성을 무지에서 깨어나게 하는 것이라고 생각하여 일종의 종교적 소명의식으로 적극적이고 활발한 활동을 전개하였다.

조선YWCA는 창립 직후부터 김필례, 황에스터, 김노다 등 임원들의 노력에 의해 짧은 시일 내에 전국 각지로 지부조직을 확대해 갔다. 그리고 매년 총회를 개최하고 하령회를 통해 YWCA사업의 활성방안을 모색하면서 다양하게 프로그램을 개편하였고, 각종 강연회를 비롯한 의식계몽과 아울러 실생활 개혁에 필요한 사업에 이르기까지 다방면에 걸쳐 활동을 전개하였다. 예컨대 실업부 주최의 양복실습부와 종교부 주최의 일요강연회 등은 조직확대와 회원모집에 실질적 도움이 되었다. 또한 여자 기숙사와 목욕탕 사업 등 직접 생활에 접촉하면서 YWCA운동을 전개해 갔다.[4] 그리하여 조선YWCA의 조직은 점차 성장해 갔는데, 그 조직상황은 'YWCA의 自己談' 형식으로 서술된 다음의 글을 통해서 살필 수 있다. 이것은 김활란이 1926년에 작성한 것으로, 창립 이후 3~4년 동안 YWCA의 성장된 면모를 잘 보여주고 있다.

---

4) 『동아일보』 1923년 12월 7일(2).

나(조선YWCA를 뜻함 : 필자주)는 이제 겨우 만 사 세가 되어오는데 그 짧은 동안에 경과는 참 자랑할 만합니다. 이러한 과거를 가지게 됨은 첫째로 하나님의 은혜요, 둘째로 내 이름을 가지고 분투하시는 연합회와 각 지방의 임원과 회원의 공로요, 셋째로 나보다 20여 년 전에 먼저 나신 오라버님, 즉 남자기독교청년회의 애호하여 주신 덕이요, 마지막으로는 나를 위하여 동정을 아끼지 않고 물질로나 기도로 후히 원조하여 주신 유지 제씨의 덕택인 줄로 압니다. 여러분께 감사한 치하를 드립니다. 금번에 이 『청년』이 부분적으로나마 내 기관잡지라는 명칭을 얻게 된 것도 남자청년회의 후의로부터 비롯한 것입니다.

자랑할 것은 무엇이냐고 물으시겠지요, 사소한 것은 다 제하고 제일로 내부적 조직이 충실합니다. 전국을 통하여 근 30개의 단체가 연락되어 연합회를 경성에 두었습니다. 내가 알기까지는 조직상이나 정신상으로 전국 여자를 통일한 기관은 오직 하나뿐입니다. 외부로는 세계여자와 확실한 관계를 맺었습니다. 2년 전에 세계여자기독교청년회 총위원회에서 나의 개성을 시인하는 동시에 가맹을 승낙하였습니다. 또 학생부는 세계기독교학생연맹에 가맹되었습니다. 조선여자로 하여금 세계여자와 同權을 가지고 손을 잡게 한 기관도 내가 알기까지는 아직 하나뿐입니다. 또 한 가지 자랑할 것은 내 독립적 성질입니다. 중국, 일본, 인도, 남아메리카, 소아세아에 몇몇 나라들은 이른바 선진국에서 간사와 금전을 보내어 청년회를 창설도 하고 유지도 하여 갑니다. 그러나 나는 전부가 자립입니다. 그리하여 조선여성의 자립적 정신은 내가 어디까지든지 증명하렵니다.……

우리도 무슨 회관을 건축하려면 이보다 더 큰 희생이 없으면 아니되겠다 하였습니다. 개성 호수돈학생기독교청년회에서는 작년 가을에 희생하는 중에 60원을 만들어 연합회 건축비로 보냈습니다. 이것이 곧 우리도 회관이나 휴양관 같은 것을 지을 시작입니다. 내가 이만큼 발전된 것도 조선여자의 희생으로 된 것인 줄 압니다. 그러나 앞으로 더 큰 성공을 하려면 여러분에게서 더 큰 열심과 더 큰 희생을 요구한다는 말씀입니다. 내 이야기를 너무 많이 하면 지루하실 터이니 이번에

는 그만두고 이후에 종종 하겠습니다.[5]

위에서 인용한 바와 같이, 조선YWCA는 창립 3~4년 만에 30여 개
의 지부를 거느리는 전국 규모의 조직으로 성장하였다. 또한 1924년에
는 정회원국은 아니지만 개척회원국으로 세계YWCA에 가맹하는 한편
학생YWCA도 세계기독교학생동맹에 가맹하는 성과를 거두었다. 이러
한 조선YWCA의 성장은 임원과 회원들의 헌신적인 노력에 바탕한 것
이지만, YMCA의 원조와 후원에도 힘입은 바 큰 것이었다. 위에서
YMCA를 '오라버님'이라고 표현하고 있는 것은 그러한 사정을 잘 말해
주는 것이라 하겠다. 즉 조선 YWCA와 YMCA는 남매단체의 성격을 띠
고 있었다. 그와 같은 배경에서 YMCA의 기관지인 『靑年』을 1926년부
터는 조선 YWCA가 함께 기관지로 활용할 수 있었던 것이다.

사실 조선YWCA에서는 창설 때부터 연합회보 발간의 필요성이 제
기된 바 있었다. 즉 연합회와 각 지부의 활동사항을 지면을 통해 알리
기 위함에서였다. 그리하여 창립총회 때 계획한 화보는 약 20쪽 정도
의 분량에 기도, 공과, 각 지방소식, 논설 등을 게재하기로 한다는 것이
었다.[6] 그러나 아쉽게도 1923년 총회 기록에 의하면 그해 지출 규모에
회보 1개월 치 선금 50원이 계상되었던 점으로 미루어 이 해부터 발간
되었을 것으로 보인다. 그리고 이후 하령회에서도 회보에 관한 기록이
나오는 것을 볼 때 계속 발간되었을 것으로 판단된다. 그런데 1926년
부터 조선YWCA는 YMCA의 기관지 『靑年』을 함께 기관지로 활용하게
됨에 따라 『靑年』이 회보를 대신하였던 것 같다. 즉 『靑年』은 조선
YMCA와 YWCA의 공동 기관지가 된 셈이었다. 조선 YWCA는 여성단
체의 특성을 살피며 독자적 지위에서 자립을 부단하게 모색하고 추구

---

5) 金活蘭, 「朝鮮女子基督教靑年會의 自己談」, 『靑年』 6-3, 1926. 3, 30~32쪽.
6) 『연합회 총회 회록』 참조.

해 갔던 것이다. 독립회관의 건립은 그 외형적 표현으로 나타난 것이었으며, 조직의 역할 면에서 볼 때 조선YWCA는 '기독교 정신의 사회복음'을 실천하기 위해 이 무렵부터는 본격적인 활동을 펴기 시작하였다. 위에서 말하는 부인 야학과 하기 강습, 아동교육 등은 그 실천적 자세를 보여주는 것이었다.

다음으로 조선YWCA의 세계YWCA와의 관계와 가맹과정을 살펴보기로 하자. 조선YWCA는 3·1운동 이후 급속히 성장한 한국청년여성들의 내재적 역량 성숙과 더불어 이 무렵 국제사회에서 크게 고조되어 간 개조 분위기에 영향 받아 일본YWCA에 예속되지 않고 독립조직으로 탄생할 수 있었다. 그리고 YWCA는 세계적 조직이므로 조선YWCA의 태동과 성립은 세계YWCA와 밀접한 관계를 이루며 진전될 수 있었다. YWCA연합회의 탄생과 직결된 YWCA의 국제모임은 앞에서 보듯이 1922년 세계기독교청년동맹대회였다. 이 대회에 참석한 김활란·김필례는 조선YWCA연합회 창설의 국제적 여건을 성숙시키는 괄목할 만한 성과를 거둘 수 있었던 것이다.

그러한 바탕 위에서 조선YWCA연합회는 1923년 정식 창설과 더불어 세계YWCA에 가입요청을 결의한 뒤 1924년 1월 17일 세계YWCA의 브레더튼에게 한국의 가입 희망을 서신으로 전달했다. 그후 1924년 5월 미국의 수도 워싱턴에서 세계YWCA 실행위원회로부터 조선 YWCA가 개척회원국으로 가입 승인을 받을 수 있었다. 이때 정회원은 못되었지만, 국제적인 조직과 연관을 맺게 된 점에서 괄목할 만한 성과를 거둔 셈이었다. 그리고 1925년에 학생YWCA도 학생YMCA와 함께 WCSF에 가입되어 국제무대에의 도약을 시작하게 되었던 것이다.

이어 조선YWCA는 1926년 영국 옥스퍼드에서 열린 세계YWCA협의회에 정회원 가맹국으로 승인해 줄 것을 요청한 바 있었다. 그러나 이때 조선YWCA의 정회원 자격에 관한 규정이 세계YWCA 헌장에 배치되었던 관계로 정회원 가맹은 달성하지 못하고 말았다. 즉 조선YWCA에서는 정회원 자격을 '복음주의 교회의 입교인'으로 못박음으로써, 어떠한 교파의 기독교인에게도 회원의 자격이 부여되었던 세계YWCA 헌장에 위배되었던 것이다.

그러나 옥스퍼드에서 열린 세계YWCA 총위원회에서, 조선YWCA연합회의 성장과 발전상에 주목하면서 준회원에서 한 계급을 더 높인 통신회원국의 위치를 확보할 수 있었다.[7] 그것은 한국의 YWCA연합회 활동이 세계YWCA에서도 크게 주목할 정도로 놀라운 신장세를 보이고 있었던 때문이었다. 그리하여 세계YWCA로부터 이러한 추세라면 2년 후 정도면 정회원국으로 인정할 수 있다는 약속도 받아낼 수 있었다.[8] 그런데 1928년 부다페스트의 세계YWCA협의회 때까지 헌장 개정문제는 조선YWCA연합회 총회에서 아직 공식적으로 논의되지 않았으므로 정회원으로의 승격도 연기되었다.

1928년 8월 총회에서 조선YWCA연합회는 회원의 자격을 기독교회 입교인으로 고침으로써 1930년 스위스의 세인트 세르규에서 열린 제20차 세계YWCA협의회에서 정회원으로 가맹될 수 있었다.

한편 조선YWCA연합회는 1928년 경에는 자체의 조직 대오를 정비하고, 1929년부터는 새로운 각오로[9] 더욱 본격적으로 사업을 계획하고

7) K. Strong, *World YWCA's Minutes*, No.19, 19쪽.
8) 김활란, 「朝鮮女子基督敎靑年會自己談」, 『靑年』 6-9, 1926. 11, 50~52쪽.
9) 김활란은 조선YWCA의 진로와 활동방침에 대하여 다음과 같이 말하였다. "조선여자기독교청년회가 일곱 살 되는 새해다. 지난 6년 동안은 자체를 성립하고 조직하기 위해 분주하였다. 출생기에 있는 이만치 그 책임성과 그 사업은 누구의 비판조건이 되지 않았다. 개인으로나 단체로나 우리가 여사여사한 일을 하고 아니함이 별로 문제되지 않기를 마치 사오세 된 아이의 언행을 그 아이에게 책임짓게 하지 않음과 같이 하였다. 그러나 일곱 살 되는 오늘은 새로운 각성과 새로운 결심을 가져야겠고 새로운 계획과 새로운 방침을 세워야겠다."(金活蘭, 「1929년을 맞는 조선여자기독교청년회」, 『靑年』 9-1, 1929. 1,

실천해 나갔다. 이때 조선YWCA는 주요 방침을 무엇보다 의식의 각성에 두고 있었다. 즉 교육을 바탕으로 일반의 의식을 깨우치고, 이를 통해 '권리이용·경제부흥·생활개선'으로 활로를 개척해 가야 한다는 것이었다. 이러한 조선YWCA의 입장은 다음의 글을 통해 잘 나타나고 있다.

> 오직 저들을 깨우고 저들을 가르칠 자는 우리들이다. 선비나 학자가 되어 무엇을 많이 아는 우리가 아니요, 또 저들보다 조금이라도 우월한 우리가 아니다. 다만 글 배울 기회를 먼저 얻었으며 신문 잡지라도 먼저 보았고 풍성한 생명을 부르짖은 예수도 저들보다 먼저 알았을 뿐이다. 깊은 소식을 먼저 들은 우리는 형과 아우에게 알려주고 싶은 태도와 열심과 속력을 가지고 성장기에 있는 우리 기관의 힘을 다 기울여 활동하자! 권리이용·경제부흥·생활개선·활로개척 이 모든 것이 깬 후라야, 안 후라야 성취할 것이다.
> 그러면 이 필요한 교양사업을, 단체조직을 누가 무슨 방침으로 어디서 하겠느냐가 큰 문제이다. 어디서? 우리 집안, 우리 동리, 우리 근촌이 모두 사업할 장소이니 제일 가까운 집안에서부터 시작하자는 것이 논리적이겠다. 그러나 조선민중의 8할 이상이 사는 농촌, 4천여 년을 내버려 두었고 오늘도 내버려 두는 저 농촌 형제들에게로 우리는 우리 청년회의 정신을 가지고 들어가야겠다. 누가 갈까? 우리 회원은 거진 전부가 교역자나 교육기관에 매이지 않았으면 가정에 매인 자들이다. 어느 겨를에 촌에 가서 촌부녀들을 가르치랴? 옳다 어렵다. 그러나 우리의 환경이 비상하니만치 우리는 비상한 노력을 아니하면 안 되겠다. 교역자로 매주일 하루 저녁을 낼 수 있는 자, 학교 교사로 방학시기를 이용하려는 자, 가정에 주부로 나머지 시간을 드리려는 자는 다 갈 것이다. 무슨 방식으로? 물론 이미 시작한 도시 내에 야학이나 기타 사업

3쪽).

을 요구가 있음에도 불구하고 폐지하자는 것은 아니다. 도시 내에 회원을 중심한 사업을 계속하는 이상 한 농촌에라도 사업을 시작하자는 것이다. 휴가를 이용하여 강좌 강습 같은 것이나 매주 1차씩이라도 나갈 수 있는 2~3인이 가까운 촌에 야학과 간담회 같은 것을 설치하자는 것이다. 그리고 도시에서 반드시 살아야 할 필요가 없는 이는 농촌에 들어가 거기 형제들과 고락을 같이하며 경험을 나누는 것이 어떨까 한다.

　기설된 사업을 확장하며 일변으로 새 사업을 시작하여 해마다 활동 범위를 넓히는 것이 우리 청년회가 출세한 의무를 다하는 것인 동시에 일곱 살 되는 새해를 잘 맞음이라고 한다.[10]

이상에서 보듯이, 1929년 경부터 조선YWCA는 새로운 발전단계를 모색하고 있었는데, 그것은 교양사업의 확대방안으로서 농촌으로의 조직확대와 활동이 강조되었던 것이다. 이제까지 조선 YWCA 사업이 주로 학생이나 교사, 전도사를 중심으로 도시에 집중되었던 것에서, 한국인의 8할을 차지하는 농촌으로 진출하는 것을 적극 추진하였다. 그와 같은 사업과 활동은 지부 조직을 앞세워 이루어질 수 있었다. 즉 지방의 회원들과 학생 회원을 바탕으로 계몽운동을 벌여 나갔으며, 그의 주된 방향은 야학과 농촌계몽 등이었다. 그리하여 조선YWCA는 후술하는 것처럼 1930년대 초반까지 농촌계몽활동을 벌여 나감으로써 조직 기반을 농촌으로 확대시켜 나갔다. 이와 같은 사업은 남매조직인 YMCA와 합동으로 이루어진 경우가 많았다.

　한편 숙원사업인 조선YWCA회관의 건립도 꾸준히 추진하여 본회 유지와 사업을 위한 기금은 회원들의 회비와 강습반에서 들어오는 강습비 외에 사회인사와 유지, 외국인(주로 선교사)의 기부에 이르기까지

─────────────

10) 金活蘭, 「1929년을 맞는 조선여자기독교청년회」, 『靑年』 9-1, 1929. 1, 3~4쪽.

기금 모금에 다양한 노력을 기울였다. 그리하여 1924년 총회에서는 각지방 YWCA의 다음해 수입의 10분의 1을 건립기금으로 갹출하기로 결정하였다.[11] 선교사 벙커와 언더우드 등은 친히 나서서 기부금을 모금해 주었다. 그렇지만 전 사업비가 충당되는 것은 아니어서 늘 어려움을 겪게 되었다. 그래서 배화YWCA에서처럼 학생들이 자수를 놓거나, 연합회 임원들처럼 사회에서 모임이 있을 때마다 떡장사, 밥장사를 하면서까지 기금 모집에 헌신적 노력을 기울였다.[12]

그리고 1925년에는 연합회장과 총무를 비롯하여 실행위원 2명(박현숙·홍은경), 지방위원 2명(이순남·성삼석)으로 구성된 회관건축 연구위원을 선정하고 기금 모금에 더욱 힘을 쏟았다. 그러다가 1927년 홍은경의 알선으로 한옥 한 채를 구입하기로 결정하고, 부족한 금액 2,000원(1천 달러)을 빌려 구입한 후 미국YWCA 외국사업부의 실행사무관인 라이온에게 편지하여 이 빚을 갚기 위한 재정적 보조를 요청하였는데, 이것이 미국YWCA에서 받은 재정보조의 첫 사례가 되었다.[13]

한편 미국 컬럼비아 대학교에서 유학하던 김필례는 연합회의 위촉을 받아 1927년 회관건립을 위한 기성회운동을 미국에서 펴 나갔다. 회관대지 구입 기금은 국내에서 부담하고 건축비 2만 5천 달러는 미국의 도움을 받기로 하였다. 김필례는 우선 뉴욕시 조선인 교회의 부인회와 청년회에 후원을 요청하여 특별위원회를 구성하였다. 위원장은 許政, 회계는 안윤희로서 1차로 300달러를 모금하여 그해 6월 20일 서울로 송금하였다. 미국인들 사이에서도 크게 후원을 얻어 테이트의 1천 달러 기부 약속과 빼욧의 기숙사 건축기금 약속을 얻었다. 미국 YWCA연합회 간사인 라이온의 알선으로 록펠러 재단에도 후원을 요청

---

11) 『연합회 총회 회록』 1924년 8월 20일.

12) 서울YWCA, 『서울YWCA五十年史』, 1975, 39쪽.

13) 金活蘭, 『그 빛 속의 작은 생명』, 여원사, 1965, 166~167쪽.

하였다.[14]

앞서 보았듯이 호수돈YWCA나[15] 배화YWCA처럼 학생회원들까지
회관건립기금을 갹출함으로써 백방으로 노력한 결과 1934년 6월 2일
에는 숙원사업인 회관 봉헌식을 거행할 수 있었다.[16] 그리고 회관 봉
헌식은 단순히 건물 완공식의 의미를 지니는 것이 아니라, 재정적·정
신적으로 조선YWCA의 완전한 독립을 의미하는 것이었다.

Ⅲ. 조선YMCA와의 연대

조선YWCA연합회가 창설되기 전부터 남성단체인 조선YMCA는 여성
의 해방과 여권신장운동을 직접 간접으로 전개한 바 있었다. 앞서 보
았듯이 YMCA는 YWCA의 창립에도 후원자의 역할을 다하였다. 1922년
조선YWCA의 발기회가 열릴 때, 조선YMCA의 총무 신흥우는 세계
YWCA의 내력과 사업을 소개한 바 있었고, 이어 제2차 발기회, 5월 4
일의 3차 발기회 때에도 YMCA는 조선YWCA 탄생을 적극 지원하면서
최대 후원자 역할을 맡았다. 그리고 YMCA는 그해 4월 4일부터 9일까
지 중국 북경에서 열린 세계기독교학생동맹대회에 김활란·김필례 두
여성대표를 파송하는 데 결정적인 도움을 주었다.[17]

그리고 YMCA는 1925년 5월 16일에 일본 동경에서 열린 '한일 양측
YMCA 대표자회의'에서[18] 조선YMCA의 독립을 결정함으로써 앞으로

---

14) 『동아일보』 1927년 8월 6일(3).

15) 金活蘭, 「조선여자기독교청년회의 自己談」, 『靑年』 6-3, 1926. 3, 32쪽.

16) 『동아일보』 1934년 6월 3일(2).

17) 전택부, 『인간 신흥우』, 대한기독교서회, 1971, 230~231쪽.

18) 이 회의는 세계연맹에 가입하게 된 최초의 공식회의로서 곧 1922년 5월 16일
    일본 도쿄에서 열린 한일 YMCA 대표자회의이다. 그때 한국측에서는 이상

탄생할 조선YWCA연합회가 일본YWCA와 관계없이 독자적으로 세계
YWCA에 가맹할 수 있는 길을 터 놓았던 것이다. 이때 한일 양국의
YMCA 관계자들이 도출한 결의사항을 보면 다음과 같다.

우리 모두의 서명자들, 즉 조선기독교청년회연합회 연합위원회 대표
들과 일본기독교청년회동맹 대표들은 일본인과 한국인 청년회에 소속
한 여러 단체의 상호협력 관계를 증진시키는 문제에 관하여, 서로 기
도하며 장시간 동안 진지한 논의를 거듭한 끝에, 1913년 4월 12일자 도
쿄 회의에서 양측 위원회의 정식 대표에 의하여 체결된 협정을 폐기하
기로 만장일치로 결의하고 이를 해당 위원회에 각각 건의한다. 이 건
의안을 작성하는 데 있어 우리는 해당 위원회들이 본 회의록을 정확하
게 이해하고 발표하기를 바라는 바이며, 어떠한 정치적 의도가 게재되
지 않고 시행되기를 바라며, 오직 우리들이 봉사하고 있는 일반 청소
년들이 우리들 모두의 주님이며 선생이신 예수 그리스도의 지배하에
서 보다 신속하게, 보다 완전하게 인도되는 공동 목적을 달성하기 위
하여 양측 청년회의 가장 긴밀하고 가장 우호적이고 가장 협조적인 관

재·윤치호·신흥우·브로크만 등 4명이 참석했고, 일본측에서는 이부카·
모토다·사이토 등이 참석했다. 입회인으로서는 YMCA국제위원회 총무이던
모트와 펠프스 등이 참석했다. 모트를 의장으로 개최된 이 회의에는 한국과
일본 YMCA 관계자들의 열띤 논쟁이 벌어졌다. 이때 윤치호는 한국인 합동위
원회를 대신하여, 그동안의 여러 가지 상황의 변화로 해서 어떤 관계의 개선
이 불가피하게 되었다는 것을 주장하였다. 그는 두 YMCA가 그 정당한 목적
을 달성하는 데 문제가 된 것은 "정신이 條文에 희생되어야 하느냐, 아니면
조문이 정신에 희생되어야 하느냐"하는 것이었다면서, 1913년 4월 13일에 협
정된 가맹 조항, 즉 한국YMCA의 일본YMCA로의 예속조항을 취소해야 한다
고 강력히 주장하였다. 한편 신흥우는 "전국연합회 입장에서 볼 때는 아무런
간섭이 없었다고 할 수 있지만 다른 입장에서 볼 때는 있었다고 할 수 있다.
어떤 일본인들은 절대로 압력을 늦추지 않았다. 청년들은 일본청년회가 한국
청년회를 흡수하기 위한 하나의 술책으로서, 그것을 일종의 兼職會社와 같은
것으로 해석하고 있다"고 주장했다.

계를 수립하자는 염원과 목적 이외에는 아무 것도 없이 시행되어야 한
다.19)

이렇듯 조선YMCA의 독립은 정치적 의도를 배제함으로써 가능할 수
있었는데, 그것은 이에 앞서 열린 북경 세계학생청년동맹대회에서 강
조된 기독교의 개조 분위기에 영향받은 측면도 적지 않았다. 그리하여
이 건의안은 1922년 5월 16일 결정되어 5월 18일에 모트 박사와 펠프
스 박사의 입회하에, 한국측에서는 이상재·윤치호·신흥우·브로크
만 등 4명의 대표와, 일본측에서는 이부카·모토다·사이토 등 3명의
대표의 서명날인으로써 결정되었던 것이다. 그리고 이 제안은 1923년
에 열린 조선YMCA연합회 제3차 총회에 보고되고 1924년 7월 스위스
의 수도 제네바에서 열린 YMCA세계연맹 회의에서 통과되어 조선
YMCA는 단독으로 세계연맹에 가맹하기에 이르렀던 것이다. 그리고
YMCA의 독립적 지위 확립은 곧 독립된 조선YWCA 탄생의 전제가 되
었던 것이다.

그리고 조선YWCA가 창설 직후 회관 건물을 확보하지 못하여 선교
사 집, 태화여자사회복지관 등으로 전전할 때 종로 YMCA회관을 빌려
주었으며, 1923년에는 제1회 전국 남녀기독청년 하령회, 1927년에 제1
회 전국 남녀기독학생 하령회를 개최한 이래 YMCA와 공동으로 매년
남녀하령회를 개최함으로써 유대관계를 강화시켜 갔다. 1925년 YMCA
가 농촌사업을 시작할 때는 조선YWCA와 공동으로 추진하는 동시에
기관지 『靑年』도 편집과 선전을 공동으로 사용할 수 있는 공간을 마련
해 주기도 했다. 그리하여 몇몇 YMCA 지도자들 중에는 조선YWCA와

---

19) Minutes of joint Conference of Representatives of the Korean Union Committee of
YWCAs and of the National Committee of Japanese YMCAs from the Pleasanto
Hotel Yokohama, May 16th, 1922.

의 합동을 제의할 만큼[20] 조선YMCA와 조선YWCA는 매우 밀접한 관계를 유지하였다.

1925년 8월에 세계기독교학생연맹 총위원회가 영국 하일리에서 개최되었을 때 조선남녀학생기독교청년회가 함께 가맹한 것을 비롯하여 YMCA 학생부와 조선YWCA 학생부가 합동의 중앙기관을 세우기 위해 1925년 11월 23일에는 두 청년회연합위원회가 힘을 모았다. 이때 임원 선출도 회장 尹致昊, 부회장 金蕙蓮, 간사 申興雨, 회계 兪珏卿[21] 등으로 균등하게 분배하였다. 즉 회장과 간사는 YMCA측에서, 부회장과 회계는 조선YWCA측에서 선출했던 것이다. 이것은 단지 형식적 분배가 아닌 양자의 실질적인 유대관계를 보여주는 것이었다. 1929년 1월 20일 조선남녀학생기독교청년회의 중앙위원에 위원장 윤치호, 부위원장 김활란, 총무 신흥우, 회계서기 유각경 등을[22] 선출함으로써 이들 관계는 더욱 밀접하게 되었다.

조선YWCA와 YMCA측은 가능한 범위 내에서 공동의 장을 마련하면서 기독교청년회 정신을 구현하면서 함께 활동을 벌여 나갔다. 남녀하령회와 수양회의 공동개최는 그 대표적 사례라 할 수 있다. 남녀하령회는 별도로 다룰 것이므로 남녀청년회 회장 협의회와 수양회의 사례를 통해 이들 두 단체의 연대성을 찾아보기로 한다.

1929년 3월 23일 서울에서 남녀학생기독교청년회 회장 40여 명이 참가한 가운데 협의회가 열렸는데, 이때 이들이 결의한 사항은 크게 다음과 같이 두 가지로 요약될 수 있다. 첫째, 회원의 向會心을 고조케 하자는 것이었다. 이들은 회원이 회에 대한 애착심을 가질 수 있도록[23] 다음과 같은 방책을 도출하였다.

---

20) 전택부, 『한국 기독교청년회 운동사(1899~1945)』, 정음사, 1978, 308~310쪽.
21) 『靑年』 6-1, 1926. 1, 42~43쪽.
22) 『靑年』 9-1, 1929. 1, 20쪽.

(1) 먼저 독신자끼리 모여서 신앙으로 단결을 할 일.

(2) 신앙부흥

　① 부흥회와 수양회를 개최할 것.

　② 성경연구반을 만들 것.

　③ 명사를 청하여 시시로 강화회를 열 것.

　④ 기도회를 열 것.

(3) 임원들은 일반회원에게 친절할 것.

(4) 의식적으로 반대하는 자에게는 기독의 정신과 회의 취지를 잘 알려
　줄 것.

(5) 집회나 회에 취미를 모르는 자에게 아무쪼록 잘 말을 하고 인도하
　여 학과 외에 이 회를 인하여 유기한 것을 깨닫게 하여 줄 것.

(6) 모든 일에 회원들이 취미와 열심이 나도록 노력할 것.

(7) 이론에서 실천으로 들어갈 것.[24]

　조직면에서 볼 때, 구성원이 자기가 속해 있는 조직에 애착심을 갖게 한다는 것은 기본적 요구라 할 수 있는 것이다. 그런데 이들 두 단체는 회원의 애착심과 결속에 대한 방책을 함께 도출하고 있는 점에서 그 의미를 찾아볼 수 있다. 즉, 투철한 기독신앙을 기르기 위해 부흥회 · 수양회 · 성경연구반 · 기도회 등을 공동개최하기로 했던 것이다.

---

23) 그 이유로는 다음과 같은 사항들을 들었다.

　(1) 주의와 사상이 통일되지 못한 까닭.

　(2) 기독교를 오해하고 미신으로 아는 까닭.

　(3) 집회에 대한 이해와 훈련이 부족한 까닭.

　(4) 임원들이 작정한 안건으로 철저히 실행치 아니하므로 회원들에게 신용이
　　없게 된 까닭.

　(5) 간부 이외에 회의 목적과 취지를 상세히 알지 못하는 까닭.

　(6) 학생간에 향락기분이 너무 심한 까닭.

　(7) 신앙심이 박약한 까닭.

24) 「朝鮮男女學生基督敎靑年會長協議會決議」, 『靑年』 9-4, 1929, 55~56쪽.

따라서 이들 두 단체는 기독신앙의 사회복음이라는 공동의 목표를 지향하는 관점에서 자연스럽게 연대 또는 결합될 소지를 지니고 있었다. 이러한 연대성은 이들 두 단체의 사회적 활동을 통해서도 그대로 유지되었다.

이 무렵 이들 두 단체는 모두 농촌문제에 집중된 관심을 보이고 있었다. 농촌사업에 대해서는 별도로 다루기 때문에 상술은 피하지만, 이들 단체의 학생회장협의회 역시 농촌사업에 대한 방법으로 간이교육과 조합조직, 농사개량과 부업장려 등을 결의하였다. 여기에서 간이교육이란 3개월에서 6개월 사이의 기간 동안 농촌사람들을 교육시키는 것으로서, 국어와 산술, 쉬운 한문을 가르치는 한편 각종 강연을 실시하는 것이었다. 조합조직이란 신용조합, 소비조합, 판매조합, 농사개량조합 등을 조직하여 조합에 대한 이해를 넓혀간다는 것이었다. 농사개량과 부업장려는 학생들이 농사와 부업에 직접 임하기보다는 교육을 시킨다는 것이었다.

이렇듯 조선YWCA와 YMCA는 공동의 목표와 공동의 사업을 통하여 二身同體와 같은 성격을 보이고 있었다. 때문에 수양회 같은 모임도 별도로 개최할 필요없이 공동개최하였다. 연사도 조선YWCA와 YMCA의 지도자들이 함께 맡았다.[25]

그런가 하면 이들 남녀학생 수양회에서는 연합회와의 관계증진도

---

25) 1930년 3월 27일부터 동월 31일까지 경성여자기독교청년회관에서 남녀 합 17개교의 대표가 모인 회장 수양회에는 「統一과 多角」이란 주제로 윤치호의 연설이 있고 또 개인상담회가 있었고 이튿날부터 연하여 潘福奇의 「신의 존재 성경의 권위」란 제호, 홍병선의 「농촌사업」이란 제호, 신흥우의 「영적 생활과 과학, 異性과 公利」란 연설과, 김성실, 이대위 사회로 청년회 사업논의가 있었고 또 특별히 매일 저녁에는 김활란의 인도로 靈修會가 있어서 많은 느낌을 주었다(「조선남녀학생기독교청년회수양회」, 『靑年』 10-3, 1930. 5, 23~25쪽).

적극 모색하였다. 즉, 조선YWCA운동을 활성화시키기 위해서는 기관
지『청년』의 배포 및 연합회 간사의 순회강연 등을 요구하는 한편, 연
합회 부담금의 납입과 연합회 주최 기도회 참석을 결의하였다.

> 연합회와 관계되는 것을 토의하였는데 여기에 대해서는 전자와 같이
> 각 청년회에서 피택되는 임원 일람표를 연합회에 보내어 연합회와의
> 친밀한 관계를 맺으면 연합회의 재정이 허락되는 대로『靑年』의 부수
> 들을 증가하며 때때로 연합회 간사들이 지방을 순회하는 기회를 타서
> 우리 청년회에서는 더욱 그 기회를 잘 이용하여 불신학생들에게 기독
> 의 이상을 충분히 소개하는 것을 계속할 것이다. 그리고 각 청년회에
> 서는 가급적으로 연합회에 보내는 부담금도 시기를 따라서 누락없이
> 보내도록 할 것이요, 가입된 각 세포단체들이 1년에 1차씩 연합회에서
> 인도하는 대로 기도회를 여는 것은 물론이려니와 동시에 서신과 또는
> 가급적으로 임원 일동의 사진까지도 교환하자고 하였다.[26]

이렇듯 동일 목적을 위해 힘을 합쳤던 남녀학생 수양회는 1930년 8
월에는 조직적 결합을 이루게 되었다. 조선남녀학생기독교청년회연맹
이 그것으로, 이는 학생YWCA와 학생YMCA의 연합기관으로서 각기
YWCA연합회와 YMCA연합회의 조직 승인을 받아 탄생한 것이었다. 이
연맹의 위원은 남녀 각각 5인씩 선거하여 10인을 두게 하였으며, 규칙
은 YWCA연합회와 YMCA연합회의 헌법 내에서 제정되었고 모든 사무
집행은 연합회와 긴밀한 관계 아래 이루어질 수 있도록 정하였다. 이
연맹의 사업범위와 창립위원은 다음과 같다.

  1. 명칭 : 조선남녀학생기독교청년회연맹

---

26) 위와 같음.

1. 사업범위 : 회장수양회, 하령회, 세계연맹기도주일, 대외사무, 기타
   남녀청년회가 공동으로 할 만한 사업
1. 위 원 : 남자측－연회전문·濠信·송도·경신·광성
   여자측－이화전문·루씨·배화·일신·수피아[27]

즉 연맹의 사업은 종전에 조선YWCA와 YMCA가 연합해서 추진하던
학생YWCA의 활동을 하나의 조직체계 아래 결속시킨 것이었다. 그리
하여 이 연맹은 매년 年會를 개최하였는데, 제2회 學生聯盟年會는
1931년 8월 26일 도선사에서 개최되었고, 이때 23개 학교 대표자들이
참석하여 다음과 같은 사항을 결의하였다.

(1) 기독교 사상을 철저히 연구할 것
(2) 기관지 발행
(3) 농촌사업 실행
(4) 각 지방도시학생청년회연합회 사업
(5) 연 1차 각 회에 회원 본위로 수양회 개최
이상 결의사항의 구체적 방법은 연맹중앙위원회에 일임하기로 하다.
위원 : 남자측－광성·세전·배재·영명·松高
   여자측－영명·영생·이화·호수돈·배화[28]

위의 결의사항에서 나타나듯이 학생YWCA와 학생YMCA가 결합한
학생연맹은 조선YWCA·YMCA의 공통적 기반 위에서 Y사업을 더욱
효율적이고 조직적으로 전개하기 위해 생겨난 것이었다. 그것은 조선
YWCA가 여성문제를 크게 부각시켜 갔던 창립초기의 모습과는 다른
것으로 조선YWCA운동의 역량이 여성문제에 국한되지 않고 사회 전반

27) 「조선남녀학생기독교청년회 연맹조직」, 『靑年』 10-6, 1930. 9, 21~23쪽.
28) 『靑年』 11-8, 1931. 9, 16쪽.

으로 확산되어간 성숙한 모습을 보여주는 것이기도 했다.

Ⅳ. 조선YWCA의 지도이념과 운동노선

　기독교청년회(YWCA · YMCA)의 목적은 YMCA의 총무 신흥우가 1928년 8월 24일 하령회 강연회에서 행한 강연내용을 통해 찾을 수 있다. 그는 청년회 기초강령의 요항에 대해 다음과 같이 정의하였다.

　(1) 성경 말씀에 의하여 기독을 하나님인 동시에 자기의 구주로 신봉하며 그의 제자가 되려고 하는 청년을 단결하려 함.
　(2) 그러한 기독청년을 단결하여 그의 나라를 이 세상에 확장하려 함.[29]

　즉, 기독신앙에 의한 청년단결을 바탕으로 기독사회를 건설한다는 것이다. 따라서 기독교청년회는 엡윗청년회나 장로교회 내에 제한된 면려청년회와는 달리, 교파를 초월하여 합성된 점에서 서로 구별되고 있는 것이다. 때문에 회원의 조건은 기독을 믿는 자이면 누구나 회원될 자격이 있는 개인표준에 두어야 한다고 했다. 기독교청년회 창설자 조지 윌리암스의 정신을 다음과 같이 설명하였다.

　조지 윌리암스가 기독교청년회를 처음으로 조직할 때에는 금일과 같은 거액의 소유(동산 · 부동산)와 다수한 회원은 상상도 못하였을 것입니다. 다만 영국 도시 내에 고향을 떠나서 상점원으로 고용되어 있는 몇몇 사람을 모아 서로 신앙방면의 수양을 돕기 위하여 성경 읽고 기도함을 목적하고 모이기를 비롯하였던 것입니다. 무슨 사교부며 오락

---

29) 신흥우, 「基督敎靑年會가 무엇이냐」, 『靑年』 8-7, 1928. 7, 1~5쪽.

기구이며 덕지체 3육 운운의 종지도 별달리 정한 것이 아니었습니다. 다만 연경과 기도의 정신으로 한두 사람씩 모였던 것이 점점 회원수가 증진하는 데까지 이르게 되었을 따름이었습니다.……그처럼 단순한 데로부터 점차로 장족의 발전을 보게 되는 기독교청년회는 마침내 대륙을 떠나고 대서양을 건너 미주에 가서 제일 현저하게 발달하였습니다. 이로부터 구주 몇 나라에 있는 기독청년회의 예에 의하여 발전되어 오던 미주기독교청년회는 세육 맥번이 씨의 지도에 의하여 YMCA의 사업 중에 교육사업을 새로 증설하게 되었습니다.……이러한 교육사업은 차차 야학을 위시하여 놀라운 성적을 거두게 됨에 따라 다른 청년회에서도 상호선후하여 그 사업을 실시하게 되었습니다.……기독의 정신을 높이 들어 실사회 생활화하는 그 점을 중요시함이겠습니다. 즉 인류의 행복되는 생활적 요건을 대다수인 人衆을 중심으로 하여 대중화하려는 그 태도에서 된 것이겠습니다. 고로 그들은 종래로 도시중심사상이 지금으로 보다 더 대중이 사는 농촌으로 기독교청년회 사업을 획책하여 수완을 펴는 중에 있습니다.30)

라고 하여 기독청년회의 기본 정신은 '신앙방면의 수양'을 쌓는 것이라고 했다. 그런데 청년회가 미국으로 건너가면서 사회복음주의와 결합되어 교육과 계몽사업을 벌이게 되었다는 것이다. 즉 기독신앙의 사회화가 강조된 것이었다. 따라서 한국에 기독청년회가 들어올 때는 단순한 '신앙방면의 수양'이 아니라 기독신앙의 사회복음을 실천하는 조직체로서 받아들여진 것이다.31) 그러나 한국의 토양이 영국이나 미국

---

30) 신흥우, 위의 글 참조.
31) 학생기독교청년회에 대한 사업의 목적과 성격을 보여주는 다음의 내용은 그러한 사실을 잘 말해주고 있다.
　　"(1) 대내사업 : 교내에서 하는 일이니 가령 신입중학생 중에 불신앙자가 있으면 기도회 연경반 신입생간친회 등을 수시 개최하여 그들도 잘 사귀는 중에 기독의 정신에 감화케 하며 또는 교내에 불결한 풍기가 있으면 자진하여 자치부 등을 설치하고 학풍의 불미한 점을 스스로 개선하여 미풍을 조장하며

의 토양과 다른 것처럼 한국의 기독교청년회도 영국이나 미국의 방식을 그대로 따라서는 안 된다는 점도 강조되고 있었다.

> 우리 조선에서는 어떠한 기독청년회가 되겠습니까. 영미보다는 무슨 더 독특할 것이 있어야만 할 것입니다. 그러나 그동안 우리는 너무도 名實이 不同한 模型사업이었으니 가령 중앙기독교청년회관으로 말하더라도 외인 것을 건물제도 그것까지라도 조금도 변함이 없이 그냥 떠다 놓았습니다.……조금 더 우리의 풍성화하고 조선화하였던들 얼마나 호감이 있었을까 하는 것보다 이는 조선 사람의 사업이오 조선사람의 총영이오 하는 그것을 통하여 우리화한 조선심의 독특한 光輝를 비추게 되었을 것입니다. 요컨대 우리의 잘못을 지적하는 것보다 우리는 우리의 본유한 온갖 장기를 남김없이 발휘하여 힘쓸진대 못할 일이 없을 것입니다.……고로 YMCA사업에 있어서도 우리의 정신화하여 그 본능을 계발할진대 무의식적으로 외인의 것을 모형하는 것 이상의 선

학술, 종교 각 방면으로 그들의 계발을 촉진케 함으로 학교 당국에서도 자연히 호의를 갖게 되어 학생들의 사업에 많은 후원을 얻게 됩니다. 그렇다고 우리는 학교 당국의 후원에 감하여, 즉 학교의 환심을 사는 것으로 목표를 삼아 학생기독교청년회 자체의 사업책을 삼아서는 안됩니다. 어디까지든지 자진하여 학생 YMCA의 목적을 절실히 도달하도록 노력함에서 그 본의를 완성케 될 것입니다. 고로 잡지를 발간하거나 운동회를 개최함에 事體의 실속은 타변에 믿고 학생청년회에서 명의나 차용하는 등의 일은 절대로 아니하여야 할 것입니다. 어디까지든지 명실상조하는 내용 충실을 계도함이 학생 YMCA의 근본 사명입니다.
 (2) 대외사업 : 외국선교사업에 가장 영향을 주었으니 영국선교사 백분지 구십은 학생기독교청년회의 자극으로 되었다하며 미국선교사 중에도 동일한 성적을 가졌다고 합니다. 미국 프린스턴 대학 학생청년회는 북경YMCA를 설립 유지케 하고 현재까지 북경의 미국인 간사는 모두 프린스턴 출신입니다. 이처럼 학생 시기에 동화로 받은 자극은 후일에 자기의 고국을 떠나는 용기, 부모와 故友를 이별하는 슬픔……그 모든 것을 능히 희생하고 외국에 멀리 나가 천국을 건설하는 사업에 충실한 봉사자를 많이 산출케 함은 학생기독교청년회 사업으로 보아 여간 고귀한 것이 아닙니다."(신흥우, 위의 글).

공에 이를 것은 조금도 의심할 여지가 없다고 봅니다.

결론적으로, 한국의 기독교청년회는 외국의 것을 모방해서는 안되고 한국적인 기독교 청년상을 세워야 한다는 것이다. 그러기 위해서는 무엇보다도 한국의 현실을 알아야 할 것이고, 그 속에서 청년회의 사명과 역할을 찾아야 된다는 것이었다. 즉 조선YWCA의 사업도 외국에서 시행되는 것을 그대로 받아들일 것이 아니라 한국적 조건에서 요구되고 필요한 사업을 시행해야 된다는 것이었다.

조선YWCA의 농촌사업과 문맹퇴치사업은 그러한 관점에서 접근한 것으로 보아야 할 것이다. 당시 한국의 현실은 국민의 8할이 농민이었다. 그리고 학교교육제도가 널리 보급되지 않은 상황이었기 때문에 문맹자가 많았다. 특히 여성의 경우 문맹은 더욱 심각한 현상을 보이고 있었다. 때문에 여성운동을 주창하던 조선YWCA에서는 문맹퇴치가 무엇보다 급선무였고 강조하지 않을 수 없는 것이었다.

성경 말씀에 소경이 소경을 인도하면 둘이 다 구렁텅이에 빠진다 하였다. 장래가 유망한 후손들의 어머니들이 맹목이면 그 자녀들의 전정은 어찌 될까. 다만 구렁텅이에 빠질 것밖에는 없을 것이다. 영웅, 호걸, 현인, 군자, 충렬사도 어머니의 장중에 있는 것이다. 얼마나 이 책임이 크뇨, 일 가정에 행락을 누림도 현처의 손에 있음이다. 이것을 배우고 경험으로 사실을 찾은 우리 여자기독교청년회는 이 해에도 무심히 수수방관하고 있을까. 아니다. 우리는 발벗고 나서야겠다. 단잠 단배를 졸아 가면서라도 문맹퇴치에 주력하여야겠다. 박학고견은 개인마다 바랄 수 없으나 국문의 한자쯤은 알아야겠다. 문명한 나라에서는 강제교육이 있다. 이로 말미암아 문맹이 퇴치되고 따라서 일용 사물을 이해할 만한 정도의 지식과 상식을 주게 된다. 그러나 우리나라에서는 이것도 없으니 이것 오기만을 기다리지 말고 일시 급히 자구지책으로

시작하여야 하겠다. 이것이 매우 시급하다. 우리가 이 해를 잘 쓰고 못
씀에 우리 일천만 여자 운명은 좌우될 것인줄 절실히 깨닫자. 과거의
실패, 부족 다 잊어버리고 새 희망으로 용맹하게 그들에 전도를 개척
함에 전진하자. 이것이 곧 우리의 의무요, 부름이다. 이 부름 밑에 우리
개인개인마다 내 사업이라는 정신을 고취하여 모진 잠들기 전에는 이
것에 성공을 잊지 말아야 할 바이다. 우리에게 있는 재산이면 재산, 시
간이면 시간, 지능이면 지능, 다 장기를 따라 열심히 곧 착수하자. 착수
하는 데는 크게 학교식으로 하려고 하루라도 더 기다리지 말고 경편한
시기를 이용하여 야학이면 야학, 주학이면 주학, 몇몇 사람씩이라도 사
사로운 곳에 모아 놓고 국문 보급을 시켜 쉬운 신문잡지라도 보게 하
여 그들로 암흑과 신음의 생활을 떠나 광명을 보게 하자. 이렇게 얼마
간 곳곳마다 힘을 다하여 계속되면 미구에 우리 조선여자들도 마음 눈
을 열어 실생활에 충실하여지며, 향상되는 때에 맡은 책임을 원만히
이행하리라. 이에 우리의 노력과 땀은 더욱 많이 흘려야 할 것이다. 이
땀을 흘리는 것도 우리의 의무이니 어찌 감수치 아니할까!32)

즉 교육제도가 박약한 우리 현실에서 문맹퇴치를 위해서는 굳이 정
식학교가 아니라도 야학이나 강습소 같은 것이라도 설치하여 글을 깨
치게 해야 하고, 그것은 다름아니라 조선YWCA의 소명이라는 것이다.
문맹퇴치는 문명국가에 이르는 기초이고, 여성은 사회발전의 원동력이
된다는 점을 지적하고 있다. 때문에 조선YWCA는 이것을 수수방관해
서는 안 된다는 것을 강조하고 있는 것이다. 앞서 보았지만, 조선
YWCA사업에서 야학에 역점을 두었던 것은 바로 그와 같은 점에서 출
발한 것이었다. 이 점과 관련하여 다음의 글은 당시 한국적 현실에서
조선YWCA의 사명과 책임을 잘 보여주고 있다.

---

32) 김성실, 「조선여자기독교청년회 급선무」, 『靑年』 10-1, 1930. 1, 4~5쪽.

내가 만약 미국 같은 나라에 여자로 났다면 개척의 전사와 창작적 사업에 용사될 기회가 적었을는지도 모르겠으나 조선의 여자이기 때문에 이런 인물됨에 기회와 특권이 큼을 확신하며 자나깨나 모든 하는 바에, 생각하는 바에 이것만을 위하여 살게 된다고 하였다. 과연 옳다. 20세기 미국 청년 여자들은 행인지 불행인지 개인으로 가정으로 사회로 국가로 고통에 역경을 모르고 순풍에 불리는 선객들과 같음이 사실이다. 따라서 그들은 우리 조선여자들처럼 어깨에 메인 짐이 무겁지 않다. 그래서 다수는 자기 일신에 행복과 안락만 도모함에 사치와 오락이 생활 중심이 되어 버린다. 조선여자로서 민중사업을 위하여 개인의 평안을 희생하며 사회발전을 위하여 독신생활까지라도 경영한다하면 그들로서는 이런 말을 이해할 수 없을 뿐만 아니라 그만 정신에 이상이 생긴 자라고 알아버린다. 이것은 우리로서 그들에 선도 개척시대에 있습니다.33)

즉, 미국과 달리 개척시대에 있는 한국의 현실에서 조선YWCA의 해야 할 일이 무엇인지 약여하게 드러나고 있음을 볼 수 있다. 부유하고 안정된 미국에서 단지 안락을 취하기보다는, 기꺼이 민중의 평안과 사회발전을 위하여 봉사해야 할 조선YWCA의 사명과 책임의식을 보여주고 있는 것이라 하겠다. 이들은 당시 한국의 현실을 개척시대로 보았고, 그러한 상황에서 개척의 전사를 자임하고 있는 것이다. 그리고 이는 바로 한국적 YWCA로서의 본연적 자세였다고 보아야 할 것이다. 때문에 그러한 정신이 바탕이 되어,

눈을 들어 삼천리 강토 안에 절망상태에 빠져있는 일천만의 백의형제들을 보게 됨에 다 촌촌 방방곡곡에 대산과 준령같이 할 일이 쌓여있다. 무수한 생령들은 손을 내밀어 도움을 부른다. 그들의 신음과 한

<hr>

33) 김성실, 위의 글, 4~5쪽.

숨 소리는 우리의 가슴을 쓰라리게 하며 수심에 쌓인 그들의 얼굴 고
통에 눈물이 흐르는 그들의 눈물 진실로 우리의 마음을 상케 한다. 이
때 우리 선각자들은 넘치는 동정심 순결한 희생적 봉사의 정신으로 그
들에 부름의 응답되면 어찌 이것이야말로 우리에게만 있는 특권이 아
닐까 보냐?[34]

위와 같은 의식이 솟아날 수 있었던 것이다. 즉 조선YWCA의 정신은
순결한 희생적 봉사에서 찾아지고 있는 것이다. 물론 이 같은 논조에
는 계몽적 의식이 강하게 투영되고 있음을 볼 수도 있지만, 자신들의
처지에 머물지 않고 민중에 실천적으로 접근해 갔던 점에서 주목되어
야 할 것이다. 따라서 조선YWCA는 사회의 인도자가 될 것을 자임하
였던 것이다. 그와 같은 기준에서 조선YWCA 구성원의 자격과 요건은
다음과 같이 규정될 수 있을 것이다.

(1) 사업을 중심으로 한 인도자를 우리는 요구한다. 곧 민중의 행복과
    인류의 복리를 위하여 노력하는 인도자라야 할 것이다. 환언하면
    자아중심을 떠나 민중을 중심으로 한 사람이란 말이다.
(2) 낙관적·건설적 태도를 가진 자라야 우리의 인도자가 될 것이다.
    비관은 사망이다. 비관하는 자에게는 희망이 없는 동시에 용감도
    없을 것이다.
(3) 인도할 목적물의 과거와 현재를 이해하여 장래의 계획을 가진 자라
    야 할 것이다. 만일 한 민족이 그 목적물이라면 그 민족의 역사 배
    경과 현재의 성품, 습관, 이상, 교양, 경제력 전반을 살펴 적절한 요
    구를 안 후 진행해 나갈 방침을 가져야 한다.……이와 같이 인도자
    는 또한 세계의 대세를 잘 이해하는 자가 아니면 안 된다. 과거 수
    십 년 전 노일전쟁, 일청전쟁이 동양을 뒤집을 때 조선의 정치가들

---

34) 김성실, 위의 글, 3쪽.

도 동양 대세를 안 자가 그 몇 사람이었는가. 형세를 이해하여 계획을 세운 후 비로소 백절불굴하고 나아가는 것이다.

(4) 피인도자의 신임을 얻어야 할 것이니 못 믿으면 안따른다. 어떻게 피인도자의 신임을 얻을까. 계획을 실현하여 결실함으로 자기 사업에 효과를 드러내야 할 것이다.

총론 : 나는 현대 우리 조선기독교 청년남녀라고 믿는다. 극기주의와 희생적 정신의 실현이 결핍한 자로는 불가능할 것이다.[35]

이상에서 요구하는 바를 간단히 요약하면, 조선YWCA는 사회의 인도자로서 극기와 희생을 바탕으로 민중의 행복과 인류의 복지를 위해 노력하고, 낙관할 수 있는 미래를 가슴 속에 담고 있어야 한다는 것이다. 아울러 굳은 믿음과 강건한 실천력으로써 미래를 개척해야 된다는 것이다. 때문에 조선YWCA는 "기독교로 하여금 청년이 마땅히 예비할 기초, 곧 德智體群 4육을 교훈하여 청년으로 하여금 완전한 인격을 조성케 한 후에 그들로 하여금 직접으로 청년을 위하여 복무하며 간접으로 사회와 국가를 위하여 복무하는 것"을 목적으로 삼는 것이다.[36] 그리고 이와 같은 "나라를 위하는 마음과 사회를 구하겠다는 목적은 결코 이상적이 아니고 실제적이며, 한담적이 아니고 실행적"이라는 것이다.[37] 이러한 기독청년회의 정신과 이념은 기독교의 互助主義, 民本主義, 大同主義로 요약될 수 있다.[38] 호조주의라 함은 이기주의를 극복하는 것으로 부패된 현실에서 기독의 이타주의로 봉사해야 한다는 것이다. 공동사회에서 상부상조하는 정신은 우리의 전통정신과도 맥이 닿는 것으로 이것을 기독정신에 입각하여 더욱 발전시켜야 된다는 것

---

35) 金活蘭, 「우리의 期待하는 引導者」, 『靑年』9-9, 1929, 4~6쪽.

36) 李石泉, 「朝鮮基督敎靑年會의 今日 使命」, 『靑年』3-2, 1923. 2, 28~32쪽.

37) 李石泉, 위의 글.

38) 李石泉, 위의 글.

이었다. 그리고 민본주의의 일례는 곧 야학과 같은 것을 말하는 것이다. 또한 대동주의는,

기독의 죽으심을 보면 일신이나 일국가만 위하여 죽으심이 아니오, 다만 우주와 우주의 인류를 위하여 그의 몸을 바쳤으니 그는 곧 대동의 정신을 가졌으며 대아의 정신을 가지셨다. 금일 우리 기독교청년회는 오직 그의 정신을 효측하여 일편으로 그리스도와 같이 동포를 위하여 눈물을 흘리며 슬퍼하는 때에 일편으로 만천하로써 일가를 삼으며 만민으로써 형제를 삼기를 제창 실행할 것이니……

이것이 기독교청년회의 일대 사명이며, 청년회가 이러한 원칙에 의해 움직일 때 명실상부한 일국의 단체가 되고 세계적 단체가 된다는 것이다. 그리하여 기독교청년회는 '기독교의 발하는 火花요 또한 기독교도로 말미암아 결한 바 아름다운 열매'가 되고 있다는 것이었다.

V. 맺음말

조선YWCA는 창설된 지 3~4년 만에 30여 개의 지부를 거느리는 전국 규모의 조직으로 커 나갔다. 그리고 그 바탕에는 지방 교회를 중심으로 자생적인 성장을 보이던 여자기독교청년회와 폭넓게 존재한 선교계 여학교의 성장에서 가능할 수 있었다. 여자기독교청년회는 3·1운동 이후 전국적으로 조직되고 있으며 자체의 조직 기반을 바탕으로 전도대나 강연대를 구성하면서 활동의 폭을 넓혀갔다. 1923년 서울에서 조선YWCA연합회가 창설되자 이들 여자기독교청년회는 지부형식으로 가입하면서 조직적 연계를 이루었던 것이다. 학생 YWCA도 선교계 여학교에 조직되었던 전도대나 자치회 등이 조선YWCA지부로 편입

되는 경우가 많았다. 이렇게 볼 때 조선YWCA는 한국기독교여성운동
회의 군건한 자생적 기초 위에서 성립될 수 있었던 것이다.

그리고 이와 같은 조직 기반을 바탕으로 조선YWCA는 1924년에 세
계YWCA의 개척회원국이 되었다가 1926년에는 준회원국으로, 그리고
1930년에는 정회원국의 지위를 획득할 수 있었다.

조선YWCA는 1928년 경 자체 대오를 정비하고, 1929년부터는 더욱
본격적인 사업을 계획하고 실천해 나갔다. 이때 조선YWCA의 주요 방
침은 무엇보다 의식의 각성에 두고 있었다. 1929년 이전까지는 주로
학생이나 교사, 전도사를 중심으로 도시에 집중되어 있었으나 이후부
터는 한국인의 8할을 차지하는 농촌으로 진출하는 것을 추진하였다.
이때 조선YWCA의 활동은 주로 YMCA와 협동으로 이루어지는 경우가
많았다. 이들 두 단체는 기독신앙의 사회복음이라는 공동의 목표를 지
향하는 관점에서 자연스럽게 연대 또는 결합될 소지를 지니고 있었다.
그리하여 1920년대 전반기는 조선YWCA가 여성문제를 크게 부각시켰
으나 후반기에는 YMCA와 공동으로 사회문제 해결에 참여함으로써 조
선YWCA의 성숙된 활동모습을 보여주게 되었다. 그리고 1930년 8월
조선남녀학생기독교청년회연맹이 YWCA연합회와 YMCA연합회의 조
직 승인을 받아 탄생함으로써 조직적 결합을 이루게 되었다.

이후 조선YWCA는 여성운동 차원에만 머물지 않고, 한국의 시대적
특수성에 맞추어 민족운동을 전개하는 한편 그에 따른 이념을 정립해
갔다. 즉, 기독청년회의 기본 정신은 '신앙방면의 수양'을 쌓는 것이지
만 기독신앙의 사회복음을 실천하는 조직체로서 영국이나 미국의 방
식을 그대로 따르면 안 된다고 생각하였고, 한국적 조건에서 필요한
사업을 시행해야 한다고 인식하면서 1928년부터 농촌사업과 문맹퇴치
사업을 하게 되었다.

결론적으로 조선YWCA운동은 세계적 종교단체의 한국 지부로서 창

설되었지만 한국적 특수성 밑에서 조직을 확대하고 사업을 해 나갔으
며 互助主義·民本主義·大同主義에 입각한 이념을 정립해 갔던 것
이다.

1920~30년대 조선여자기독교청년회연합회
농촌사업의 전개와 그 성격

I. 머리말

1920년대에 접어들면서 독립운동의 방략은 다양화되었다. 이른바 민족개량주의자들은 즉각적인 독립은 유보하고 실력양성운동이나 자치운동으로 방향을 전환하였던 반면, 비타협적 민족주의자들과 사회주의자들은 일제와의 타협을 모두 거부하고 즉각적인 독립을 주장하였다. 방략의 다양화는 독립운동 내부의 대립과 갈등으로 이어지기 십상이어서 민족운동 내부의 결집력을 약화시키는 원인으로 작용하기도 하였다. 따라서 민족의 역량을 결집하여 민족협동전선을 구축하는 것이 당시 민족운동이 당면한 최대의 원인이었다.

민족협동전선이 구축되는 주요한 무대로 부상된 곳은 농촌이었다. 그만큼 당시 농촌문제는 방략을 달리 했던 민족운동가들에게 공히 시급히 해결해야만 했던 주요한 현안이었던 셈이다. 여성운동의 한 축을 담당한 朝鮮女子基督教靑年會聯合會(이하 YWCA로 약칭함)도 식민지 시기 농촌문제에 깊은 관심을 표명하였다. 단지 관심을 표명하는 데 그치지 않고 자신의 주된 활동 대상으로 농촌을 지목하고 농촌문제의 해결을 위해 자신들의 활동력을 집중하였다. 그러나 YWCA가 주도한 농촌사업은 아직까지 충분히 알려져 있지 않다. 그저 샘골[泉谷]의 최용신의 활동만이 상징적으로 널리 알려졌을 뿐, 농촌사업에 관련한 YWCA 역할의 전모는 기존의 연구에서 충분히 다루어지지 않았던 것이다.

필자는 첫째, YWCA가 농촌사업으로 방향을 선회한 내적 계기에 주목하고 둘째, 농촌사업의 구체상을 추적하여 농촌사업과 관련한 YWCA의 활동상을 재구성하고자 한다. 이 같은 분석을 바탕으로 1920~1930년대 YWCA의 농촌사업의 성격을 조망하고자 한다.

II. 농촌문제에 대한 인식

YWCA의 활동은 대체로 YMCA와 함께 힘을 모아 이루어진 경우가 많았다. 그 이유는 YWCA는 독립단체였지만 성립과 활동에 이르기까지 자매단체인 YMCA와 밀접한 관계를 유지하였기 때문이다. 따라서 YWCA의 활동상에 대한 이해는 YMCA와의 관계 속에서 살펴야 할 필요가 있다.[1] 농촌사업에 관련한 YWCA의 활동도 예외는 아니다.

YWCA나 YMCA는 초기에는 모두 도시를 중심으로 활동을 하였다. 그리고 YMCA에 비해 상대적으로 역사가 짧은 YWCA의 경우는 창립

---

1) YMCA에 대한 연구는 YWCA에 대한 것보다 상대적으로 풍성하다. 대표적인 것으로 전택부, 『한국기독교청년회운동사(1899~1945년)』, 정음사, 1978과 대한YMCA연맹 엮음, 『한국YMCA운동사(1895~1985)』, 1986을 들 수 있다. 전자는 한국YMCA 창립 70주년을 맞이하여 서울YMCA에서 기획한 『한국YMCA70년사』의 前篇에 해당하는 것으로 1899년부터 1945년까지의 YMCA의 변천사를 다루었다. 특히 이 저서는 풍부한 사료를 구사하여 한말과 일제시기 YMCA 활동을 폭넓게 다룸으로써 YMCA의 이해에 새로운 지평을 열었다고 평가된다. 후자의 경우, 1895년부터 1985년까지 100여 년간의 한국YMCA 역사를 기독교사의 관점에서 개관하였다.

초기인 1920년대 전반에는 주로 조직 확대에 힘을 쏟았으므로 농촌사업에 눈을 돌릴 여유가 좀처럼 없었다.

남녀 기독교 청년조직이 농촌에 적극적으로 관심을 갖기 시작한 것은 대체로 1925년을 전후한 시기부터였다.[2] 일제 식민지 농정의 한계가 노정되면서 농촌문제가 심각해진 상황에서 기독교청년회 운동의 토착화 노력이 경주되었던 1923년 경부터 농촌사업이 주된 활동의 대상으로 검토되기 시작했던 것이다. 이 같은 방향전환은 이제까지의 활동방침에 대한 일정한 자기 반성의 일환이기도 하였다. 당시 YMCA 총무 신흥우의 다음과 같은 주장은 이 같은 배경에서 이해할 수 있다.

> YMCA가 우리나라에 들어온 것은 미국이나 영국을 통해서였다. 영국 YMCA는 산업혁명의 소산이요, 미국에서도 역시 농촌에서보다 도시에서 번창했다. 그러나 한국인의 8할 이상이 농촌에 살기 때문에 영국이나 미국과 같은 방식을 그대로 따를 수는 없다. 물론 YMCA의 운동방식이나 설비나 조직은 파리 기준을 토대해야 하지만 같은 문제를 가진 청년들끼리 모여서 회를 묶어 가지고 나라를 찾고 건설한다는 것이 근본 목적인 것이다. 그러므로 한국YMCA는 다른 나라 도시 YMCA의 방식과 설비와 조직을 그대로 직수입할 것이 아니라 국민의 대다수가 사는 농촌에서 새로운 방식과 설비와 조직을 만들지 않고서는 무의미하다.[3]

즉, 신흥우에 의하면 YMCA가 영국이나 미국에서 영향을 받은 것이기는 하지만 도시가 발달한 영국·미국과는 달리 농민이 8할이나 되는

---

2) 장규식, 「1920~1930년대 YMCA 농촌사업의 전개와 그 성격」, 『한국기독교와 역사』 4, 1995, 209쪽.

3) 신흥우의 방송녹음 기록(전택부, 『한국 기독교청년회 운동사(1899~1945)』, 정음사, 1978, 331쪽에서 재인용).

한국의 현실에서는 영·미처럼 도시중심의 YMCA 조직을 그대로 받아들여서는 안 된다는 것이다. 따라서 운동의 중심을 도시에서 농촌으로 옮기고 새로운 방법에 따른 조직과 활동을 전개해야 된다고 주장하였다.

1926년 4월 YMCA는 간부지도자 모임 형식인 세미나를 개최하였는데, 이 세미나에서 지적된 농촌사업 연구 촉진에 관련한 사항에서도 위와 같은 노선변화의 필요성은 반복되었다.

한국농민은 심각한 재정난에 빠져 있다. 전체 국토의 20%만이 경작이 가능한 농토이며 전체 농민의 4분의 3이 소작인이다. 더욱이 농민들은 이자가 비싼 빚을 내서서 농사를 짓고 있기 때문에 해마다 총 생산고의 30% 내지 48%에 해당한 이자를 고리대금업자에게 내주어야 한다. 그러므로 농민들은 서로 협동하여 농사짓는 방법을 개량하고 소기업을 발전시키지 아니하면 희망이 없다.[4]

이러한 지적은 당시 식민지 한국농촌의 피폐상을 목도하고 이에 대응하기 위한 일환으로 농촌사업의 방향을 모색한 것으로 이해된다. 농촌인구의 절대화, 농촌가정의 피폐화, 토지수탈의 악성적 모순을 해결하기 위해서는 농촌사업을 전개할 필요성이 있다는 것이다.

이상과 같은 YMCA 지도부의 방향전환은 당시 사회여론에 의해서도 공감되는 바였다. 『동아일보』는 「농촌에다 천당 건설」이란 제목 아래,

사람의 도회생활은 헛생활이다. 조선인의 10분의 8까지가 농촌의 소작인들이다. 조선인은 무엇보다도 농촌계발에 힘을 써야 되겠다는 취

---

4) 기독교청년회가 서울에서 1926년 4월 5일부터 9일까지 5일간 개최한 이번 세미나는 간부 지도자 모임의 형식을 취한 것이었다(D Willard Lyon's Notes of a Conference on YMCA, Rural Work in Korea, held in Seoul 1926. 4. 5~9).

지로써 시내 종로에 있는 중앙기독교청년회에서는 농촌사업을 새로
계획하고, 우선 경성을 중심으로 하여 10리 내지 30리 이내의 여러 농
촌으로 전문지식을 가진 회원을 파송하여 석 달 동안을 일기로 하고
간이 교육강습소를 설치하여 문맹의 동포에게 지식을 주어, 농민의 고
문이 되어 농작물에 대한 것은 물론이요, 위생에 관한 것이든지 혹은
농가부업이든지를 무보수로 직접 원조를 하여 농촌의 향상 발달에 헌
신적인 노력을 하리라는데, 때때로 활동사진과 활동을 이용하여 촌민
에게 오락을 주고, 또한 한 달에 한 번이나 두 번씩 명사를 청하여 농
민에게 필요한 통속적 강연을 하게 하리라더라.[5]

고 지적하여, 농촌사업에 눈을 돌린 YMCA를 적극 지지하는 태도를 보
였던 것이다.

　YMCA가 농촌사업에 집중적인 관심을 보인 데에는 당시 세계 기독
교계를 풍미하고 있던 사회복음 사조도 일정한 배경으로 작용하였던
것으로 보인다. 즉 "기독교국으로, 기독교인으로 현대과학적 지식을 낱
낱이 이용하여 서로 살해하기를" 일삼았던 제1차 세계대전의 쓰라린
경험에서 "기독교는 개인 구원을 위한 복음뿐만 아니라 일반 사회를
구원하는 복음이 되어야 한다"[6]는 자성과 인식의 전환을 보였던 것이
다. 1928년 국제선교협의회 예루살렘 대회는 바로 그러한 인식이 명료
하게 드러난 계기였다.[7]

　대회에서는 먼저 현존하는 산업문제·인종문제·농촌문제에 대한
기독교의 태도 표명, 다시 말해 기독교의 사회화─실제화 문제가 중점

5) 『동아일보』 1925년 2월 14일.
6) 김활란, 「예루살렘 대회와 금후 기독교」, 『靑年』 8-8, 1928. 11.
7) 51개 국 200여 명의 대표가 모인 가운데 부활절을 전후하여 2주 간에 걸쳐 개
　최된 예루살렘 대회(1928. 3. 24~6. 8)의 대표로, 한국측에서는 신흥우·김활
　란·정인과·마펫·양주삼·노블 등 6명이 파견되었다.

적으로 거론되었다. 한국 농촌의 경제・사회・종교적 상황에 대한 브루너의 사회과학적 조사연구 보고서인 「한국농촌(Rural Korea)」이 제출된 것도 이 자리에서였다. 이러한 정황에 대해 대회참석자의 일원이자 YWCA 지도자였던 김활란은 종교와 생활의 관계에 대해 다음과 같이 주장하였다.

> 혹자는 종교란 모든 실생활과의 관계를 떠나 자기 혼자 무슨 신비한 경험을 하는 것이나, 일요일에 예배당 가는 것으로만 알았다. 그렇기 때문에 6일 간 고리대금업이나 다른 방식의 착취를 여지없이 하다가도 주일에 양심에 아무 저촉도 없이 예배를 보게 되며 애인여기를 부르짖던 사회에서도 일시 충돌이 생길 때에 피차 살해하기를 금수보다도 쉽게 한 것이다. 그 원인은 종교생활이 실제화 되지 못하고 실생활이 종교화되지 못한 까닭이다.[8]

종교생활의 생활화 내지는 종교화의 관점에서 기독신앙의 사회복음을 강조하고 있음을 알 수 있다.

이 대회에서는 기독교의 민주화 문제 역시 비중있게 취급하기도 하였다. 종래 제국주의・식민지 관계의 연장선상에서 설정되었던 선교국・피선교국 교회 간의 관계가 재검토되고 아울러 양자의 관계를 동업자 관계로 인식하는 발상 전환이 이루어졌다. 그리고 사회 배경과 정신상 습관의 차이에 따라 개인이나 인종마다 새로운 견지에서 기독교의 진리를 발견할 수 있다는 가능성을 열어 놓음으로써 다른 종교와의 대화도 가능해졌다.[9]

이 대회를 전후하여 고조되고 있었던 세계 기독교의 사회적 책임에

---

8) 김활란, 「예루살렘 대회와 금후 기독교」, 5쪽.
9) 조선야소교연합공의회, 『기독교의 세계적 사명』, 기독교창문사, 1929.

대한 각성은 한국 기독교계에도 적지 않은 영향을 미쳤다. 이러한 사
회복음 사조는 YMCA · YWCA 국제위원회를 통해 국내로 유입되고 있
었다.[10] 그렇게 볼 때, 농촌사업은 1920년대 일제의 수탈농정에 따른
농업문제의 심화와 국제YMCA를 통해 유입된 사회복음의 사조, YMCA
와 YWCA 자체의 토착화 노력 등에 자극받아 나타난 운동이었다고 하
겠다.[11]

Ⅲ. 농촌사업의 모색

　YMCA는 1923년 경부터 농촌사업에 대한 검토를 시작하면서 농촌에
대한 조사를 실시하였다. 신흥우는 1923년 겨울 제1단계 농촌조사로서
서울 근교 자마장과 부곡리에서 3개월 간 이들과 함께 생활하면서 이
들의 실상 파악에 노력하였다.[12] 그는 1924년 프랭크 브로크만과 함께
미국으로 건너가 북미YMCA 국제위원회 총무 모트, 플레처 브로크만,
페니 등과 뉴욕의 레이크 플래시드에서 5인회담을 갖고 농촌문제 전문
간사의 파견과 한국인 농촌사업 간사의 확보, 시범농장의 마련 등 농
촌사업 지원에 대한 합의를 보았다. 이 합의에 따라 북미YMCA 국제위
원회는 1925년 제1차로 쌀 전문가 에비슨과 농촌교육 전문가 쉽을 파
견하여 신흥우와 프랭크 브로크만의 선구적인 농촌사업 실험을 돕던
반하트와 함께 세부작업을 추진케 하였다. 이때 한국인 간사로는 홍병
선, 계병호, 최영균 등이 선정되었다.[13]

10) 당시 『靑年』에는 신앙과 현실생활을 관련시켜 이해하려는 사고의 전환을 보
　　여주는 글들이 다수 실리고 있었다.
11) 장규식, 앞의 글, 220~221쪽.
12) 전택부, 『인간 신흥우』, 1971, 185쪽.
13) National Council of the Korea YMCAs, The Rural Program of the YMCA in Korea,

그런데 YMCA는 농민들의 정신적·문화적·경제적 향상을 내걸고 농촌사업에 착수하면서[14] 기구를 새롭게 개편하였다. 즉, YMCA에서는 1925년 2월 YMCA연합회와 중앙YMCA의 총무를 겸임하고 있던 신흥우로 하여금 YMCA연합회 총무만을 전담케 하는 동시에 11월 YMCA연합회 내에 농촌부와 도시부를 신설하고 홍병선을 농촌부 간사에 임명하였다.

1925년에 중앙YMCA는 서울 부근 20여 촌락에서 농촌사업에 착수한 결과 ① 81개소의 간이 교육과정을 통해 695명의 수업자를 배출하고, ② 마음을 정직히 하며 조선 국문을 배워 지혜를 넓히고 노동에 힘써 실업을 장려하며, 신체를 건강히 하는 등의 내용을 강령으로 하는 농우회를 4개소에 조직하는 등 일련의 성과를 거둘 수 있었다. 그리고 ③ 농작물에 대한 통계, 재래경작의 결점과 장래의 경작개량, 부업장려, 가축통계, 위생관념의 함양, 사회사정, 풍속교정 등의 상식을 제공하는 강화회의, ④ 촌락 순회 환등 및 활동사진회 개최, ⑤ 종돈·종계의 배부, ⑥ 간이교육 수료자를 대상으로 한 정신·교육·위생·도덕·산업 등에 관한 팜플렛 배포 등 다양한 활동을 전개하였다.

이러한 노력을 기반으로 같은 해 1925년 후반에 이르면 YMCA의 농촌사업은 서울의 중앙YMCA 이외에도 광주·함흥·신의주·선천 등지의 YMCA로 확산되어 나갔다. 그리고 아직까지 지방 조직이 없었던 안주·철원·삭령·수원 등지에서도 YMCA연합회의 주관 하에 농촌사업이 착수되었으며, 각 학교의 학생YMCA 역시 농촌사업에 들어갔다.[15] 그 결과 1927년 6월에 이르면 7개 도시 YMCA와 6개 학생 YMCA 등에서 농촌사업을 진행할 수 있었다.[16]

1932.
14) 『동아일보』 1925년 1월 1일.
15) 홍병선, 「一年間 靑年會의 新事業」, 『靑年』 6-1, 1926. 1.

농촌사업을 위한 기초조사와 사업계획의 토대를 닦아 놓은 YMCA 당국은 제2차 농촌조사에 착수했다. 즉 1926년에 모트 박사의 적극적인 주선으로 미국의 저명한 사회학자이자 컬럼비아 대학 교수인 브루너(Edmund de Schweintz Brunner) 박사가 YMCA 국제위원회로부터 파견되어 왔다. 그는 약 두 달 동안 한국에 머물면서 농촌사회 조사를 선두지휘하고 국내학자 허경덕에게 실무를 맡겼다. 사무실은 YMCA회관 안에 두고 약 1년 간 조사를 계속했는데, 이 조사야말로 한국 역사상 최초의 농촌사회에 대한 사회학적 연구였다.

이 조사보고서는 1926년 「한국농촌(Rural Korea)」이란 이름으로 발표되었다. 조사보고서를 작성하게 된 직접적인 동기는, 첫째 한국 농촌사업의 업적을 전 세계에 선전하고, 둘째 한국과 같은 피선교지의 농촌사업이 얼마나 긴박하며 중요한 것인가를 널리 선전함으로써 국제적인 협조를 얻으려는 데 있었다. 그러므로 「한국농촌」의 서문에 "한국이 조사대상으로 선정된 이유는, 첫째 한국교회의 농촌사업이 성공하고 있기 때문이며 최근에 와서는 한국교회 지도자들이 농촌조사를 의뢰해 왔을 뿐만 아니라, 나에게 여러 가지로 협조를 주었기 때문"이라고 쓰고 있듯이,[17] 처음부터 농촌사업은 YMCA 국제위원회와 한국 YMCA의 면밀한 협조 아래 진행되었다.

1926년 4월 5일부터 9일까지 5일 간 서울에서 한국YMCA의 농촌사업을 연구 촉진하기 위한 세미나가 열렸다. 참석자는 한국측에서 윤치호·이상재·신홍우·구자옥·홍병선 5명, 한국 주재 외국인 간사로서 브로크만·반하트·내시·그래그 4명, 농촌사업 전문간사로 파견된 에비슨·쉽, YMCA국제위원회 대표 브로크만·라이언 등 13명이었

---

16) 장규식, 앞의 글, 229~230쪽.

17) E. S. Brunner, *Rural Korea - Preliminary Survey of Economic Social and Religions Conditions*, 1926.

고, 간부지도자들의 모임이었다. 모임 보고서는 라이언이 작성하였는데, 그 내용을 간추려 소개하면 다음과 같다.[18]

① 농촌사업의 필요성 : 한국에는 7만 5천 명 이상의 인구를 가진 도시는 서울 외에 하나도 없다. 3만 5천 명부터 7만 5천 명까지의 도시가 6개, 2만 5천 명에서 3만 5천 명까지의 도시가 16개로 이들 도시의 인구는 75만 명 정도이다. 전체 인구의 약 85%가 농업에 종사하고 있다. 그러므로 이들 대다수의 인구에 대하여 무관심하다는 것은 곧 한국에서 사업을 하지 않겠다는 것과 같다. 한국농민은 심각한 경제난에 빠져 있다. 전체 국토의 20%만이 경작 가능한 토지이며 전체 농민의 4분의 3이 소작인이다. 더욱이 농민은 이자가 비싼 빚을 내어서 농사를 짓고 있기 때문에 해마다 총생산고의 30% 내지 48% 정도를 고리대금업자에게 이자로 내주어야 한다. 그러므로 농민들은 서로 협동하여 농사짓는 방법을 개량하고 소기업으로 발전시키지 않으면 희망이 없다.……한국 YMCA는 이러한 절망적 시기에 부름을 받고 있다. 그리고 이를 위해서는 외국의 원조가 불가피하다.

② 목적 : 농촌사업의 기본 목적은 농민들의 정신적·문화적·경제적 향상에 있다. 제일 중요한 것은 농민들로 하여금 하느님과 이웃과의 올바른 관계에서 살게 하며, 일상생활을 통하여 정신적 가치를 인식하게 하는 데 있다. 그러므로 그들에게 글을 가르쳐 문맹자가 없게 하며, 농사의 개량과 협동정신을 키워 줌으로써 그들의 경제 상태를 향상시켜야 한다.

③ 재정조달 : 농촌사업에 관심이 있는 도시청년회와 학생청년회가 필요한 재정과 자원, 지도자들을 조달해야 한다. 그리고 해당 농촌의 최소한도의 집회 장소를 마련하고, YMCA연합회는 필요한 서적을

---

18) D. Willard Lyon's Notes of a Conference on YMCA, Rural Work in Korea, held in Seoul 1926. 4, 5~9.

제공해야 한다. 물론 YMCA연합회는 모든 연합회 직원들의 생활비를 전담해야 한다.

④ 출판물의 조달 : 각종 문서와 서적이 있어야 한다. 예를 들면 문맹퇴치를 위한 교과서, 농민들의 이자 문제를 해석한 소책자, 농사개량에 대한 설명책자, 그 밖의 소책자가 필요하다. 농민들에게서 책값을 받는다면 인쇄비 정도만 받아야 한다.

⑤ 실무자의 훈련 : 도시청년회와 학생청년회는 실무자들을 농촌에 파견하기에 앞서 그 실무자의 지도력 양성과 훈련에 특별히 주력해야 한다. 최초부터 중앙에는 중앙훈련소를 두고 지방에는 지방별 훈련소를 두어, 통일된 계획 하에 지도자 훈련사업을 추진해야 한다. 그리고 지방훈련소에서는 그 지방에서 선발된 지도자를 훈련시키고, 그 지도자들은 각 촌락의 지도자를 훈련시킨다. 훈련 사업의 성공 여부는 훈련에 필요한 시설이 충분한지 아닌지에 달려 있다.

⑥ 외국인 간사의 임무 : 외국인 간사의 농촌사업에 있어서의 주요 임무는 다음과 같다.

　가) 외국인 간사는 해당 청년회가 제정한 여러 가지 정책과 원칙을 수행하는 전문가이며, 청년회 사업의 기술자이다.

　나) 외국인 간사는 한국인 간사의 자문자 또는 협조자로서 업무 집행의 찬조자이다. 업무 집행의 전 책임은 수임받은 한국인 간사에게 있다.

　다) 외국인 간사는 청년회와 선교사 단체 사이에서 봉사하는 연락관 구실을 하는 자이다.

　라) 외국인 간사는 청년회와 선교사 단체의 밀접한 연관관계를 수립하며, 사람들로 하여금 크리스찬이 되게 하며, 지도력을 강화하고 국제적인 이해 증진을 창조하는 자이다.

이 보고서는 당시 한국 농촌사회의 현실과 농촌사업사에서 기독교청년회가 나아갈 방향을 제시해 주었다. 우선 기독교청년회가 농촌사업에 투신해야 하는 이유로서 농촌인구의 절대화, 농촌가정의 피폐화, 토지수탈의 악성적 모순 등을 들면서 이를 해결하기 위해서는 외국의 원조에 의한 영농의 소기업화를 주장하였다. 청년회의 임무로는 재정과 자원 지도자들을 물색하고, 문맹퇴치를 위해 노력할 것이며 농촌지도자 훈련사업을 추진해야 함을 제창하였다. 이러한 농촌사업을 성공시키기 위해서는 그러한 청년회 사업의 기술자인 외국인 간사의 도움이 필요하다는 점도 지적하였다.

여기서 밝히고 넘어가야 할 것은, 이 보고서에서 말하는 청년회는 YMCA이지만, 실제로는 YMCA에 국한되지 않고 YWCA도 같은 범주에 놓고 보아야 한다는 점이다. 앞서도 언급했듯이 YMCA와 YWCA는 공동의 목표 아래 협동 내지는 합동하여 사업을 추진시켰기 때문이다. 그리고 뒤에서 볼 것처럼 이 양 단체는 공동의 농촌사업을 진행하는 과정에서 일정하게 역할 분담이 이루어지고 있었다.

한편 범기독교 차원의 협동운동으로서 북미YMCA에서 파견한 농업행정 전문가 클라크를 협동총무로 하고 YMCA·YWCA 대표 각 1인, 장로회 대표 2인, 남북감리교 대표 각 1인, 여선교회 대표 각 1인, 연합공의회 대표 3인으로 농촌사업협동위원회가 1929년 9월 출범하였다.[19] 이 위원회의 목적은 "직접 농민에게 농업과 농업사회에 대하여 과학적으로 정확한 지식을 주고 지도"하는 데 있었다. 이후 농촌사업협동위원회의 기독교 농촌사업은 연합운동적 차원에서 활동을 강화해 나갔다. 그 대표적 사업은 1929년부터 매년 겨울철을 이용하여 전국에 걸쳐 대대적으로 개최한 농사강습회였다. 강습회에서 교수된 과정은 토양학, 비료, 작물재배, 채소, 과수, 양계, 양돈, 양봉, 양우, 양양, 양잠, 작물 병충해, 농가경제, 관개, 시장, 위생, 조합, 가내공업, 가사 등이었

19) 전필순, 「농촌사업협동위원회」, 『기독신보』 1929년 10월 2일.

다.[20] 이때 등록하여 참석한 인원은 4,081명에 달하였고, 야간강습회에 임의 참가한 자는 무려 4만여 명이나 되었다.[21] 이들의 85%는 농민이 점하였고 그 가운데 75%는 기독교도였다.

두 차례에 걸친 농촌조사와 그에 기반한 농촌사업 방침이 세워지면 서 YMCA는 YWCA와의 긴밀한 협조아래 사업을 전개해 나갔다. 당시 간이교육은 농촌사업을 시행하는 곳의 부근 20리 내외에 있는 촌락을 대상으로 하였는데, 유급간사 또는 자원봉사자가 1주일에 한 번씩 각 촌으로 들어가 석 달 혹은 넉 달을 1기로 국문과 간단한 숫자, 가감법 등에 대한 교육을 실시하였다. 장소는 마을 공동으로 쓰는 곳이나 사랑방으로 하였으며, 석유나 땔나무는 마을 유지가 담당토록 하였지만 그 밖의 경비는 부담을 시키지 않았다. 다음으로 협동기관으로서 德・智・體의 개발을 목표로 하는 三角農友會를 두었다. 삼각농우회는 간이교육과정 졸업생과 촌의 모든 사람을 대상으로 조직하되, 마을 유지가 지도하고 농촌사업 간사가 고문이 되어 자문하도록 하였다. 기구 내에 청년부와 소년부를 두고 농사개량과 부업, 위생・풍속의 개선, 공동구매와 판매, 농산물 품평회, 저리금융 등의 활동을 전개하였다.[22]

이 시기 YMCA 농촌사업은 한글 가르치기와 사회 사정에 대한 이야기 등에 중점을 두는 농촌계몽운동의 성격을 강하게 띤 것이었다. 1926년 9월 이전의 경우, 협동조합운동은 아직 착수되고 있지 않았다. 또한 앞서 간이교육과 농우회 조직의 구체적 시행 과정을 통해 알 수 있듯이 YMCA와 소농민 사이의 매개자로서 마을유지의 역할도 적지 않았다. 이는 YMCA 농촌사업이 소농・부농・지주 사이의 계급 이해

---

20) 민경배, 『한국기독교회사』, 대한기독교서회, 240~241쪽.

21) R. A. Rhodes, *History of Korea Mission, 1884~1934*, 520쪽.

22) 「조선기독교청년회연합회의 농촌사업과 그 성적」, 『기독신보』 1927년 6월 8일.

주의에 기초하고 있음을 보여주는 한 단면이다. 이렇게 축적된 기반을 바탕으로 YMCA 농촌사업은 1928년을 전후하여 농업경영에 대한 실제적 지도와 협동조합을 통한 농민의 사회적 조직화를 꾀하는 방향으로 운동의 중심을 이동해 나갔다.[23]

1928년 1~6월 사이 신흥우·홍병선·김활란 등 YMCA·YWCA 지도자들의 덴마크 농촌 시찰과 예루살렘 대회 참가를 계기로 YMCA 농촌사업은 새로운 전기를 맞이하였다. 전국 차원의 사업구역 구분과 더불어 농업 전문가의 내한이 일단락됨에 따라 각 지방별로 조직적인 사업의 전개가 가능해졌고, 협동조합이 주력 사업으로 자리를 잡게 되었다. 장로회·감리교의 양 교파 및 각 선교회와 연합으로 에큐메니컬 운동 차원에서 농사강습회가 전국적으로 개최되기에 이르렀다.[24]

한편 YWCA는 1927년에 농촌여성들에게 보통 상식을 보급시키는 데 주력하면서 인격수양을 위한 修養部를 신설하였다. 1928년 개최된 예루살렘 선교협의회는 YWCA의 이러한 농촌사업에 더욱 구체적인 자극을 주었다. 그리하여 1928년 8월 YMCA와 조선남녀학생기독교청년연합회 하령회가 열려, 농촌문제에 대한 문제의식과 대책을 숙의하고 모범농촌 실시와 양봉 및 직조제사에 대한 자유토론회가 실시되었다. 이에 따라 1929년에는 농촌부업 문제가 중점 사업으로 채택되면서

---

23) 장규식, 앞의 글, 234쪽.

24) YMCA는 1928년 12월에 종래의 8개 지방부의 구역 편성을 중앙·관북·관서·영남·호남지방의 5개 지방부로 재조정하고, 1929년 1월에 각 지방부마다 한국인 간사 1인과 북미YMCA 국제위원회에서 파견한 농업전문가 1인씩을 배치하였다. 그런데 이들 구역, 곧 지방부는 마을 단위의 삼각농우회·협동조합·농촌야학 조직이 확산되고 농촌사업이 실시되는 지역의 청년들을 중심으로 군 단위의 농촌 YMCA가 조직되면서 종래 순회 지도구역으로서의 성격에서 지역조직의 연합체적 성격으로 점차 그 조직의 위상이 변화되어 나갔다. YMCA 농촌사업이 명실공히 전국적인 조직 기반을 갖추고 효율적으로 전개되어 나갈 수 있는 기반이 마련된 것이다.

YWCA는 農村部를 설치하고,25) 그 후 최용신을 수원 샘골에 파견하기에 이르렀다.

경성YWCA는 중앙기독교청년회 농촌부 연합 주최로 1928년 11월 22일부터 24일까지 3일간 덴마크 농촌을 시찰하고 귀국한 김활란·신흥우·홍병선 등을 초청하여 강연회를 열어 농촌문제에 대한 관심을 증폭시켰다. 이때 김활란은 덴마크의 국민생활에 대하여, 신흥우는 그곳의 협동조합에 대하여, 홍병선은 덴마크의 농촌교육에 대하여 강연하였다. 이에 따라 농촌사업을 지원한 남녀청년이 84명에 달했고 1개월간 강습 후 1929년 1월부터 농촌사업에 착수하였는데, 남자 15명, 여자 2명의 농촌 출장자가 배출되었다.26)

이화전문학생YWCA 농촌부에서는 특히 농촌의 문맹퇴치를 목적으로 하면서 당시 서울 주변의 청량리와 홍제원·창동 등지에서 문맹 남녀 아동들을 모아 가르쳤는데, 홍제원의 경우에는 아동이 평균 30여 명에 달하였다.27) 갑·을 두 반으로 나누어 국문·산술·찬미·위생경제법 등을 교과목으로 가르쳤다.28)

농촌계몽운동은 지방 YWCA에서도 호응하였다. 평양YWCA에서는 1927년부터 농촌사업을 시작하여 농촌 부인들을 도울 뿐만 아니라 이 사업에 참여한 회원들의 경험과 삶을 높여 갔다. 또 YMCA와 협동으로 농촌사업을 위한 정기간행물을 출판하는 등 농촌을 위한 기독교적 교화에 더욱 노력하였다.29)

YMCA에 의해 먼저 시작된 농촌사업은, "이곳 저곳에서 농촌여자들

25) 『YWCA연합회 총회 회록』 참조.
26) 「농촌사업」, 『靑年』 9-2, 1929. 2, 25~26쪽.
27) 「地方靑年會活動」, 『靑年』 9-5, 1929, 75~76쪽.
28) 위와 같음.
29) Helen K. Kim, "The Young Women's Christian Association", K. M. F., Vol.XXV, No.1, 1929. 1, 8쪽.

이 자기들에게도 국문 교수를 실시케 하여 달라고 청구하니 장래에는 여자 간사도 필요해질 것이다. 농촌사업은 남자뿐만 아니라 농촌의 여자도 함께 계발 지도하여 원만한 결과를 거두기를 노력한다"[30]고 지적될 정도로 사회적으로 큰 호응을 받았다. 이에 부응하여 YWCA는 1929년부터 연합회 안에 정식기구로서 농촌부를 두고, 황에스터·홍은경을 농촌부 위원으로 위촉하고 사업을 추진하였다. 그런데 이 사업은 많은 예산이 소요되는 것이었다. 즉 1928년도 예산지출안에 따르면, 총예산 880원 중 농촌사업비가 280원으로서 31.8%를 차지하였고, 1934년에는 농촌주부 교육에 특별예산 500원을 증액함으로써 전체 640원(약 30%)을 할당하였다.[31]

이때 YWCA 농촌사업은 농민의 생활수준 향상을 위한 협동조직, 보건위생 및 농업개량을 위한 과학지식의 보급을 꾀하는 한편, 부업 지도와 의식주 생활의 개선, 문맹퇴치와 악습폐지 등을 그 주요과제로 삼았다. 이러한 농촌사업은 전반적 계몽과 생활개선을 목표로 한 사업이었다.

① 농촌보건위생에 관한 일 : 요리법 개선, 부엌 개선, 하수도와 배수시설 개선, 도로 개선, 우물 파기, 의료사업, 기생충 박멸
② 농민협동 : 신용조합, 저축조합, 협동구매, 소비협동
③ 농민교육 : 더 좋은 어린이 양육에 관한 교육, 한글교육, 각종 관청 관계 허가 신청에 따르는 교육, 종자개량에 관한 교육, 비료 개량방법, 농기구 개량방법
④ 농촌부업 장려 : 양계, 가축사육, 양잠, 양봉, 작은 작물 재배, 버섯 재배, 화초채소 재배, 새끼줄 꼬기, 신발 짜기, 바구니 짜기, 자루 만

---

30) 朝鮮中央基督教靑年會 農村部, 「農村事業報告」, 『靑年』 5-4, 1925. 4, 14쪽.
31) 『YWCA연합회 총회 회록』 참조.

들기, 목공, 농기구 만들기

그리고 YWCA는 1929년부터 YMCA와 공동으로 농민학교를 열어 4주 과정의 주부교육을 실시하기 시작하였다. 신촌에 자리잡은 이 학교의 건물은 약 12.5칸으로 50평 대지에 들어섰다. 이는 조선과 외국인 친구들의 기부를 받아 1932년 말에 1천 원의 예산으로 지어졌다.[32]

YWCA가 수행한 보람있는 농촌사업의 하나는 농촌 부녀지도자 훈련이었다. 1934년 농촌 수양소 안에 설치된 이 훈련 프로그램은 정규 교육과정을 통한 농촌주부의 지위 향상, 그들의 영적 가치 촉진, 마을의 복지 향상을 위한 합리적 생활의 개발을 도모하는 데 중점을 두었다.[33] 이 사업의 재정적 후원은 미국YWCA 농촌부 간사 에디(S. Eddy)가 맡았다. 농촌사업에서 여성이 차지하는 비중을 말해 주는 다음의 자료는 주목된다.

어느 나라든지 농촌사업 발전에 있어서 여자가 중요한 일을 하는 것이니 특히 조선에 있어서 그러한 것이다.……여자는 농사에도 큰 부분을 맡게 되는 연고다.[34]

당시 일반인들 사이에서 농촌지도자 훈련이라고 불린 이 농촌 부녀지도자 프로그램은 1934년부터 정규적인 교육과정을 실시하였다. 그 교육의 취지와 목표는 ① 그들의 영적인 가치를 인식하도록 마음을 넓게 바라보고 봉사할 수 있도록 계발하며, ② 영적인 가치를 인식하도록 깨우치고 현재 불만스런 처지에 놓인 그들의 영적·정신적·물리

---

32) 한국YWCA 50년사편찬위원회, 『한국YWCA반백년』, 1976, 60쪽.
33) "The Training School for Rural Leaders under the Auspices of the National YWCA of Korea", *K. M. F.*, 1934. 2, 42~43쪽.
34) 프랜시스 오 클락, 「농사강습회에 대하야」, 『기독신보』 1930년 1월 15일.

적인 환경을 어떻게 개선할 것인가에 대하여 다른 주부들과 협동하도록 하며, ③ 마을의 복지 향상을 위하여 그들이 일할 수 있도록 하기 위하여, 첫째 잘못된 것을 바로잡고, 둘째 과학에 의해 미신을 타파하고, 셋째 생활수준을 향상시키고, 넷째 자유롭고 풍요롭고 만족한 삶을 지향하게 하는 데 교육목표를 두었다.

1934년 조선YWCA 농촌부 위원 황에스터와 홍은경의 이름으로 공고된 농촌주부학교의 입학요령과 교과과정을 보면, 18~40세에 속하는 농촌여성으로서 소학교 졸업 이상의 한글을 읽고 쓸 수 있는 자가 지원할 수 있었다. 이들 중 입학전형위원의 심사를 거쳐 매기마다 20명씩을 학생으로 선발했고, 채택된 전원은 기숙사에 입사하여 공동생활을 하며 교육과정을 마칠 수 있었다. 입학금이나 등록금은 무료였으나 여비와 쌀은 각자가 부담하였다. 교육과정은 대개 2월이나 3월 중 4주 동안 열렸는데 교과과정과 강사진은 다음과 같았다.[35]

교과목 : ① 마음의 계발 ② 가정관리 ③ 생활조건 향상을 위한 일반적인 방법 ④ 바느질 ⑤ 요리법 ⑥ 세탁법 ⑦ 염색 ⑧ 가정위생 ⑨ 아동복지 ⑩ 초등역사 및 지리 ⑪ 오락놀이 ⑫ 아동을 위한 동화와 동요
강사진 : 홍은경, 최이권, 모윤숙, 김활란, 홍병선, 신흥우, 홍에스터, 황에스터, 최마리아, 장정심, 서은숙, 박마리아

또한 YWCA는 농한기를 이용하여 1935년 신촌 농민수양소에서 농촌부녀를 위한 수양회를 열었다. 총무 김활란, 위원장 유각경 등이 주체가 되어 비교적 한가한 봄을 이용하여 농촌부녀지도자수양회를 농민수양소에서 열었던 것이다. 시기는 3월 2일부터 3월 말까지 약 4주

35) 『동아일보』 1935년 1월 22일(6).

동안이었다. 배우고 싶어도 배울 곳이 없고 또 가르쳐 주는 사람도 없어 문맹상태에 있는 농촌부녀들을 모아 가정상식, 위생, 재봉, 요리, 염색, 수양강화, 부업 등 일상 생활에 필요한 지식을 가르쳐 개인의 생활을 개선시키고자 하였다. 동시에 교육 후 각자 자기 거주지역으로 돌아가 여러 가지 실제적 활동을 할 지도자를 새롭게 양성하여 농촌문화 향상에 공헌하는 데 2차적 목표를 두었다.[36]

같은 해 YWCA 주최로 제2회 농촌부녀지도자수양회가 농민수양소에서 개최되었는데 그 목적과 입학 자격은 아래와 같았다.

목적
1. 정당한 인생관을 갖게 하며
2. 일상 생활에 필요한 생각을 알게 하며
3. 과거의 그릇된 생활이나 미신을 버리고 옳게 살며
4. 모든 생활에 보아서 아름답고 재미있고 가난하고 규모있게 하며
5. 자기의 할 직분과 능력을 인식케 하여 보다 더 나은 촌을 만들기에 힘쓸 것

입소자격
1. 농촌에 사는 부녀인
2. 연령은 18세 이상으로 40세까지
3. 조선문을 볼 줄 알고 또 쓸 수 있는 사람
4. 보통학교 졸업생에게도 허락함
5. 유아가 딸릴 때는 두고 올 일

과목
가정상식, 위생, 재봉, 요리, 염색, 수양강화 부업 기타[37]

---

36) 『동아일보』 1935년 1월 21일(4).

이상의 내용을 통해 우리는 농촌부녀지도자수양회의 목적이 농촌부녀의 의식계몽에 두어졌음을 알 수 있다. 즉, 고도의 여성교육이 아니라 보통 일반인을 대상으로 하여 기독신앙에 의한 올바른 인생관을 확립케 하고 아울러 생활에 필요한 여성 능력을 배양하는 데 목적이 두어졌던 것이다. 자격은 보통 지식을 습득한 18~40세의 청장년에 한정하였다. 요컨대 YWCA의 농촌사업은 농촌의 부녀지도자들을 양성하여 해당 지역을 계몽하는 데 주안점이 두어졌던 것이다.

Ⅳ. 농촌사업의 사례 : 최용신과 천곡학원

다음에는 최용신과 천곡학원의 사례를 통해 YWCA가 주도한 농촌사업의 구체상황을 검토해보고자 한다. 1930년 YWCA는 수원구역 감리교 선교사 밀러로부터 수원 부근 일대의 농촌 실태, 특히 샘골(泉谷)의 어려운 사정을 전해 듣자 즉시 농촌사업 관계자를 현지에 파견하여 시찰케 했다. 이어 사업의 대상지역으로 샘골을 결정하고, 1931년 10월에 1차로 최용신을 교사로 파견하였다. 이때 재정적 후원은 미국 YWCA 농촌부 간사인 에디가 맡기로 하였다.

최용신은 1909년 8월 원산에서 태어나 1928년 원산 루씨여고를 졸업하고 협성여자신학교에서 수학하던 중 황해도 수안과 경북 포항 일대에서 농촌실습을 통해 농촌사업에 몸바칠 것을 결심하였다.[38]

최용신이 YWCA 농촌사업과 인연을 맺은 것은 1929년 YWCA 총회 때 협성YWCA의 대표로 참석하면서부터였다. YWCA 파견교사로서 샘골에 온 최용신은 1931년 10월 11일부터 샘골 예배당을 빌려 한글, 산

---

37) 『기독신보』 1935년 2월 20일(7)1.
38) 유달영, 『최용신양의 생애』, 서울아카데미사, 1956, 29~31쪽.

술, 초보의 재봉, 수예, 가사, 노래, 성서 등의 학습을 시작하였다. 이 강습소는 1932년 5월에 정식으로 인가를 받았으며 8월에는 泉谷학원 건축발기회를 조직하고 그 곳 유지와 YWCA의 보조를 받아 건축을 시작하여 1933년 1월 15일에 낙성식을 가졌다. 천곡학원 건물이 완성되기까지 최용신은 건축에 사용한 비용을 상세히 기록해 두었는데 그 내역은 다음과 같았다.

천곡학원 건축비 내역

수입		지출	
항목	액수(원)	항목	액수(원)
부인 저축계 보조금	150.00	재목	262.40
동민 및 학부형이 모은 돈	150.00	철물	17.76
경성여자기독교청년회 보조금	150.00	목수 품값	90.00
		토역품값	33.20
		운반비	17.37
		그 외의 인부 품값	127.80
		쌀값	10.81
		유리값	9.12
		개초짚과 벽재료	30.00
		난로와 연통	19.20
		숯	3.50
		낙성식 비용	17.67
		잡비	8.42
합	450.00	합	656.89
		지출에 대한 부족금	206.89

수입금은 천곡마을 동민이 기부한 300원과 경성YWCA에서 지원한 보조금 150원[39]을 합친 450원이었다. 그리고 건축에 사용한 지출은 656원으로 부족금은 206원이다. 모자라는 비용은 동민들이 다시 217원

---

39) 이때 경성YWCA에서 천곡학원에 보조금을 지원한 것은 앞에서 보았듯이 YWCA에서 지원을 요청하여 지급된 것이다.

을 갹출하여 메울 수 있었다. 그렇게 보면 천곡학원의 총 건축비 656원 중 경성YWCA가 보조한 150원을 제외하면 모두가 천곡마을 동민의 정성어린 성금이라 할 수 있다. 그 뿐 아니라 학원터와 운동장과 실습지를 합친 1,530평은 동민 중 독지가가 쾌히 기증해 준 것이었다.[40)]

그런데 활동경비를 보조해주던 YWCA는 1933년 10월에 지원규모를 절반으로 줄였고 1934년에는 그마저 중단하고 말았다. 이 같은 어려운 상황에서 혼자 경비 마련에 애쓰던 최용신은 그 사정을 사회에 호소해 보기로 작정하였다. 이에 그는 당시 발간되고 있던 『女論』이라는 여성 잡지에 다음과 같이 샘골의 근황을 알리고 뜻있는 인사들의 관심과 재정적 지원을 촉구하기에 이르렀다.

……그리고 내가 사는 동네의 현상을 여러분 앞에 내어놓고 싶습니다.

내가 사는 이 촌은 우리 조선에 있어서 두메라고 부를 만한 벽촌은 아니외다. 서울서도 멀지 않은 서해안의 작은 골짜기랍니다. 이 촌을 가리켜 근방에서는 敎村이라고 부르니, 이 까닭은 이곳에 기독교가 들어온 지 20여 년이 되었고, 그 영향으로 인하여 학술강습소가 마을 가운데 제일 높은 곳에 있으므로, 이 촌을 가리켜 文化村이라고까지 부릅니다. 이 강습소에는 근방 십여 동네의 아동이 모여 오니, 그 수가 백여 명이나 됩니다. 이 많은 아동의 가정 정도를 말씀하면 본 면은 호수가 1,400이나 되나, 그 중에 1년 수입 150원 이하의 호수가 910호나 되는 극히 빈한한 지방이므로, 이 강습소는 그 대중을 가르치는 데 사명을 다하고 있습니다. 이렇듯 이 지방의 중요한 기관이 이 강습소이나 이것도 우리 농민들의 손으로 독립경영을 하지 못하고 사업가들의 후원을 받아 왔습니다.

이것은 우리 농민의 여유없는 생활이 이만한 기관 하나를 경영하지

---

40) 유달영, 앞의 책, 68~71쪽.

못한다는 것을 증명하고 있습니다. 이런 현상 가운데서도 우리들은 좀
더 향상하고 좀더 진보하려고 분투 노력하고 있습니다. 그러나 문화촌
이라는 이름을 듣고 교촌이라는 칭호를 받는 이 촌중에 비통한 울음소
리가 하늘에 사무치고 땅을 울리오니 목석이 아니고야 어찌 볼 수 있
사오리까.

이 비통한 울음은 다름이 아니라, 우리의 불쌍한 어린이들이 배우고
가르치는 강습소가 폐쇄된다는 원통한 울음이었습니다. 사업가의 열성
도 경제도 제한이 있어 이제부터는 후원의 손을 끊는다는 소식이 들림
에 우리들은 낙망의 눈물, 비통한 울음이 나오는 것입니다. 가르칠 줄
도 알고 배울 줄도 알건마는 우리에게는 여유가 없습니다. 배움에 굶
주린 우리 농촌 어린이들은 장차 어디로 가며 가르쳐 주고 싶은 우리
의 마음을 어디다 호소하오리까?

조선의 부흥은 농촌에 있고, 민족의 발전은 농민에 있다 하거든, 배
우지 못하고 가르치지 못한 우리에게 무슨 발전이 있으며 늘어감이 있
겠습니까? 오호 우리 농민의 호소를 어찌 다 기필하오리까? 이 앞으로
긴긴 밤에 잠 못 이루고 한숨과 흐르는 눈물에 땅이 꺼지지 마사이다.

도시의 여러분이여! 당신들은 얼마나 행복스럽고 얼마나 안락하십니
까? 여러분 중에는 하루저녁 오락비와 한 벌 옷감으로 몇 백 원을 쓴다
하시거든 우리 농촌의 아이들은 자라기에 배가 고프고 배움에 목이 마
릅니다.

여러분이시여! 곡식을 심으면 일년의 計가 되고 사람을 기르면 백년
의 계가 된다고 하였거든, 이 강산을 개척하고 이 겨레를 발전시킬 농
촌의 어린이를 길러 주소서.

뜻있는 이여! 우리 농촌의 아들과 딸의 눈물을 씻겨 주소서.[41]

이러한 현상은 단지 천곡마을에만 국한된 것이 아닌 이 무렵 농촌의
일반적 상황으로 보아야 할 것이다. 그리고 여기에서 조선YWCA의 농

41) 「농민의 하소연」, 『女論』 2-11, 1934, 10.

촌사업이 재정적 기반을 확보하지 못한 상태에서 이루어져 충분한 결실을 거두기 어려웠던 단면도 엿볼 수 있다. 결국 YWCA의 농촌사업이 더 이상 활성화되지 못한 데는 재정 결핍이 가장 큰 요인으로 작용했던 것으로 보인다. 그런데 이 무렵 YWCA의 농촌사업이 당면한 문제는 이에 그치지 않았다. 그것은 당시의 국제적 상황변화에도 긴밀한 관련을 맺고 있었다.

1934년부터는 국제위원회에서 조선에 지급되던 국제원조가 급격히 감소되었다. 외국에서 파견된 전문가도 7명에서 2명으로 줄었고 세계대공황의 여파로 물가도 폭락하였다. 일본이 취한 금본위제 경제정책으로 당시 물가는 3분의 1이라는 큰 폭으로 떨어졌다. 한편으로 일제는 만주침략을 출발점으로 하여 국가상황을 전시체제로 재편하고 한국인 사회단체에 대한 탄압을 가중시켰다. 소소한 일에도 일일이 경찰의 허가를 받아야만 했고, 야학 등 각 부락의 계몽사업도 경찰의 철저한 감시에 놓이게 되었다. 게다가 일제가 벌인 이른바 '농어촌진흥운동'은 YWCA · YMCA의 농촌사업을 극도의 위기에 몰아넣기에 충분하였다.

농민 스스로의 빈궁으로부터의 탈피를 일컫는 '자력갱생'과 총독부의 '진흥대책'을 표리적 내용으로 하여 1932년 7월부터 시작된 농촌진흥운동은, '조선의 융화' '악사상의 시정' '노자의 협조' '경제의 갱생' '생활의 안정 내지 향상' 등을 목적으로 입안 · 전개된 일제의 관제 농촌운동이었다. 이는 일본 자본주의와 지주 · 자본가 계급의 수탈로 쇠퇴 · 몰락하여 일제 강점지배의 커다란 위협이 되고 있던 농촌사회를 자력갱생계획, 자작농 창설사업, 조선농지령, 조선산업조합령의 확대시행과 식산계령의 공포 등 일련의 농정책을 통해, 경제적으로 충실하고 사상적으로 일제에 순종하는 농촌사회로 개조시키려는 관제운동이었다.[42]

이 운동은 농민층의 광범위한 무산화를 틈타 사회주의운동이 적색
농민조합 반조직 등을 통해 농촌 내부로 확산되는 것을 막는데 목적이
있었다. 그 뿐 아니라 마을 단위로 조직되어 확대일로에 있던 각종 농
민단체·협동조합·야학 등 민족·자본주의 계열의 농촌조직을 통제
·관제화하려는 의도도 내포하고 있었다.[43] 사실 민족·자본주의 계열
의 농촌사업도 체제내적인 개량 차원에서 전개되어 일제의 그것과 별
반 내용상의 차이를 보이지는 않았다. 즉 양자 모두 자본주의적 논리
에 입각하여 그 일환으로 농촌사업을 추진한 데서 비롯된 결과였으
나[44] 주체의 차이에서 오는 지향성의 측면에서 분명 성격을 달리하였
던 것이다.

더욱이 당시는 세계적 불경기의 여파로 YMCA 국제위원회의 지원이
감소되고 북미 출신 농업전문가들이 소환되어 YMCA 농촌사업은 커다

---

42) 지수걸, 「1932~35년간의 조선농촌진흥운동」, 『한국사연구』 46, 1984 ; 김용
   섭, 「일제 강점기의 농업문제와 그 타개방안」, 『한국근현대농업사연구』, 일조
   각, 1992.
43) 농촌진흥운동은 ① 색□□의 보급·관혼상제의 간소화·단발장려·금주금
   연·도박금지·미신타파 등 생활개선과 문맹타파, ② 황국농민으로서의 육성
   을 위한 心田開發, ③ 고지대 개간·경작 개량과 면화 증산·면양 장려·농
   가부업 등 영농의 다각화, ④ 기업적 영리 경영의 배제와 자급자족의 강화,
   ⑤ 식량의 충실·금전경제수지의 균형·부채의 근절을 목표로 한 연차계획
   의 수립, ⑥ 금융조합 등을 통한 저리자금 융통·농가고리부채의 정리와 산
   업조합·소비조합의 설치, ⑦ 간이학교의 설치·실업보습학교의 개편과 농민
   훈련소·강습소를 통한 중견 인물의 양성 등을 골자로 하였다(朝鮮總督府,
   『農村更生の指針』, 1934). 따라서 농촌진흥운동은 YMCA 농촌사업과 매우 유
   사했고, 조직면에서도 총독부 및 각급 지방관청에 설치된 농촌진흥위원회의
   지도 아래 마을 단위의 진흥회·교풍회·향약 등 각종 조직을 농촌진흥회 등
   의 관제 부락조직을 통해 일원화하고 농촌진흥회 등의 산하조직으로 청년회
   를 계열화함으로써 일제 농촌진흥운동은 역시 마을 단위로 조직된 YMCA의
   각종 협동조합·농우회·농촌야학 등과 충돌하지 않을 수 없었다.
44) 장규식, 앞의 글, 251~252쪽.

란 어려움에 처해 있었다. 극단적인 예로 1934년부터 국제원조는 예년
에 비해 40% 이상이 삭감되었다.[45]

이로써 민족운동적 성격을 띠고 전개된 YMCA의 농촌사업운동은
1933년 경부터 총독부의 탄압으로 차차 약화되어, 이후의 사업은 서울
의 중앙YMCA, 광주YMCA 등을 중심으로 하는 지역 차원의 활동에 머
물 수밖에 없었다. 그나마도 1937년 일제에 의한 중일전쟁의 발발과
국가총동원법의 공포 등 식민지 말기 전시통제가 한층 강화되면서 중
단되기에 이르렀다.[46]

이 같은 시대적 상황에서 천곡학원을 살리기 위한 절규에 찬 최용신
의 호소는 허공으로 사라졌다. 이 절규는 최용신의 최후의 유고가 되
고 말았다. 1935년 1월 최용신의 사망과 함께 샘골과 YWCA와의 관계
도 완전히 끊어졌다.[47]

V. 맺음말 : YWCA 농촌사업의 성격

YWCA에서 농촌문제에 관심을 가진 것은 1920년대 후반이었다. 일
제의 수탈농정으로 인해 심각해진 농촌사회의 피폐화에 대한 현실적
대책이 절실히 요구되는 상황에서 YWCA는 YMCA와 함께 농촌문제에
관심을 집중하였다. 이러한 형태로 농촌문제에 접근하는 것은, 창립 초
기의 도시중심 엘리트주의 성격이 크게 전화한 것을 의미하였다. 그것
은 앞에서 보았듯이 한국적 YWCA의 사업 수립이라는 관점에서 이해
될 수 있는 것으로, 국민의 8할이 사는 농촌 속에 YWCA운동의 대중적

---

45) Rural Reconstruction Work in Korea, 1935.
46) 「회무일발」, 『청년』, 1937. 10.
47) 유달영, 앞의 책, 91~93쪽.

기반을 마련하기 위한 노력이기도 하였다.

YMCA와 함께 추진한 YWCA의 농촌사업의 내용은 주로 문맹퇴치운동·협동조합운동·농사개량·농촌지도자 양성 등 농촌문제 전반에 두루 걸쳤다. YWCA는 이 가운데 문맹퇴치운동과 부녀자를 대상으로 한 농사강습 등에 주된 관심을 보였다. 그런 점에서 이 운동은 비슷한 시기에 전개된 협동조합 내지 농촌계몽에 국한된 협동조합사의 운동이나 브나로드운동과는 구별되는 바가 있다. 또한 북미 출신 농업전문가를 초빙하여 조직적이고 체계적인 농사개량운동을 전개하고 협동조합 가운데에서도 특히 산업신용조합을 중심으로 하였다는 점에서, 농촌계발·농민야학과 공동경작·소비조합을 주요 내용으로 하는 천도교 계열의 조선농민사 운동과도 차이를 드러내고 있다. 같은 기독교 계열의 장로회 총회 농촌부, 기독교 농촌연구회가 추진한 기독교사회주의의 성격을 띤 농촌사업과도 그 지향점에서 상이한 면모를 보였다.[48]

이러한 YWCA 농촌사업운동노선은 1920년대 부르주아 민족운동의 노선전환, 이른바 실력양성운동으로의 방향전환[49]과 그 맥락을 같이하는 것으로 보인다. 게다가 YWCA의 농촌사업은, 당시 식민지 현실의 모순이 일제의 식민통치구조에서 기원한 것이며 그것이 농촌사회의 모순으로 드러나고 있음을 간과한 점에서도 일정한 제한성을 지니고 있었던 것으로 생각된다. 이 같은 한계는 일제 수탈농정의 구조적 모순에서 기인한 농촌문제를 산업화 과정에서 필연적으로 나타나는 일

---

48) YMCA 농촌사업이 서구식 산업자본주의의 논리에 적극적으로 편승하는 가운데 이루어진 농촌 재건 방략이었던 데 비해 장로회 총회 농촌부의 농촌사업은 기독교 이상농촌(예수촌) 건설을 지향하는 기독교사회주의적인 운동이었다고 한다(한규무, 「일제하 한국 장로교회의 농촌운동」, 『오세창교수회갑기념 한국근현대사논총』, 1995).

49) 朝鮮總督府 警務局, 『最近における朝鮮の治安狀況』, 1933 참조.

반적인 현상으로 간주한 데서 비롯된 것이었다.

그런데 YMCA 지도부는 총독부를 하나의 정부로 인정하고 산미증식계획 등 일제의 수탈농정을 긍정적으로 평가하는 한편 그들과의 협조관계를 강조하였다. 심지어는 총독부 권력을 지주·소작인 사이의 이해대립을 조정하는 존재로 설정하는 경우조차 있었다. 물론 YMCA 농촌사업이 본격화된 1926년을 전후한 시기에 윤치호·신흥우·구자옥·홍병선 등 회의 간부들을 중심으로 일본이민을 장려하기 위해 한국 농민을 희생시키는 동양척식주식회사(이하 동척)의 비인도적인 행위를 조사하여 국제적인 여론을 일으킴으로써 동척을 구축하려 시도한 적도 있었다.[50]

즉 동척이 하는 일은, "유해무익한 것으로 공공연히 조선인의 생업을 빼앗는 것"임을 세계 각국에 선전하여 여론을 일으키고자 비밀리에 그 비인도적 행위를 조사하였던 것이다. 그리하여 1925년 말에 내한한 모트 박사에게 의뢰하여 그 비행을 각국 청년회에 선전하게 되고, 그해 8월 핀란드에서 열리는 세계기독청년회의에도 동척 문제를 제출하여 세계 여론을 환기시킬 계획을 세웠다. 그리고 이미 1925년 6월 하와이에서 개최되었던 범태평양문제연구회에서 동척의 비행을 폭로한 바 있었다. 그러나 조선총독부를 하나의 정부권력으로 인정하는 가운데 총독부가 일본 본국의 이해보다는 한국인의 요구를 대변하는 기구가 되어야 한다는 차원에서 제기한 비판의 성격을 넘어서지 못한 것이었다.

이상과 같은 YMCA·YWCA 지도부에서 보인 민족문제에 대한 미온적이고 불철저한 인식은, YWCA가 깊게 관여한 샘골의 농촌사업에서 볼 수 있듯이 소농적 입장에서 개선된 농촌사업을 체제 내적인 개량

---

50) 「기독청년회 간부의 동척구축운동」, 『조선일보』 1926년 2월 9일.

수준에 머물게 하는 결과를 가져온 가장 큰 원인으로 작용했다고 보여
진다.[51] 요컨대, 민족운동의 측면에서 볼 때 YMCA의 농촌사업은 말할
나위 없이 YWCA의 그것도 체제 저항에까지는 이르지 못하였다. 오히
려 그 운동의 현실성 때문에 일제 식민지체제에 순응하지 않을 수 없
었으며, 그 결과 붕괴되고 마는 결과를 초래했던 것으로 여겨진다. 요
컨대 YWCA 의 농촌사업은, 신앙의 외연적 발전 형태로서 하류층이나
민중에 도달하려던 구원의 메시지였던 점에서 그 이론적 의의를 인정
할 수 있을지는 몰라도, 여전히 운동의 추진주체와 농민들 사이에 존
재한 현실적 거리를 극복하지 못한 근본적인 한계를 가졌던 것으로 보
인다.[52]

---

51) 장규식, 앞의 글, 227~228쪽.
52) 민경배, 앞의 책, 284~285쪽.

1920～30년대의 여성운동과 兪珏卿

I. 머리말

한국여성의 근대적 의식은 실학·천주교·동학 등의 영향은 물론이고, 1886년 세워진 이화학당 같은 개신교의 선교학교를 중심으로 형성되기 시작하였다. 이어 외교권이 박탈된 1905년 을사보호조약부터 1920년까지 창설된 200여 개의 사립여학교와 수십여 개의 여성교육단체는, 국권회복을 위한 애국계몽운동 차원에서의 여성에 대한 교육을 강화하여 민족의식과 남녀평등의식을 진작시켰다. 특히 1907년의 국채보상운동 및 1919년 3·1운동 등에 여성들이 적극 참여함으로써 여성들의 근대적 의식은 빠르게 성장하였으며, 3·1 운동 직후 남녀평등에 기초한 여성해방의 논리가 크게 확산되게 된다.

바로 이렇게 3·1운동 이후 일제의 식민통치에 대한 민족해방운동과 봉건적 유습의 타파 및 남녀평등을 위한 여성운동의 질적인 고양이 요청되는 시대적 분위기 속에서, 1922년 조선YWCA연합회와 1927년 槿友會가 창설되어 1920～30년대 여성운동의 중추적 역할을 담당하게 된다. 따라서 1922년 창설되어 1938년 일본YWCA에 강제로 예속될 때까지 존속한 조선YWCA연합회, 1927년 창설되어 1931년 자진하여 해산한 근우회에 대한 고찰은 1920～30년대 여성운동의 구체적 실상과 의미 그리고 한계를 파악하는 데 좋은 단서가 된다고 생각한다.

　당시 YWCA 및 근우회 운동 등을 주관하였던 일제시대의 대표적 여성운동가 兪珏卿은, 河南市(1989년 이전의 廣州郡)의 하산곡동과 상산곡동에 集姓村을 이루며 살고 있는 杞溪 兪氏의 후손이었다. 이에 유각경의 활동을 중심으로, 1920~30년대 廣州(하남시·성남·광주군)의 여성운동에 대한 이해를 꾀해 보려 한다.

Ⅱ. 개화운동의 산실 하남시의 杞溪 兪氏와 유각경

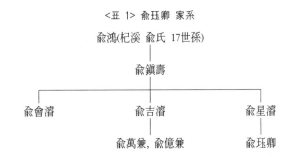

<표 1> 兪珏卿 家系

兪鴻(杞溪 兪氏 17世孫)

兪鎭壽

兪會濬　　　　　兪吉濬　　　　　兪星濬

兪萬兼, 兪億兼　　　　　兪珏卿

　첫째 杞溪 兪氏 17세손이며 충목공파의 파조인 兪鴻에 대해 살펴보면, 兪鴻은 물론 개화운동가는 아니지만 기계 유씨가 경기도 廣州(현재의 하남시)에 집성촌을 이루게 된 계기가 된다는 점에서 의미가 있다. 유홍은 1587년 明에 사신으로 가서 『大明會典』에 조선의 시조가 고려의 권신 李仁任의 아들로 잘못 기록된 李氏의 世系를 바로 잡은 공으로 宗系辨誣 1등 光國功臣, 鄭汝立의 逆獄을 다스린 공으로 討逆 2등 平亂功臣이 되었던 인물이다. 그런데 兪鴻이 죽은 후 그의 무덤을 하남시 하산곡동 새능마을로 이장하고, 아들 大建이 벼슬에서 물러나 아버지 무덤 밑의 마을에서 살기 시작한 1590년부터 기계 유씨가 대대로 하남시에 거주하며 집성촌을 이루게 되었다. 따라서 하남시의 兪氏

들은 兪鴻의 직계 후손이다.

두 번째로 위의 <표 1>에서 알 수 있듯이 유각경은 한말의 대표적인 개화운동가 兪吉濬의 조카이다. 『西遊見聞』으로 유명한 한말의 대표적 개화운동가 유길준은 하남에서 태어난 것은 아니지만, 1866년 丙寅洋擾가 발생하자 全 가족이 先塋이 있는 廣州郡 東部面 德豊理에 이사하여 1869년까지 4년여간 피난살이를 하며 동네 아이들과 어울려 산과 들로 뛰어다니며 놀았다. 서울에 되돌아와 17세가 된 후 피난 시절 그리 멀지 않은 마을에서 살고 있던 친척 어른 兪萬柱에게 1년여간 글을 배웠는데, 유만주는 경학과 사서에 밝은 학자로 鳳棲 兪莘煥의 문하에서 글을 배웠던 인물이다. 유만주는 광주에서 살다가 유신환 문하에서 함께 글을 배운 閔台鎬·閔奎鎬의 권유로 낙산 아래에서 살고 있었는데, 유길준은 유만주의 서당에 출입하다가 민태호의 아들 閔泳翊과 교유하게 된다. 한편 유길준의 아들로, 유각경과는 사촌인 동경대학 출신의 준재 유만겸과 유억겸이 있다. 사촌오빠 유만겸은 1939년 충청북도 도지사 시절 창씨개명을 거부하다 면직되었고, 사촌동생 유억겸은 연희전문 교수와 해방 후 연희대학교 교장을 거쳐 1946년 과도정부 문교부장에 취임하여 학제개편·교재편찬 등 우리나라 교육제도의 기틀을 마련하였다. 1947년 유억겸이 사망하였을 때, 그의 기념관이 광주군 동부 국민학교에 건립된 바 있다.

세 번째로 <표 1>에서 알 수 있듯이 유각경의 아버지는 兪星濬이다. 유성준은 광주에 피난 갔을 때 부근의 서당에서 한학을 배운 바 있다. 형인 유길준이 사상적이며 정치적인 데 비해, 유성준은 독실하고 조직적이며 사무적이었다. 형의 배려로 일본으로 유학하였다가 갑신정변 직후 귀국하여 재정 세무업무를 담당하였는데, 갑오개혁 때 차관을 도입하는 역할을 담당하였다. 아관파천 후 일본에 망명하여 명치법률학교에서 법학을 전공하였고, 1905년『법학통론』을 저술하였다. 1903

년 유길준의 쿠데타 음모사건으로 옥에 갇혔을 때 감옥 도서관에서 가장 많이 책을 빌려 읽었을 정도로 손에서 책을 떼지 않았으며, 이승만과 감방 단짝이었다는 일화가 전해져 온다. 1904년 유배 중에 교인이 되었고, 보성전문학교 교장도 2차례나 역임한 바 있다.

네 번째로 <표 1>에는 나와 있지 않지만, 기계 유씨 집안의 개화운동가로는 兪致衡·兪承兼 등을 들 수 있다. 먼저 우리나라의 유명한 법학자 玄民 兪鎭午의 아버지인 유치형은 1895년 일본에 관비유학생으로 가서 동경법학교를 졸업하였고, 헌정연구회·기호학회의 회원으로 활약하였으며, 보성전문학교 학감으로 법학과 경제학을 강론하였다. 다음으로 유승겸 역시 1895년 일본에 관비유학생으로 가서 專修學校 理財科를 1900년 졸업하였으며, 탁지부의 관리를 거쳤고, 유길준의 흥사단운동에 참여하고 보성전문학교 교수로 활약하면서 韓末 경제학의 도입과 계몽에 큰 기여를 하였다.

한편 일제강점하의 여성운동가 兪珏卿은 앞에서 언급된 유길준의 친동생인 유성준의 딸이며, 1892년 태어났다. 1910년 정신여고를 졸업한 후 장로교 여선교사의 주선으로 북경 協和女專에 유학하면서, YWCA의 봉사사업 정신과 기독 친선정신을 익히고 우리나라에서도 YWCA를 창설할 것을 결심하였다. 1918년 결혼하였으며, 1922년 남편이 유학을 떠나자 YWCA 창설작업을 본격적으로 추진하여, 첫 번째 발기회에서 임시의장을 맡았고 최초의 유급총무로 일하였다. 근우회의 창립에도 주도적 역할을 담당하였는데, 개화사상가 후손 유각경이 1920~30년대의 여성운동에서 어떠한 활약을 보이는가에 대해서는 다음 장에서 구체적으로 살펴보기로 하겠다.

Ⅲ. 조선YWCA연합회의 여성운동과 유각경

1. 의식개혁운동

YWCA는 기본적으로 종교단체라는 성격을 갖고 있지만, 다른 한편으로는 여성단체의 특성도 지니고 있으므로 YWCA는 종교운동 못지않게 여성의 의식개혁에도 앞장섰다. 특히 남존여비라는 봉건적인 전통적 관습이 강하게 지배했던 당시 한국의 현실을 감안할 때, YWCA의 여성운동에 대한 지향은 시대적 요청이기도 했다.

전통사회에서 여성의 지위는 남성에 종속되어 있었다. 자녀 출산과 함께 대가족제도 하에서 가사노동과 길쌈, 그리고 농사에서 여성들은 노예와 같은 노동을 감수해야 했다. 또한 관습적인 早婚과 內外法이 잔존하였고, 이혼이나 재가를 한 경우에는 평생 떳떳한 삶을 살 수 없었다. 거기에다 축첩제도와 이른바 보쌈이라는 약탈혼은 여성들의 삶을 억압하는 굴레로 작용하였다.

기독교의 전래는 이와 같은 전통적 봉건사회의 모순을 타파하는 데 결정적 계기를 이루었다. 남녀평등에 의한 기독교의 사상은 여성들에게 구래의 관습을 깨뜨리고 여성교육의 필요성과 일부일처의 가족제를 제시함으로써 조선 여성의 개화와 지위 향상을 위한 교두보를 마련해 주었다. 1886년 이화학당을 시작으로 정신여학교(1887), 배화여학교(1898), 평양의 정의여학교(1899), 숭의여학교(1903), 목포의 정명여학교(1903), 광주의 수피아여학교(1908) 등의 여성교육기관이 설립되면서 여성의식의 개혁은 본궤도에 올랐다.

이와 함께 신여성에 의해 애국부인회, 여자청년회, 여자수양회 등의 여성단체들이 조직되어 서울과 지방에서 각기 활동을 활발히 전개함으로써 여성의식의 개혁은 그 기반을 넓혀 나갔다. 이러한 여성의식은

3·1운동을 기점으로 새로운 단계를 맞이하게 된다. 3·1운동 이후 민족운동의 이념이 국민주권주의로 확립되어 그에 따른 여성의 지위가 향상되었고, 여성문제는 각종 언론매체를 통해 사회화되기에 이르렀다. 그리하여 1920년대 초에는 여성해방에 대한 문제가 심도있게 다루어졌다.

이 시기 여성문제의 주된 관심은 남성과의 권리동등 및 여성의 자주독립 등으로 요약된다. 즉 여성의 진정한 지위회복을 위해서는 남성에 예속된 결혼생활을 타파하는 것이 제1차적 과제이며, 이를 위해서 경제적 독립이 필요하고, 그러려면 직업을 가져야 한다는 것이다. 한 예로 유각경은 1926년 4월 『靑年』 잡지에서,

> 우리의 입으로 여자해방이라는 수치의 어구를 발하지 말고 우리의 손으로 일하여 경제상 해방과 인격상 평등을 말하며 버렸던 권리를 회복키 위하여 분투 노력합시다. 그러는 때에야 우리의 해방은 사실화할 터이올시다. 그 전에는 비록 논단에서는 해방을 굉장하게 부르짖었지만 가정 안방에 들어가는 때는 먹는 것과 입는 것과 지내는 것으로 인하여 남자에게 간구하게 되며 복종하게 되어 해방의 정신도 소멸되고 여성이 남성으로부터 협동하여 건전한 사회를 건설 창조할 여지가 없겠습니다. 고로 교육에서부터 여성의 경제 자유를 얻을 것으로써 힘쓰고 또는 여성끼리 서로 도와 경제의 자유를 속히 얻도록 합시다. 그 자유만 얻으면 해방은 저절로 따라올 줄로 믿습니다.

라고 주장하였다. 즉 여성해방이나 남녀평등을 아무리 외쳐도 여성이 경제상 독립을 이루지 못하면 그 같은 구호도 결국 무위에 그치므로 경제상 독립이 반드시 필요하고, 이를 이루기 위해서는 직업생활을 면려해야 하며, 이것이 바로 남녀평등의 첩경이라는 것이다. 아울러 직업을 갖기 위해서는 여성도 남성과 똑같이 교육을 받아야 하고, 여성은

교육을 받을 만한 능력도 충분하므로, 이런 것들이 모두 실천되었을 때 법적으로나 실질적으로 여성이 남성과 동등해질 수 있다는 것이다. 이러한 주장은 당시 여성해방론과 여성의식개혁의 요체를 잘 보여 준다.

한편 이 시기 기독교 여성운동가들은 결혼은 사랑과 이해를 바탕으로 하고, 자유결혼으로 이루어져야 하며, 재산과 권력 등에 의지하는 비루한 혼인법을 타파하고 순결하고 합리적 결혼이 이루어져야 한다고 주장하였다. 또한 남편이 죽은 후라도 정조를 지키는 것은 칭찬할 만한 일이지만, 재가도 무방하고 나아가 정조는 여성의 전유물이 아니라 남녀가 동일하게 육체적으로나 정신적으로나 지킴이 당연하다는 것이다. 그 밖에 남녀칠세부동석이나 내외법을 타파하여, 남녀가 함께 공부를 하고, 주인이 없을 때에는 여자도 주인 노릇을 하게 하자고 주장하는 등 여성들의 지위향상을 위해 노력하였다.

2. 禁酒·公娼廢止運動

금주·금연운동은 아편·축첩·매음·잡기 등의 사회악에 대한 정화운동과 함께 3·1운동 전후에 교회를 통하여 일어나고 있었다. 윤리운동인 동시에 여성해방운동의 성격을 띠고 전개된 이 운동은 YWCA가 창립된 직후부터 제시되었고, YWCA에서는 이를 여성해방의 제1차적 과제로서 전개해 나갔다. 이 운동은 YWCA 자체뿐만 아니라, 조선여자금주회와 조선여자기독교절제회 등과 같이 YWCA 유관단체들과 연대를 이루어 활발하게 전개되었다.

1923년 조직된 조선여자금주회는 YWCA의 중심인물인 유각경과 선교사 부인들이 주도하였다. 1928년 8월 평북 선천군 순회시에는 감동을 받은 면장이 앞장서서 금주를 선언하였으며, 또 충남 공주에서는 금주강연에 감동되어 그 지방에서 술먹기로 유명한 사람들이 회개하는 등 커다란 성과를 거두었다.

금주와 금연을 비롯하여 절제운동을 조직적으로 실천하던 조선여자기독교절제회에서도 역시 전조선연합회를 개최하는 한편 금주강연회 등을 개최하였다. 이 회의 총무 손메례는 지방순회에 앞장서 금주강연회를 개최하였고, 금주운동에 동참하는 지방조직을 16개나 연합시킴으로써 동회의 활동을 크게 진작시켜 나갔다. 동회의 임원은 회장 유각경, 부회장 김선, 총무 손메례, 서기 문인순 등으로 구성되었는데, 임원진을 통해 볼 때 동회는 조선여자금주회와 이름만 다를 뿐, 사실상 같은 단체라고 해도 될 만큼 임원이 중복되고 활동 또한 같이 이루어지고 있었다. 이들 대부분은 YWCA연합회 임원들이기도 했다.

한편 YWCA는 여성의 인권을 유린하는 공창제도에 대해서도 깊은 관심을 표명하면서 공창폐지운동에 앞장섰다. YWCA의 공창폐지운동은 여론으로부터도 크게 호응을 받았다. 1925년 YWCA는 사회문제연구부를 설치하고 그 당시 가장 급선무의 문제들을 조사하여 사업을 종합적으로 풀어가고자 했다. 축첩, 조혼 문제 및 禁巫, 금주, 금연과 공창폐지운동을 여기로 통합시키고 여자노동 문제, 남녀교제 문제 그 밖의 사회 진상의 연구 개선방향을 제시하고자 하였다.

유각경은 금주·공창폐지운동에 대해 1933년 6월 28일 『基督新報』에서 절제운동의 관점에 서서 다음과 같이 주장하였다.

절제운동의 여론은 비교적 높아진 줄 알겠습니다. 조선기독교여자절제회가 있어서 전무 총무를 두고 전 조선을 빠짐없이 순회하면서 이 운동을 일으키며 도울만한 이들에게는 이 운동을 일으키게 하였으며 절제생활을 할 필요가 있는 이들에게는 직접적으로 절제생활을 참가하기를 권하여 왔습니다.……절제운동을 하는 개인, 절제운동을 하는 기관은 먼저 절제 그것에 있어서 백방으로 산 모본이 되어야 하겠다는 말씀이올시다. 말로는 글로는 절제를 주장하지만 실지 생활에 들어가서는 절제를 못하거나 또는 아니하는 형편이 얼마나 많은지 알 수 없습니다. 적극적으로 술집이 없어지며 양주회사가 파산이 되며 카페가 전멸이 되며 공창이 폐지가 되도록 적극적 투쟁을 계속하여야 하겠습니다.

즉 유각경은 조선여자기독교청년회와 엡윗청년회, 면려청년회 등 기독교 청년단체들이 전개한 절제운동에 대해 일단 그 성과를 높이 평가하면서도, 절제운동은 한 개인이나 한 단체에 의해 이루어질 수 있는 것이 아니라 전 교회적으로 이루어져야 하고 전 사회적으로 확산되어야 한다는 것이었다. 또 막연한 선동만이 아니라 과학적이고 조직적으로 전개되어야 하며, 이와 같은 운동의 중심체는 바로 YWCA와 같은 전국적 종교사회조직이 되어야 한다고 주장하였다.

3. 문맹퇴치운동

조선YWCA연합회는 총회와 하령회 개최시 사회복음의 지도방침으로서 문맹퇴치를 강조하였다. 그것은 여성해방을 위한 교육계몽과 밀접하게 관련되어 있었다. YWCA에서는 야학을 비롯하여 각종 강습소를 설치하였는데 특히 야학은 YWCA가 행한 여성교육의 대표적인 사업이었다. 야학교육은 정식학교에 다닐 형편이 못 되는 사람들을 대상으로 운영되었고, 주로 각 지부를 중심으로 이루어졌다.

한 예로 경성YWCA는 태화여자관에서 영어강습을 실시하고 등급에 따라 초등·고등·특별의 세 반으로 나누어 운영하였다. 그러다가 1925년 2월에 태화여자관 안에 야학을 설치하였는데, 입학금은 무료였지만 약간의 경비를 보충키 위하여 월사금을 20전씩 받고 졸업 기한은

3개월로 하였다. 교육목표는 한글을 깨우치는 것이지만 필요에 따라 한문도 가르쳤다. 야학의 학생들은 주로 고무행상, 제사공장, 직조공장, 연초공장에서 과도한 노동을 하는 무산부인들이고, 행랑부인도 입학했다. 그 중에는 '하인'으로 불리는 여성들도 참여했다. 처음에는 학생이 40여 명이었고 선생은 이화학당 교사, 태화여자관 교사 13명이 의무적으로 담당하였다.

그런데 이 야학은 개학 이래 학생들이 크게 증가하여 불과 두 달 만에 70명을 넘어서 보통과를 증설하고 4년제로 바꾸어 교육을 실시했다. 또한 언문반 외에도 편물반과 영어반을 두었다. 영어반은 3년제로 중등 이상의 정도로 가르쳤으며 생도는 30여 명이었다. 편물반은 1주일에 한 번 강습하였는데 가정부녀의 수예를 향상시키는 것으로 생도가 십여 명에 이르렀다. 교사 중 손정규는 재봉교과서를 직접 저술하여 학생들에게 배부하고 실생활 개선에 크게 도움을 주기도 했다. 이 야학은 부녀에게 기독교 정신 아래 부덕을 향상하면서 부인의 교육을 보급시켜 문화향상을 돕는 것이 가장 중요한 목적이었다.

한편 경기도의 근우회 지회는 서울을 포함하여 개성과 인천 그리고 경동에 설치되었으므로, 廣州에는 신간회와는 달리 지회가 없었다. 그러나 3·1운동 이후 경기도의 경우 1920년대에 약 40여 개에 가까운 부녀야학이 설립되었으며, 廣州에도 1곳이 설립되었다. 이들 야학은 교회·기독교계 청년회·감리교의 청년운동단체인 엡윗청년회 등에 의해 운영되었다.

4. 농촌계몽운동

YWCA에서 농촌문제에 관심을 가진 것은 1920년대 후반으로, 일제의 수탈농정으로 인해 심각해진 농촌사회의 피폐화에 대한 현실적 대

책이 절실히 요구되는 상황에서 YMCA와 연대하여 농촌운동을 전개하
였다. 이러한 YWCA의 농촌문제에의 접근은 창립 초기의 도시중심 엘
리트주의 성격이 크게 전화된 것을 의미하였다. 그것은 앞에서 보았듯
이 한국적 YWCA의 사업 수립이라는 관점에서 이해될 수 있는 것으로,
한국민의 8할이 사는 농촌 속에 YWCA운동의 대중적 기반을 마련하기
위한 노력이기도 했다.

　YMCA와 함께 추진한 YWCA 농촌사업의 내용은 주로 문맹퇴치운동
·협동조합운동·농사개량·농촌지도자 양성 등 농촌문제 전반에 두
루 걸쳤다. YWCA는 이 가운데 문맹퇴치운동과 부녀자를 대상으로 한
농사강습 등을 주로 추진하였다. 그런 점에서 이 운동은 비슷한 시기
에 전개된 협동조합 내지 농촌계몽에 국한된 협동조합사의 운동이나
브나로드운동과는 구별되는 바가 있다. 또한 북미 출신 농업전문가를
초빙하여 조직적이고 체계적인 농사개량운동을 전개하고 협동조합 가
운데에서도 특히 산업신용조합을 중심으로 하였다는 점에서, 농촌계발
·농민야학과 공동경작·소비조합을 주요 내용으로 하는 천도교 계열
의 조선농민사 운동과도 차이를 드러내고 있다. 아울러 같은 기독교
계열의 장로회 총회 농촌부, 기독교 농촌연구회가 추진한 기독교사회
주의의 성격을 띤 농촌운동과도 그 지향점에서 상이한 면모를 보였다.

　이러한 YWCA 농촌운동의 운동노선은 1920년대 부르주아 민족운동
의 노선전환, 즉 실력양성운동으로의 방향전환과 그 맥락을 같이하는
것으로 보인다. 게다가 YWCA의 농촌운동에서는 농업문제가 일제의
식민통치구조에서 말미암은 것이라는 사실을 간파하지 못했고, 일제의
지배체제를 부정하는 차원은 아니었다.

　그밖에도 조선YWCA연합회의 여성운동은 다방면으로 이루어지고
있었다. 모사편물 강습회, 바자회, 기근동정토론회, 웅변대회, 음악회,
순회의료, 위생 강연회, 요리실습, 종교극회 등이 있었다. 즉 실생활 교

육에서부터 기독교적 정서 함양에 의한 의식개혁에 이르기까지 광범
위하게 YWCA의 사회봉사가 이루어지고 있었던 것이다. 이러한 사회
활동은 여성의 의식과 지위를 향상하는 데 기여한 바가 적지 않았을
것으로 생각된다.

Ⅳ. 근우회의 여성운동과 유각경

1920년대 전반기 사회주의사상의 국내 수용 과정에서 사회주의와
민족주의 진영 간에는 극심한 대립현상이 나타났고, 특히 기독교에 대
한 사회주의 진영의 입장은 매우 비판적이어서 적대적 태도까지 드러
내고 있었다.

그러나 식민지 현실은 사회주의와 민족주의 진영 모두에게 민족의
공통된 과제로서 해방을 추구하도록 하였고, 이 과정에서 사회·정치
적 이념을 초월한 민족세력의 단결을 요구하였다. 그리하여 1925년을
전후하여 민족주의 계열과 사회주의 계열 간의 협동 내지는 연대 모색
이 이루어지게 되었다. 물론 그러한 움직임은 남성중심의 조직에서 먼
저 시작되었다. 그리하여 비타협적 민족주의 세력인 천도교와 조선공
산당 간의 연대가 1926년 초부터 구체화되었고, 이러한 노력은 6·10
만세운동을 거쳐 신간회 창립으로 결실을 맺었다.

이처럼 민족세력 간에 협동전선운동의 분위기가 고조되는 상황에서
여성운동계에서도 민족주의 세력의 중심체 역할을 담당하던 YWCA와
사회주의 세력 간에 연대가 모색되고 있었다. 사회주의 진영과 민족주
의 진영의 여성들이 자연스럽게 협동할 수 있는 분위기는 1926년, 우
선 민족주의·사회주의 진영을 불문하고 신식교육을 받고 사회활동을
벌이던 전문직업여성들의 모임인 망월구락부의 창립과 함께 조성되기

시작하였다. 이 망월구락부를 매개로 1926년 말부터 1927년 초에 걸쳐 단일 단체의 결성을 위한 기반 조성작업이 이루어졌다. 한편 이러한 여성들의 움직임은 당시 민족협동전선체로서 창립된 신간회에 영향받은 바 컸다. YWCA의 중심인물인 김활란과 유각경이 이미 신간회 창립에 참가하고 있었던 점, YMCA 회장 이상재가 신간회 초대 회장을 맡은 것이 YWCA의 근우회 참가를 촉진하였을 것이다.

그리하여 1927년 4월 16일 동경여자유학생친목회 주최로 조선일보사에서 60여 명의 여자유학생 출신자 모임이 이루어졌고, 이들은 여성지식인들을 규합하여 범여성적인 전국적 여성기관을 조직하는 데 합의하고 YWCA 회장인 유각경 외 12명을 준비위원으로 선출하였다.

4월 26일 서울 중앙유치원에서 40명의 발기인단이 발기총회를 열었다. 이때 유각경은 "주의와 파당을 벗어나 한 깃발 위에서 조선여성을 위하여 다같이 손을 잡고 분투하자"는 요지의 개회사를 하였다. 유각경이 임시의장으로 추천되고, 차사백·최은희가 서기, 현덕신·황신덕이 사찰이 되었다. 창립총회까지 모든 준비를 담당할 전형위원으로 劉英俊·이현경·최은희·황신덕·이덕요 5명이 선출되었다. 발기인총회 준비위원으로는 유각경·최은희 등 13명이 선정되었다.

발기인의 구성을 보면 사회 각 방면의 여성지도자들이 총망라되어 있는데, 직업별로 보면 여의사(현덕신·길정희·유명준·정자영·이덕요), 기자(박경희·최은희·이현경·황신덕), 교원(김미리사·김선·김영순·김활란·방신영·황애시덕·김순영·손정규·임순분·전지자), 종교인(김복·이효덕·차사백·최활란) 등으로 거의 모두 전문교육을 받은 신여성이자 전문직업여성들이었다. 계파별로 보면 민족주의 계열에서는 조선여자교육협회를 대표하는 김미리사, 조선여자청년회의 신알베트, 조선간호부협회의 이은혜, 반도여자청년회장 신경숙 등이 참여했고, YWCA 측에서는 김선·김순복·김활란·유각경·이효덕·차사백·현덕신·홍에스터·김영순·방신영 등이 참가하여 YWCA 계열이 대거 참가했음을 살필 수 있다.

임시의장 유각경의 사회로 진행된 이 날 모임에서는 최은희의 경과보고가 있은 뒤 회명을 '槿會'로 결정하였다. 이어 "조선여성은 경제적으로 사회적으로 정치적으로 인간적 지위에 있지 못하였고 가정에 있어서까지 세상과는 벽을 쌓고 살아 왔으니 여성의 지위 향상을 위해 단결하자"는 내용의 연설이 있었으며, 15명의 창립준비위원을 선출한 뒤 폐회하였다. 발기총회가 끝나자 이어서 제1회 창립준비위원회가 열렸다. 창립대회는 5월 중순경으로 결정하고 다음과 같이 사무를 분담하였다.

강령·규약 초안 및 취지서 작성 : 김활란 황신덕 이현경
총무부 : 최은희 이덕요 박경식 차사백 김순영
재무부 : 유영준 방신영 김선
회원모집 : 유각경 황신덕 이현경 김활란 현덕신 박원희 김순복
추가 : 정칠성 조원숙 김영순

창립준비위원들은 치밀하게 준비작업을 추진해갔다.

그리하여 5월 27일, YWCA회관에서 150여 명의 회원과 1천여 명의 방청객이 참석한 가운데 유각경의 사회로 근우회 창립대회가 개최되었다. 이 자리에서 선정된 임시집행부에서 김활란이 의장을, 유각경이 부의장을 맡음으로써 YWCA 계열이 주도적 위치에 있었음을 알 수 있다.

창립총회에서는 취지서, 2대 강령, 규약, 행동강령이 채택되고 7개의 의안토의와 초대 중앙집행위원의 선출이 이루어졌다. 취지서는 "과거 조선부인운동이 분산되었던 현상을 타파하고 통일된 목표와 지도정신

에 입각하여 조선자매 전체의 역량을 단결하여 운동을 전반적으로 전개할 것"을 내용으로 하였는데, 여기서 통일된 목표는 여성해방을 의미했다. 아울러 이러한 취지를 실현하는 강령으로 다음 두 가지를 채택하였다.

1. 조선여자의 공고한 단결을 도모함
2. 조선여자의 지위 향상을 도모함

　행동강령은 (1) 여성에 대한 사회적·법률적 일체 차별 철폐 (2) 일체 봉건적 인습과 미신타파 (3) 조혼 폐지와 결혼의 자유 (4) 인신매매와 공창폐지 (5) 농촌부인의 경제적 이익 옹호 (6) 부인노동의 임금차별 철폐와 산전산후 임금 지원 (7) 부인 및 소년공의 위험노동 및 야업 폐지 등으로, 그동안 민족주의 계열과 사회주의 계열의 여성운동이 이론적·경험적으로 구축해 온 여성문제가 총망라되었다.

　근우회를 실질적으로 이끌어 갈 중앙집행위원을 선출하기 위해 전형위원 7명을 뽑고, 이들에 의해 다시 21명의 중앙집행위원이 선출되었다. 전형위원은 사회주의 계열이 5명(박원희·정칠성·황신덕·이덕요·이현경), YWCA측이 2명(김활란·유각경)으로 사회주의계가 압도적이었다.

　그러나 선출된 중앙집행위원은 사회주의 계열이 9명(박신우·박원희·이덕요·이현경·정종명·정칠성·조원숙·황신덕), YWCA측이 8명(김선·김영순·김활란·방신영·유각경·차사백·현덕신·홍애시덕), 중립 4명(김동준·박경식·유영준·최은희)으로 양 진영이 서로 균형을 이루었다.

　일반적으로 근우회 창립시 중앙집행위원회는 구성상 민족·사회의 양 진영이 비교적 균형을 이루고 있었다고 보인다. 그런데 민족주의

계열이라고 할 경우 YWCA측이 주류를 점하였기 때문에, 근우회 중앙
집행위원회의 구성은 사실상 사회주의 계열과 YWCA측이 중심이 되었
다고 할 것이다.

YWCA는 1920년대 중반 국내외 민족세력에서 일고 있던 민족협동
전선의 기류 위에서 1927년 근우회 결성에 주도적 역할을 담당하였다.
근우회는 민족주의 계열의 여성조직으로 YWCA가 참가하고 사회주의
계열로는 주로 여성동우회 인사들이 참가하여 협동전선을 형성한 것
이었다. 따라서 근우회의 성립은 기독신앙의 사회복음을 목표로 한
YWCA가 정치·사회·사상사적으로 극단에 서 있던 사회주의 계열과
협동전선을 이루었다는 점에서 일단 커다란 의미를 지녔다.

비록 짧은 기간으로 그쳤지만 근우회의 조직과 활동이 민족운동사
에서 차지하는 비중은 적지 않다. 종파와 이념을 초월해서 민족운동세
력이 다시 결집할 수 있었다는 점, 그리고 3·1운동 이후 한층 성숙해
진 사회의식을 지닌 여성들이 사회의 불평등·부조리 구조를 타파하
기 위해 보다 구체적이고 현실적인 참여와 투쟁을 전개하였다는 점에
서 근우회는 중요한 의미를 지니고 있었다. 아울러 근우회에서는 민족
주의 계열과 사회주의 계열이 여성해방을 공감하는 가운데, 결속이 강
화된 측면이 있다. 근우회에서 여성문제가 특히 부각된 것은, 근우회의
여성들이 이념을 떠나 전통적 관습에 억눌린 여성의 해방에 일차적 목
표로 두었다고 해석할 수 있겠다. 신간회가 자치론에 대한 비타협적
민족주의 세력과 사회주의 세력의 연대 양상을 띠었던 데 비해, 근우
회에서는 그러한 문제가 크게 대두되지 않은 것은 이 같은 사정에 따
른 것으로 보인다.

물론 그렇다고 해서 근우회가 여성문제만을 다룬 것은 아니다. 항일
민족주의운동의 일환으로 '학생맹휴운동·광주학생운동·여공의 파업'
에 대한 조사 및 지원, 그리고 한민족에 대한 일본인의 멸시와 학대 등

에 대해 조사한 바 있다.

그러나 근우회를 통한 YWCA와 사회주의 계열의 이 같은 협동전선
은, 근우회 안에서 차지하는 사회주의 계열의 강세와 YWCA측의 약세
화로 지속적이지 못하였다. 즉 1928년 경부터 각 지회를 배경으로 성
장한 사회주의 성향의 대의원들이 근우회 2대 중앙집행위원에 대거 피
선되었던 반면, YWCA연합회로 대변되는 민족주의 계열 인사들은 이
중앙집행위원회 선거에서 대거 탈락하였다. 이에 이러한 상황에 불만
을 품은 김활란·최활란·황애시덕·김영순 등 기존 YWCA연합회 측
인사들이 근우회와의 관계를 끊음으로써, 양 계열간의 협동관계는 균
열이 생기기 시작하였다. 이후 비록 YWCA연합회의 일부 인사들, 예컨
대 유각경·김선·차사백 등이 여전히 근우회에 참가하여 활동하였지
만 종교이념·정치사상의 차이를 극복할 정도의 결합력을 과시하지는
못하였다.

V. 맺음말

이상에서 1920~30년대의 여성운동에 대해 YWCA연합회와 근우회
의 활동을 중심으로 살펴보았다. 특히 두 단체의 창설 및 운영에 주도
적인 역할을 하였던, 兪珏卿을 중심으로 일제강점하의 여성운동에 대
해 살펴보았다.

유각경은 한말의 대표적 개화운동의 산실이었던 河南市의 杞溪 兪
氏의 후손, 특히 유길준의 조카로서 선조들의 개화 및 근대화운동을
계승하여 1920년대와 1930년대의 여성운동에 적극 참여하였다. 우선
유각경은 1920~30년대의 YWCA연합회의 여성운동을 통해 '여성의 의
식개혁, 禁酒·公娼제도의 폐지, 문맹퇴치운동, 농촌계몽운동' 등을 펼

침으로써 봉건적 유습의 타파 및 남녀평등 그리고 여성해방운동에 크게 기여하였다. 다음으로 유각경은 좌우여성협동단체인 근우회의 활동을 통해 여성해방의식의 고취는 물론이고, 학생들의 동맹휴학·광주학생운동·여공의 파업에 대한 조사 및 지원 그리고 한민족에 대한 일본인의 학대와 멸시 등을 조사함으로써 항일민족운동도 함께 전개하였다.

하지만 유각경의 先塋이 있는 광주지방(현재의 하남시)에 YWCA 지회나 근우회의 지회가 설치되어 있지 않았으므로, 일제치하의 廣州(성남시·하남시·광주군)지역에서 전개되었던 여성운동의 실체가 보다 사실적으로 규명되지 못했다. 다만 3·1운동 후에 廣州에 부녀야학이 설립되어 문맹퇴치 등을 목적으로 한 여성교육이 실시된 것은 확인할 수 있을 뿐이다. 앞으로 새로운 사료의 발굴을 통해 그러한 문제점이 보완되었으면 한다. 아울러 YWCA연합회의 여성운동은 농촌계몽운동에서 잘 알 수 있듯이 1920년대 부르주아 민족운동의 노선전환 즉 실력양성운동으로의 방향전향과 같은 맥락이고, 농촌문제가 일제의 식민통치구조에서 기인한 것이라는 사실을 제대로 파악하지 못하였으며, 더욱이 일제의 지배 그 자체를 부정하는 차원은 아니었다는 한계가 있다. 한편 민족주의 계열의 여성들과 사회주의 계열의 여성들이 연합한 근우회는 여성해방이라는 공감대가 있었음에도 불구하고, 단순한 인적인 결합을 뛰어 넘어 종교이념과 사회·정치사상의 차이를 극복하지 못하고 자진 해산한 아쉬움이 남는다.

제2부

지역과 문화교류로 본 여성의 역사

16세기 한국과 중국의 여성문화 교류
―신사임당과 『朝鮮詩選』에 나타난 사례를 중심으로―

I. 머리말

한국사에서 近世라고 할 수 있는 조선시대는 건국초부터 性理學이 통치이념으로서의 역할을 했으며 중기쯤에는 사회윤리 내지 가족문화에 중요한 역할을 담당하였다. 고려 멸망의 원인이 불교의 타락과 여성들의 자유분방함에 있었다고 생각한 조선건국의 주도자들이 억불숭유정책을 폈고, 여성들에게는 사회, 윤리적으로 규제를 가했다. 여성들의 再婚 금지나 외출규제 등을 법제화했는데, 이는 조선시대 法典인 『經國大典』에 잘 나타나 있다.

이와 같은 사실들에서 조선시대 여성들은 강력한 성리학적 가치체계에 얽매어 남성들에 의해 상대적으로 종속적인 상태를 벗어나지 못하였고 사회적 지위도 열악한 위치였다고 생각해 왔었다. 그러나 최근에는 男歸女家婚俗, 財産상의 子女均分相續 등의 연구를 통해 여성의 지위에 대해 새로운 시각이 나타나고 있어 본인도 신사임당 人物연구와 중국에서 발굴된 『朝鮮詩選』을 통해 16세기 조선시대 여성의 지위와 역할에 대해 알아보고 한·중 문화교류의 한 단면을 살펴보고자 한다.

Ⅱ. 16세기 조선여성의 삶과 사회적 지위

조선은 1392년 이성계를 중심으로 한 新興士大夫 계층에 의해 건국되었다. 이들은 고려의 멸망이 불교의 타락에 있었다고 보고, 이를 비판하고 배격하면서 유교의 정치이념화를 단행하였다. 16세기가 되면서 정치뿐 아니라 사회, 가족윤리까지 성리학이 영향을 끼쳤고 여자들의 자유분방함을 규제하는 제도가 생기면서 여성들의 외출규제와 함께 가족윤리에서 가부장적 분위기가 강화되었다고 볼 수 있다.

그러나 한편 前時代의 습속이 갑자기 변화할 수 없었고 오히려 성리학의 不參內事, 不干外事의 분위기 밑에 가정 大小事는 女人들의 몫이 되었으며 男歸女家婚俗[1] 등 가정 내에서 여성들의 지위가 그대로 유지될 수 있는 몇 가지 여건이 그대로 존속되고 있었다. 제사나 재산상속 문제에 있어서도 여성의 헌초가 후기보다 컸다. 제사에 여성이 참여했음은 물론 남자형제가 없을 때에는 여성이 祭祀를 전담하였고 外孫奉祀도 가능했다. 아들이 없을 때 양자를 두어 제사를 지내도록 한 제도는 조선후기에야 보편화되었고 전기에는 거의 드문 일이었다. 또 집안의 嫡孫이 사망하였을 경우, 그의 부인 즉 그 집안의 家婦가 선조의 제사를 주관하는 것도 그 시기의 관행이었다. 결국 제사 받들기에서 남녀의 차별이 없었음은 가정에서의 여성지위가 남성에 비해 열등하지 않았음을 의미하는 것이다.

제사봉사 문제와 함께 재산상속상에서도 子女 사이에 균등하게 배분되었던 것도 조선전기 사회의 특징이었다. 分給文書, 和會文書에 대한 기존연구와 실록기사에서 보면 조선전기 재산상속은 嫡長子差等相續이 아닌 子女均分相續이었다.

---

1) 男歸女家婚은 조선후기 親迎制度가 정착되기까지 조선의 보편적인 혼례양식이었다.

『經國大典』의 재산분배 조항에서 보면 서얼차별의 특징은 두드러지게 나타나고 있지만, 남자와 여자의 성별에 대한 재산분배상의 차별은 전혀 볼 수 없다. 이외에 여성의 경제적 지위와 관련된 중요한 문제는 夫婦別産制이다. 이는 상속 받은 여자의 재산은 혼인한 후 남편 혹은 婚嫁의 재산으로 흡수되지 않고 夫人의 재산으로 존속되었다. 또한 그 부인이 자녀가 없이 죽게 되면 그 재산은 婚家의 재산으로 상속되는 것이 아니라 本族에게로 돌아가도록 되어 있었다. 이러한 점을 종합하여 볼 때 조선전기 여성들은 실질적으로 독립된 재산권을 보유하고 있었다.

이런 현상에 변화가 일어나기 시작한 것은 16세기를 지나면서 17세기에 이르러서이다. 유교적 가치규범이 일반 민중에까지 파급되면서 사회 전반에 걸쳐 嫡長子에게로 이어지는 가계계승이 중요한 의미를 갖게 되었고, 또한 여성들 사이에 자유로이 행해졌던 전통적 풍습들이 많은 규제를 받게 되었다. 부녀자들의 사찰출입 규제,[2] 잡신들에 대한 祀神行爲規制, 여자의 복장문제 규제, 남녀간의 접촉문제[3] 등이다.

『經國大典』의 완성과 함께 규제조치가 법조목화함으로써 習俗化되었을 뿐만 아니라, 여성들의 失行을 방지하기 위한 방편으로 재혼을 금지하였다. 건국 초기에는 여성들의 세 번째 결혼만을 금지하였지만 성종대에 와서는 재혼 자체를 금지하였다. 그리하여 『經國大典』에 "재혼한 여성이 낳은 자식은 문·무관이 될 수 없다."[4]는 庶孽禁錮法을 실시하였다. 그 결과 여성들은 烈女가 되는 것을 희구하는 가치관 형성이 있게 되었다.

선조 25년 임진왜란 때에 많은 여성들이 정절을 지키기 위해 죽어갔

---

2) 『經國大典』 卷25, 形典, 禁制.
3) 『世宗實錄』 卷53, 世宗 13年, 癸未.
4) 『經國大典』 卷3, 禮典, 諸科.

다든지, 피난 도중에 뱃사공이 손을 부축하여 나룻배에 태웠다고 해서 이를 실절로 생각하여 자결하였다는 어느 여성의 일화를 통해 그 단면을 볼 수 있다.

이런 현상과는 반대로 여성들의 문화활동이 크게 눈에 띄는데 문학·예술 분야의 허난설헌, 신사임당, 이옥봉, 황진이 등을 들 수 있다. 그 중 조선 역사 이래 가장 훌륭한 여성으로 꼽히는 신사임당을 중심으로 당시 한·중 문화교류의 한 단면을 살펴보고자 한다.

Ⅲ. 신사임당의 사례

조선시대 여성교육은 제도적 교육기관을 통한 공교육이 아니라 가정을 중심으로 한 私教育이었으며, 가사기술과 유교적 덕육이 강조되었다. 住食 차리기와 옷 걸기, 물길기와 절구질만 하면 족해, 글자는 알아서 무엇하느냐, 오히려 여자가 글자를 알면 집안의 규범을 그르칠 염려가 있다 하여 가르치지 아니하였던 것이다. 그러나 사대부가에서는 私的으로 교육을 시켰으며 상당한 수준의 여성들이 있었던 것도 사실이다.

당시 여성들이 접할 수 있었던 書冊으로는 중국의 女敎書로『烈女傳』,『女誡七篇』,『女敎書』,『女訓』 등이 있으며 이외에 덕종비 소혜왕후 한씨의 『內訓』을 비롯하여 퇴계 이황의 『규중요람』, 송시열의 『尤庵先生戒女書』, 이덕무의 『士小節』,『童蒙先習』,『명심보감』 등 남녀 공용의 교훈서도 출간되었다. 조선초부터 덕육을 강조하는 도덕교육이 남녀 모두에게 중요시되었다고 볼 수 있다.

이 같은 시대적 분위기 속에서 신사임당은 조선 연산군 10년(1504) 음력 10월 29일 새벽에, 외가인 강원도 강릉 북평촌(現 오죽헌)에서 아들 없는 집안의 다섯 딸 중 둘째 딸로 태어났다. 조선초기부터 유교적 가치관 아래 가정 안에 묶여 있던 시대적 한계를 극복하고 시·서·화에 능통했을 뿐만 아니라 현모양처로 인품과 재능을 겸비한 한국의 모범적인 여성이다.

본명은 신인선이며 사임당은 당호이고 師任堂, 妊思齋라고도 하였다. 당호의 뜻은 중국 고대 주나라 문왕의 어머니인 太妊[5]을 본받는다는 것으로서, 태임을 최고의 여성상으로 생각했음을 알 수 있다. 사임당은 7세 때부터 스승 없이 그림그리기를 좋아했고 세종 때의 안견의 「몽유도원도」, 「적벽도」, 「청산백운도」 등의 산수화를 모방하는 화법을 익혔고 붓놀림이 남달랐으며 특히 풀벌레와 포도를 그리는데 절묘한 솜씨를 보였다. 당시 사회에서 여인이 그림공부나 학문을 익히는 것은 어려운 일이었으나 아버지 신명확, 어머니 용인 이씨, 외조부 이사온, 외조모 최씨 등이 사임당의 재능을 발견하여 글을 가르치고 그림공부를 하도록 했던 것으로 추측된다.

사임당은 재능이 이와 같이 남달랐으며 무엇보다 부모에게 효도하고 자녀교육에 남다른 면을 갖고 있었다. 조선 역사상 가장 훌륭한 女性으로 자리매김되고 있는 사임당은 특히 자녀교육에서 더욱 돋보인다.

자식들을 잉태했을 때 사임당은 태임의 태교를 본받아 몸과 마음을 다스렸고[6] 자식을 출산한 이후에는 당시 조선사회가 요구하는 人物로

---

5) 太妊은 중국 고대 주나라 문왕의 어머니로서, 중국에서 가장 뛰어난 婦德을 갖춘 여성으로 평가받고 있다. 賢·嚴·義·慈의 네 가지 母儀를 고루 갖춘 인물. 태인의 태교를 기록한 古書는 前漢 시기 사마천의 『史記』이다.

6) 태임의 태교는 보기, 듣기, 말하기, 앉는 자세, 서는 자세, 눕는 자세, 먹는 음식, 마음가짐의 여덟 가지 항목으로 되어있다. 西漢 劉向, 『烈女傳』, "太妊者, 文王之母, 摯任氏中女也, 王季娶爲妃. 太任之性, 端一誠庄, 惟德之行. 及其有娠, 目不視惡色, 耳不听淫聲, 口不出傲言, 能以胎敎. 溲于豕牢, 而生文王.

뿐만 아니라 자신이 뜻을 세워 훌륭한 교육을 하므로 조선 역사상 지금까지도 가장 존경받는 栗谷을 배출하기도 했던 것이다. 그의 자녀교육은 스스로 모든 면에서 솔선수범하는 것과 평소 '志在四方'이라는 말을 자주 썼던 것이었는데, 이는 모든 면에 志를 세움이 가장 중요하다는 의미였다. 또 효도 교육은 『孝經』을 중심으로 가르쳤고, 형제간의 友愛를 돈독히 하라고 늘 교육하였음이 이후에 율곡을 통해 나타나고 있다. 세 딸들에게는 婦德, 婦言, 婦容, 婦功의 女有四行과 학문과 예술까지도 교육하여 현모양처로서의 德을 기르도록 가르쳤다.[7] 이 뿐만 아니라 당시 사대부가에서는 드문 현상이었던 차원높은 학문과 예술을 가르쳐 딸들에게 전인교육을 시켰다. 후에 7남매들이 훌륭히 컸음은 그의 직접적인 私教로 기인한 것으로, 선각자적인 그의 자세를 새겨 봄직하다.

위의 사례를 통해서 어느 나라 어느 시대 여성이든지 그 훌륭함을 본받으려는 신사임당의 자세를 볼 수 있었으며, 또한 조선시대성을 극복한 전인교육을 선각자적으로 실행함으로써 우리 역사상 가장 훌륭한 위인 중 일인이라고 할 수 있는 이율곡을 배출했음을 보았다. 다음으로 임진왜란 때 명나라 文人 吳明濟의 『朝鮮詩選』을 통해 당대 중국인들의 조선여성들에 대한 의식을 살펴보고자 한다.

文王生而明聖, 胎任教之一而識百, 卒爲周宗. 君子謂太任爲能胎教. 古者婦人任子, 寢不側, 坐不邊, 立不蹕, 不食邪味, 割不正不食, 席不正不坐, 目不視邪色, 耳不听淫聲, 夜則令瞽誦詩, 道正事. 如此則生子形容端正, 才德必過人矣. 故妊子之時, 必愼所感, 感于善則善. 感于惡則惡, 人生而肖万物者, 皆其母感于物, 故形音肖之. 文王母可謂知肖化矣".

7) 조선시대 女性들에 대한 교육은 유교적 지침에 따라 修身, 孝親, 夫婦의 道, 子女教育, 형제간의 敦睦, 가사기술, 奉祭祀, 손님 접대 등이 전부였다(국역 『율곡전서』, 1988, 300~302쪽).

Ⅳ. 『朝鮮詩選』에 나타난 중국인들의
조선여성 문인들에 대한 의식

許筠(1569～1618)이 吳明濟의 부탁을 받고 조선시를 명나라에 소개하기 위해 『朝鮮詩選』을 엮어 주었다는 기록은 전해왔지만, 실제로 그 책이 국내에 남아 있지는 않았다. 그래서 조선시대에도 『朝鮮詩選』에 대한 기록은 별로 많지 않았다. 그러던 중 1998년에 북경도서관에서 원본이 발견되어 1999년 경원대학교 아시아문화연구소에서 이를 한국에 소개하였으며, 기경부(중앙민족대학 교수) 교수가 校註를 맡았다. 먼저 『朝鮮詩選』의 편찬과정을 살펴보기로 한다.

오명제는 자가 子魚이고, 호는 玄圃山人이며, 회계 사람이다. 그는 임진왜란 중인 1597년 贊劃主事 徐中素를 따라 參軍 신분으로 조선 원정에 나왔으며, 1598년 의주와 서울에서 머물렀다. 이 무렵 명나라 유격장군 이상에게는 조선 接伴使가 배당되었는데, 그때 병조좌랑이던 허균과 경리도감이던 허성(1548～1612) 형제가 명나라 장군들을 자주 만났다. 이 과정에서 허균이 오명제를 자주 만났는데, 조선의 한시에 관심을 가지고 있던 오명제는 서중소에게 청하여 아예 허균의 집으로 숙소를 옮겼다.

……明濟가 (군문) 밖으로 나가 許筠네 집에 머물렀다. 허씨 3형제는 이름을 葑, 筬, 筠이라고 했는데, 문장으로 東國에 이름이 알려졌다. 봉과 균이 모두 장원급제 했는데 균의 재주가 더 뛰어났다. 한번 보면 잊어버리지 않아 그가 동국의 시 수백 편을 외워 주었다. 그 덕분에 명제가 모은 시는 나날이 불어났으며 균의 누이가 지은 시 200편까지 얻게 되었다.[8]

---

8) 吳明濟, 『朝鮮詩選』, 「朝鮮詩選序」, "……濟乃出館於許氏. 許氏伯仲三人.

위 글에서 허균이 오명제에게 외워 준 시가 수백 편이었으니, 허난설헌의 시 200편까지 보태면 당시 오명제가 모은 시는 지금 전해지는 『朝鮮詩選』수록 작품의 갑절이 넘는다. 오명제가 7월에 중국으로 귀국해 장안으로 돌아가자 많은 문인들이 조선의 시, 특히 허난설헌의 「遊仙詞」를 읽어보고 칭찬하였다.

또 당시 허균의 『國朝詩刪』에는 『朝鮮詩選』의 교정자인 왕세종의 평이 실려 있다. 허균은 『국조시산』을 엮으면서 객관성을 지키기 위해 자기 문중 인물들의 시는 자신이 뽑지 않고 친구 권필에게 맡겼다. 권필이 뽑은 「許門世藁」는 卷9 뒤에 卷附로 실려 있는데, 허난설헌의 「湘絃謠」뒤에

　　　新都 왕세종이 말했다. "이 작품은 우리 명나라 이후의 시인들이 이를 수 있는 수준이 아니다. 설사 李白이나 온정균이 붓을 잡는다고 하더라도, 또한 이보다 반드시 낫지는 못할 것이다."

하는 批語가 덧붙여 있다. 이는 왕세종이 한 이야기를 권필이 들었다가 이 책에 批語로 덧붙인 것이다. 위에서 허난설헌에 대한 明나라 사람들의 심중을 헤아릴 수 있다.

『朝鮮詩選』에는 삼국시대 특히 신라인들의 시가 실려 있고 여성들의 시도 다수 수록되어 있는 것이 특이하다. 위의 글을 통해 명나라 사람들이 조선시, 특히 조선 여성들의 시에 관심이 많았음을 알 수 있으며, 북경도서관에서 『朝鮮詩選』을 발견한 기경부 교수도 그 校註序文에서 명조 말기에 조선 한문시를 정리하는 열조가 일어났고 그 중 제일 중요한 자료로서 이 책을 말하고 있다.

曰筈. 曰筬. 曰筠. 以文鳴東海間. 筈·筠皆擧壯元. 筠更敏甚. 一覽不忘. 能誦東詩數百篇. 於是濟所積日富, 復得其妹氏詩二百篇".

『朝鮮詩選』을 통해 여류시인 허난설헌과 조선 여성문학이 정식으로 등장되게 되었는데,[9] 이는 국내에서 여성들을 사회적으로 규제하던 분위기와는 다른 면이 오히려 중국인들을 통해 알려졌다는, 문화교류의 단면을 엿보게 하는 좋은 사례이기도 하다.

V. 맺음말

1392년 조선이 건국된 후 고려의 잘못된 풍습을 고치기 위한 건국 주역들의 노력은 성리문화의 급속한 보급과 함께 가족문화까지도 성리학의 영향을 받게 된다.

고려의 잘못을 불교의 타락과 여성들의 자유분방함에 있었다고 보고 억불숭유 정책과 여성들의 윤리, 사회적 규제가 강화된다. 이와는 반대로 여성들의 경제적 지위는 고려의 풍습대로 계속돼 자녀균분제, 제사의 윤회봉사 내지 外孫奉祀까지도 가능하며 부부별산제, 남귀여가혼 등으로 인해 가정 내에서 그대로 유지된다. 그러나 지도자들의 끈질긴 노력으로 17세기쯤 가서는 남성중심의 가족문화가 형성되고 임진왜란, 병자호란 등 큰 外亂으로 인해 여성들이 적극적으로 가정생활을 이끌어 나가야 할 시대가 되면서 18세기에는 실학자들을 중심으로 성리학적 가치체계에 비판이 제기된다.

조선시대 18세기 이후 여성들의 삶이 전시대와는 다르게 전개되나, 이에 관한 연구는 다음으로 미루며, 특히 16세기 조선시대가 안고 있는 한계점을 극복한 신사임당의 사례와 16세기 말 『朝鮮詩選』에 나타난 중국인들의 문화의식을 통해 한·중 문화교류의 한 단면을 바라보

---

9) 『朝鮮詩選』에 나타난 여류시인과 詩는, 古別離(李氏), 別贈(兪汝舟妻), 歸來亭(趙瑗妾李氏), 次伯氏望高臺(許氏), 登樓(李氏) 등이 있다.

았다. 위의 사례를 통해 한·중 문화교류에서 『朝鮮詩選』에 나타났듯이 중국인들이 조선 여성문인들에 대한 관심이 컸음을 알 수 있다.

한국과 일본의 기독교 수용과 역할에 관한 비교 연구

－19세기 후엽을 중심으로－

Ⅰ. 머리말

서구의 기독교는 같은 동방문화권 속의 한국, 중국, 일본 등 아시아 지역에 19세기 중엽부터 異質的인 종교로서 사회의식 변화에 영향을 미치게 되었다. (천주교로부터 생각한다면 훨씬 긴 역사를 생각할 수 있지만) 개신교 즉 프로테스탄트가 적극적 선교를 시도했던 이 시기는 아시아지역의 세 나라가 자체내 근대화의 요구도 강렬했었고, 서구세력이 무력적 위협을 통해서라도 開港을 원하던 때였다.[1] 즉 자의든 타의든 개항을 해야만 하던 시기였기에 동아시아 삼국은 開港과 함께 여러 가지 국제적, 사회적 변화에 직면하지 않을 수 없었다. 이런 역사적 상황 속에서 한국과 일본에서는 開化를 위한 방편으로, 또 한편으로는 새로운 신앙으로 기독교가 받아들여졌다.

기독교 선교사들도 선교의 수단으로 교육과 의료행위를 간접적 방법으로 택해서 傳敎의 임무를 수행하려 하였기에 이와 같은 시대적 요

---

1) 함포사격을 해서라도 개항을 이루려는 위협적 외교방법으로 砲艦外交 (Gunboat Diplomacy)라 한다.

구에 부응하게 되었다.

한국과 일본에서는 거의 같은 시기에 같은 양상으로 선교가 있게 되지만 그 수용 후의 역할에는 많은 차이가 있는 것을 발견할 수 있다. 이것은 각각의 민족적, 사상적 전통성 위에 수용되었고 그 시대적 상황이 달랐기 때문으로 생각된다.

지금 일본의 기독교 인구가 총 인구의 1%에 지나지 않고, 우리나라는 30%에 이르고 있음도 수용 당시와 연관해서 생각할 수 있다고 보아진다. 그러므로 본 논문에서는 당시 두 나라의 시대적 상황과 함께 기독교의 수용과 역할에 대해 서술함으로써 양국의 근대사에 끼친 기독교 영향을 비교 연구하고자 한다.

Ⅱ. 當代 한국의 시대적 상황과 傳敎의 양상
─여성교육을 중심으로─

1860년대 한국은 안팎으로 어려운 시련을 맞았다. 실학의 발달과 西學의 전래로 의식이 높아진 농민층이 一黨 專制的 세도정치의 전횡과 봉건적 질서의 모순에 반대하여 저항운동을 계속하였고, 異樣船[2]이 통상을 요구하며 연안에 출몰하여 약탈을 자행하는 등으로 인해 위기의식이 팽배하였었다. 이런 사회변천의 진통과 西勢의 위협 속에서 大院君이 등장하였다.

대원군은 안으로는 왕권강화책을 위한 개혁과 민란으로 나타난 민중적 요구에 따라 서민층에 이익을 주는 정책을 채택하였다. 일반 常民만 부담하던 軍布를 戶布라 고치고 양반에게도 징수케 하였고 대외관계에 있어서는 쇄국정책을 고수하였다. 그것은 당시 위기의식과 斥

---

2) 異樣船은 조선에 대하여 通商을 요구하는 西洋의 船舶을 의미함.

邪衛正論의 논리적 뒷받침을 받은 것이었다. 대원군은 天主敎를 박해하고 통상거부의 배타적 태도를 지키고 軍備를 강화하였다. 그러나 무력적 위협을 통해서라도 통상관계를 맺으려는 서양 열강의 태도로 조선은 1866년 丙寅洋擾와 1871년 辛未洋擾를 겪게 되었다. 대원군은 두 전쟁을 모두 승리한 후 더욱 쇄국의 방침을 굳히게 되었다.

그러나 대원군이 崔益鉉의 상소를 계기로 1873년 정권에서 물러나고 閔妃一族이 집권하면서 국내에는 정계 변화가 있게 되며, 朴齊家 등 北學派學者들의 해외통상론을 계승, 발전시킨 海外通商論이 표면화되었다. 이런 해외통상론은 朴珪壽, 吳慶錫, 劉大致 등에 의해 더욱 발전하여 開港의 중요한 계기를 마련하였고, 그 후 사회전반에 대한 개혁론, 즉 開化思想으로 발전하였다.

한편 美國軍艦의 艦砲示威로 문호를 개방한(1854) 일본은 1868년 明治維新을 통해 富國强兵을 슬로건으로 내세우고, 급격한 근대화를 이루었다. 그 과정에서 대두된 내적인 모순을 밖으로 분출, 征韓論[3]을 일으키더니, 마침내 조선의 정세변화를 틈타서 1876년 조선과 강화도 조약을 강제 체결함으로써 우리나라 문호를 개방하게 하였다. 이후 朝美通商條約을 비롯하여 구미 각국과 조약을 맺게 되는데 그 내용은 거의가 우리나라에 불리한 不平等條約이었으며, 외국자본주의 세력의 한반도 침략을 유도하게 되었다.

이때부터 한반도는 무방비적으로 세계를 향하여 문호를 열게 되고, 봉건적 질서라는 모순을 안은 채 국제적인 갈등 속에 휘말려 들게 되었다. 기독교는 이 같은 西勢東漸의 시기와 맞물려 한국에 전파되었고

---

3) 征韓論 : 일본 정부는 1868년 明治維新 후 조선에 國交를 맺자고 요청하였다. 그러나 강력한 鎖國政策을 추진하던 조선 정부는 외교문서의 내용이 오만하다하여 受理를 거부하였다. 이런 조선의 태도가 日本에서 出兵論으로 나타났다. 그러나 적당한 시기를 엿보자고 하며 즉시 실천되지는 않았다.

정치, 경제, 사회 등의 여러 분야에 있어 아직 外勢를 맞이할 준비가
갖추어지지 못한 채로 수용되었다.[4]

이때 일부 지식층과 지배층에서는 기독교를 선진문화의 수용이라는
차원에서 또 개화의 방편으로 수용하기 시작했다. 한편 정부에서도 진
보적 입장에서 서구문화의 수용을 원했고 그러므로 1882년 한미조약
이후 공사관 공관의 자격으로 선교사 알렌이 1884년 내한했으며, 1885
년 처음으로 언더우드, 아펜젤러 등의 선교사가 公式入國하였다. 이들
은 입국하자 곧 교육과 의료활동을 하기 시작했으며 특히 민비의 측근
민영익을 사경에서 구해주는 등 왕실과 醫療施術로 가까운 유대를 맺
고 포교를 함으로써 국가의 비호를 받으며 출발했다. 高宗도 장로교
병원과 선교사들의 다른 사업에 많은 협조를 하였다.

1885년 서울 제동에 廣惠院(후에 제중원)이 개설되었고 한국인 학도
들에게도 서양의술을 가르치게 되었으며 이때, 선교사들은 병원의사,
교사로서 활약하며 主임무인 선교의 기회를 포착하려 하였다. 선교사
들의 교육에 대한 역할에 대해 李能和는[5] "何來 朝鮮社會는 在於無
教育狀態하니 美國教會가 來此時機하여 設立學校하야……" 즉 무교
육상태인 조선사회에 미국교회가 신학문을 교수했다고 언급하고 있다.

한편 기독교가 지식인 계층에 개화의 방편으로서 수용되는 것과는
다르게, 평양을 중심으로 한 관서지방의 민중과 그리고 소외된 계층인
일부 몰락양반, 광대, 백정, 무당, 수공업자, 농민, 상민, 부녀자 등에게
는 신앙으로 전파되는 등 이중적 구조를 갖게 된다. 일부 지식층은 주
로 개화를 통해 民富國强한다는 救國의 방편으로, 서양문화로서 기독

---

4) 보수성을 지닌 斥邪衛正運動이 성리학자 奇正鎭과 李恒老의 上疏를 계기로
   일어난다. 처음에는 斥洋이었으나 1876년 斥邪의 대상은 倭洋一體로 나타난
   다.
5) 李能和, 『朝鮮基督教와 外交史』 下, 조선기독교창문사, 1928, 201쪽.

교를 수용하는 반면, 소외된 하류계층에서는 자신들의 처지와 사회질
서 및 국가 경제의 위기 속에서 불안감을 느끼고 기독교의 평등사상과
내세신앙에 공명하여 절대적 신앙으로 믿게 되었다.[6] 그러므로 우리나
라에서는 지배계층보다 농민이나 하류계층에서 기독교를 더 열렬히
신앙으로 의지하게 되었다고 본다.

　먼저 개화의 방편으로 수용되었던 기독교 수용에 대해 선교교육을
중심으로 살펴보겠다. 기독교는 1830년부터 海路, 혹은 만주, 일본을
통하여 접촉하게 되었으나 반세기 후인 19세기 후엽에 비로소 국내에
그 뿌리를 내릴 수 있었다. 앞서 지적했듯이 천주교는 극심한 수난을
겪으면서 많은 순교가 있었던 데 비해서, 기독교가 비교적 용이하게
수용될 수 있었던 것은 국왕의 호응도 있었지만 당시 조선의 내외적
조건이 서양문화를 받아들여야 하는 상태에 있었기 때문이었다고 생
각되어진다. 처음 선교사들이 직접 전도를 한 것이 아니고 교육과 의
료사업을 통한 간접전도의 방법을 행하였는데 이런 일들은 당시 조선
사회 내부의 절실한 요구였기 때문에 일차적으로 기독교가 환영받을
수 있었던 것이다. 특히 교육활동은 여성교육을 포함하여 광범위하게
적극적으로 진행되었다. 장로교의 교육현황을 나타낸 다음의 <표 1>,
<표 2>에서 그 면모를 알 수 있다.[7]

　아래 표에서 나타나듯이 당시 유교적 전통에 입각하여 남존여비의
가족윤리를 고수하고 있었던 사회에서 남녀의 평등한 권리와 의무를
주장하여 女性의 정당한 지위를 각성시킨 점은 기독교의 가장 큰 업적
중 하나이다.[8] 이러한 평등사상은 성서에 근거를 둔 것이었다.

---

6) 이런 현상은 하류계층들이 갖는 巫俗的 퍼스넬리티(성격)와 관련을 맺어 기
　독교가 더욱 성장하게 되었다.
7) 『조선그리스도인회보』 33호, 1897년 9월 15일.
8) 李萬烈, 『韓國基督敎文化運動史』, 大韓基督敎出版社, 1987, 72쪽 재인용.

<표 1> 장로교의 남녀학당 수효(1897년 현재)

지역 구분	남학당	여학당	비고
서울	3	1	제중원의술학당
평양	2	1	
원산	-	1	
부산	1	1	
장연	남녀공학포함4		
해주	남녀공학포함1		
계			16

* 『조선그리스도인회보』 33호, 1897. 9. 15.

<표 2> 장로교의 교육현황(1901년 현재)

선교교파	지역	주일학당수	주일학당 학생수	교중학당수	교중학당학생수	
					남	여
북장로교	서울	31	1450	10	128	37
	부산	1	50	1	25	25
	평양	189	7168	17	330	50
남장로교	전주	1	30	?	?	?
	군산	2	192	?	?	?
	목포	1	50	?	?	?
캐나다 장로교	원산 함흥	2	100	2	25	10
호주 장로교	부산	1	50	2	20	25
계		229	9090	32+?	665+?	147+?

* 『그리스도신문』 1901년 6월 6일자

갑신정변(1884) 때 개화당원으로 활동하다 미국에 망명한 다음 다시 을미사변 후에 귀국하게 되는 徐載弼은 光武 元年(1897) 정동예배당에서 주최한 「남녀를 같은 학문으로써 교육하며 동등권을 주는 것이 가하다」라는 제목의 토론회 석상에서 다음과 같이 말하고 있다.[9]

하느님께서 사람을 생하심이 무론 남녀하고 이목구비나 심정은 다

---

9) 『독립신문』 3권 1회, 1894년 1월 4일 논설요지.

한가지며 만물의 가운데에 제일 총명하고 신령한지라. 동양풍속이 어찌하여 사나이는 기와집 같다고 하고 여편네는 초가집 같다 하여 남녀 간에 값이 높고 낮은 줄로 분별을 하는지 극히 개탄할 일이다.……대개 여편네의 직무는 세상에 나서 사나이를 가르치는 것이다. 여편네가 학문이 있다면……구라파 각국에서는 남녀를 같은 학문으로 교육시키고 남녀를 동등하게 대우해 준 것은 이미 몇 백년 전에 작정한 일인고로 國富民强하여 복음이 장원한지라. 大韓人民도 남녀를 같은 학문으로 교육하고 동등권을 주어 전국에 복음을 누리게 하는 것이 마땅하다.

그는 하느님이 세상에 남녀를 같은 권리를 주어 태어나게 하였으며, 女性교육의 필요성을, 가정에서 후세교육자로서의 역할을 수행함으로써 國富民强의 기틀을 이룰 수 있다고 보는 것이다. 이렇게 기독교를 중심으로 남녀 동등권이라는 새로운 사상적 경향은 젊은 세대를 토대로 토론회 형식이거나 언론기관과 학교, 교회의 의식계몽을 통해서 확대, 심화되었다. 『그리스도신문』도 논설에서 다음과 같이 말하고 있다.10)

……천지를 창조하시고, 만물을 내시사 가장 귀한자 사람이다. 고로 만물이 다 사람에게 쓰우는 바 되어 남녀의 분간이 없이 자유하는 것이 이치의 당연함이어늘 어제 어찌하여 여자를 천히 여겨 自主함이 없으니 天理를 어김이요 인정에 합당치 못한 것이 많도다.……

또 옛적에 맹자와 구양, 운충과 망우는 모두 모친의 교훈을 좇은 자다. 이를 보아도 부녀의 덕을 가히 알 것이니 여자도 장유케 해야 함은 당연할 뿐 아니라 세상에 인재가 많이 날 터이로다.11)

10) 『그리스도신문』 5권 1호, 1901년 1월 3일.

또한 1901년 장로회 공의회 토론의 내용을 보면 풍속 중에 고쳐야 할 5가지를 다음과 같이 서술하고 있다.

……풍속 중에 다섯가지 변해야 할 일을 의논하니 그 첫째는 남녀가 장성하기 전에 혼인하는 것이오, 둘째는 과부가 다시 재가하는 것을 금하는 것이오, 셋째 교중 신도가 믿지 아니한 자와 결혼하는 것이오, 넷째는 혼인을 맺을 때에 먼저 돈을 받는 것이오, 다섯째는 부녀를 압제하는 등의 일을 없이 하자고……

여기서도 전통적인 여성차별적 생활양식에서 부녀에 대한 지위를 향상시켜야 하는 것이 주로 토의 내용이었음을 볼 수 있다. 그러나 여권신장이라는 흐름이 기독교문화의 영향권 아래서 처음 일어난 것만은 아니다. 19세기 중엽 일반 민중으로부터 일어난 東學運動에서 이미 문제제기를 하고 있었다. 특히 동학 2대 교주 최시형은 "내 비록 부인, 小兒의 말이라도 또한 배우고 쫓을 것은 쫓나니, 이는 모든 선은 다 天語로 알고 믿음이니라"고 부르짖으며 스스로 과부와 혼인함으로써 再嫁를 금거시하던 조선왕조 성립 이래의 그릇된 여성관 타파에 앞장서기도 했다. 구체적으로 1894년 동학군이 추진한 폐정개혁안 12개 조항 중에 "청춘 과부의 재가를 허락할 것"을 포함시키기도 했다. 비록 동학운동은 실패로 끝났지만 조선왕조 성립 이래 전통적 여성관의 파탄과 붕괴를 의미하는 것이었다.

이후 전통적 여성관의 변화가 다시 기독교 사상을 통해 광범위하게 논의되기 시작하였으며, 이것은 자체 내의 선각자적 지식계층과 외부 선교사들을 통한 선교에서 일어나게 되고, 결국 그 구체적 방안은 여성교육으로 나타나기 시작했다.

---

11) 『그리스도신문』 5권 40호, 1901년 10월 3일.

『대한그리스도인회보』에서는 여성교육의 주장을 다음과 같이 하고
있다.

집안의 흥함과 나라의 부함과 백성이 강함이 전국 여인을 교육시키
는데 달렸거늘, 슬프다. 동양에 인도와 청국과 대한을 보면 여인을 가
르치기는 고사하고, 무슨 물건같이 여겨 집안에 가두고 자식이나 낳게
하여……심하면 두드려 주며 여편네가 주제 넘게 한다 하며 평생에 달
빛을 못보게 하니 죄인도 그러한 죄인이 어디 있으리오.……12)

또 『그리스도신문』에서는 「부인의 교육이 제일 急務라」는 논설에서

지금 개명한 나라에서들은 국가의 흥쇠가 부인교육 시키고 아니 시
키기에 있다 하니……비록 각 학교에 부인 교사가 없는 중이라.……그
런즉 부인을 교육함이 나라에 제일 관계되는 일이다.……13)

라고 하며, 결국 여성교육은 나라의 흥망성쇠가 달려 있다고 외국의
예를 들어 강력하게 주장하고 있다.

19세기 말 우리나라에서 여성교육의 필요성에 대해 한참 논의 중이
었을 때, 이것은 일본이나 중국에서도 마찬가지로 논의되었다. 즉 중세
적 질서라고 할 유교 문화권에 속해있던 3국에 있어서 공통된 과제였
다고 할 수 있다. 그 중에도 우리나라가 가장 여성교육의 필요성이 강
조되었고 또 실천되었다고 할 수 있다. 그것은 내외적으로 위기감이
고조되어 있을 때였기에 근대화와 자주의 욕구가 급속한 실천을 보였
고, 조선에 입국한 선교사들에 의해 布敎를 위한 근대식 학교의 설립

12) 『대한그리스도인회보』 3권 7호, 1899년 2월 15일.
13) 『그리스도신문』 5권 9호, 1901년 2월 28일.

이 박차를 가하는 시대적 배경이 있었기 때문이었다.

기독교여학교로서는 美國北監理敎會의 女宣敎師 스크랜튼(Scranton) 부인에 의해 우리나라 역사상 최초의 여학교인 梨花學堂이 1886년 창설되었다. 이후 여선교사에 의해 여자교육기관이 많이 설립된다. 1886년 평양에서 노블이 15명의 여학생으로 학교를 시작했고, 1898년에는 캠블이 서울에 배화여고를 설립하였다. 또 1886년에는 서울에 貞信女子中高等學校가 생겼다.

그러면 이화학당을 중심으로 여성 선교교육의 면모를 살펴보기로 한다. 이화학당의 설립은 지금까지 주자학사상에 의한 봉건적 인습에 젖어 여성교육을 기피하여 왔던 조선사회의 관념에 비추어 볼 때 일대 혁명이 아닐 수 없으며, 따라서 초기에는 사회적 관념과 歐美人에 대한 배타적 회의 사상으로 학교교육에 많은 곤란을 받을 수밖에 없었다. 최초의 난관은 학생 모집에서 나타났다. 아무도 학당에 딸을 맡기려 하지 않았고 스크랜튼(Scranton) 부인은 서양 도깨비라는 손가락질을 받으며 아이들을 모으러 다녔다.[14]

최초의 학생은 金某라는 벼슬아치의 소실이었는데, 이도 결국은 3개월 후 그만두었고, 다음은 어머니가 열병에 걸려 洋國院 保救女館에서 치료를 받게 된 어머니와 같이 온 조별단이라는 아이였다.[15]

그러나 스크랜튼 부인은 끈질기게 노력하여 그해 11월 교사를 이전하였고, 학생수는 4명으로 늘어났다. 다음해 1887년 정월에 학생은 7명으로 증가하였으며, 이에 명성황후(閔妃)는 '배꽃과 같이 순결하고 아름다우며 또 배맛 같이 시원하고 좋은 열매를 맺으라'는 뜻으로 梨花學堂이란 校名을 하사하니 현 이화대학교의 명칭이 이에 확립되었다.

왕실에서는 일반인과는 달리 스크랜튼 부인에게 퍽 호의적이었다.

---

14) 『梨花 70年史』, 26쪽.

15) *The Korean Misson Field*, 6권 1월호.

……왕은 내가 한국에 온 목적이 무엇인지, 무엇을 하려는지에 대해 얘기를 들어 잘 알고 있었다. 왕은 따뜻한 격려의 말을 아끼지 않았다. 며칠 전에는 어느 연설자리에서 여자학교 설립을 찬성한다고도 했다. 그러나 양반집 여자들은 내외를 해야 하기 때문에 학교에 다닐 수는 없을 것이라고 덧붙였다.……16)

이화학당은 학교의 기틀이 잡히면서 34세의 교육 선교사 미스 로드와일러(Louisa C. Rothweiler)를 새롭게 맞이하게 된다. 그가 제2대 堂長이 되면서 이때부터 교육이 본궤도에 오르게 되었다.17) 로드와일러 선생은 내한하기 전, 고국에서 교원 경력을 가진 독일계 미국인이다. 그는 이화학당에서의 교육관을 이렇게 기술하고 있다.

우리의 교육목적은 한국 여성으로 하여금 참된 가정을 만들고 유지하는 데 조력자가 되고 우리 학교의 교사가 되며 기숙학교의 조수가 되고 의료사업에 있어 간호원이나 조수가 되게 하는데 있다.……그들은 음식을 만들고, 의복을 짓고, 자기 몸과 집안을 깨끗이 하는 법을 배워야 한다. 이것은 모두 한국식으로 해야 하는데, 단지 그들을 동포와 유리되지 않게 하고, 자기 환경에 대하여 불만을 품게 하지 않으며, 학교를 떠나간 뒤에 만족시킬 수 없는 요구를 갖지 않도록 하는 정도 내에서 개량할 점은 개량하면서 한국 실정에 맞도록 가르쳐야 한다. 한국의 예의범절을 우리는 불필요한 것으로 무시하기 쉽다. 그러나 우리는 보다 나은 한국사람을 만들려는 것이요, 외국인을 만들려는 것은 아니다.18)

이화학당은 문을 연 지 10년이 되는 1896년 기와집 교사를 헐고 새

---

16) 「스크랜튼 부인이 서울에서 보내온 편지」, *Heathen Women's Friend*, 17권 4월호.
17) 『梨花70年史』, 52쪽.
18) 「우리 학교에서 무엇을 가르칠것인가」, *The Korean Repository*, 1892년 3월.

洋館 교사를 지을 준비에 박차를 가하면서, 한국의 여성일꾼을 배출할 유일의 고등교육기관으로서의 터전을 공고히 다지고 있었다.

이때 제4대 堂長 프라이가 이화를 이끌게 된다. 프라이 선생은 한국을 위해 한국 여성을 이끌 지도자를 양성하려면, 대학과를 만들어야 한다는 신념을 실천한 신앙과 사명감에 불타는 전형적인 선교사였다. 마침내 1910년 대학과를 신설했고, 1914년부터 대학과 졸업생을 배출하였으며, 이때 프라이 선생 밑에서 김활란, 박인덕 등의 인물이 자라난 것이다. 이후 일제의 수난기에도 그대로 존속해 민족주의적 私學으로서 國權을 회복하는 데 크게 기여하였고, 지금까지도 한국사회에서 기독교 여학교로서 신앙적으로나 교육적으로 큰 역할을 하고 있다. 우리나라의 기독교 인구가 총인구의 30%를 접하는 것도 이들 미션 스쿨(mission school)의 영향이 중요한 요소로 작용하였으리라고 생각된다.

지금까지 처음 기독교가 수용될 당시의 역사적 배경과 선교교육의 일차적 대상이 된 여성교육에 대해 이화학당을 중심으로 살펴보았다. 이와 같이 기독교 선교교육이 적극성을 띨 때, 다른 한편으로는 점점 조여들어오는 일본의 침략과 그에 대항한 민족운동이 활발히 전개되는 것을 볼 수 있으며, 기독교 교육을 받은 사람들이 이때 큰 활약을 하게 된다. 다음에서는 이 문제에 대해 고찰해 보고자 한다.

Ⅲ. 기독교와 한국의 민족독립운동

1882년 임오군란에 이어 1884년 갑신정변을 거쳐 점점 자라난 일본 침략세력은 1894년 청일전쟁을 계기로 한국 안에 확고한 침략적 기반을 마련하였다. 이때 기독교 교육을 받은 사람들은 이에 항거하는 민중의식을 고취하는 계몽과 활동을 하게 되었다. 또 義兵들이 각지에서 일어나 민족운동을 전개하게 된다. 의병들의 활동은 1905년 한일협약에 반대하여 그해 11월부터 시작되었으며, 1906년 봄부터는 본격적으로 행해졌다. 물론 19세기 말엽부터 儒家들이 斥邪精神을 排倭精神으로 전개, 행동화한 데서 의병활동이 시작되기도 하였다. 의병항쟁은 충청도에서 비롯하여 영남, 호남, 경기도로 확대되며 함경도, 평안도, 황해도로 번졌다. 일부는 東學을 기반으로 전개되었으나 기독교의 영향도 함께 작용하였다.

일본의 침략적 지배기구였던 통감부가 한국의 실권을 장악하면서 종교단체 중에서도 가장 重視하고 신중히 다루려 하던 것이 기독교 기관이었다. 이토(伊藤博文)는 통감으로 부임하자 선교사들에게, "조선정치는 내가 맡았으니 '정신개발'은 선교사들이 맡으라"고 하면서 간계를 부렸으나, 일부 선교사들은 한국인의 민족적 항쟁에 힘을 합하여 진력하였으므로, 당시 *Japan Times*紙에서는 한국에 있던 선교사들의 親韓的인 행동을 비난하기도 했다. *Japan Times*는 일본 국내외의 외국인에게 일본제국주의 정책을 정당하다고 선전하는 기관지였으므로 먼저, 선교사가 한국인의 민족적 항거를 돕는 것을 힐난했던 것이다.

그러나 선교사들은 여러 가지 방법으로 끈질기게 한국인들을 도와주었다. 앞서 독립협회가 민족의식을 기반으로 민권운동을 전개할 때 기독교인이 활동을 하였으나 그 해산에 따라 분산된 '독립정신'의 수립운동은 교회 안의 청년층을 중심으로 다시 일어났다. 특히 '상동교회'는 우리 민족운동의 요람지였다. 지금 그 생애와 업적의 전모를 가리기 어려우나, 전덕기 목사는 한국민족운동사상 특기할 인물이었다.

그후 기독교계 인사의 전국적 비밀결사조직인 신민회가 조직되는데, 이는 1906년 미국에서 귀국한 안창호, 이갑, 전덕기, 양기탁, 안태국, 이동녕, 이동휘, 조성환, 신채호, 노백린 등의 힘으로 이루어졌다. 결성의도는 정치, 경제, 교육, 문화 등 각 방면에서 힘의 양성을 기도하여 그 발전을 통하여 국력을 발휘하자는 것이었다. 회원의 생명과 재산을 회의 명령에 따라 바치기로 서약한 확고한 애국사상을 가진 동지로 단결된 회원들이었다.

신민회는 당시 한국의 救國志士들의 결집소가 되었다 해도 과언은 아닐 것이다. 그 사업으로 평양에 대성학교, 정주에 오산학교를 세워 교육에 저력하고 평양, 대구에는 태극서관을 설립하여 서적을 통한 문화운동을 전개하며 서울에는 『대한매일신보』를 두어 기관지로 삼았다. 평양 마산동에는 磁器會社를 두어 산업진흥책의 실천을 꾀하였다. 그러나 일본인들은 1911년 데라우치(寺內)통감을 암살하려 했다는 간계를 꾸며 신민회를 중심한 지도적 인물들을 검거하였다. 전덕기, 최광옥은 病死, 안창호, 이동녕, 이동휘, 조성환 등 인사는 미국·만주·러시아로 망명하여 신민회의 국내적인 활동이 해소되었다. 아울러 일제는 기독교인들의 활동을 억제하기 위하여 1908년 '사립학교령'을 공포하고 강력한 통제를 하였다. 당시의 통감부 정책을 보면 다음과 같다.

한국에 있어 사립학교는 그 수가 서울에서 근 百이고, 지방에 있어서는 4, 5千에 달한다.……교육이라는 명목을 빌어 정치행동을 하는 단체가 많다.……사립학교에 이르러서는 아무 取締의 규정이 없고……서울서는 학생들이 길가에서 정부대신이[19] 지나는 것을 보고 백주에 공공연히 욕을 퍼붓기도 한다. 또 지방의 형편을 보면 일본인에게서 일본말을 배우기 싫어하고, 그것을 보고 왜놈의 말이라고 배척하고 예수교 학교에 들어가는 사람이 있다. 예수교 학교에 들어가 英·美人에게서 배우면 후일 어떠한 원조를 받아……기회가 있을 때,……따라 관립학교와 예수교 학교가 경쟁을 하는 경향이 있다.……

---

19) 賣國逆臣을 말함.

대체로 기독교 학교는 이 私立學校令에 따라 통제되었다. 즉 수업 연한, 학년, 학과목, 정원, 입학자격에 관한 학칙을 두고 교과서는 일본인 지시에 따라 편찬된 교과서나 검정 또는 인가를 받아야 하고, 설비 또는 수업상 부적당한 것은 변경을 명했다. 이를 어기고 유해하다고 생각하면 사립학교는 폐쇄시키겠다는 강경한 탄압책을 썼다. 한편 통감부는 고종과 순종을 강제로 퇴위시키고 합병을 강행하였으며, 통치기구를 확장하여 총독부를 두고 한국민족의 탄압을 일층 강화하였으나, 민족운동은 상해를 중심한 중국 연해주 방면과 하와이나 미국 본토에서 치열하게 확대되었다. 여기에 기독교인들의 활동이 크게 이바지 한 데에는 선교사들의 힘이 컸다.

日帝에 대한 거족적 저항운동인 3·1운동이 전개될 때도 기독교 측의 활동이 컸다. 대표 33인 중 이승훈 등 다수의 기독교인이 참여했고, 특히 기독교 기반의 폭이 넓었던 관서일대의 활동이 컸다. 이때 기독교계 여학교 학생들의 많은 참여는 특기할 만한 일이었다. 미국에서는 서재필 박사가 필라델피아에서 대한독립후원회를 미국인들과 같이 조직하여 한국의 독립을 국제적으로 승인받으려 하였다. 또 3·1운동의 잔혹한 참상을 한 미국인이 알림으로써 1919년 6월 14일 각 대학 대표들이 미조리주 기독교청년회관에서 회의를 하고 '한국독립청원서'를 미국 정부에 내기도 하였고, 1919년 3월 이후 기독교인 다수가 투옥되자 옥중지사와 그 가족들을 후원하는 애국부인회가 조직되어 적극적으로 활동하기도 하였다.

위에 지적한 것 외에도 기독교는 문화적, 사회적 기능을 통해 19세기 말 큰 역할을 하였다. 첫째로 생각할 수 있는 것이 기독교를 전하기 위한 성서번역이다. 즉 선교사들에 의해 성경, 찬송, 주일학교 교재 등이 순 한글로 쓰여져서 그것들의 활용으로 인하여 국민문화 보급에 박차를 가할 수 있게 하였다.

둘째로, 이스라엘 민족의 수난사, 예수의 교육을 통한 민족적 부흥의 정신을 지니게 한 기독교 문학은 식민지시대의 한국인들에게 日帝에 대한 저항의식을 갖게 하였다.

셋째로, 인권의 신장과 평등사상의 고취를 통하여 日帝에 대항할 수 있는 정신적 기초와 봉건적 사회체제에 혁신적 기풍을 마련하였다. 특히 남녀평등사상을 통하여 女權伸張에 큰 역할을 하였다.

넷째로, 기독교가 수용될 때 서양의 발달된 문명과 함께 수용되었으므로 개화를 주장하던 선진주의적인 젊은 지도자들에게 큰 매력이 아닐 수 없었다. 그러므로 이들이 기독교와 관련을 맺게 되었고 기관과 사업(갑오경장, 독립협회, YWCA, YMCA 등)을 통하여 사회개혁 내지 의식확대에 중점을 두고서 정치적, 사회적 근대화를 촉진하는 정신적 토대를 심어주었다.

다섯째로, 19세기 말부터 내부에 일고 있던 종교적 진공상태와 위정자들의 부패로 어렵게 살고 있던 일반 대중들에게 미래에 대한 희망을 주는 정신적 지주 역할을 했다.

여섯째로, 술·담배·아편 같은 고질적인 퇴폐적 폐습이 금지되거나 절제되어 사회개혁에 도움을 주었으며, 복잡하고 비생산적인 여러 가지 의식, 예법 등이 생산적으로 정비되거나 신식화의 길을 모색하는 데 기여를 하였다.

그러나 급속한 기독교 수용에 따른 부작용도 지적될 수 있다. 그것은 기독교가 수용된 이후 종교적으로나 문화적으로 성숙의 단계에 넘어가지 못한 때 日帝의 침략이 있게 되었으므로 전통성 위에 단계적인 발전을 하지 못했다는 점을 지적할 수 있다.

Ⅳ. 일본의 명치유신과 기독교

일본은 1868년 明治維新 이후 밀려오는 西歐勢力에 대하여 국민적 통합을 바탕으로 어떻게 自國의 독립을 지키느냐의 문제에 직면하였다. 내부적으로 정치개혁의 요구와 함께 사상적인 측면에서도 儒·佛·神의 복합체가 내재되어 있었고, 또한 국제적으로는 개화주의적 사조가 팽배해 있을 때였다.

한편 明治維新 이후 정권투쟁에서 패한 藩士의 武士族들이 재기를 노리며 새로운 지식을 얻으려 모여든 곳이 선교사의 거처였다.[20] 이러한 필요에 의해 그들의 기독교 수용의 의도는 종교적 욕구에 의한 것이라기보다는 새로운 세력회복을 위한 활로 모색에 있었다. 이는 구체적으로 기독교를 통해 西洋文化의 기초를 받아들여 文明開化를 위한 이용의 목적이 강했다고 볼 수 있다.

반면에 明治 초기에 신정부는 전통적인 사상 위에 개화주의적 경향을 수용하는 유연성을 보이면서 대내적인 문제해결을 시도하였다. 그러면 한국의 대원군 시대에 출범한 일본의 明治維新체제의 본질을 먼저 논함으로써 기독교 수용의 시대적 상황을 고찰하기로 한다.

아이젠쉬타르(S. N. Eisenstaclt)는 그의 저서『근대화 : 항의와 변화』에서 일본 근대화 과정의 특징을 다음과 같이 서술하고 있다.[21]

일본의 근대화 과정은 중앙의 정치제도를 장악한 專制君主가 사회·정치·경제구조의 변질을 극도로 제약했던 다른 경우와 좋은 대조를 이루며 그것이 일본의 특유성으로 나타나고 있다. 일본 근대화는

---

20) 澤正彦 著,『日本基督敎史』, 大韓基督敎書會, 1979, 89쪽.
21) S. N. Eisenstaclt, *Modernization : Protest and Change,* Englewood : prentice Hall, 1966, 67~75쪽.

전제적 과두집단에 의해 主導된 유일한 예로서 1868년 德川 封建政權을 뒤엎고 장기간에 걸쳐 近代化의 코스를 직접통제한 과두세력에 의해 추진되었고 이들은 자기들의 확립한 테두리 속에서 다수의 새로운 사회세력을 흡수할 수 있었다. 이 특성에 비추어 본다면 일본 과두집단은 中歐 및 東歐의 과두집단과는 달리 혁명적 근대화 추진세력이었으며 이 특성의 배후에는 비교적 자율적 전통을 지녔던 일본 봉건주의 영향도 적지 않았으며, 따라서 정치, 행정 및 경제분야의 근대화를 추진하면서도 한편 천황제의 전통적 상징의 부활 위에 과두집단의 권력 기반을 구축할 수 있었던 것이다.

즉 中歐나 東歐에 나타난 근대화 과정은 전제군주가 주도권을 잡고 자신의 위치나 보수적 체제에는 큰 변동없이 근대화를 추진하려 한 반면, 체제 내의 지식인층과 일부 급진세력이 다른 방향으로 근대화 과정을 추진함으로 분열적인 근대화 과정을 이루었다. 그러나 이에 비하면 日本의 경우는 幕府政權을 뒤이은 維新勢力이 근대적 중앙집권국가를 형성해 갔다. 동시에 근대화를 주도하여 추진해 나아감으로써 이질적인 저항세력의 압력이 덜 심각했다고 할 수 있다. 그러나 봉건귀족세력과 소외된 무사층의 불만이 없었던 것은 아니고[22] 이들의 권한을 폐기시키면서, 또 그들의 신분상징과 경제적 기반을 없애기 위해 天皇의 전통적 상징을 쇄신시켜 그것을 체제변화의 정통성 기반으로 활용하였던 것이다. 또한 낡은 신분상징의 폐지와 함께 새롭고 보다 자율적이며 유연성 있는 사회계층과 집단 사이에 유대를 형성할 수 있는 가능성을 열어놓았던 것이다.

이런 정치적 요인과 더불어 메이지 초기에는 神·儒·佛과 외부적 요인인 기독교주의가 복합적으로 사상계에 영향을 미치게 되는 것을

---

22) 大橋陸憲 編, 『日本の階級構成』, 岩波書店, 1978, 16~17쪽.

볼 수 있다. 유신정부는 기독교 수용을 신앙으로서는 금압하면서[23] 서
구문화 수용의 방편으로서 활용하여, 기독교 선교사들을 통한 교육을
권장하였던 것을 볼 수 있다. 그러나 메이지 중반에 들어가면서 反기
독교적 운동이 일어나며 기독교주의 학교가 지리멸렬해지고, 일본 독
자적인 교육사상을 확립하는 데 노력함을 볼 수 있다.

이러한 것은 정치적 상황에서도 마찬가지의 경향으로 변화하여, 천
황제 국가로의 확립을 기하면서 국수주의적, 제국주의적 야욕을 조선
의 침략으로 드러냈다.

그러면 메이지 초기부터 메이지 22년까지 歐化主義期와 이후의 國
粹主義期로 나누어 19세기 후엽(1868~한일합방 이전) 일본의 기독교
수용과 역할에 대해 고찰해 보겠다. 明治維新 初에는 개화에 대한 열
망으로 歐化主義 思潮가 팽배했었다. 그 일환으로 선교사들을 통한
기독교 교육도[24] 상당히 활발한 양상을 보였다. 기독교 선교교육 중에
특기할 것은 여성교육이었는데, 유교문화권이었던 일본에서도 여성교
육에는 관심이 없었다. 그러나 메이지 초기에 일반 사립여학교가 하나
도 없을 때 선교사들에 의해서 여자교육이 실시되게 되었다.[25] 결과적
으로 선교사들이 日本女子敎育의 개척자적 역할을 수행한 셈이되었
다. 처음에는 선교사들의 家塾으로부터 여자교육이 실시되었으며, 후
에 훌륭한 고등교육기관으로 발전하게 되었다.

私港, 長崎, 神仁 등에는 개항의 장이라는 특수성 때문에 家塾이 많
이 경영되었다. 私港에는 교육가 출신의 해봉 부인에 의해 家塾이

---

23) 이것은 日本에 기독교를 신앙으로 받아들이게 되면 종래의 전통적 일본의 가
    치체계가 파괴될지도 모른다는 우려 때문이었다.
24) 歐美人과 결혼하여 民族을 强化시키자는 高橋義雄의「人種改良論」(1985)까
    지 대두됨.
25) 선교사들이 식민지인 우리나라에서와 마찬가지로 포교를 위해 방법적으로 우
    선적 대상을 女子를 택했기 때문이었다.

1863년(文久 3)에 설립되었는데, 이것이 日本 家塾의 선조이며 남아뿐
만 아니라 여아도 수용해서 경영하였다. 長崎에는 스타우드 선교사에
의해 여자가숙이 1873년(明治 6)에, 東京에는 카터스 부부(Mr. and Miss.
Carrthers)의 A六番女學校가 1870년(明治 3)에, 미스 톰슨(Miss Thomson)
의 B番女學校가 1873년(明治 6)에 설립되었다.26) 또 1874년(明治 7)에
윌리암스가 築地居留地에 학교를 열어 블랑크(Reu. Blanclet)의 가숙과
여자소학교가 생겼고, 同年 大阪에도 미스 에디(Miss Eddy)가 女塾을
열었다. 또한 훠미스 私英女學校, 神戶女學院, 治水女學院이 선교사
들에 의해 세워졌다. 1876년(明治 9)에는 순수하게 일본인이 설립한 기
독교 여학교도 생겼다. 1876년 東京에 原女學校, 1885년(明治 18) 嚴本
善治가 설립한 明治女學校 등이 그것이다.

　　그런데 이 明治女學校가 설립될 때 취지문을 보면 기독교 선교교육
의 방향이 전환되었음을 알 수 있다. 즉 "지금까지 基督敎 女學校는
主로 宣敎師가 지배하는 바 되어 절대로 일본적이 안된다는 것, 일반
기독교 여학교의 德育 및 여자교육의 목적에 찬성할 수 없다는 것, 참
된 사회개선, 도덕장려와 국가융성은 참된 여자교육에 있다"라고 되어
있다. 이것은 일본이 처음에는 개화의 목적으로 선교사들이 주축이 된
선교교육에 대해 묵인하고 있었지만 점차 비판되고 있음을 알 수 있
다. 기독교 교육에 비판적이었던 外山正一 博士가 同年 「女子敎育論」
을 통해 기독교 선교교육을 예찬한 것과 극히 대조를 이룬다.27) 다시
말해 明治女學校는 한마디로 현모양처형의 여성교육을 주장하는 반
면, 外山正一 博士는 남녀평등을 주장하며 기독교윤리를 절대적으로
예찬하였다.

---

26) 田村直臣, 『女子學院 五十年史』, 昭和三年, 六頁.
27) 外山正一 博士는 「社會改革과 基督敎와의 관계」를 통해 基督敎를 더욱 확
　　대해 사회를 개혁해야 한다는 주장을 펴면서 서양식 여성교육을 예찬했다.

사실 1876년에 이르러서는 歐化主義 思潮가 극도로 고조되어 있을 때였으나 明治政府는 이를 오히려 비난하기 시작하였다. 어느 정도의 정치적 안정에 돌입하고 난 후에는 기독교의 평등사상이 자유민권사상과 연결될지도 모른다는 우려 때문이었다고 보여진다. 초기 일본의 기독교신자들은 明治維新기 정권투쟁에서 패한 藩士의 武士族들이 대부분이었고, 정치의 중추에서 벗어난 정치지향의 청년들이 많았다. 이들의 관심은 기독교에서 구국, 시대개혁, 신일본개조 등의 사상과 운동근거를 찾으려는 데 있었다. 또한 초기 기독교신자들은 대부분 도시 청년들이었으며 농촌이나 어촌에는 기독교가 전파되지 못한 상태였다. 이것은 明治政府의 선교사 활동범위 규제에도 적지 않은 원인이 있다고 볼 수 있다. 즉 선교사와 외국인 교사들은 조약에 따라 일정범위에 한정된 도시 내에서의 활동은 비교적 자유로웠지만 그밖의 지역을 여행할 경우는 일본 정부로부터 비자발급을 받아야만 가능했기 때문이다. 그러므로 외국인 교사는 대개 개항도시와 공립교육기관이 있는 지방도시에 在留하는 데 그쳤다. 이와 같은 초기 기독교의 선교형태가 후일 일본 기독교의 元型으로 자리잡혀 도시지식인 교회이며 남성의 교회[28]가 된 것이다. 이들의 의식성향에 있어서는 기독교신자들이 도시청년이라는 이유로 대체로 야당성을 띄게 되어 오늘날까지 나타나고 있다.

또한 明治정부는 점점 정권의 안정을 다져가면서 남녀평등의 의식전환을 목표로 한 기독교 여학교 교육의 위상에 대하여 부정적인 반응을 보이기 시작하였다. 그들은 남녀평등의 사고방식보다는 순종적인 여성상에 더 많은 관심을 갖고 있었기 때문이었다. 이와 같이 明治 초

---

28) 일본의 초대교회에 있어서 여성은 공식적인 집회에 나가지 않았는데 이는 유교적 관점에 기인한 것이었고 결과적으로 거의 남성들로 구성되어 있다. 오늘날도 남자신도수의 비율이 우리보다 높음을 알 수 있다.

기에는 과두체제 밑에 복합적 사상체계가 존재했고 특히 개화주의적 사조의 일환으로서 기독교가 수용되어 정부도 묵인하는듯 했으나, 정치가 안정되면서부터 기독교 선교교육을 비판하고 탄압하는 것까지 나타나게 되었던 것이다. 그러나 이러한 정부의 태도에도 불구하고 女性敎育에 있어서 기독교 선교교육이 선도적이고 개척자적 역할을 하였음은 부인할 수 없다. 아래 <표 3>을 보면 그 실상을 알 수 있다.

<표 3> 1922년(昭和 7) 현재 日本 전국여자전문학교 43교 中 일부

학교명	창립 연월일
日本女子大學	明治 37. 3
女子英學塾	明治 37. 3
帝國女子專門學校	明治 42. 4
神戶女學院 專門部	明治 42. 10
同志社女子專門學校	明治 45. 2
東京女子醫學專門學校	明治 45. 3
私立聖心女子學院高等專門學校	大正 4. 3
東京女子大學	大正 7. 3
治水女子專門學校	大正 8. 3
京都女子高等專門學校	大正 9. 3

위 표를 자세히 관찰하면 明治 20년 이후 大正初에 女子大學이나 專門學校의 수가 급격히 늘어나는 데, 10개 학교에서 기독교와 무관한 학교는 帝國女子專門學校, 東京女子專門學校 등에 불과하고 나머지 7개교는 직접, 간접으로 기독교의 여성교육과 관련 내지는 확장임을 볼 수 있다.

다음은 일본 國粹主義期의 기독교 교육에 대해 고찰해 보겠다. 기독교 학교가 明治 초기부터 시작되어 개척자적(근대식 학교교육의) 역할을 하였지만 일단 1887년(明治 20)부터 러일전쟁 전까지 쇠퇴의 길로 가는 것을 볼 수 있다. 대신 일반 전문학교나 대학이 급성장하는데,

이것은 여러 가지로 생각할 수 있다. 즉 일본 明治政府가 추구하는 바 천황제국가로의 복귀가 평등사상에 의한 자유민권운동으로 저해되지 않을까 하는 점, 기독교주의 학교가 그 본질적 임무를 수행하지 못한 점, 또 사회일각에서 일본적인 윤리의식이 이질적으로 변하는 데 대한 반성이 일게 되면서부터[29]라고 생각할 수 있다. 여하튼 사회적인 면에서 새로운 사상조류와 함께 기독교주의 교육도 문제점이 제기되며 전환이 있게 되었다. 일반적으로 일본에 있어서 國粹主義가 본격화된 것은 미야케(三宅雄二郎) 박사가 주창한 政教社의 운동부터라고 볼 수 있다.[30]

政教社는 그 기관지 『日本人』을 통해 "일본의 최대의 문제는 일본인민에, 그리고 국토에 맞는 종교, 교육, 미술, 정치, 생산, 제도를 선택하여 일본인민의 현재, 미래의 향배를 결정하는 것이다."라고 했다. 시류에 저항한 政教社의 이 주장은 明治思想史上 전환기를 맞게 했다.

비슷한 시기인 1882년(明治 15) 메이지(明治)천황은 「教育學大旨」에서 歐化의 愚에 빠지지 않도록 경고하고 있다. 이렇듯 국수주의적 사조는 구화주의적 사조가 낳은 폐해가 사회 전반에 범람하여 명확한 문제점으로 대두될 때, 표면화되었다고 히라츠카(平塚) 박사는 회고하고 있다. 그러나 이것은 엄밀한 의미의 객관적 고찰이라고 말할 수 없을 것 같다. 明治정부의 체질이나 일본민족성의 체질상 잠재해 있었을 뿐이라고 생각할 수 있다. 즉 明治정부는 神道를 주창하고 復古主義性을 띠고 출발하였으므로, 당시 개화주의적 사조를 타고 들어온 서구문화 특히 기독교를 일시 동안 방임하였을 뿐이었다. 정책적으로는 선교

---

29) 특히 1985년 日本教育界의 巨頭라 할 수 있는 平塚 박사는 그의 회갑논총에서 明治期의 기독교 교육이 기독교에의 본질적 접근을 못했음을 비판했다.
30) 이 운동은 明治 20년부터 활발히 일어나, 이후 복고적 입장에서 교육을 바로 잡으려는 노력들이 많이 일어났다.

교육을 받아들였지만 기독교학교를 묘한 방법으로 규제한 점에서도 위와 같은 의도를 알 수 있다.[31]

政敎社運動을 전후하여 비슷한 운동단체로는 日本國敎大道社(明治 21), 維新學校(明治 23), 大日本議會, 帝國大柱國, 大人川學會(明治 24), 日本强道會(明治 24) 등이 있다. 이제는 官, 民이 합하여 기독교를 비판하며 기독교 교육에 대해서도 논박이 있게 되었다. 1890년(明治 23) 『大會雜誌』에 발표된 「기독교주의 학교와 일본역사」라는 논문에서는 다음과 같이 문제를 제기하고 있다. "現存하는 대부분의 기독교주의 학교에서 태반이 日本歷史科를 설치하지 않고 있다"고 하면서 그 反省을 촉구하고 있는 것이다. 결국 1890년 이후는 이 같은 풍조와 더불어 기독교 교육에 상당한 개조가 진행되었고, 또 폐교가 된 학교도 있게 되었다. 이로서 기독교주의 교육은 退化하게 되었고, '敎育勅語'가 나타나 일본 獨自의 敎學의 근본을 천명하여 후세들에게 교육을 통한 국수주의 주입에 열을 올리게 되었다.

V. 맺음말

같은 동양권인 한국과 일본의 기독교 수용은 西勢東漸의 역사와 더불어 적극화되었다. 비슷한 시기인 19세기 후엽이었지만 두 나라의 기독교 수용과 역할에 대한 양상은 판이하게 다르다. 불교, 유교 문화권 속에서 수용한 기독교의 본질은 같으나, 이와 같이 수용과 영향에서 다른 면을 보이는 것은 두 나라의 역사적 시대적 상황이 달랐고, 또 민

---

31) 선교사들의 移住의 자유 규제, 일반학교 출신자들에 비해 기독교 학교 출신자들에게 불평등한 대우를 한다던지, 또 신앙적인 面에서 선교사들의 傳敎는 어떤 방법으로든지 규제를 하였다.

족의 종교관 내지 사상적 체질 등이 다르기 때문이라고 볼 수 있다. 우리나라에서는 개화의 방편으로서, 민족적 수난기에 민중에게는 신앙으로서 안위와 소망을 주었고 또 지식계층에게는 소명을 가지고 백성을 계몽시키고 일본에 항거할 수 있는 힘을 주었다.[32] 결국 기독교를 통해 근대화를 꾀했고 민족주의운동을 펼 수 있는 힘을 얻었다.

일본은 기독교를 개화의 방편으로 수용하였으나, 사상적인 면에서 한참 영향을 미치게 될 때 정부가 주도해서 비판을 가하고 기독교 교육을 제도적으로 퇴화시키는 것을 볼 수 있다. 본질적 접근보다는 개화의 방편으로만 이용했다고 볼 수 있다. 바꾸어 생각하면 日本은 대내적 정치상황이 우리보다 안정된 가운데 수용됐기 때문에 이질적인 기독교 선교교육에 대해 당시에 비판을 가하고 反動的 움직임이 정책적으로 있게 되었다고도 할 수 있다.

한편 우리는 위기의식이 고조된 때였고, 日本의 식민지 침탈이 곧 있게 됨으로 이런 시대적 상황에서 무비판적으로 받아들여졌던 점을 문제점으로 지적할 수도 있다. 앞에서도 지적했듯이 明治初와는 다르게 1877년(明治 10) 이후부터 일본은 기독교를 정치권이 주도해서 퇴화시키는데, 그 이유가 자유민권사상과 연결될 우려가 있기 때문이었다고 생각된다. 1887년(明治 20) 이후 일본은 국수주의 체제로 돌입하면서 기독교를 더욱 탄압하였고, 결국 제국주의 망상에 젖어 한반도를 침탈하는 역사적 과오까지 저지르게 된다.

우리나라 기독교는 농민과 부녀자들이 주축이 된다. 그러나 일본은 도시중심이고 남성의 교회였다. 그러나 앞서도 지적했듯이 시대적 상황이 위기에 처했을 때 수용된 기독교는 현재 신앙적으로나 문화적으

---

32) 사회일각에서는 기독교적인 전통풍습의 변화를 놓고 비판이 없었던 것은 아니다. 물론 비판이 있었지만 日帝下였기에 공식적으로 문제시되고 정리하지는 못했음.

로 문제점에 직면해 있다고 본다.

이것은 기독교와 민족 주체성의 문제, 또 전통문화와 기독교와의 갈등 속에서 표출된 문제이며, 앞으로 오히려 기독교인이 주축이 돼서 연구해 나가야 할 것이라고 생각한다. 지금이야말로 앞으로 우리 민족의 장래를 걱정하고 새로운 기독교인으로 사명을 다해야 한다고 생각한다. 또 여성교육의 문제에서도 근대화나 개화의 몫을 다했지만 지금에 와서 우리는 기독교 문화의 한국적 정착을 다시 반성하고 음미해야 한다고 본다. 여성들이 한국가정의 핵심이었기에 선교사들이 선교의 첫 대상자로 삼았고 열을 올렸으며, 그러므로 민족운동에도 그들이 큰 역할을 하였다. 그러나 이제는 우리적인 전통문화를 돌아보고 전통성 속에서 기독교의 본질적 접근을 할 수 있는 기독교 여학교로서의 사명을 다해야 한다고 본다.

한국사에서 보면 종교가 그 시대 가치관에 지대한 영향을 미침을 볼 수 있다. 지금 우리는 종교적인 면에서 가치관의 갈등이 있다고 말할 수 있다. 이것은 우리가 스스로 수용한 신앙이기에 우리 스스로가 신앙의 주체라는 사실을 기억함으로써 해결될 것이라고 본다. 일본에서도 지금 과거 기독교사 중 19세기 후엽 선교교육을 중심으로 반성과 비판이 일고 있음을 볼 수 있다(그들도 기독교의 본질적 접근이 없었음을 지적하고 있다).

그러나 여하튼 두 나라에서의 기독교 역할 중 공통점으로 들 수 있는 것은 발달된 서구문명과 이질적인 서구문화를 접할 수 있는 계기가되었고, 특히 유교적 가치관 아래 도외시 되었던 여성교육의 개척자적역할을 하였다는 점이라 할 수 있다.

1920년대 조선여자기독교청년회연합회의 농촌사업과 경기지역

I. 머리말

1919년 3·1운동 이후 1920년대에 들어서면서 독립운동의 방략은 다양화되었다. 소위 민족개량주의자들로 불리는 사람들은 즉각 독립론을 유보하고 실력양성운동이나 자치운동론으로 독립운동의 방향을 전환하였다. 반면에 비타협적 민족주의자와 사회주의자들은 일제와의 타협을 일체 거부하고 즉각적인 독립론을 주장하여 대립된 양상이 표출되었다. 따라서 민족역량을 결집하여 민족협동전선을 구축하는 것이 민족운동의 당면 과제로 부상하였다. 민족협동전선이 구축되는 주요 무대로 농촌이 부각되면서 농촌문제에 대한 해결 방안은 중요한 의미를 지니게 되었다. 특히 3·1운동을 계기로 기존의 운동 성과에 대한 반성이 가미되고 식민지 농업정책의 파행성이 누적되어 농촌 현실에 대한 해결책은 초미의 관심사였다.

여성운동의 한 축을 형성한 조선여자기독교청년연합회(이하 YWCA로 칭함)에서는 농촌사업으로 운동노선을 전환하여 기독교청년회(이하 YMCA로 칭함)와 공동보조를 취하였다. 1920년대 YMCA가 미국 선교부의 지원하에 전개한 농촌계몽운동과 하계 성경학교에서 벌인 문자보급운동 등은 농촌계몽운동의 일환이다. 한편 민간인들에 의한 순수한 민족교육이 일제에 강제 폐쇄당하자 동아일보사와 조선일보사가 농촌계몽운동을 촉발시켰으며, 1933년부터 언론기관이 중심이 되어 문맹퇴치와 문자보급운동을 전국적 규모로 확대하였다. 이와 같은 배경하에서 1929~1930년에 시작된 조선일보사의 문자보급운동과 동아일보사 주최의 브나로드운동은 1935년 조선총독부에 강제 중단 당할 때까지 5년여 동안 지속적으로 전개되었다.

1930년대 브나로드운동은 당시 농촌경제의 피폐가 극에 달하면서 사회주의 계열에 자극을 받아 형성된 운동의 일환이라 할 수 있다. 즉 사회주의 계열이 주도한 적색농민조합운동이 확산되고 정치적 투쟁으로 전환되면서 농민폭동이 지속되자, 농촌에서 입지가 좁아진 민족주의 계열의 일정한 대응책에서 비롯된 것이라고 할 수 있다.

이런 추세가 조직화된 것이 1927년 2월 민족협동전선으로서의 신간회 창립이라 할 수 있다. 특히 신간회 경기도 광주지회의 조직과 활동상은 민족협동전선과 맥락을 같이 하는 것이어서 주목할 만한 사항이다. 이를 통해 성남지역의 민족운동에 관한 일단을 추정할 수 있기 때문이다.

Ⅱ. 조선여자기독교청년연합회의 농촌계몽운동

1. 운동노선의 변화

YWCA는 농촌문제에 관심을 전환하고 노선 변화를 시도하였다. 노선의 변화는 운동의 중심축을 도시에서 농촌으로 옮기고 새로운 방법에 의한 조직과 활동을 전개해야만 한다는 것으로 요약할 수 있다. 이것은 지금까지 견지한 노선에 대한 일단의 반성에서 비롯된 것이라 할

수 있다. 먼저 일차적인 내적 요인은 식민지 사회 구성원의 80%를 장
악하고 있는 농민문제를 소홀하게 취급하는 경우, 대중성 확보에 걸림
돌이 된다는 사실이다. 물론 이러한 지적 사항은 1920년에 시행된 농
촌지역 순회 전도운동으로는 미흡하다는 것을 의미하는 것이고 다음
단계에 진행되는 운동은 좀 더 조직적으로 접근해야만 한다는 의지의
반영이라 할 수 있다.

　YMCA와 YWCA는 공동의 목표하에 협동사업을 추진하였기 때문에
YMCA의 노선에 대한 검토는 시사하는 바가 크다. 1920년대 식민지 농
정의 한계성으로 인한 농촌문제의 심각성이 노정되고 기독교청년회
운동의 토착화 노력이 경주되면서 농촌사업이 검토된 것은 1923년 경
부터라고 할 수 있다. 중앙YMCA 총무 신흥우는 도시 중심의 활동에서
농촌문제로 관심을 전환해야 하는 당위성을 제시하면서 다음과 같은
문제점을 지적하고 있다.

　　영국YMCA는 산업혁명의 소산이요, 미국에서도 역시 농촌보다는 도
　시에서 번창했다. 그러나 한국인 8할 이상이 농촌에서 살고 있기 때문
　에 영국이나 미국과 같은 방식을 그대로 따를 수는 없다.……그러므로
　한국YMCA는 다른 나라 도시 YMCA의 방식, 설비와 조직을 그대로 직
　수입할 것이 아니라 국민 대다수가 농촌에서 새로운 방식, 설비와 조
　직을 만들지 않고서는 무의미하다.[1]

　즉 전제조건으로 식민지 한국사회의 특수성에 주목한 다음 운동노
선은 농촌문제로 전환해야만 한다는 것이다. 세부론적 방법론으로 새
로운 방식과 설비를 강조한 후 조직화 문제도 거론한 것이어서 일과성
적인 지적이 아님을 분명하게 하고 있다.

---

1) 전택부, 『한국기독교청년회 운동사(1989~1945)』, 1978, 331쪽.

1926년 4월 YMCA는 간부지도자 모임 형식인 세미나를 개최하였는데, 이 세미나에서 지적된 농촌사업 연구 촉진에 관한 사항에서도 노선 변화의 필요성을 간파할 수 있다.

한국 농민은 심각한 경제난에 빠져 있다. 전체 국토의 20%만이 경작이 가능한 농토이며 전체 농민의 4분의 3이 소작인이다. 더욱이 농민들은 이자가 비싼 빚을 내어서 농사를 짓고 있기 때문에 해마다 총생산고의 30% 내지 48%에 해당한 이자를 고리대금업자에게 내주어야 한다. 그러므로 농민들은 서로 협동하여 농사짓는 방법을 개량하고 소기업으로 발전시키지 아니하면 희망이 없다.[2]

이러한 지적은 당시 식민지 한국농촌의 피폐상을 지적하고 농촌운동의 방향을 모색하는 것이다. 농촌운동 상에서 접근해 보면 방법론상으로 농촌운동의 방향은 협동과 소기업의 형태를 제시하는 것이어서 포괄적인 성격을 갖는 것이다. YMCA는 농촌인구의 절대화, 농촌 가정의 피폐화, 토지수탈의 악성적 모순을 해결하기 위해서는 농촌사업이 필요하다고 지적하였다.

앞에서 지적한 YMCA와 YWCA가 공동보조노선을 취한 점을 감안하면 YWCA의 농촌사업에 대한 투신의 필요성도 유사하다는 사실을 알 수 있다. YWCA는 대중성 확보를 위한 차원에서 식민지 사회구성원의 대다수를 차지한 농민에게 주목할 수밖에 없는 상황이었다. 일제 총독

---

2) 기독교청년회가 서울에서 1926년 4월 5일부터 9일까지 5일간 개최한 세미나는 간부지도자 모임의 형식을 취한 것이다. 한국측 참석자는 윤치호, 이상재, 신흥우, 구자욱, 홍병선이고 한국 주재 외국인 간사는 브로크만, 반하트, 내시, 그레그 등 4명, 농촌사업 전문간사 에비슨, 쉽, YMCA 국제위원회 대표 라이언 등 13명이었다(D. Willard Lyon's Notes of a Conference on YMCA, Rural Work in Korea, held in seoul, 1926. 4, 5~9).

부는 1926년 제2기 산미증식계획을 발표했는데 이것은 내적으로 1920
년부터 추진해 온 제1기 산미증식계획의 실패를 기인한 결과가 되었
다. 명목상 총독부의 발표는 사업자금의 고금리로 인해 투자가 미흡하
다고 지적했지만 실제로는 식민지 농촌경제가 피폐한 상황에서 기인
하는 것이었다. 즉 한국 농민들은 일제의 극도의 약탈경제로 인해 생
산의욕이 저하되었고 생계 위협에 직면한 소작농들은 이런 일단의 불
만을 소작쟁의 형태로 분출하는 심각한 상황이었다. 이러한 식민지 농
촌현실에서 대중성을 확보하기 위한 관심은 대다수 식민지 농촌의 소
작농에게 초점이 두어졌다. 따라서 YWCA는 농촌사업의 필요성을 인
식하고 노선 변화를 시도하였다고 할 수 있다.

한편으로 YWCA의 농촌사업으로의 노선변화는 세계 기독교계를 풍
미하던 사회복음사조의 영향에서 기인하는 것이다. 즉 기독교는 개인
구원을 위한 복음뿐만 아니라 일반 사회를 구원하는 복음이라는 자성
과 인식이 대두된 결과이다.[3] 즉 기독신앙의 사회복음이 강조되면서
농촌문제에 대한 관심이 고조된 것이다.

YWCA의 노선 변화는 자체 조직의 체계화 작업이 어느 정도 목표를
달성했다는 것을 의미하는 한편, 대중성을 확보하기 위한 일환이었음
을 감지할 수 있다. 즉 식민지 농업정책에서 파생된 제반의 모순점이
농촌으로 전가되면서 파생된 문제점을 도외시하는 경우 기존의 노선
만으로는 한계성을 지니는 것이었다. 따라서 YWCA는 YMCA와 공동보
조를 취하면서 농촌사업으로 방향을 선회하게 된 것이다. 또한 농촌사
업으로의 노선 변화는 세계적인 복음사조에 동조하면서 지방 조직체
의 활성화를 도모한다는 전략과도 일치하는 것이다. 전체적인 측면에
서 보면 노선 변화는 민족주의 계열이 주도한 운동 노선과도 맥락을

---

3) 김활란, 「예루살렘 대회와 금후 기독교」, 『청년』, 1928. 11.

같이하는 것으로 민족운동의 공간 확대책이라는 의미를 부여할 수 있다.

2. 농촌사업의 전개과정

　YWCA가 농촌사업안을 구체화한 것은 1928년 예루살렘선교협의회부터라고 할 수 있다. 이 협의회에서 자유토론회를 통하여 농촌문제에 대한 대책을 숙의하고 農村部를 설치한 사실은 이러한 논의 과정이 결실로 나타난 것이라 할 수 있다. 이런 점에서 보면 YWCA의 농촌사업에 대한 구체화 방안이 시작된 것은 YMCA와 공동보조를 취하면서 농촌문제에 관여한 방식에서 탈피하여 독자적인 중점사업으로 채택한 1928년 8월 이후부터이다. 특히 전체 조직에서 농촌부를 신설하고 농촌문제를 중점사업으로 채택한 점은 커다란 변화로 해석할 수 있다.

　1929년 YWCA 농촌부는 황에스터와 홍은경이 주도하였다. 농촌부 위원인 두 사람은 예산을 확보하여 농촌사업에 투자하는 현실적인 방안을 강구하였다. 한편 YWCA 농촌부가 전체 조직에서 차지하는 위상은 예산 내역을 검토해 보면 쉽게 접근할 수 있다. 1928년 예산 지출안에 따르면 총 예산 880원 중 농촌사업비가 280원으로 책정되어 전체 예산액의 31.8%를 차지한 것으로 나타난다. 이어 1934년에는 농촌주부 교육의 특별예산을 500원 증액, 640원을 책정하여 전체 예산액의 약 30%를 할당하고 있다.[4] 이와 같은 농촌사업에서 예산액의 증액은 농촌문제의 해결에 대한 YWCA의 관심도를 반영하는 것이다. 이를 통해서 보면 YWCA 농촌부는 농촌계몽에 관한 전반적인 사항에 대해 접근하면서, 특히 농촌주부들에 대한 계몽에 관심을 기울였다고 할 수 있다.

---

　4) 『조선기독교여자청년회 총회 회록』 참조.

서울YWCA, 이화전문학생 중심의 이화YWCA, 평양YMCA의 활동을
검토해 보면 농촌사업의 대략적인 윤곽이 드러난다. 서울YWCA의 경
우 1928년 덴마크 농촌을 시찰한 김활란, 신흥우, 홍병선 등을 초청하
여 강연회를 개최함으로써 농촌사업에 대한 관심을 고조시켰다. 특히
신흥우가 소개한 덴마크 농촌의 협동조합에 대한 부분은 이러한 계몽
단체가 지향해야 하는 바를 시사한 것이어서 주목을 받았다. 이 강연
회의 성과로 인해 농촌지원자는 84명에 달하였고 1929년에 실질적으
로 착수한 농촌사업에는 18명이 참여하였다.5) 이를 계기로 협동조합운
동이 대두되었고 홍병선의 경우 협동조합운동에 적극적으로 참여하여
선도적인 역할을 수행하였다.

이화YWCA 농촌부는 주로 농촌의 문맹퇴치 활동을 주요 사업으로
선정하여 실천하였다. 청량리와 홍제원, 창동지역에서 펼친 문맹퇴치
활동은 아동들을 모아 교육하는 것으로 특히 홍제원의 경우 아동 학생
수가 30여 명에 달하였다. 교육과목은 국문, 산술, 찬미, 위생, 경제법
등으로 선정하였고, 두 반으로 나누어 운영하였다.6) 한편 평양YWCA
가 1927년부터 실행한 농촌사업은 농촌의 부인들에게 유용한 방향으
로 펼쳐졌다. 이러한 농촌사업에서 계몽수단으로 시도한 것이 언론매
체를 이용하는 것인데, 정기간행물 등의 간행을 통해 사업의 중요성을
홍보하였다.

YWCA 농촌부가 시행한 농촌사업은 전반적인 농촌계몽과 생활개선
을 중점 사업으로 부각하였다. 구체적으로 농민생활의 수준 향상을 위
한 협동조직, 보건위생 및 농업개량을 도모하기 위한 과학지식의 보급
등을 당면 과제로 설정하였다. 나아가 부업을 지도하고 의식주 생활개
선, 문맹퇴치와 악습폐지 등도 주요 실천 과제로 실행하였다. 즉 농촌

5)「농촌사업」,『靑年』9-2, 1929. 2, 25~26쪽.
6)「지방청년활동」,『靑年』9-5, 1929, 75~76쪽.

보건위생에 관한 사항, 농민협동과 농민교육, 농촌부업에 관한 사항으로 목표를 설정하였다.

　농촌사업 중 YWCA가 가장 관심을 보인 것은 농촌부녀의 지도자 훈련이라 할 수 있다. 1934년 시행된 농촌부녀의 지도자 훈련안은 정규직인 교육과정을 통해 농촌주부들의 지위 향상, 영적인 가치 인식의 촉진, 마을의 복지 향상을 위한 합리적 생활 개발 도모에 중점을 둔 것이었다.[7] 농촌부 위원인 황에스터와 홍은경은 이러한 프로그램을 구체화하기 위한 농촌 주부지도자 양성학교를 개설하고 입학요령과 교육과정 등을 제정하였다.[8] 농촌 부녀지도자의 양성을 위한 목표 설정으로 인해 입학자격 요건은 소학교 졸업 이상의 농촌여성으로 제한하였다. 또한 선발 인원은 20명으로 한정하였고 등록금이 무료인 대신 전원 기숙사 생활이 의무화되었다. 특히 강사진은 홍은경, 최이권, 모윤숙, 김활란, 홍병선, 신홍우, 홍에스터, 최마리아, 장정심, 서은숙, 박마리아 등으로 구성하여 민족주의 계열의 여성운동가가 대거 참여한 것으로 나타난다.

　YWCA의 농촌사업은 1928년 농촌부를 설치하면서 본격화되었다. 농촌부의 초기 활동은 1920년대 지속되어 온 농촌계몽운동의 양상을 답습한 형태이지만, 1934년에 시작한 농촌의 부녀지도자 양성사업은 주목되는 것이다. 이것은 농촌계몽운동의 한계성을 탈피하기 위한 방안으로 부녀지도자의 필요성을 인식한 YWCA의 방향 전환을 의미하기도 한다. 한편으로 1933년부터 민족주의 계열의 운동공간이 일제 총독부

---

7) The Training School for Rural Leaders under the Auspices of the National YWCA of Korea, *K.M.F*, 1934, 42~43쪽.

8) 교육과정은 2~3월 중 4주 동안으로 설정하였고 교과목은 마음의 계발, 가정관리, 생활조건 향상을 위한 일반적인 방법, 바느질, 요리법, 세탁법, 염색, 가정위생, 아동복지, 초등 역사 및 지리, 오락놀이, 아동을 위한 동화와 동요가 개설되었다(『동아일보』 1935년 1월 22일).

의 탄압으로 축소되자 이를 타개하기 위한 모색 과정으로 해석될 수 있기 때문이다.

Ⅲ. 조선여자기독교청년회연합회의 농촌사업의 영향

1. 농촌사업이 미친 영향

1920년대 YMCA 미국 선교부의 지원 하에 전개한 농촌계몽운동과 하계 성경학교에서 벌인 문자보급운동 등은 농촌계몽운동의 일환이다. YWCA와 공동보조를 취한 YMCA의 농촌운동은 1923년부터 계획하여 실천한 운동으로 1926년 4월 한미기독교회의 농촌운동 관계자 회의를 전후하여 본격화되었다.[9] 이런 점에서 보면 브나로드운동은 앞에서 살펴본 기독교 계열의 농촌계몽운동에서 기원하는 것으로 이해할 수 있다. 먼저 조선일보사에서 전개한 문자보급운동과 동아일보사 주최의 브나로드운동을 검토해 보기로 하자.

브나로드운동은 당시 농촌경제의 피폐가 극에 달하면서 사회주의 계열에 자극을 받아 형성된 운동의 일환이라 할 수 있다. 즉 사회주의 계열이 주도한 적색농민조합운동이 확산되고 정치적 투쟁으로 전환되면서 농민폭동이 지속되자, 농촌에서 입지가 좁아진 민족주의 계열의 일정한 대응책에서 비롯된 것이다. 1920년대 이후 간헐적으로 지속된 농촌계몽운동은 1930년대에 활성화되기 시작하였다. 즉 조선일보와 동아일보, YMCA가 브나로드운동과 문자보급운동의 대대적인 사업을 진행했기 때문이었다. 1929년부터 조선일보에서 문자보급운동을 전개한 후, 1931년 동아일보가 브나로드운동을 시작하면서 재차 농촌계몽운동

---

9) 조동걸, 『일제하 한국농민운동사』, 한길사, 1978, 186~188쪽.

에 관심이 집중되었다고 할 수 있다.

1929년 조선일보는 '아는 것이 힘이다. 배워야 산다'는 구호로 문자보급운동을 전개하였다. 조선일보사의 주최로 여기에 참여한 귀향학생을 통한 문맹퇴치와 농촌계몽운동은 일제가 강력하게 탄압한 1934년 여름방학까지 진행되었다.[10] 1929년 제1회 문자보급운동에 참여한 학생 수는 409명이고 이를 통한 문맹퇴치자는 2,849명으로 집계된다. 1935년에는 총독부의 중지령이 떨어졌지만, 12월에 한글교재 10만 부를 제작, 발행하여 문맹촌에 배부하였다. 조선일보사가 주최한 문자보급운동은 125개교와 5,708명의 학생이 참여하였고 이런 기반에서 반일적인 동맹휴학이 전개될 수 있었다.[11]

1931년 조선일보에 이어 동아일보는 브나로드운동을 개시하여 농촌계몽운동이 활성화되었다. 각 언론사가 주도하여 농촌문제에 관심을 환기시키고 이에 호응한 학생들이 참여하면서 농촌계몽운동이 실현되었다고 할 수 있다. 농촌계몽운동을 주최한 동아일보사는 '배우자, 아는 것이 힘이다'에서 나아가 '가르치자! 다 함께 브나로드' 등의 구호로 관심을 집중시켰다.

> 제군의 고향에는 조선문자를 모르고 산술 숫자도 모르는 이가 얼마쯤 있는가. 제군의 고향인은 얼마나 비위생적인 상태에 있는가…… 교양이 없어 추악한 파쟁을 하고 있는 광경, 빈곤 때문에 죄악을 범하는 사실을 제군은 4, 50일간 수없이 목도할 것이다. 이런 사회악을 방출하는 사회만을 저주하려 하느뇨. 제군은 모름지기 양심상, 애정하 이에 동정적 봉공적 정신이 발로하지 않으면 안될 것이다.[12]

---

10) 정세현, 『항일학생민족운동사연구』, 일지사, 1975, 464~467쪽.

11) 손인수, 『한국근대민중교육사』, 1988, 110~113쪽.

12) 『동아일보』 1931년 7월 16일.

위에서 브나로드운동은 학생과 지식인층의 자발적인 사회봉사 및 사회의식 전환을 호소하는 형태로 행해졌음을 알 수 있다.

1931년에서 1934년까지 매년 여름 동아일보사가 주최한 하계 학생 브나로드운동은 문맹타파와 국문보급을 주축으로 하고 아울러 위생사상을 널리 보급시키는 데 목적을 둔 대중운동이라고 평가하고 있다. 이러한 평가는 동아일보사 자체에서 이루어진 것으로 다음과 같은 논거에 기반하고 있다. 고등보통학교와 전문학교생 등 5,757명이 참여하였고 이들에 의해 4년동안 계몽된 대중의 수는 98,598명에 달한다는 것이다. 피상적인 면에서 보면 농촌의 당면문제를 해결하기 위한 민중운동의 확산 과정이라 이해할 수 있지만 성격과 결과는 의문의 여지가 있다.

동아일보사가 전개한 브나로드운동은 학생계몽대를 주축으로 학생강연대, 학생기자대의 조직체에 의해 실행되었다. 학생계몽대는 고등보통학생 4·5학년들로 구성하여 한글과 산술을 교육하였고, 학생강연대는 전문학교생으로 구성하여 학술강연, 시국강연, 위생강연 등을 담당하였다. 학생기자대는 고향통신, 생활수기 등을 신문에 투고하여 전반적인 계몽사상 전달의 임무를 수행하였다.[13]

문자보급운동이나 브나로드운동의 기본 목표는 농촌문제의 해결을 도모하는 것으로 YMCA나 YWCA가 1920년대 전반기에 펼친 농촌사업과 연관되어 있다고 할 수 있다. 특히 1931~1934년에 행하여진 YWCA의 농촌사업은 상당 부분이 브나로드운동과 유사하게 펼쳐졌다.

이 시기 YWCA의 지도자인 兪珏卿은 이러한 운동의 대표적 인물로 볼 수 있다. 유각경은 문맹퇴치에 열을 올리면서 각 단체가 지방 산촌으로 파고들어 문자보급운동을 적극 추진해야 한다고 하였다. 1929년

---

13) 임병철, 「계몽운동의 업적과 금년의 준비」, 『신동아』, 1933, 2~4쪽.

으로 접어들면서 문자보급운동은 언론기관에서 신년특집으로 다루었다.[14] 또한 기독교청년회도 여름방학을 이용하여 농촌에 하계 성경학교를 개설하고 성경뿐 아니라 한글·산수·보건위생 등을 지도하고 있었다. 이런 점에서 보면 기독교 계열의 농촌사업에서 문자보급운동과 브나로드운동이 파생되었다고 볼 수 있다. 즉 전체적으로 보면 민족주의 계열의 독립운동으로 결집된 것이지만, 브나로드운동은 기독교 계열의 농촌사업에 토대를 두고 있었다는 사실을 부인할 수 없는 것이다.

2. 농촌계몽운동의 탄압책

일제는 민족주의 계열의 계몽운동과 사회주의 계열이 주도한 혁명적 농민운동을 차단하기 위해 탄압책을 강구하였다. 강연회를 중단시키는 간섭행위에서 야학당의 철폐로 이어지고 결국에는 조선일보사의 문자보급운동과 동아일보사의 브나로드운동을 전면 금지시켰다. 예컨대 경기도 경찰부는 계몽대원 가운데 불온분자가 있다는 구실로 운동을 중시시켰다.[15] 한편으로 1931년 9월 학무국 사무과가 주관하여 학생들의 좌경화 경향을 차단하기 위한 근로의식의 고취, 멸사봉공의 정신 함양 등을 계획하였다. 나아가 학교, 향약, 청년훈련소 등을 청년 학생의 사상선도기관으로 활용하고자 했다. 이러한 일련의 대응책은 농촌계몽운동에서 파생하는 영향력을 차단하기 위한 일환책이라 할 수 있다.

총독부는 직접적인 탄압책뿐만 아니라 1932년 7월부터 농촌진흥운동을 전개하여 우회적인 방법도 구사하였다. 즉 식민지 농촌에서 파생

---

14) 『동아일보』 1929년 1월 8일.
15) 『동아일보』 1934년 7월 6일.

하는 근본적인 모순에 대해 총독부가 직접적으로 관장하여 불만을 해소하려는 의도였다. 이는 우가키 총독이 "농촌진흥운동은 극단적인 가난으로 정치적 불만이 고조되고 있는 소작 빈농층에 대한 대책이며 경제의 갱생, 생활의 안정, 사회주의 사상의 침투 방지 등을 목적으로 한다"고 밝힌 부분에서도 잘 나타난다. 경제생활의 안정과 사회주의 사상의 차단으로 압축되는 운동의 목표를 집약할 수 있는데 이것은 당시 농촌의 모순점과 해결해야 할 당면과제를 시사하는 것이다. 특히 일제타도와 무상몰수·무상분배를 주장하는 사회주의 계열의 농촌조직화 문제는 일제가 극도로 경계하는 요인으로 부상하였다.

총독부의 농촌대책인 농촌진흥운동은 민족주의 계열에서 주도한 농촌계몽운동에 대해 정면으로 대응하면서 분쇄시키는 방향으로 추진된 관제운동이라 할 수 있다. 총독부측은 불철주야의 노동과 근검절약, 합리적인 농업경영만이 갱생의 유일한 비결이며, 농민들의 가난은 구조적인 모순 때문이 아니라 농민들의 게으름, 낭비벽, 무식함 탓임을 대대적으로 선전하였다. 이와 같은 운동을 통하여 총독부가 달성하고자 했던 것은 제국주의 착취의 구조적 모순을 은폐하고 지배 이데올로기를 강화하기 위한 일환이었다.[16] 마을 단위로 구성된 농촌부녀단체의 활동은 식민지 농촌의 생활개선을 도모한다는 일차적인 데에 주어졌다. 이를 위해 문맹퇴치, 기술강습 등이 적극적으로 강요된 관제운동이 획일화되었다.[17] 따라서 이러한 관이 주도한 획일적인 여성운동은 민족주의 계열에서 추구하는 농촌여성운동을 왜곡시키고 활성화를 저해하는 요인이 되었다고 할 수 있다.

총독부는 1934년에는 농촌에 2년제 단기완성 교육기관인 간이학교를 설치하고 농촌계몽의 활동을 탄압하였다. 이러한 간이학교 설치는

---

16) 지수걸, 「일제시기 브나로드운동 재평가해야」, 『역사비평』 9호, 1990, 260쪽.
17) 이배용, 「일제시기 여성운동의 연구성과와 과제」, 『한국사론』 26, 1996, 273쪽.

농촌계몽운동 과정에서 실시한 야학당에 타격을 가하는 한편 궁극적으로는 농촌계몽운동을 봉쇄하려는 일종의 술책이었다고 할 수 있다. 특히 동아일보사가 주최한 브나로드운동이 일제 경찰력에 의해 금지되거나 중지당한 사실은 이를 반증하는 것이다. 브나로드운동은 일제 경찰에 의한 강습 금지가 1931년 11건, 1932년 69건(중지는 10건), 1933년 67건(17건), 1934년 33건(26건)에 달하는 것으로 집계된다. 1932년에 강습 금지와 중지의 건수가 급격하게 증가한 것은 농촌진흥운동의 실시와 관련된 것으로 시사하는 바가 크다.

동아일보사는 1933년부터 일제의 탄압을 피하기 위해 자구책을 모색하였다. 즉 브나로드라는 명칭도 계몽운동으로 바꾸고 실천 사항의 경우 문맹타파에 한정하는 쪽으로 방향을 선회하였다.

그러나, 1930년대 농촌계몽운동은 일제의 군국주의와 전시동원체제의 강화로 식민지 내 사회운동과 함께 침체되거나 잠복될 수밖에 없었다.

한편 사회주의 여성운동론의 특성을 보면, 사회주의 여성해방론은 1920년대 세계적 조류로 미국·중국·일본 유학생 중심으로 수용되었는데 당시 지식인층은 사회주의에 대한 동경심이 강했던 것이 특색이었다. 사회주의 여성해방론자는 대부분 사회주의자 남편을 두었고 끈끈한 동지애로 자신들의 신념을 실천해 갔다. 대표적인 인물로는 주세죽·박원희·정종명·허정숙·황신덕·백신애 등을 들 수 있으나 그들 중에는 일제의 탄압으로 단명하거나 사회주의를 포기하는 경우도 있었다.[18]

부인의 해방은 결국 경제적 독립이다. 그러나 자본주의 경제 조직 아래에서 경제적 독립은 절대 불가능하다. 그것은 남자 노동자와 다를

---

18) 이배용, 「한국 근대 여성의식 변화의 흐름」, 『한국사 시민강좌』 15, 1994, 142~143쪽.

것이 없다. 그러므로 "부인해방운동은 무산계급운동과 같이 현재의 자본주의 경제 조직을 사회주의 경제 조직으로 변혁하는 운동이 되어야 한다"[19]고 황신덕이 술회하고 있는데 당시 사회주의 여성운동론의 일면을 엿볼 수 있는 대목이다.

3. 브나로드운동기 계몽운동의 특성

조선일보사에서 전개한 문자보급운동과 동아일보사가 주최한 브나로드운동은 투쟁공간이 축소된 범위에서 진행된 민중운동이었다. 또한 농촌현실에 대한 인식이 열심히 배우고, 일하고, 절약한다면 잘 살 수 있을 뿐만 아니라 나아가 민족의 실력도 양성할 수 있다는 데 모아진다. 그러나 이와 같은 운동은 농촌문제의 근본적인 해결방안과 모순점에 소홀하게 접근했다는 한계성을 노정시킨 것이다.

동아일보에 소개된 중앙기독교청년회의 농촌사업에 대한 개요에서 농촌사업에 대한 실체안의 일단을 짐작해 볼 수 있다.

조선인은 무엇보다도 농촌계발에 힘을 써야 되겠다는 취지로써 시내 종로에 있는 중앙기독교청년회에서는 농촌사업을 계획하고, 우선 경성을 중심으로 하여 10리 내지 30리 이내의 여러 농촌으로 전문지식을 가진 회원을 파송하여 세 달 동안을 일기로 하고 간이 교육강습소를 설치하여 문맹의 동포에게 지식을 주어, 농민의 고문이 되어 농작물에 대한 것은 물론이요, 위생에 관한 것이든지 혹은 농가부업이든지를 무보수로 직접 원조를 하여 농촌의 향상발달에 헌신적인 노력을 하리라는데, 때때로 활동사진과 활동을 이용하여 촌민에게 오락을 주고, 한 달에 한 번이나 두 번씩 명사를 청하여 농민에게 통속적 강연을 하게

―――――――――――――
19) 황신덕, 「조선부인운동의 過去 現在及將來」, 『朝鮮及朝鮮問題』 1집, 1927,
  175쪽.

하리라더라.[20]

브나로드운동에서 나타난 농촌문제에 대한 인식은 농민들이 무지하고 나태하여 비위생적인 상태에 있다고 전제하는 것이라 할 수 있다. 그러나 일제하 식민지 농촌은 1930년대 이미 계몽이나 협동으로 문제가 해결될 수 없는 극단적인 상황이었다. 지주 경영이 강화되는 과정에서 대다수 소작농들은 영세화가 가속되었고 공황이라는 변수가 겹쳐 농민들을 피폐하게 만들었기 때문이다. 실제로 농촌에 문맹자가 많은 비중을 차지하는 것은 교육 기회가 부족한 데서 기인하는 것이 아니라 농촌경제의 곤란으로 중도에 학업을 포기하는 상황에서 비롯된 것이다.[21] 이런 점에서 보면 단기간의 강습을 통하여 이상적인 농촌을 건설하려는 의욕은 인정되지만 현실과 괴리를 갖는 것이었다.

무지한 농민을 계몽하려는 일차적 당면과제는 계몽을 주도하는 주체자 입장에서는 중요한 사항이었지만 실제로 피주체로 설정된 농민들에게는 부차적인 문제로 인식되었다. 농민의 당면과제는 현실에서 닥쳐오는 생계의 문제인데 이것은 농촌구조의 재조정에서 해결방안의 실마리를 찾을 수 있는 것이기 때문이다. 다음으로 주목할 수 있는 사항은 농민들이 주체가 되어 농촌에서 파생하는 문제를 해결해야만 한다는 점이다. 농촌계몽운동이 농민을 대상으로 삼아 피계몽자로 인식하는 것은 농민운동에 투신하여 문제를 해결하려는 적극적인 투쟁방법과는 다른 것이다. 이런 관계로 사회주의 계열의 일각에서는 농촌계몽운동을 비난하면서 사태의 본질을 전도한다고 비판하였다.

---

20) 『동아일보』 1925년 2월 14일.
21) 전라북도의 경우 1931년 3월말 기준으로 보통학교생 중 22.8%가 수업료를 내지 못하는 상황이었고, 4월 이후 1년 동안 퇴학당한 학생 수는 3,300여 명으로 전체 학생수 32,000여 명의 10%를 차지하는 것으로 나타난다.

사회주의 계열에서는 농촌계몽운동의 허구성에 대해 신랄하게 비판하고 있다. 조선일보사가 주최하여 벌이고 있는 生活改新運動은 개량주의자들의 기만정책이라는 것이다.

> 농민들에게 "흰옷을 입지 말어라, 머리를 깍거라, 앗거서 써라, 몸을 건강하게 하라"라고 아모리 떠드럿자 입을래도 업고 먹을래야 먹을 것이 업는 우리가 엇더케 무엇을 절약한다는 말이냐? 그리고 굴머죽게된 우리가 무슨 돈이 잇서서 새옷을 입고 무슨 돈으로 물감을 사라는 말이냐?……상식을 보급하자는 엇더하냐? 一面一校의 제도로 하라는 소래가 만타. 그러나 그런 것이 아모리 잇다하드라도 굴머죽게된 우리가 엇더케 학교에 다니느냐 말이다.…… 조선일보사에서는 우리도 공부를 마음대로 할 수가 잇다는 듯이 말을 한다. 이것은 우리를 멀정하게 속여먹자는 이외에 아무것도 아니다.[22]

즉 조선일보사가 펼치는 농촌계몽운동은 농촌의 구조적 모순을 외면한 기만적인 운동임을 비판하고 있다. 결국 농촌의 경제적 피폐에 대한 문제점을 해결해야만 농촌계몽운동은 효율적인 성과를 달성할 수 있다는 것이다.

농촌계몽운동은 일제의 식민지 정책과도 연결되어 부정적으로 작용한 사실을 지적할 수 있다. 농촌계몽운동에서 추진하고자 하는 일부 목표는 일제가 식민지 지배이데올로기를 강화하기 위해 강압한 탄압책과 유사하다는 것이다. 즉 일제의 식민지 정책이 흰옷을 입는 것을 금지하고, 보통학교 교육을 강요하고, 돈을 절약하여 저축을 강제하고, 위생 주의와 나쁜 습관을 고치라는 등 획일화된 지시 사항과 유사한 점이 이를 입증하는 것이다.

---

22) 김두용, 「우리는 어더케 살가」, 『無産者』 3-7, 1929, 10쪽.

Ⅳ. 경기지역의 농촌계몽운동

1930년대 민족운동이 전개된 양상으로 보면 경기도의 경우 농촌계 몽운동은 활발하게 펼쳐진 것이라 할 수 있다. 농촌계몽운동의 중심부 에 인접한 관계로 경기도 지역은 운동의 전이가 용이하여 계몽운동의 전개양상도 다양한 것이었다. 이런 전제 조건을 감안하여 성남지역에 서 펼쳐진 농촌계몽운동에 구체적으로 접근하고자 하는 경우 어려움 에 직면하게 된다. 왜냐하면 명확한 실체규명의 전제조건인 사실적인 자료가 빈약하기 때문이다. 따라서 여기에서는 경기도의 전체적인 운 동양상을 조명하고 나아가 성남 주변지역을 검토하면서 유추하는 방 식을 취하기로 한다.

1929년 언론기관 조사에 따르면 문맹자가 76.1%를 차지하는 것으로 보고하고 있다. 이와 같은 통계수치는 일제하 식민지 농촌사회에서 지 식을 전파하고 새로운 방향을 모색하기 위해서는 무엇보다 문맹퇴치 가 중요하다는 사실을 의미하는 것이다. 특히, "농촌 민중의 문맹을 퇴 치하고 현대의 정치의식을 알려주어 생존의미가 터득된 연후에야 모 든 운동이 실제화 된다는 집약된 의견을 국민적 관심사로 돌리려 하였 다."는 사실은 이를 입증하는 것이다.[23]

1929년 경기도 경우 한글만의 해독자는 17.4%(남 : 10.7%, 여 : 10.7%)이고, 문맹자는 67.5%(남 : 55.3%, 여 : 80.6%)를 차지하는 것으로 나타난다.[24] 또한 1930년 10월을 기준으로 경기도 문맹자 수는 1,459,930명으로 67%에 해당한다.[25]

농민사 李晟煥은 문맹인 부녀자 등 성인이 글을 알아 무엇하겠느냐

---

23) 『조선일보』 1926년 7월 23일.
24) 李如星 · 金世鎔, 『數字朝鮮研究』 4집, 110~112쪽.
25) 『동아일보』 1933년 1월 20일.

고 함을 안타까워하면서 글 아는 목적부터 절실히 자각케 해야 한다고 지적하였다.[26]

1920년대 경기도 지역에서는 여성교육운동이 활발하게 전개된 것이 특징인데 부녀야학이 설립되어 운영되었다. 이천 지역에 6개소, 강화에 4개소, 인천·안성·가평·수원 등지에 3개소, 여주·진위 등에 2개소, 광주·김포·평택·양주·오산·죽산 등에 1개소의 야학이 설립되었다.

이런 추세가 조직화된 것이 1927년 2월 민족협동전선으로서의 신간회 창립이라 할 수 있다. 특히 신간회 광주지회의 조직과 활동 상은 민족협동전선과 맥락을 같이 하는 것이어서 주목할 만한 사항이다.

세계적인 기독교 단체로서 조직을 가진 YWCA에서도 농촌계몽사업에 주력하였다. YWCA는 애국심과 신앙이 강한 협성여신학교 재학생인 최용신을 수원 샘골에 파견하였다. 최용신은 1931년 10월 11일부터 샘골 예배당에서 농촌야학운동을 전개하는 한편 샘골의 유지를 설득하여 학원건물을 건축하였다. 1933년 1월 15일 학교 건물의 낙성식을 거행하고 학생에게 본격적인 교육을 실시하였다. 이런 교육을 통한 계몽운동은 일제의 탄압과 학원유지를 위한 지원금의 차단 등으로 난관에 봉착하였고 해결 방안을 고민하던 최용신이 사망함으로써 단절되었다.[27]

경기도 지역에서 전개된 농촌계몽운동은 특히 수원·광주·안성·시흥·강화 등지에서 활발하게 진행되었다.

---

26) 『동아일보』 1927년 1월 5, 6일.
27) 한국YWCA50년사편찬위원회, 『한국YWCA 반백년』, 대한YWCA연합회, 1976, 57~59쪽.

V. 맺음말

YWCA의 노선변화는 자체 조직의 체계화 작업이 어느 정도 목표를 달성했다는 것을 의미하는 한편 대중성을 확보하기 위한 일환이었음을 감지할 수 있다. 즉 식민지 농업정책에서 파생된 제반의 모순점이 농촌으로 전가되면서 파생된 문제점을 도외시하는 경우 기존의 노선만으로는 한계성을 지니는 것이었다. 따라서 YWCA는 YMCA와 공동보조를 취하면서 농촌사업으로 방향을 선회하였다. 또한 농촌사업으로의 노선 변화는 세계적인 복음사조에 동조하면서 지방 조직체의 활성화를 도모한다는 전략과도 일치하는 것이다. 전체적인 측면에서 보면 노선 변화는 민족주의 계열이 주도한 운동 노선과도 맥락을 같이 하는 것으로 민족운동의 공간 확대책이라는 의미를 부여할 수 있다.

YWCA의 농촌사업은 1928년 농촌부를 설치하면서 본격화되었다. 농촌부의 초기 활동은 1920년대 지속되어 온 농촌계몽운동의 양상을 답습한 형태이지만 1934년에 시작한 농촌의 부녀지도자 양성사업은 주목되는 것이다. 이것은 농촌계몽운동의 한계성을 탈피하기 위한 방안으로 부녀지도자의 필요성을 인식한 YWCA의 방향전환을 의미하기도 한다. 한편으로 1933년부터 민족주의 계열의 운동 공간이 일제 총독부의 탄압으로 축소되자, 이를 타개하기 위한 모색과정으로 해석될 수 있기 때문이다.

이를 통해서 보면 YWCA 농촌부는 농촌계몽에 관한 전반적인 사항에 대해 접근하면서 특히 농촌여성 중에서도 주부들에게 관심을 기울였다고 할 수 있다.

브나로드운동에서 나타난 농촌문제에 대한 인식은 농민들이 무지하고 나태하여 비위생적인 상태에 있다고 전제하는 것이라 할 수 있다. 그러나 일제하 식민지 농촌은 1930년대 이미 계몽이나 협동으로 문제

가 해결될 수 없는 극단적인 상황이었음을 지적하지 않을 수 없다. 그
런 점에서 본질을 외면한 운동으로 일부 평가되었음을 간과할 수 없는
일이었다고 볼 수 있다.

한국근대 여성운동의 전개와 성남 여성운동
-YWCA운동을 중심으로-

I. 머리말

근대적 여성운동의 역사는 18세기 프랑스대혁명 전후 西歐에서 먼저 일어났다. 즉, 중세적 사회질서가 정치적으로는 근대국민국가가 형성되고 경제적으로는 자본주의가 발전되면서 문화적, 윤리적 가치관이 변하게 되고 여성의 사회적 지위도 달라져 갔다. 서구의 여성운동은 바로 이와 같은 사회 변혁 속에서 일어나게 되었다.

그러나 한국의 여성운동은 국가, 사회적 여건이 서구와는 달랐기에 그 운동도 다르게 전개되었다. 국가적으로는 日帝의 침탈을 당하게 되었고 조선적 지배질서가 아직도 근대적 변화를 이루지 못한 상태에서 서구의 문물을 받아들일 수밖에 없는[1] 상황에 이르렀다. 그러므로 서구형의 여성운동이 남자와의 관계에서부터 출발하여 남자의 독점과 횡포를 억제하고 여성의 정치적, 경제적 권리를 신장하자는 데 반해,[2]

---

1) 중국은 1842년 남경조약으로 영국에 반강제적으로 문호를 개방했고 일본은 1854년 미국과 가나가와조약으로 불평등조약을 맺었으며, 한국도 1876년 강화도조약으로 반강제적으로 日本과 맺게 되어 어쩔 수 없이 문호를 개방하게 되었다.
2) 丁堯燮, 『韓國女性運動史』, 一朝閣, 1971, 6쪽.

한국의 여성운동은 日帝타도와 한국의 독립을 최대의 과제로 삼으면
서 女性만을 위한 운동에 소홀할 수밖에 없었다.

　한국의 여성운동 중 기독교 사회운동은 이상과 같은 특성을 상당히
내포하고 있다. 이념상으로 기독교가 내포하고 있는 만인평등사상이
가부장적인 질서와 종적질서를 요구하는데 반하기 때문이다. 선각자적
인 여성들은 조선적 질서를 거부하여 제사지내기를 거부한다든지,[3] 자
유연애를 몸소 실천한다든지, 서구풍의 의복을 입는다든지 하는 행동
으로 표출되었던 것이다. 그러므로 본 글에서는 한국의 위와 같은 특
수성을 염두에 두고 여성운동과 기독교 사회운동을 살펴보고, 그 속에
서 성남지역의 사회운동에 대해 논하고자 한다.

Ⅱ. 한국여성운동의 역사와 YWCA운동의 성격

1. 한국여성운동의 역사와 특수성

　조선시대의 철저한 불평등 구조 속에서 생활해 온 여성들은 봉건적
질서체제가 무너지고 새로운 질서가 대두하는 과정에서 기존의 여성
관에 모순을 느끼게 되었다.[4]

　그러나 앞서도 지적했듯이 한국여성들은 그들이 놓여있는 사회관계
속에서 그들의 상황을 생각하게 되었고, 우선은 일제로부터 독립함이
가장 선결문제라고 생각하게 되었다. 그러므로 한국의 여성운동은 한
국사회의 특수한 사정에서 생겨난 애국운동으로 승화된 특징이 있으

---

3) 제사는 조선시대 여성들에게 가장 중요한 임무의 하나였기에 제사 거부는 사
　회적으로 상당한 충격을 주었었다.
4) 정치, 경제, 사회적으로 열등한 위치에 있으며 공적 교육(Formal Education)의
　기회가 전혀 주어지지 않았었다.

며, 여성들의 인권을 위한 운동은 점차로 일어났기 때문에 이중, 삼중
의 어려움이 있었다고 할 수 있다. 여성운동은 한국에서는 일제시대에
가장 강렬했다고 볼 수 있는데 이 시기를 좀 더 자세하게 나누어 그
특성을 살펴보기로 한다.

여성운동이 조직적 단체를 중심으로 전개되었다고 볼 때 그 특성을
보면, 시기적으로 1919년 3·1운동 전후까지는 독립운동을 지원하는
애국적인 여성단체가 나타났으며, 1920년 이후부터는 주로 기능별로
특성있는 여성단체들이 나타났고 점차 여성의 지위 향상을 위한 諸단
체의 조직이 더욱 구체화되기에 이르렀다.

따라서 1920년대의 여성운동은 사회적으로 독립운동이고, 여성 내부
에서는 자체의 新文明에 대한 자각과 계몽운동으로 나타났다.[5]

日帝下 한국의 여성단체는, ① 독립운동을 지원하는 애국단체, ②
종교·사회·문화단체, ③ 직업교육 기타 단체, ④ 경제적인 단체, ⑤
사회주의 단체, ⑥ 좌·우익 합작단체 등으로 나눌 수 있다고 丁堯燮
박사는 『한국여성운동사』에서 언급하고 있다.

위와 같이 여러 성격으로 단체가 만들어졌지만, 그 목표가 '조선독
립'이라는 점에 있어서는 합치되며, 따라서 통일된 행동을 취해야 한다
는 기운이 일어나 결국 근우회가 결성되었던 것이다.

근우회의 창립과 활동은 여성운동의 발전된 형태이나, 이념상으로
반기독교적인 사회주의와는 근본적으로 갈등의 소지를 안고 있었던
것은 사실이다.[6]

그러나 좌우의 이념대립을 넘어서서 통일된 모습으로 여성운동을
하게 되었음은 상당히 의미 있는 일이며, 남성들과 대등한 가운데 국

---

5) 丁堯燮, 『韓國女性運動史 - 日帝下 民族運動을 中心으로 - 』, 一朝閣, 1971,
8쪽.
6) 千和淑, 『한국 여성기독교사회운동사』, 혜안, 2000, 215쪽.

가의 앞날을 걱정하는 단체로서 여성의 역할이 사회적으로 한 걸음 더 나아가게 되었던 것도 사실이다.

2. YWCA운동의 성격

YWCA운동은 기독교 이념을 바탕으로 한 사회운동이기에 기독교 수용과정에 대해 먼저 살펴보는 것이 YWCA운동의 성격을 이해하는 데 도움이 될 것으로 생각된다.

기독교는 한말에 수용된 이래 민족문제와 다양하게 착종되면서 부침을 거듭하였다. 초기 선교과정에서 반민족적 이념과 결합되면서 민족운동에 기여한 공로도 있었다. 그러므로 한국 근대사에서 기독교가 차지하는 역할과 그에 대한 평가는 다양해질 수밖에 없다. 요컨대 한국사회에서 기독교를 평가하는 잣대를, '기독교적 인간'에 둘 것인가 아니면 '한국적 인간'에 둘 것인가 하는데 따라 그에 대한 평가 역시 커다란 편차를 보일 수 있다는 것이다.

한말 기독교는 대부분 미국 선교사에 의해서 전도되었고, 그 선교정책과 지침은 미국의 아시아 정책에 좌우되는 경향이 강했다. 즉, 선교 초기인 한말의 기독교 교단의 태도는, 당시 미국의 對韓정책의 기초였던 정교분리 원칙에 따른 것으로, 한국인의 민족운동과는 일정한 거리가 있었다. 그런데 1907년의 大復興運動과 일제의 만주침략을 계기로 미국과 일본이 대립국면으로 접어들면서, 미국의 선교정책도 변화되는 조짐을 보였다. 요컨대, 기독교 초기 수용과정에서 교단적 처지는 미국·영국 등 선교국가와 일본과의 제국주의적 외교관계와 함수관계를 가졌던 것이다. 사상적으로 보자면, 기독교가 지닌 자유사상과 한국인의 독립논리가 인류애적 보편성이라는 기준에서 결합될 소지 또한 지니고 있었다.[7] 한말의 국권회복운동에서 기독교인의 참여가 커다란 비중을 차지했던 것은 이 같은 점에서 시사하는 바가 크다고 판단된다.

기독교가 교단적 처지에서 민족문제와 결합되었던 실제적인 계기는 1911년 '105인 사건'과 함께 1915년 「私立學校規則」을 통해서였다. 일제는 1910년 한국강점 이전에는 미국과 일정하게 타협적인 관계를 유지했지만, 그 이후에는 이른바 神敎에 의한 皇道臣民敎育을 노골화하면서 反기독교적인 태도를 드러냈기 때문이다. 예컨대 「改定私立學校規則」에서는 성경과목을 정규시간에서 제외시킬 때만 중등학교로 인가한다는 조건을 내걸었다. 이 같은 규정으로 개신교 교단과 일제당국은 대립하게 되었고, 성경과목을 정규과목에 포함시킨 선교학교들은 폐교되거나 각종 학교로 전락하는 수난을 겪어야 했다.

그 같은 상황에서 기독교 정신을 지키려는 종교적 양심과 한국인의 민족의식은 항일의식이라는 공감대를 형성해 갈 수 있었던 것으로 보인다.[8] 3·1운동이 일어났을 때 선교사들이 이 운동을 적극적으로 지원하고 선교학교들이 그 가운데서 중심적인 역할을 수행하면서 이후 민족운동의 일익을 담당하게 된 것은 바로 이상과 같은 배경에서 이해될 수 있는 것이다.

이 같은 기독교 정신은 여성운동상에서도 나타났다. 만인평등사상이 남녀평등뿐 아니라 민족간의 평등한 사상을 불러 일으켰고, 정치적 상황이 일본에 지배되긴 하였으나 어떤 운동보다도 강인성을 띤 민족운동으로 승화될 소지를 안고 있었다. 그러나 한편 인류애적 보편성이라는 기독교의 이념은 민족운동으로만 승화될 수 없는 처지로 기독교 운동의 방향을 몰고 갈 소지를 안고 있었다. YWCA운동은[9] 민족운동, 여

---

7) 趙東杰, 「1910년대 民族敎育과 그 評價上의 問題」, 『韓國民族主義의 成立과 獨立運動史硏究』, 지식산업사, 1989.

8) 千和淑, 『한국 여성기독교사회운동사』, 혜안, 2000, 152~182쪽.

9) 앞으로 YWCA운동이라 함은 기독교 이념을 갖고 사회운동을 하는 여성 기독

권신장운동, 종교운동 등을 동시에 해내야 하는 어려움이 있었고 또한 전통적인 문화의 역사에 새로운 사상과 이념을 수용해 진취성을 띠는 성격도 갖게 되었다. 이와 같은 점에서 근대화 과정에서 YWCA운동이 갖는 여성운동상의 위치는 대단하다고 할 수 있다.

Ⅲ. 1920~30년대 한국 여성운동의 전개양상과 그 성격

다음으로는 1920~30년대 YWCA를 통한 여성운동의 전개와 그 성격에 대해 살펴보기로 한다.

1. 의식개혁운동

YWCA는 기본적으로 종교단체라는 성격을 갖고 있지만, 다른 한편으로는 구성원의 요건상 여성단체의 특성도 지니고 있었고, 종교운동 못지않게 여성의 의식개혁에도 앞장섰던 것은 두루 알려진 사실이다. 특히, 남존여비라는 봉건적, 전통적 관습이 강하게 지배하던 당시 한국의 현실을 감안할 때, YWCA의 여성운동적 저항은 시대적 요청이기도 했다.

조선시대 전통사회에서 여성의 지위는 남성에게 종속적 위치에 있었다. 자녀출산, 가사노동과 길쌈, 농사10)에서 여성들은 노예와 같은 노동을 감수해야 했다.

또한 관습적인 初婚과 內外法의 잔존으로 철도 나기 전에 혼인을 강요당하고, 이혼이나 개가를 한 경우에는 평생 떳떳한 삶을 살 수 없

교사회운동단체인 YWCA가 주도하는 운동을 의미한다.
10) 조선시대 농사는 주로 남자들의 일이었지만 국가의 역역(요역, 병역 등) 기간 동안에는 농사일도 여성들의 몫이었다.

었다. 거기에다 축첩제도와 이른바 보쌈이라는 약탈혼은 여성들의 삶을 억압하는 굴레로 작용하였다.

기독교의 전래는 이와 같은 전통적 봉건사회의 모순을 타파하는 데 결정적 계기를 이루었다.[11] 남녀평등에 의한 기독교의 사상은 여성들에게 구례의 관습을 깨뜨리고 여성교육의 필요성과 일부일처의 가족제를 제시함으로써 조선여성의 개화와 지위향상을 위한 교두보를 마련해 주었다. 1886년 이화학당을 시작으로 정신여학교(1895), 배화여학교(1898), 평양의 정의여학교(1899), 숭의여학교(1903), 목포의 정명여학교(1903), 광주의 수피아여학교(1908) 등의 여성교육기관이 설립되면서 여성의식개혁은 본궤도에 올랐다.

이와 함께 신여성에 의해 애국부인회, 여자청년회, 여자수양회 등의 여성단체들이 조직되어 서울과 지방에서 각기 활동을 활발히 전개함으로써 여성의식의 개혁은 그 기반을 넓혀 나갔다. 이러한 여성의식개혁은 3·1운동을 기점으로 새로운 단계를 맞이하게 된다. 3·1운동 이후 민족운동의 이념이 국민주권주의로 확립되면서 그에 따른 여성의 지위가 향상되었고, 여성문제는 각종 언론매체를 통해 사회화되기에 이르렀다. 그리하여 1920년대 초에는 여성해방에 대한 문제가 심도있게 논의되었다.[12]

이 시기 여성문제의 주된 관심은 남성과의 동등한 권리 및 여성의 자주독립 등으로 요약된다. 이 무렵 『靑年』에 실린 다음의 글은 이 점을 잘 드러내 준다.

우리가 아는 범위에서 부인운동이라 함은 대체 4개의 문제가 포함된

---

11) 李萬烈, 「한말 기독교인의 민족의식 형성과정」, 『한국 기독교와 민족운동』, 1986, 22~29쪽.
12) 千和淑, 『한국 여성기독교사회운동사』, 혜안, 2000, 167쪽.

줄로 생각한다. (1)은 결혼문제다. 자각한 부인들은 종래에 행하여 온 바와 같이 자기들을 한 물품모양으로 親부모가 시부모에게 무단히 허 부입취하게 함은 실로 불감불사의 치욕으로 생각하게 되었다. 이것이 부인운동 중에 제일 선착수된 문제다. 문호 입센의『인형의 가』가운 데 여주인공 노라는 그 전형적인 부인인데 이것이 점차 우리 사상계에 경종을 난타하여 오는 바이다. (2)는 직업문제다. 이것은 결혼에 대한 지위의 향상을 보증할 필요로서 배래한 것이다. 남자와 같이 대항하며 가려 하면 아무리 하여도 경제적 독립을 하지 못한 가정의 주부를 부 부란 미명하에 은폐한 창녀라고 모욕한다. (3)은 교육문제다. 이것은 위 에서 말한 물질적 독립에 대한 정신적 독립의 요구에 기인하여 일어난 문제이다. 여자라 할지라도 마땅히 남자와 동등의 교육을 받아야 할 것이다. 또 그러한 교육을 받을 능력도 충분히 향유한 바이다. 오늘날 여자의 능력에 대하여 이렇다 저렇다 의아해 하는 것은 고대 여자를 학대하고 억압하여 온 인습의 여폐다. 자고로 여자가 남자에 지지않게 출중한 자가 적지 않다고 볼 때 이것이 여자 자신의 죄가 아니오, 남자 의 불법한 소위였음을 알리겠다. (4)는 권리문제이다. 위에 말한 3개 문 제의 결론이라 하겠다. 즉 부인이 경제와 교육의 독립에 의하여 결혼 의 지위를 향상한 이외에는 필연적으로 법률상에도 남자와 동양의 권 리가 얻지 못할 것이다. 남자에게만 참정의 권리를 주며 관공리의 등 용을 허락함은 실로 불공평한 사실이다. 그러므로 이 문제가 구체적으 로 출현된 것이 즉 부인참정권운동이다.[13]

위의 글에서는 여성운동의 주요 쟁점을 결혼, 직업, 교육 그리고 여 성의 권리 등으로 파악하고 있다. 요컨대, 여성의 진정한 지위회복을 위해서는 남성에 예속된 결혼생활을 타파하는 것이 제1차적 과제이며, 이를 위해서 경제적 독립이 필요하고 직업이 요구된다는 것이다.

또한 당시 여성들은 자신의 문제에 국한시키지 않고 가정과 사회,

13) 崔昌鉉,「婦人運動」,『靑年』1-7, 1921. 10, 6~8쪽.

민족으로까지 여성운동을 확대, 연결지으면서 여성의식의 개혁에 박차를 가하였다. 사회구성의 기본요소가 되는 가정이 행복하려면 먼저 여성을 얽어매고 있는 굴레를 타파해야 한다는 것이다. 남녀부동석도 타파하여 여자도 남자와 같이 배울 수만 있다면 배워야 하고, 내외법도 타파하여 주인이 없을 때는 여자도 능히 주인노릇을 하여야 한다는 것이다. 결혼은 사랑과 이해를 바탕으로 하고 자유결혼으로 이루어져야 한다는 주장이었다.[14]

또한 남편이 죽은 후라도 정조를 지키는 것은 칭찬할 만한 일이지만, 재가도 무방하도록 해야 하고 나아가 정조는 여성의 전유물이 아니니 남녀가 동일하게 육체적으로나 정신적으로나 지킴이 당연하다는 것이다. 딸을 팔아먹는 야만의 법과 인신매매의 원인이 되는 창부를 폐지해야 하며, 혼인제도도 개혁하여 재산과 권력 등에 의지하는 비루한 혼인법을 타파하고 순결한 합리적 결혼이 이루어져야 한다는 것이다.

여성의 자주성과 관련해서는, 남편과 동거할 때는 의식주를 그에게 의뢰함이 당연하지만 만일의 경우에 대비하여 여성도 자주 자립할 만한 능력을 연구하며 배양해야만 비로소 여자의 지위가 견고해질 수 있

---

14) 이와 같은 논지의 글이 『동아일보』 1923년 1월 1일자에 실렸다. 그 내용은 다음과 같다. "참말 조선 가정은 여러 가지로 개량할 점이 많습니다. 정신적으로 보든지 형식적으로 보든지 어느 점으로 보든지 개량치 아니하면 아니될 결점이 매우 많습니다. 그러나 나는 단축한 시간에 그 여러 가지를 말하고자 아니합니다. 다만 사랑이 없는 조선 가정, 이해가 없는 조선 가정, 쓸쓸하고 재미없는 가정을 사랑이 많고 이해가 있는 향기롭고 즐거운 가정으로 개량하지 아니함이외다. 그러면 정확히 말할 수가 없으며 따라서 그 구체적 방침을 말할 수가 없습니다. 어쨌든 서로 사랑하고 이해 있는 가정이 되려면 부부 두 사람이 서로 사랑하고 이해가 있어야 하겠지요. 필경 그리하려면 부부 두 사람이 상당한 수양이 있고 상당한 교육이 있어야 할 것이며 그와 동시에 뜻이 맞고 생각이 맞는 남녀 두 사람이 자유 결혼으로 하여야 할 것입니다."

다는 것이다. 이를 위해서는 교육을 받아야 하는데, 청년여자는 학교교육을 받게 하고 학교교육을 받지 못하는 부인에게는 사회교육 즉, 강습회·야학 등을 열어야 한다고 했다.

이렇듯 기독교측은 여성문제 해결에 적극적이었음은 물론, 기독교신앙의 수용을 강조하여 기독신앙의 범주에서 여성 지위의 향상을 주장하였다.[15]

그런데 여성의 지위향상을 위한 노력은 비단, 기독교회 안에서 만이 아니라 교회 밖에서도 이루어져야 한다고 주장하였다. 다음 기사는 이를 잘 드러내 준다.

오늘날 모든 것이 엉망이 되고 온갖 형편이 뜻과 같지 못한 이때에 도저히 남자편에서만 떠들고 남자들만 부르짖는다면 그것은 자못 한편 다리가 병든 사람이 달음질을 치고자 하는 비유와 같으니 결코 만족한 계몽운동이나 문화운동을 일으킬 수가 없을 것은 오늘날 세계의 현상이 이것을 명확히 증명하는 것인가 합니다. 그러하므로 여자도 사람이 된 이상, 조선에 생겨난 이상에는 조선사회를 위하여 사람다운 즐김과 빛을 위하여 일하는 마당에는 남자와 함께 일을 할 의무와 책임이 있을 것이오, 남자측에서도 이에 반대할 말이 없을 줄로 압니다. 그러나 우리는 모든 형편이 좋은 일이든지 적극적으로 모여 지식을 서로 교환하고 사교를 익히기도 하며 한걸음 나가서 아직 깨이지 못한 사람을 위하여는 문명의 종을 치기도 하며 아직 듣지 못한 이에게는 배움의 나팔도 불어 주어 우리 형제자매로 하여금 기쁨의 동산, 행복의 사회로 나아갈 길과 빛을 얻게 하여 줄 수 있는 청년회사업으로만 할지라도 목하 십삼도 각처에 남자편의 청년회는 거의 없는 곳이 없어서 그 효과도 차차 나는 모양이오나 불행히 여자편에는 오직 예배당 안에서 예수교인끼리만 모여 조직한 엡윗청년회가 몇 곳 있을 뿐이요

15) 李德鳳, 「女子의 歷史的 관찰과 期將來」, 『靑年』 1-8, 1921. 11, 5～7쪽.

모든 사회의 온갖 여자가 함께 모여 조직한 통산청년회가 아직 한곳도
없고 더욱 조선문화의 한복판에 되는 경성의 여자사회가 이같이 적막
한 것은 생각할수록 사회를 위해서나 여자편을 위해서나 매우 유감으
로 생각하는 바 올시다. 그러하므로 저는 무엇보다 먼저 우리 여자사
회에는 큼직한 청년회를 조직하여서 한편으로는 먼저 깨친 여자가 함
께 단결을 하여 큰 힘을 내어 가지고 아직 깨치지 못한 여자의 손목을
이끌어가며 누구나 다 같이 알며 함께 잘 살기를 기약할 것이올시다.
그러나 우리 여자계에는 아직 그만한 경륜을 세울 만한 전문가가 박약
하고 앞서서 일할 사람이 아직 나서지 않는 모양이니 매우 통탄할 일
이오나 생각건대 우리 여자사회는 이제야 바야흐로 깊은 잠 속에서 깨
어나는 새벽 머리에 있는 터이라. 먼저 깨인 사람 같이 답답하고 외로
운 이는 다시 없을 것이니 이때에 이르러 우리는 큰 용기를 내어 가지
고 성패는 운수에 붙이고라도 오직 양심의 가르침조차 다소의 비난과
희생이 있을지라도 오직 여자사회의 개혁을 위하여 크게 활동하고자
하는 결단성이 필요한 줄로 압니다. 그러나 외손뼉이 홀로 울지 못하
는 심으로 비록 무슨 일이든지 먼저 발기는 하여 놓는다 할지라도 조
선 여자들의 목하 모든 형편이 가정을 벗어나 사회에 나가기는 도저히
어려운 일이니 제일 먼저 남편 있는 이는 남편된 이가, 부모 있는 이는
그 부모된 이가 좀 시대를 헤아리어 한 걸음 양보를 하여서 어느 정도
까지는 아내나 며느리나 딸에게 사회사업에 참여할 수 있는 자유와 시
간을 주어서 사람은 저 하나만 살면 그만이라는 어두운 생각을 타파하
여 주어야 하겠으며, 혹은 다행히 가정의 양해를 얻어 사회에 나서기
를 어떤 여자는 매사에 조심을 게을리하지 말아 아무쪼록 부모와 남편
된 이를 거스리지 않도록 힘을 쓰면 우리 여자의 사회사업은 별로 어
렵지 않게 진행될 것이요 이리된 후에야 비로소 자기가 앞서서 주장코
자 하는 여자청년의 조직도 성공할 줄로 믿습니다.[16]

---

16) 유연숙, 「부인과 사회사업」, 『동아일보』 1921년 3월 2일(3)5.

위의 기사가 보여주듯이 여성운동은 먼저 깨친 선각적 여성들이 희생적 봉사로써 임할 것과 또, 그것의 실천조직으로서 여성단체의 필요성이 제기되기에 이르렀다. 청년운동의 경우, 남자측 단체는 전국 방방곡곡에 존재하는 데 비해 여성단체는 거의 찾아볼 수 없고, 그나마 있는 여성단체라고 해봤자 기껏 교회 안에서 조직되고 있음을 안타까워하고 있다. 이제 여성단체는 교회 내에 머무는 청년조직이 아니라 사회 전반에 걸친 대단위 조직이 되어야 하는데, 이를 위해서는 여성에 대한 교육의 기회가 확산되어야 한다는 주장이 강조되었다. 당시 여론도 이 같은 주장에 적극적으로 호응하였다.

학교교육에 대하여는 학교경영자가 서양인이든지 일본인이든지 조선사람을 가르치는 학교는 조선사람의 학교요 조선사람의 학교이면 조선사람을 위하는 학교이라. 그런데 이 조선사람을 위한다는 학교에서 조선사람의 생활 정도에 맞지 않는 교육제도가 있다. 이것은 속히 고치기를 바란다. 셋째는 영혼의 교육 즉 종교교육이다. 종교라는 것은 보통 사람이 이치 밖으로 아는 참 이치를 깨닫게 하고 보통 사람이 의무 밖으로 아는 큰 의무를 실행하게 하는 것이다.……현대문명의 태반은 내 몸을 바치고 남에게 봉사하는 희생적 정신에서 생긴 것이다. 이리하여 개인이 완전하면 사회가 완전할 것이요 사회가 완전하면 국가가 완전할 것이다. 그 외에는 사회사업이 일어나야 하겠다. 근일 서대문밖에 고아원을 설치하였다는 말을 들었다. 그러나 여자고아원이 아직 없다 한다. 어서 설치하기를 바란다. 다음은 도덕 표준이다. 근일 옛 도덕은 파괴되고 새 도덕의 표준이 없는 모양이라. 그러나 나는 그전에 있던 삼강오륜을 잘만 응용하면 확실히 그곳에서 새 진리를 얻을 줄 안다. 그 외에 금주·금연·공창폐지 등의 운동이 일어나기를 바라며 또는 여자청년회가 많이 되기를 바란다. 생활이 곤란한 빈가 여자가 돈푼이나 얻어 쓰고자 담배회사 같은 곳으로 가는 것이 실수로 천

명이라. 그러나 그러한 곳에서 어떠한 곳으로 타락될지는 모르니 어린
여자를 잘 인도할 것은 여자청년회의 책임이다. 그 다음은 지방의 순
회공연 같은 것을 많이 하여 지방사람을 깨우치는 것이라.……그리고
그 지방마다 그 지방문화사업에 몸을 바치는 자가 한 사람씩만 있었으
면 좋겠다.

　시대가 전환하여 사회의 향상과 발달에 대한 인간의 봉사는 남녀가
동일한 권리와 의무를 가지게 되는 금일에 있어서 사회의 생활에 몰간
섭하여 온 종래의 교육이 얼마나 사회의 불행이며 인간의 최대한 문제
인 이성의 생활에 얼마나 큰 결함이리오. 과거의 교육이 이미 무의미
하며 불완비한 결함이 많았음은 이제 다시 거론치 아니하거니와 현하
의 교육제도를 돌아볼 때도 오히려 여자의 교육이 너무나 한심한 것을
느끼지 아니할 수 없다. 물론 남성의 교육기관도 아직 완비할 시기가
묘연하다. 그러나 여성을 위하는 교육기관도 아직 완비할 시기가 묘연
하다. 그러나 여성을 위하는 교육기관은 남성의 그것에 비하여도 큰
차이가 있는 것이 사실이다. 또 여성의 입학률을 보더라도 아직 부진
하는 현상이 있는 것이 사실이다. 이 점에 있어서는 종래의 전통적 인
습에 젖은 여성의 자각을 기다리기 전에 먼저 전 사회를 통하여 종래
의 인습을 타파할 만한 모든 가정의 자각으로 말미암아 다 각각 그들
의 여성을 교육의 무대에 해방하지 않으면 아니 될 것이오. 따라서 부
진하는 그들 교육의 기관을 부절히 증설하지 않으면 아니 될 것이다.
그럼으로써 오인은 참담한 목하의 조선사회로 하여금 신생명을 가진
향상과 발달을 도모하려면 종래 사회의 생활에 몰간섭하여 온 여성들
이 교육의 무대에서 완전히 해방되어 남녀의 소유한 모든 개성이 우리
사회의 봉사를 위하여 충분히 지휘하여야 할 것이오. 또 오늘과 같은
이성의 생활에 있어서 모든 충동으로 말미암아 발생하는 이혼문제의
아름답지 못한 사실이라든지 또 이성의 생활이 모두 조화되지 못하여
모든 고통과 번민에서 신음하는 현상을 구제하려면 또한 이 여성의 교
육적 해방에 있는 것을 단언하여 주저치 아니한다. 이와 같이 여성의
교육적 해방이 목하 우리 사회의 중대한 급무인 것으로 생각할 때에

다시 일언으로써 고하노니 만천하 동포는 우리 자매의 지식상 수련을
위하여 각성과 분투에 조력하기를 촉구하노라.[17]

과거 남녀불평등 교육의 모순을 신랄하게 공박하면서 남녀가 동일
한 권리와 의무를 행사하기 위해서는 여성교육이 시급하며, 이를 위해
서는 교육기관을 증설해야 한다는 주장이었다. 여성의 교육은 조선사
회가 새로운 생명을 가지고 발달할 수 있는 전제라는 시각에 입각해
있었던 것이다.

한편, 1922년 12월 28일 중앙기독교청년회관에서 여자기독교청년회
주최로 행해진 강연회에서 김영제가 행한 '現代와 女子의 使命'이라는
강연 내용을 요약하면 다음과 같다.

일천 구백 년 전에 예수그리스도는 근본적으로 남존여비의 사상을
타파하고 인격평등의 진리를 절대로 창도하였다. 그 성서의 개소를 거
할 여가가 없거니와 혼인에 대하여도 절대로 남녀평등을 주장하고 정
조에 관하여도 결코 여자에게 편중하게 보지 아니하였다. 또한 물질적
경제력으로써 남녀의 경중을 구별치아니하고 도리어 그 정신을 귀중
시하였다.……이것이 다 여성에 대한 신도덕의 건설이 아니고 무엇인
가. 그리하여 그리스도는 여자를 사랑하였다.……이에 나는 현대문명
의 사역자로 기독교청년여자에게 기대함이 실로 다대한 바이다. 보라,
남녀평등이라는 사상을 문득 남녀무별로 악화하여 가는 형편이 보이
지 아니하는가.……지금 본회 헌법 제2장 제2조목의 운운을 보니 **기독
적 품성을 계발하며 청년의 영적·지적·사교적·신체적 행복을
증진케 함으로 함**(강조 : 원문)이다. 아, 과연 현대에 이 중대한 사명을
맡은 이가 누구인가. 물론 기독교여자이다. **기독적 품성, 영적 행복,
사교적 행복**(강조 : 원문)의 3요건이 있고야 완전한 여성 이상적 생활

---

17) 「여성의 교육적 해방을 위하야」, 『조선일보』 1924년 5월 7일(1).

이라 하겠다. 8억이나 되는 인류의 반수를 점하는 여성을 향상시킬 사
명이 이 YWCA가 아닌가. 우리 반도로 말하면 적어도 8백만 이상 되는
이 가련한 여성의 동포를 암흑에서 광적으로, 사에서 생으로 인도할
사명을 가진 이가 이 YWCA가 아닌가. 동성인 제군은 이 사역을 담당
하라. 이성으로 뜻있는 자는 이 미거를 찬성하라. 그리하여 이 현대문
화에 낙오자 되지 말고 일념 점진하기를 절망한다.[18]

　여기에서는 남녀평등의 사상을 기독정신에서 찾고 있으며, 그것의
실천자로서 즉 여성해방운동의 적임자로서 YWCA를 내세우고 있다.
그리고 여성운동의 요건으로서 '기독적 품성', '영적 행복', '사회적 행
복'을 제시하면서, 여성운동사에서 YWCA의 역할을 강조하였다. 실제
로 YWCA는 여성운동의 기수로서 여성의식개혁에 앞장섰고, 또 실천
적 활동을 전개하였다. YWCA의 사업 가운데 문맹퇴치와 공창폐지운
동은 그 대표적 사례였다.

　그런데 YWCA는 단순히 문맹퇴치, 공창폐지에 머물지 않고 한 걸음
더 나아가 여성의 지위향상을 위해서는 무엇보다 경제적 독립이 필요
함을 역설하였다. 유각경은 YWCA의 논리를 다음과 같이 대변했다.

　　금일은 시대의 변천을 따라 남녀가 동일한 교육을 받으며 조로를 같
　이하여 사회에 출입하는 자유가 있으니 해방이요 동등인 듯합니다. 그
　러나 나의 관찰로는 동등과 해방보다 개성의 몰락이 전 시대에 비하여
　더 심한 듯 합니다.……일방으로는 금전만능주의를 숭배하는 교육이
　아니면 여자는 청춘시기에 화장을 숭상하여 남자의 애정을 유인하는
　것으로 목표를 삼는 교육에서 헤매이며 직업적 교육이 없고 사치적 교
　육만 받는 여성들 중에는 중등교육을 받은 자로도 정당한 취업을 취하
　여 자영자활하며 선진된 책임과 후진의 모범이 되기는 고사하고 도리

---

18) 金昶濟,「現代와 女子의 使命」,『靑年』3-2, 1923. 2, 8~9쪽.

어 허영심에 배불러서 안일한 생활에 인간성의 약탈을 당하고 경제빈
곤을 면치 못하므로 그 말로는 혹 황금가에 별당생활을 하거나 혹 그
보다 더한 데에 투신하는 자가 없지 아니하여 신문지상에 모독과 조롱
을 면치 못한 즉 우리가 아무리 입으로 해방을 주장하며 붓끝으로 남
녀 평등을 제창한들 무순 효과가 있습니다.……그 뒤에는 경제상 독립
을 도모하기 위하여 반드시 직업적 생활을 장려하여야 하겠습니다.……
그러면 우리는 우리의 입으로 여자해방이라는 수치의 어구를 발하지 말
고 우리의 손으로 일하여 경제상 해방과 인격상 평등을 말하며 버렸던
권리를 회복키 위하여 분투 노력합니다. 그러는 때에야 우리의 해방은
사실화할 터이올시다. 그 전에는 비록 논단에서는 해방을 굉장하게 부
르짖었지만 가정 안방에 들어가는 때는 먹는 것과 입는 것과 지내는
것으로 인하여 남자에게 간구하게 되며 복종하게 되어 해방의 정신도
소멸되고 여성이 남성으로부터 협동하여 건전한 사회를 건설 창조할
여지가 없겠습니다. 고로 교육에서부터 여성의 경제 자유를 얻을 것으
로써 힘쓰고 또는 여성끼리 서로 도와 경제의 자유를 속히 얻도록 합
시다. 그 자유만 얻으면 해방은 저절로 따라올 줄로 믿습니다.[19)]

여성해방이나 남녀평등을 아무리 외쳐도 여성이 경제상 독립을 이
루지 못하면 그 같은 구호도 결국 무위에 그치고 만다는 것이다. 따라
서 경제상 독립이 반드시 필요하며 이를 이루기 위해서는 직업생활을
장려해야 하며, 이것이 바로 남녀평등의 첩경이라는 것이다.

김필례의 다음 글도 같은 논조를 띠고 있다. 즉, 여성문제를 해결하
기 위해서는 교육·도덕·직업 문제가 해결되어야 하는데, 그 중에도
여성의 경제적 지위가 남성에 예속된다면 남녀불평등은 극복될 수 없
다고 주장하였다. 따라서 여성지위의 회복을 위해서는 무엇보다 경제
적 독립이 선행되어야 한다는 것이다.

---

19) 兪珏卿, 「女子解放과 經濟自由」, 『靑年』 6-4, 1926. 4, 16~22쪽.

부인문제는 사회문제 중의 하나의 중대한 것입니다. 자유사상이 발달되고 평등주의가 고조되는 시대를 당하여 부인들도 비로소 각성되고 따라서 실제로 실행운동에 착수하게 되었습니다. 제일로 먼저 시작한 것이 부인참정권운동이오, 그 다음에는 보통여권운동 즉 여자의 인격운동입니다. 이 여권운동은 다방면인데 교육·도덕·직업 등입니다.……여자의 권리가 남에게 빼앗겨진 유래를 사회학상 견지로 보면 전부가 여자의 경제적 지위의 불편을 남자가 이용한 것입니다. 그렇기 때문에 여자 권리를 회복함에도 먼저 경제로 독립하지 아니하면 안 될 것입니다. 그래서 부인의 직업문제는 여러 가지로 연구되고 선전되었습니다.……조선은 형편상 남자도 정치에 아무 권리가 없고 언론출판에 대한 아무 자유가 없고 경제에 대하여 심한 불안을 느끼게 됩니다. 말하자면 이 세상 사람 중에 조선여자보다 더 불쌍한 사람은 없겠다고 하겠습니다.[20]

여성의 권리회복을 위해서는 무엇보다 경제적 독립이 필요하며, 이를 위해서는 교육이 절실함을 강조하고 있다. 이 같은 기조 위에서 추진된 여성운동에 대해 김활란은 단기간 동안 이만큼이나 여성단체의 활동이 활발해진 것은 극소수의 신진여성의 희생적 노력에 의한 것이라고 인정하면서 교육을 통해 여성운동을 일반 여성에게 확산시켜야 한다고 주장하였다.

아무리 자각이 있고 사회의식을 가졌다 할지라도 이처럼 소수인 여자로만은 사회운동의 일류적 임무를 다할 수 없습니다. 일 천만의 백분지 일 되는 십만 명이라도 깨기 전에는 우리 조선 상태가 건전해질 수 없습니다. 천분지 일인 만 명만 되어도 현존한 단체들이 저렇게 무력할 것이 아닙니다. 그러나 오늘 중등 정도에 교육을 받는 여자는 오

---

20) 金弼禮, 「婦人運動에 對한 史的 考察」, 『靑年』 6-4, 1926. 4, 6~22쪽.

직 수백으로 불과 수천으로 그 수를 세게 되니 언제나 사회생활 각 방면에 우수한 공헌이 있는 여자가 많아지고 따라서 모든 여자문제가 해결되며 건전한 사회가 확립되겠습니까?

이러한 견지에서 조선여자운동은 오는 10년간 교양에 집중할 것이라 생각합니다. 같은 말이라도 유식한 사람이 할 때는 진정한 웅변가가 되어서 알아듣기 쉽게 한다고 하되 무식한 자가 할 때는 그저 늘 하는 그 말밖에 별수가 없다고 조롱합니다.……권위있는 생활을 하려면 먼저 알아야 되고 자가 있는 개인으로 다수가 사회에 드러나는 공헌이 있어야 됩니다. 이같이 되면 일편으로 전무적·직업적 교육을 힘써 다수의 인재와 기사를 산출하며 일편으로는 상식적 교육을 일반 여자계에 보급시켜 자존심과 사회의식을 가지고 의식적으로 자기 본분을 다하는 일반 여자계를 만들어야 하겠습니다.[21]

김활란은 여성운동의 나아갈 방향이 극히 한정된 소수에 의해 추진될 것이 아니라 여성 전반으로 확산되어야 하고, 참정이나 경제·여권을 획득하기 위해서는 교양운동이 필요함을 역설하였다. 여성운동의 대중화를 주장하고 있는 것이다. 그에 따르면 여성운동이 본궤도에 오르기 위해서는 전 여성의 1%인 10만 명 정도는 자각되어야 한다는 것이다. 그러나 당시, 깨우친 여성이 수백 수천에 머물고 있으니 여성문제의 해결은 어려울 수밖에 없는 처지이므로, 향후 10여 년간은 교양계몽에 주력해야 된다는 것이다.

이렇게 볼 때 YWCA를 이끌어 간 여성지도자들의 논리는, 여성해방을 위해서는 기독정신에 의거하여 남녀불평등의 고루한 의식을 타파하고, 남녀평등의 실현을 위해서는 경제적 독립과 여성 일반의 교양향상이 이루어져야 한다는 것이었다. 이 같은 기조 위에서 YWCA사업은 계획·추진되어 갔다.

---

21) 金活蘭, 「朝鮮女子運動의 今後」, 『靑年』 10-2, 1930. 2, 3~4쪽.

2. 금주·공창폐지운동

금주·금연운동은 아편·축첩·매음·잡기 등의 사회악에 대한 정
화운동과 함께 3·1운동을 전후하여 교회를 통하여 일어나고 있었다.
윤리운동인 동시에 여성해방운동의 성격을 띠고 전개된 이 운동은
YWCA가 창립된 직후부터 제시되었고, YWCA에서는 이를 여성해방의
제1차적 과제로서 전개해 나갔다. 이 운동은 YWCA 자체뿐만 아니라
YWCA의 주요인사들이 주도한 조선여자금주회, 조선여자기독교절제
회 등과 같이 YWCA 유관단체들과 연대를 이루어 활발하게 전개되었
다. 따라서 YWCA의 금주·공창폐지운동은 이들 유관단체의 활동과
연관시켜 보아야 한다.

1923년 조직된 조선여자금주회는 YWCA의 중심인물인 유각경과 선
교사 부인들이 주도하였다. 1926년 당시, 임원 구성은 회장 유각경·최
활란, 총무 삘링스 부인·손메례, 서기 문인순·김보린, 회계 밀너 부
인·협쓰 부인 등이었다.[22] 총무 손메례는 전국 각지를 순회하며 금주
선전활동을 폈다. 1928년 8월 평북 선천군 순회에서는 감동을 받은 면
장이 앞장서 금주를 선언하였으며, 충남 공주에서는 금주강연에 감동
되어 그 지방에 술먹기로 유명한 사람들이 회개하는 등 커다란 성과를
거두었다.[23]

금주와 금연을 비롯하여 절제운동을 조직적으로 실천하던 조선여자
기독교절제회에서도 역시, 전조선연합회를 개최하는 한편 금주강연회
등을 개최하였다. 이 회의 총무 손메례는 지방순회에 앞장서 금주강연
회를 개최하였고, 금주운동에 동참하는 지방조직을 16개나 연합시킴으
로써 동회의 활동을 크게 진작시켜 나갔다.[24] 동회의 임원은 회장 유

---

22) 『기독신보』 1926년 12월 1일 (2) 1.
23) 『기독신보』 1926년 12월 1일 (2) 3.
24) 이때 순회활동에 의해 조직된 곳과 회원 수는 다음과 같다(『기독신보』 1924년

각경, 부회장 김선, 총무 손매례, 서기 문인순 등으로 구성되었는데, 임원진을 통해 볼 때 동회는 조선여자금주회와 이름만 다를 뿐, 사실상 같은 단체라고 해도 될 만큼 임원이 중복되고 활동 또한 같이 이루어지고 있었다.25) 이들 대부분은 조선YWCA연합회 임원들이기도 했다.26)

이렇듯 금주・금연운동을 활발히 전개하는 한편 YWCA는 여성의 인권을 유린하는 공창제도에 대해서도 깊은 관심을 표명하면서 공창폐지운동에 앞장섰다. YWCA의 공창폐지운동은 여론으로부터도 큰 호응을 받았다. 『동아일보』는 공창제도에 대해서도 깊은 관심을 표명하면서 공창폐지운동에 앞장섰다. YWCA의 공창폐지운동은 여론으로부터도 큰 호응을 받았다. 『동아일보』는 공창제도에 대해서,

　　오늘날 인류 사회제도 가운데 공창제도와 같이 사람 가운데서도 특히 여자의 모역과 부끄러움이 되는 것은 없을 것이다. 사람은 일반이나 같은 여자는 말할 것도 없이 같은 사람이라는 뜻에 있어서 남녀가 역시 다른 점이 없다. 그러한데 현 사회 도덕이 여자의 정조도 남자의 정조와 일반으로 그 방일함을 묵인한다 하여도 그렇지 못하겠거든 하물며 여자의 정조를 여자 그 자신 아니 제삼자 다 같이 생명같이 보는

12월 24일(3)). 선천(55), 평양(170), 해주(150), 성진(81), 부산(137), 전주(101), 철원(47), 이천(31), 영변(81), 재령(101), 원산(92), 대구(248), 청주(248), 부산진(102), 군산(90), 원주(37).

25) 『동아일보』 1924년 8월 31일(2)5.
26) 제6회 조선여자기독교절제회가 1935년 9월 3일 평양 서문밖 예배당에서 60여 명이 모여 총회를 개최하였는데, 이때 선출된 임원은 거의가 조선 YWCA연합회 연합위원들이었음을 알 수 있다.
　　실행위원 : 회장 유각경・최활란, 서기 정현숙・장정심, 회계 양매륜・박양무, 총무 이효덕 연합위원 : 김폴린・홍에스터・김선・김매불・변부인・전마대・고숙원・윤활란(『기독신보』 1935년 9월 11일(3)6).

아래에 있으면서 한편으로는 의연히 그러한 공창제도를 묵인한다. 그
것이 얼마나 여자의 삶된 권리를 무시하며 한낱 동물과 같이 여깁니
까.……그러한 악제도의 발생의 원인이 어디 있는가를 한번 밝혀보려
함에 있는 것이다.……첫째는 금전에 팔리는 것, 둘째는 남에게 꾀임을
받아 모르고 팔려가는 것, 셋째는 제가 스스로 즐겨 그에 몸을 던지는
것이라고 볼 수가 있는 것이다.[27]

라고 하여 공창을 '공급'하는 창기의 발생 원인에 관심을 표명하면서
공창제도의 모순을 밝히고자 하였다.

1925년 YWCA는 사회문제연구부를 설치하고, 그 당시 가장 급선무
의 문제들을 조사하여 사업을 종합적으로 풀어가고자 했다. 축첩, 조혼
문제 및 禁巫, 금주, 금연과 공창폐지운동을 여기로 통합시키고 여자
노동문제, 남녀교제문제 그 밖의 사회 진상의 연구개선방향을 제시하
고자 하였다.

유각경은 금주·공창폐지운동에 대해 절제운동의 관점에 서서 다음
과 같이 주장하였다.

절제운동의 여론은 비교적 높아진 줄 알겠습니다. 조선기독교여자절
제회가 있어서 전무 총무를 두고 전 조선을 빠짐없이 순회하면서 이
운동을 일으키며 도울 만한 이들에게는 이 운동을 일으키게 하였으며
절제생활을 할 필요가 있는 이들에게는 직접적으로 절제생활을 참가
하기를 권하여 왔습니다. 소극적과 적극적 두 방면에 매우 충실한 임
무를 다하여 온 줄 압니다. 그뿐만도 아니고 각 교회 안에 있는 엡윗,
또는 면려 등 청년단체들이 역시 절제 혹은 문자는 다르나 그 실상은
다름없는 사업 등을 열심으로 하여 왔으며, 또한 구세군이라던가 그

---

27) 「여자의 인간성을 무시하는 공창제도에 대하여(1)」, 『동아일보』 1925년 11월
24일(3)1.

밖에 소위 사회개량의 뜻하는 지사들의 열성으로 적지 아니한 효과를
거두고 있는 줄로 압니다. 더구나 연래에 기독신보가 종종 절제에 대
한 특호도 발행하고 또는 근년에 와서 매월 1회씩은 반드시 절제문제
를 포함한 소론을 실어서 일반 신자들에게 절제사상을 격려하는 것이
있으므로 적지 아니한 효과를 거두고 있는 줄로 압니다. 그러나 이 운
동이 막연한 선동으로만은 절대로 될 수 없는 줄로 압니다. 그런고로
철저한 과학적·조직적 운동이 있어야 하겠습니다. 우리 절제운동이
결코 범연한 운동이 아니고 우리가 우리의 생명의 선을 잡고 꾸준히
나가는데 있어서 가장 긴요한 운동 중의 하나라고 할 것이면 기회와
형편에 의한 강연회 혹은 선전지 또는 피동적으로 설립되는 회의 조직
등으로써는 큰 효과를 보기가 매우 어려울 것이올시다. 그런고로 그
제도 여하는 불문하고 전 조선교회가 이 운동에 참가하며 또는 전 조
선교인들이 다 이 운동에 참가하며 또는 전 조선교인들이 다 이 운동
에 나선 투사가 되어야 하겠습니다.……그런고로 이 운동은 조직으로
기관을 형성하며 따라서 유기적 연락을 갖도록 할 것이며 따라서 전반
화시킬 것이며 또는 최선을 다하여야 할 것이올시다. 그리고 실제에
있어서는 명실 상부하는 운동이 되어야 하겠고, 상대자를 향하는 방법
에 있어서 투철한 과학적 지식을 요구하게 됩니다. 즉 절제운동을 하
는 개인, 절제운동을 하는 기관은 먼저 절제 그것에 있어서 백방으로
산 모본이 되어야 하겠다는 말씀이올시다. 말로는 글로는 절제를 주장
하지만 실지 생활에 들어가서는 절제를 못하거나 또는 아니하는 형편
이 얼마나 많은지 알 수 없습니다. 적극적으로 술집이 없어지며 양주
회사가 파산이 되며 카페가 전멸이 되며 공창이 폐지가 되도록 적극적
투쟁을 계속하여야 하겠습니다.[28]

조선여자기독교청년회와 엡윗청년회, 면려청년회 등 기독교 청년단
체들이 전개한 절제운동에 대해 일단 그 성과를 높이 평가하면서도,

28) 유각경, 「절제운동의 합리화」, 『기독신보』 1933년 6월 28일(6)1.

절제운동은 한 개인이나 한 단체에 의해 이루어질 수 있는 것이 아니라, 전 교회적으로 이루어져야 하고 전 사회적으로 확산되어야 한다는 것이었다. 또 막연한 선동이 아니라 과학적이고 조직적으로 전개되어야 할 것임도 역설하였다. 따라서 이와 같은 운동의 중심체는 바로 YWCA와 같은 전국적 종교사회조직이 되어야 한다는 주장이었다.

이에 YWCA의 금주·금연·공창제도폐지운동은 하령회 개최시 늘 주요 안건으로 상정되었고 또, 그에 대한 대책이 강구됨으로써 지속적으로 전개되었다. 이러한 실천적 운동을 위한 조직으로서 조선여자기독교절제회는 한층 구체적인 활동을 펴나갔다.

3. 문맹퇴치운동

조선YWCA연합회는 총회와 하령회 개최시 사회복음의 지도방침으로써 문맹퇴치를 강조하였다. 그것은 여성해방을 위한 교육계몽과 밀접히 관련되어 있었다. YWCA에서는 야학을 비롯하여 각종 강습소를 설치하였는데 특히, 야학은 YWCA가 행한 여성교육의 대표적인 사업이었다. 야학교육은 정식학교에 다닐 형편이 못되는 사람들을 대상으로 운영되었고, 주로 각 지부를 중심으로 이루어졌다. 조선YWCA연합회는 총회나 하령회를 통해 이를 총괄 지도해 갔다. 여기서는 YWCA 지부의 야학활동을 중심으로 살펴보고자 한다.

조선YWCA연합회 직할 지부의 성격을 띠었던 경성YWCA는 태화여자관에서 영어강습을 실시하고 등급에 따라 초등·고등·특별 등 세 반으로 나누어 운영하였다.29) 그러다가 1925년 2월 태화여자관 안에 야학을 설치하였다. 연령 제한은 없었고, 공장 직공이나 행랑어멈과 같이 어떠한 신분이든 모두 참여할 수 있었다. 입학금은 무료였지만 약

---

29) 『동아일보』 1924년 9월 9일(3)3.

간의 경비를 보충하기 위하여 월사금 20전씩을 받았고, 졸업 기한은 3개월로 하였다. 교육목표는 한글을 깨우치는 것이었지만 필요에 따라 한문도 가르쳤다.[30]

야학의 학생들은 주로 고무행상, 제사공장, 직조공장, 연초공장에서 과도한 노동을 하는 무산부인들이고, 행랑부인도 입학했다. 그중에는 '하인'으로 불리는 여성들도 참여했다. 처음에는 학생이 40여 명이었고 선생은 이화학당 교사, 태화여자관 교사 13명이 담당하였다. 학장은 황 에스터가 맡았다.

이 야학은 개학 이래 학생들이 크게 증가하여 불과 두 달만에 70명을 넘어서 보통과를 증설하였고, 학제도 4년제로 바꾸어 교육을 실시했다. 언문반 외에도 편물반과 영어반을 두기도 하였다. 영어반은 3년제로 중등 이상의 정도로 가르쳤으며 생도는 30여 명이었다. 편물반은 1주일에 한 번 강습하였는데 가정부녀의 수예를 향상시키는 것으로 생도가 십여 명에 이르렀다. 교사 중 손정규는 재봉교과서를 직접 저술하여 학생들에게 배부하고 실생활 개선에 크게 도움을 주기도 했다. 이 야학은 부녀에게 기독교 정신 아래 부덕을 향상하면서 부인의 교육을 보급시켜 문화향상을 돕는 것이 가장 중요한 목적이었다.[31]

여자 야학부는 재경학생기독교청년회에서 그 경비를 보충하여 운영하였으며, 1928년에는 한 학기에 70여 명이 졸업하는 성과를 거두었다.[32] 야학부 생도는 거의 무산여성으로 모진 어려움에도 불구하고 열심히 면학한 결과, 1929년 봄에도 졸업생 9명이 배출되었다.[33]

원산YWCA에서는 100명의 학생에 4명의 상근교사를 두었으며 선천

---

30) 『동아일보』 1925년 1월 26일 부록2(2)6.
31) 『동아일보』 1925년 4월 3일(2)1.
32) 경성여자기독교청년회, 『청년』 9-1, 1929. 1, 13쪽.
33) 「地方靑年會活動」, 『靑年』 9-4, 1929, 59쪽.

에서는 70명의 학생을 가르치고 있었다. 평양에서는 계절에 따라 야학을 개최하였는데, 이들 학교에서는 학교에 가지 못하는 아이들을 상대로 성경·산술 등을 공통으로 학습시켰다. 청주YWCA에서는 이와 달리 여섯 명의 고아를 맡아 기르는 시설을 갖추고 고아원을 운영하기도 하였다.[34]

광주YWCA는 첫 사업으로 야간학교 즉, 야학반을 열어 부녀자들의 계몽활동에 주력하였다. 이는 YWCA 단독보다는 교회와 YWCA 등이 힘을 합쳐 운영해 갔다. 이때 야학 장소로 이용된 홍학관은 1층 목조건물로 3·1운동 당시 독립운동가들의 모임 장소였고, 농민들의 쟁의 장소로 이용되기도 했으며 노동공제회, 신간회 지부로 활용되기도 하였다.

야학반 과목은 한글, 산수, 음악 그리고 성경을 주로 가르쳤고 학생 수는 보통 100명 안팎이었으나 많을 때는 300명에 달했다. 연령도 40세 이상의 부인도 있었으며 학교에 갈 수 없는 가난한 가정의 딸, 유학생 남편을 둔 새댁, 부잣집 며느리, 이혼을 당한 여성들까지 실로 다양했다.

한편 YWCA에서는 신문명과 더불어 새생활 교육법을 실현함으로써 대중적 접근을 시도하였다. 그 방법은 바자회, 웅변대회, 음악회, 일반 강연회, 극회 그리고 구호활동 등 다양하였다. 이러한 YWCA운동사례를 소개하면 <표 1>과 같다.

---

34) Elise, V. Jones & Ernest M. Best, Comments on the Report of the Survey in Korea and the Status of the YMCA and YWCA, 1930 참조.

<표 1> 조선YWCA연합회의 새생활 교육 활동

주관단체	활동	출전
경성YWCA	1924년 1월부터 부인들을 위한 毛絲編物강습회 개최. 20명 내외의 가정부인들이 화요일이면 찾아와서 오후 2시부터 5시까지 강습 받음.	
종로청년회 · 경성여자기독청년회	5월 2~3일 양일 간 종로청년회에서 바자회 개최	『동아일보』 1924. 5. 3
경성YWCA	5월 7~8일 양일에 전조선여자현상웅변대회를 조선 · 동아 양 신문 평양지국 후원으로 개최, 연사는 중등과정 이상의 여학생 및 여자청년단체중 각2인씩.	『동아일보』 1925. 4. 11
조선YWCA연합회	여자음악회를 11월 28일 종로청년회관에서 개최	『동아일보』 1925. 11. 26
경성YWCA	1925년 7월, 의료반을 조직하여 동대문밖 마포, 영등포, 양평리 신촌, 뚝섬 등지를 순회, 질병에 걸린 사람 189명을 치료	"Comments on the report of the Survey in Korea and the status of the YMCA and YWCA"
원산YWCA	3월 26일, 고등여학교강당에서 신춘음악회 개최	『동아일보』 1925. 11. 26
부산YWCA	7월 19일부터 21일까지 부산청년동맹회관에서 보통위생, 부인위생, 아동위생 등의 강연회 개최, 강사는 김형기	『동아일보』 1928. 7. 12
전주YWCA	6월 13일 서대문밖 예배당 안에서 창립2주년 기념음악회 개최	『동아일보』 1929. 6. 13
광주수피아YWCA	11월 17일 창립기념식을 모교 강당에서 성대히 거행하고 식후 음악회 개최	『동아일보』 1932. 11. 10
광주YWCA	3월 11일 양림리 숭일학교 강당에서 음악과 극의 밤 개최	『동아일보』 1933. 3. 5
경성YWCA	동 회관에서 서양요리 실습, 강사는 최활란과 겐소부인	『동아일보』 1934. 10. 3
경성YWCA	5월 2일부터 3일까지 종로청년회관에서 바자회 개최. 물품발매소는 동아부인상회를 비롯하여 20여 상점이 출장하였으며 송도고등보통학교 실업부도 참가	『기독신보』 1924. 5. 7
협성여자신학교YWCA	10월 24일과 25일 시내 죽첨정 동교 강당에서 종교극회 개최	『기독신보』 1930. 10. 22

YWCA의 사회활동이 다방면으로 이루어지고 있음을 알 수 있다. 이 표에서 확인되는 것만 열거해 보아도 모사편물 강습회, 바자회, 기근동정토론회, 웅변대회, 음악회, 순회의료, 위생강연회, 요리실습, 종교극회 등이 있었다. 즉, 실생활 교육에서부터 기독교적 정서 함양에 의한 의식개혁에 이르기까지 광범위하게 YWCA의 사회봉사가 이루어지고 있었던 것이다. 이러한 사회활동은 여성의 의식과 지위를 향상하는 데 기여한 바가 적지 않았을 것으로 생각된다.

4. 여성운동의 성격

여기서 여성운동이라 함은 '여성을 위한 운동'의 의미로 사용한다. 즉, '여성이 주체가 되어 행한 운동'의 의미와는 구별하고자 하는 것이다.

앞서 살펴보았듯이 YWCA는 사회복음의 정신을 구현하기 위하여 적극적으로 사회활동을 전개하였다. 그리고 처음부터 여성문제에 커다란 관심을 보였다. YWCA는 여성문제에 관한 모든 방면의 것을 다루었지만, 그 가운데서도 여성의 의식개혁과 교육에 비중을 두었다. 그리하여 각 지부를 중심으로 야학 또는 강습소를 설치하는가 하면 각종 계몽강연회를 개최하면서 기독신앙에 의한 여성의 의식개혁에 앞장섰다. 그리하여 여성의 사회적 지위를 남녀평등의 위치로 자리매김하는 데 커다란 역할을 하였다. 그러한 YWCA의 역할은 김활란이 『현대평론』 창간호에 실린 「소위 신여성과 양처현모주의」라는 글을 반박한 다음 글에서 잘 나타난다.

현대 여자교육은 여자의 천직(현모양처를 뜻함)을 다하기에 필요한 수양을 시키지 않고 너무나 실사회와 실생활을 떠난 공상적·이론적 교육을 시킨다는 것입니다. 이 평론자들은 현대 여자교육에 현모양처주의를 더 철저히 실현하라는 것입니다. 이러한 비평이 곧, 현대 여자교육주의가 전부 현모양처에 있지 아니하거나 있다면 실현치 못하는 것을 암시함이 아닌가 합니다.

『현대평론』에 기재된 내용은 현대 여자교육이 현모양처주의의 미명에 여자들로 노예적 지위에서 생활하기를 가르치는 것이라 하였습니다. 그 잡지 162면에 보면 "신식의 탈을 쓰고 난 현재 여자교육은 여자를 완전한 자유인으로 훈도양성하자는 것이 아니라, 이와 정반대로 그들로부터 보다 더 공순한 노예를 만들어 내는 것을 가장 중요한 사명으로 인지하는 모양이다." 다시 164면에 보면 "모라면 현모, 처라면 양처 이 이상을 어떤 사람이 비난할 수 있을까? 사실상 오늘날 형편으로는 여자의 대다수는 양처로 되며 현모로 되는 터인 즉, 이러한 의미에 있어서 여자교육이 양처와 현모를 양성하기를 중요한 목적으로 하는 것은 의당사일 것이다. 이 말과 같이 현모양처란 그 좋은 것만 뜻함이라 가정할 지라도 우리는 여자교육의 주의가 전부 거기 있다 하지 아니하겠습니다. 적어도 인류 반분을 교육하는 여자교육의 主義거늘 어찌 편협히 현모양처라 하리오. 여자의 생활 그 전부가 다만 어머니 되고 아내가 되는 것에 그침이 아니어늘 어찌 저들을 교육하는 주의 '현모양처'에 한하리오. 만일 여자교육의 주의를 구별할진대 그 자연한 결과가 남녀간 가정에 있어서는 현모양처도 되고 현부양부도 될 것이라 합니다."[35]

이 무렵 여성계뿐만 아니라 남성계에서도 남녀평등의 소리는 높았지만, 이 문제를 가장 앞서서 해결하고자 한 것은 바로 YWCA였다. 그런데 여기서 주목할 것은 김활란 등이 반박한 것은 현모양처만이 여성교육의 목표 내지 주의라고 하는 주장이었다는 점이다. 즉, 남녀평등의

35) 金活蘭, 「女子教育에 留意하는 한사람으로서」, 『靑年』 7-2, 1927. 2, 107~109쪽.

기회를 통한 여성의 권리회복에 초점을 맞추고 있었던 것이다. 이는 무조건적인 남녀평등을 외친 신여성 해방의 논리와는 구별될 수 있다고 하겠다. 즉, 남녀의 신체적 조건이라든지 가정에서의 역할을 무시한 채 오로지 외면적인 평등만을 주장한 것이 아니라, 여성으로서의 역할을 인정하면서 기본권이나 사회활동에서 종래 불평등했던 관습의 인식 타파를 제기하고 있었던 것이다.

물론, 당시에도 교회를 중심으로 한 여성의 선교회나 전도회가 있었지만 여성의 사회적 활동의 장을 폭넓게 제공한 점에서 YWCA의 역할과 의의는 높게 평가받아 마땅하다. YWCA는 1920년대 기독교 여성운동의 새로운 장을 열면서 구심체로서 기능했으며, 사회발전에도 크게 기여하였던 것이다.

Ⅳ. 현재 성남지역의 여성운동과 YWCA운동

1. 성남지역의 여성운동

성남지역은 현재, 크게 구시가지와 신시가지로 조성되었으며 그 역사도 상당히 짧고 도시 성격상 여성운동도 전국 어느 곳보다 특색있게 움직이고 있는 면이 있으나, 참다운 여성문화의 뿌리를 내리지 못한 상태라고 생각한다. 시가지가 조성된 후 여성들이 자기 권익을 위해 활동을 했다기보다는 가정 경제를 위해 활동을 하기 시작했으며 이에 따라 시는 복지관이나 아동보육시설을 설치하는 데 주력했고, 복지시설이 전국 어느 도시보다 그 시설이나 수가 월등한 것이 특징이다.

또한, 그 성격상 관변적인 활동이 주로 동, 통, 반에서 여성을 중심으로 이루어져 여성권익을 위한 여성운동이라고 볼 수 없었고 점차 하나 둘씩 필요에 의해 조직되기 시작한 여성단체가 지금도 상당히 많이 있다.

<표 2> 성남시 여성단체협의회 현황

단체명		소재지	설립일	대표자 생년월일	연락처	비고
성남시여성단체협의회		분당구야탑동 345-5 차병원 내 단대동70번지 여성복지회관내	80.8.30	차광은 49.6.8	780-5234 749-9191 780-5239(F) 011-749-5234	회장
미망인회		수정구 태평4동 7340-1 보훈회관 내	90.7.1	김현래 29.3.28	745-5620(자) 756-3075(사) 019-252-3075	
한국 부인회		수정구 태평1동 동룡맨션 가-201	71.3.5	백정선 47.2.22	722-4151 011-343-2636	
새마을 부녀회		분당구 효자동 현대(아) 109-1502	86.5.10	김은영 39.4.25	702-2803	부회장
전국주부교실 성남시지회		중원구 성남동 74-6	74.4.11	최연옥 38.2.21	721-2122옛골 729-5420구내식당 017-716-2122	수석 부회장
대한적십자사 성남 봉사회		용인시 구성면 보정리 동아 솔레시티 128-401	77.4.11	김인숙 49.6.25	711-7988(자) 751-0450(사) 722-2001(F) 011-732-6079	
미용사협회	수정구	수정구 태평2동 3364(자) 수정구 신흥3동 4216(사)	89.5.10	김혜순	743-3971(자) 753-1311(사) 017-217-3971	
	중원구	중원구 금광2동 3303-1(자) 중원구 상대원3동 4216(사)	89.5.10	김종실	744-4538(자) 749-4537(사)	
	분당구	분당구 서현동 효자촌 삼환 종합상가 304(사)	93.6.15	민애숙	708-4782(자) 702-5055(사) 011-496-7911	
성남의용소방대		수정구 단대동 4031	92.4.1	김종순 49.12.27	743-3915(자) 752-0116(사) 745-2803(민들레) 011-9031-1127	부회장

성남시 어머니 합창단	수정구 태평2동 3364 현대맨션 301호	73.3.15	박종순 47.1.15	721-0377(자) 017-277-2151	감사
유권자연맹	분당구 수내1동 한양(아)511-508	80.5.20	박명숙 46.4.25	711-2053 019-317-1422	
생활개선회	분당구 운중동 352	90.4.15	박영분 45.1.1	707-1291(자) 704-5956(사)	
고향생각주부 모임 (성남농협)	분당구 정자동 90 느티마을 404-1001	89.4.30	이화연 57.11.20	712-9258(자) 722-2918(사) 019-278-9259	감사
고향생각주부 모임 (낙생농협)	분당구 백현동 256 판교동 342-10 낙생농협	92. 12	이옥자 47.5.28	708-1727 781-1056-7 018-361-1727	
수정구 어머니 합창단	수정구 신흥2동 30 수정구 청 내 신흥2동 주공 107-1001	80.8.30	백원님 62.10.11	731-5047 737-2311(사)	
분당구 어머니 합창단	분당구 분당동 38 샛별마을 308-1903	95.	김은숙 55.2.2	703-3294 016-351-3294	
성남문화사랑 회	분당구 서현2동 시범단지 삼성(아) 110-402 총무 김미자 735-1449	98.5.20	오성림 49.1.15	538-8787(사) 538-2177(F) 702-8811(자) 017-341-6900	
한사랑실천 연합회	분당구 서현동 시범삼성(아) 129-1005	97.6	김정자 43.7.4	701-8696 016-349-8696	
한국자유총연 맹성남지부	수정구 태평2동 3320-1(자) 수정구 신흥1동 5063(사) *감사 019-245-3968	92.3	김복순 46.5.3	755-3704(자) 757-3200(사) 011-769-3704	
여약사회	서현동 250-4 금호히빙스텔 107 하대원동 149-3 여약사협회 사무실	73.6.19	노인화 53.11.22	707-1220(자) 753-3200(사) 011-419-3291	
여성호우회	중원구 중동 2034	95.4	김효순 48.6.3	734-9025 011-9020-1036 총무 01190010507	
선진질서연합 회	중원구 상대원1동 1509	84.	김순희 37.8.9	731-1351(자) 745-0446(사) 019-395-5602	

미용사협회	가정법률상담소 성남지부	분당구 서현동 263 삼성프라자 7층	87.9.4	이정숙 29.4.6	707-6661 011-215-1955 741-6055(F)	
	사랑의 손	중원구 중동 3733	96.3	김의경 42.11.29	748-2801 011-695-2801	
	국공립보육시설 연합회	수정구 단대동 129	95.4	유인선 46.6.27	734-2801 011-695-2801	총무
생활체조연합회		수정구 태평3동 3728	95.4	고현 62.1.10	757-7621(사) 011-707-5814	
은행로터리클럽		서현동 시범 삼성(아)110-202 하대원동 110-6 3층(사)	90.10.15	이옥심 48.9.21	701-4267(자) 756-8997(사) 011-254-2101	
분당의용소방대		분당구 서현동 한신(아) 126-1001	99.7.28	김순권 62.4.27	707-7360 017-266-7360	
한마음요리연구회		분당구 야탑동 353-1	2000.	김옥란 53.10.1	707-4849 707-5700(사) 011-703-5701	재무

*2001. 11. 10. 현재 성남시 여성복지과 제공

위 표는 현재 성남시 여성단체협의회에 등록된 여성단체 현황이다. 표에서 보듯이 성남 YWCA는 여성단체협의회 내에 들어있지 않다. 그것은 YWCA는 독자적으로 지역협의체로 활동하고 있기 때문이다.

또 하나, 성남지역에서의 여성운동 성격은 경제적으로 보탬이 될 수 있는 단체나 법적으로 현실적 문제에 여성들이 보호를 받을 수 있는 단체에 관심이 많으며[36] 그 외 전국지부 성격의 조직은 그 명맥을 겨우 유지하고 있는 실정이다. 그런 중에도 성남YWCA 회원은 2000여 명에 달하여 그 활동도 짧은 역사에 비해 상당히 활발한 편이다.

---

36) 성남시 각 여성단체의 성격분석은 다음 연구에서 집중적으로 할 것이다.

2. 성남지역의 YWCA운동과 그 성격

YWCA의 목적은 "젊은 여성들이 하나님을 창조와 역사의 주로 믿으며 인류는 하나님 안에서 한 형제 자매임을 인정하고 예수그리스도의 가르침을 자기 삶에 실천함으로써 정의, 평화, 창조, 질서의 보전이 이루어지는 세상을 건설함을 목적으로 한다."라고 되어 있다.

YWCA는 한국에만 있는 단체가 아니고 세계적인 조직을 갖고 움직이는 단체이다. 물론, 기독교적 이념을 갖고 활동을 하는 단체이니 만큼 종교적 이념이 다른 여성이 가입하여 활동을 할 수 없는 한계가 있기도 하다. 그러나 YWCA는 가입회원 대상을 규제하기보다는 활동하면서 기독교로 전도되도록 그 활동의 폭을 넓히고 교회를 중심으로 한 여성들의 활동보다는 사회적 활동의 장이 폭넓게 이루어짐으로 사회에 끼치는 영향이 크다고 볼 수 있다. 성남YWCA 활동을 살펴보면 다음과 같다.

2001년 1월 30일 제13회 정기총회보고

－부서별 사업보고－

1) 회원부

① 회원활동

행사명	집회수	참석자수
전국 회원 대회	1	11
경기도 여성 정치 지도자 육성 간담회	1	36
이사, 직원 기도회	3	13
후쿠시마 공민관과의 교류	1	20

② 홍보출판

자료명	횟수	발간부수
성남 Y 소식지 발간	2	4000부
총회 자료	1	70부
프로그램 자료	7	650부
포스터 및 홍보비	10	11700부
보도자료 발송	30	200부
계	50	16620부

2) 어린이부

행사명	일시	집회수
체험학습프로그램	1월 26일 7월 20일	2회
연날리기	1월 12일	2회
문화유적 답사프로그램	2월 24일	1회
어린이날 만화그리기	5월 5일	1회
탄천사랑 문화축제	5월 21일	1회
환경의 날 행사	6월 3일	1회
결식아동 갯벌탐사	7월 25일	1회
방과후 교실	1-12월	매일

3) 청소년부

행사명		일시	집회수	참석자수
Y-틴	Y-틴 인준식	4/8, 15, 22, 29	4회	115명
	Y-틴 수업	매월 2-3째 토요일	8회	261명
	Y-틴 전국대회	8/9-10	1회	2명
	Y-틴 협의회	1월 17일 6월 21일	2회	4명
자원 봉사 활동	어린이날, 환경의 날, 벼룩시장, 음악 회도우미, 차병원봉사활동, 자원봉사 박람회	1-12월	6회	94명
전국만화공모전		4-5월	1회	95명
청소년취업설명회		5월 6일	1회	350명

행사명	일시	집회수	참석자수
환경의날 행사	6월 3일	1회	200명
자원봉사자대회	7월 15일	1회	53명
청소년음악회	8월 18일	1회	800명
또래상담원교육	9월-12월	6회	112명
미래의여성 지도력 개발프로그램	10월 21일 10월 31일 11월 17-18	4회	130명
청소년 자원봉사 박람회	12월 16일	1회	200명

4) 사회문제부

행사명		일시	집회수	참석자수
Y-틴	Y-틴 인준식	4/8, 15, 22, 29	4회	115명
	Y-틴 수업	매월 2-3째 토요일	8회	261명
	Y-틴 수업	매월 2-3째 토요일	8회	261명
	Y-틴 협의화	1월 17일 6월 21일	2회	4명
자원봉사활동	어린이날, 환경의 날, 벼룩시장, 음악회도우미, 차병원봉사활동, 자원봉사 박람회	1-12월	6회	94명
전국만화공모전		4-5월	1회	95명
청소년취업설명회		5월 6일	1회	350명
환경의날 행사		6월 3일	1회	200명
자원봉사자대회		7월 15일	1회	53명
청소년음악회		8월 18일	1회	800명
또래상담원교육		9월-12월	6회	112명
미래의 여성지도력 개발프로그램		10월 21일 10월 31일 11월 17-18	4회	130명
청소년 자원봉사 박람회		12월 16일	1회	200명

5) 소비자 상담실

① 고발내용

고발내용	건수
품질, 기증	556
안전위생	34
가격, 요금	12
표시, 광고	0
계약, 약관	197
법령, 기준	121
서비스	16
기타, 정보	63
임대차	5
건의	0
판매방법	18
기타	10
합계	1032

② 직업교육

교육 명	일 시	참석자수
간병인 교육	5.15-5.19 11.13-11.17	69
가사 도우미 교육	1.17-1.20 3.6-3.10 6.12-6.14 8.28-8.30 12.11-12.13	154
산모 도우미 교육	5.22-5.26 10.9-10.13	75
여성 자립의지강화프로그램	2000.4.10-5.19	60

③ 월례회 및 행사

	교육 명	집회수	참석자수
월례회	가사도우미	11	400
	산모도우미	11	220
	간병인	11	275
	출장요리사	11	55
두레회원의 날		1	85
두레야유회		1	40

위 보고에서 나타났듯이 YWCA에서는 주로 Y-teen 활동 및 지도자 훈련 프로그램, 소비자 보호활동 그리고 각 가정에 가사 도우미, 산모 도우미, 간병인, 요리사 등을 필요할 때에 파견하는 일 등을 활발하게 하고 있다.

성남YWCA는 전국 YWCA운동과 궤를 같이 하면서 성남지역에 필요한 특수한 봉사 프로그램 및 지도자 육성 교육, 문화운동 등 다양하게 활동하고 있는 것을 볼 수 있다. 회원운동단체이며 자원봉사자를 활용하는 YWCA운동을 기독교 인구가 많은 우리나라에서는 많은 인원을 확보할 수 있는 기초가 되어 있는 단체이다. 분당의 아파트 인구가 확대되면서 YWCA운동은 더욱 활기를 띨 것으로 보이며, 지역사회 내지는 여성운동에 앞으로 큰 역할이 기대된다.

V. 맺음말

지금까지 한국의 여성운동에 대해서 YWCA라는 단체를 통해 살펴보았다. 특히, 1920~30년대 설립되면서 근대화과정에 큰 역할을 했던 YWCA운동을 조명하면서 시대를 뛰어넘어 성남지역의 YWCA운동을 고찰해 보았다.

시대마다 여성운동의 성격이 다르지만 YWCA운동은 기독교 이념의 사회화운동을 겸하고 있기 때문에 시대 변천에 따라 프로그램이 다소 변화가 있지만 역사적 주류는 같다고 할 수 있다. 기독교인구가 많은 한국의 실정으로 볼 때 성남지역에서도 교회여성들이 자원봉사자로 많이 활동하고 있고 또한, 회원운동단체로서 현재, 성남지역에서도 2000명이나 되는 회원이 가입하여 활동하고 있는 점을 볼 때 앞으로 성남지역의 YWCA운동에 기대되는 바가 크다.

그러나 아직 지역사회에서 뿌리를 내리지 못하고 있고 그 조직이나 생활에 비해 잘 알려져 있지 않은 것은 문제점으로 지적될 수 있다.

제3부

근대인식과 문화상으로 본 문화의 역사

조선후기 강위의 개화사상

Ⅰ. 머리말

서구 열강의 동아시아 진출은 기존의 국제 질서에 새로운 변화를 야기하는 계기가 되었다. 특히 한반도는 전근대적인 중국 정부와 조공제도를 통한 교섭 관계가 서구적인 조약관계로 변질되면서 서구 열강의 이해관계가 대립되는 각축장이 되었다. 이것은 전통적으로 중국을 축으로 이루어진 국가간의 교섭에 서방국가의 동방진출에 따른 새로운 변수가 추가된 것을 의미하며 경제적으로는 자본시장의 주변부로의 편입을 의미하는 것이다.

서방국가들의 동방 진출은 원래 단순한 통상적 경쟁에서 출발하였으나 산업혁명 후 시장과 원료 확보를 위한 경쟁이 가속화되면서 동아시아 제국에 대한 식민지화에 관심이 집중되었다. 결과적으로 서방국가들은 우세한 군사력을 동원하여 식민지 내의 외교·통상·경제에서 각종 특권을 장악하려는 제국주의 경쟁 관계로 돌입하였고, 국가의 개방은 제국주의 침략에 의한 착취를 의미하는 것이었다.[1] 한국사회에서 제국주의의 침략에 대응하여 자구책을 강구해야만 하는 시기에 활동

---

1) 宋麟在, 「韓半島를 圍繞한 列强間의 교섭관계(1805-1902)」, 『성곡논총』 7, 1976 ; 최문형, 「열강의 대한정책에 대한 일연구」, 『역사학보』 92, 1981 등을 참조.

한 강위의 사상은 조선후기 사회의 지식인의 고민을 반영하는 것이기 때문에 중요한 위상을 갖는다고 할 수 있다.

강위에 대한 연구 경향은 실질적으로 시나 문학 등에 초점을 두고 이해하는 시각이 주류를 형성한 것도 사실이다.[2] 이러한 연구 시각에서 벗어나 경학에 기초하여 강위의 사상을 이해하려는 시도가 이어졌다. 연구방법론에서 실학자와의 연관 관계를 조망하고 인적 관계를 분석하여 개화사상가로 전환하는 과정을 추적한 것이라 할 수 있다.[3] 따라서 지금까지의 연구 경향은 실학에서 개화사상으로 전환이라는 도식적 이해라는 한계성이 내재하는 것으로도 이해할 수 있다.

지식인층의 탄력적인 사고체계가 현실의 정치나 사회와 괴리된 현상이 조선후기 사회의 폐단의 일단이라 할 수 있다. 중요 정책을 입안하여 실행하는 관료 집단의 폐쇄성이 사회 구조적인 모순을 자체 강화하며 한편으로 재생산하는 틀에서 혁신적인 사상은 무산될 수밖에 없는 것이 문제점이다. 강위가 경험한 동북아 정세의 인식이나 세계적인 흐름의 경향이 실질적으로 반영되지 못한 것은 집권층이 보수적 이데올로기에 집착한 결과이다. 그러나 혁신적인 사고의 지식인층이 대중적인 주류를 형성하지 못하고 편협한 방법론만을 고수한 소극적인 태도를 견지한 것도 근대 지향의 걸림돌로 작용한 것이 사실이다.

정신적인 측면에서 보면 성남지역은 근기실학의 진원지로 近畿學派의 개조인 성호 李瀷을 위시하여 安鼎福・丁若鏞 등과 연관된 곳이다. 즉 광주 근방에는 성호 계열의 남인학자들이 많이 살았고 서학과 깊은 관련을 갖는 주위 환경이 조성되었다. 성남지역은 남인계열 학자

---

2) 朱昇澤, 「姜瑋의 사상과 文學觀에 대한 考察」, 서울대 박사학위논문, 1991 ; 「姜瑋의 開化思想과 外交活動」, 『한국문화』 12, 1991 등 참조.

3) 李光麟, 「강위의 인물과 사상」, 1976과 金顯棋, 「강위의 개화사상 연구」, 경희대 사학과 석사학위논문, 1984가 있다.

들이 학문연구와 포교활동을 통하여 근대화를 추구한 지역이라 할 수 있다. 전환적 사회인 개화기에 성남의 복정동에 위대한 사상가가 존재할 수 있는 내재적인 요인은 이러한 학문적 토대가 성숙된 결과라 할 수 있다.

강위가 삶을 영위한 기간은 한국사회의 전환기로 근대 사회로 이행하는 과정에서 나타나는 내재적 모순과 외적 충격이 일시에 다가 온 시기이다. 강위는 실학적 사상에 기초하여 문학으로 사상을 표현하였지만 경학과 국제적 흐름을 객관적으로 인식한 냉철한 학자였다.[4] 자본주의 시장경제에 대한 체계적인 이해는 미흡한 한계성을 지닌 것이지만 개화의 당위성이나 필연성을 정확하게 인식하여 부국강병책을 추구한 그의 열정은 새롭게 인식할 필요성이 있다.

II. 강위의 삶과 사상

강위는 1820년(순조 20)에 남한산성 서북에 자리한 경기도 광주군

---

4) 강위에 대한 연구가 활성화될 수 있었던 것은 1978년에 아세아문화사가 간행한 『강위전집』 상하권 때문이다. 『강위전집』은 21권 5책이며 『古歡堂收艸』에 여타의 저술을 합본하였다. 『고환당수초』는 1883년(고종 20)에 간행되었고, 17권의 시집과 4권의 문집으로 구성되어있다. 시집 『北遊艸』와 『北遊續艸』 및 『遠遊艸』는 청나라에 여행하면서, 『東遊艸』와 『東遊續艸』는 일본에 여행하였을 때 지었다. 『擬三政救弊策』은 1862년 임술민란 직후 지은 대책문이다. 『北遊日記』는 1873년 10월 24일 冬至使兼謝恩使 정건조의 권유에 따라 베이징[북경]에 갔다가 이듬해 3월 30일 서울로 돌아올 때까지의 기록이다. 『北遊談艸』는 1874년 봄에 정건조와 청나라 刑部主事와의 문답을, 『北遊續談艸』는 1875년 봄에 동지사 서장관 이건창을 수행한 강위와 청나라 관리와의 문답을 기록한 것이다. 이 외에도 김홍집, 황현, 이건창, 허전 등이 평가한 자료가 강위를 평가하는 자료로 인용된다. 강위는 이건창, 황현의 시풍에 영향을 주었고 벼슬은 監役을 지냈다.

중부면 복정리에서 태어났다. 본관은 晉州이며, 이름은 浩, 性澔, 瑋이다. 자는 仲武, 韋玉, 堯章, 호는 秋琴, 古懽堂, 慈岆 등이었다. 진양 강씨가 광주군에 이주한 것은 6대조 姜元吉이며, 고려후기부터 조선시대를 거쳐 현대까지 600년 이상을 거주한 것이라 할 수 있다.[5] 북학사상의 대가 박제가에게 수업한 김정희의 학맥을 이어받은 관계로 經學은 물론 禪學, 병학, 지리 등에 해박한 경세가이며 한편으로 시와 문장에 탁월한 재능을 발휘하여 당대 시단의 대표적인 인물로 평가되기도한다. 개항 전후의 현실인식에 뛰어난 안목을 지녀 개화론의 선구적인역할을 담당한 것도 주목되는 사항이다.

강위의 집안은 전통적으로 문과에 합격하여 문관의 직위가 많았으나 12대조 姜熙臣이 을묘사화에 연계되어 관직을 박탈 당한 후 문관에서 멀어졌다. 이러한 사건 이후 강위 집안은 무관 출신들이 압도적인비중을 차지하게 되는 것이 특징이다. 부친 鎭華는 무과를 거쳐 충청도 공주영의 중군, 함경도 고원군수, 공주영의 營將을 역임하였다. 형인 文瑾은 선전관청의 선전관, 훈련원의 주부, 오위도총부의 經歷, 개성부의 管理營을 지냈다. 큰아들과 손자 2명이 무과에 합격하여 무관의 집안으로 전환되었다. 이러한 집안의 배경은 문관보다는 상대적으로 지위가 낮은 무관 집안이기 때문에 생활고를 겪게 되었다고 할 수있다.

강위는 병약한 관계로 11세의 늦은 나이에 서당에 갔으며, 14세에향시에 응시하였다.[6] 이후 서울에 올라와 영의정을 지낸 鄭元容의 집에서 기거하면서 그의 손자인 鄭健朝와 함께 공부하였다. 24세 때 과거에 응시하는 것을 포기하고 경학을 연구하는 일에만 전념하였다. 과

---

5) 李光麟, 앞의 논문, 3쪽.
6) 강위의 인물에 관한 사항은 晉陽姜氏世譜, 許傳의 姜瑋傳, 李建昌의 姜古懽墓誌銘, 李重夏의 本傳, 姜瑋의 글 등을 통해 어느 정도 추적할 수 있다.

거를 포기한 것은 다양한 측면에서 고려할 수 있지만 무과에 급제하는 집안의 전통에 관심이 없었으며 문과적 자질과 성향에 따른 것이라 할 수 있다. 한편으로 사회적인 측면에서 보면 세도정치에 따른 구조적 모순과 과장의 폐단을 감지한 지식인층의 성향에 동조한 것이 아닌가 한다.

과거의 응시를 포기한 강위는 紀園 閔魯行의 문하에서 4년간 경학을 배웠다. 성리학자로 이름을 떨치던 민노행에게 가서 수학했는데 정건조와 함께 오전에는 스승에게 가서 글을 배우고 오후에는 함께 글을 읽었다. 비가 오나 눈이 오나 하루도 빠짐없이 4년 동안 계속했다.[7] 어느 날, 민노행이 『대학』의 古本을 주면서 스스로 뜻을 풀어보라고 하자 그는 한 달 동안 깊이 생각한 끝에 이를 모조리 풀어냈다. 대학의 해석을 본 민노행은 "1년이 걸릴 일을 한 달만에 해냈구나"라며 감탄해 마지않았다.[8] 민노행이 죽으면서 그의 친구인 김정희에게 가서 공부하라고 일렀다. 민노행의 당부에 따라 강위는 당시 제주도에 유배 중이었던 김정희를 찾아 제주도로 내려가서 3년간 지도를 받았다. 1848년 김정희가 유배에서 풀리자 서울로 되돌아 왔다가 1년 후 스승이 다시 북청으로 유배를 가자 따라가 가르침을 받았다.

김정희는 경학·음운학·천산학·지리학 등에도 상당한 식견을 가지고 있었으며, 불교학에도 조예가 깊었다. 그의 학문은 여러 방면에

---

7) 정건조, 『문집』의 서문.

8) 李重夏는 『本傳』의 서문에서 강위에 대해 다음과 같이 평하고 있다. "세상 사람들은 모두 이 사람이 시문에 뛰어나다고 칭찬하면서 천하의 일을 논하거나 당세의 일을 논하는 데 뛰어났다면 믿지를 않는다. 늘 남루한 옷을 입고 쫓아다니는 데 오직 천하의 일이 모두 자신의 일인 것처럼 생각했다. 10여 년 이래로 세상사 되어가는 꼴을 보니 그를 믿지 않았던 것이 다 그릇된 일이었다. 또 한번 탄식하지 않을 수 없구나"라고 적어 놓았다. 이를 통해 보면 강위는 역사적 통찰력과 일을 예측하는 능력이 뛰어났음을 알 수 있다.

걸쳐 두루 통하였기 때문에 청나라의 거유들이 그를 가리켜 海東第一
通儒라고 칭찬할 정도였다. 한편으로 예술적인 면에서도 뛰어난 업적
을 남겨 시·서·화 일치사상에 입각한 고답적인 理念美를 구현하려
하였다.

　김정희가 추구한 학문적 사상이나 사회 인식 등은 일정 부분 강위에
게 계승되었다고 할 수 있다. 1856년 김정희가 죽었을 때에 그가 지은
제문에 스승에 대한 존경심의 일단을 엿볼 수 있기 때문이다.

　　세상에서 우리 스승은 소동파에 비기네
　　神技는 그만 못하지만 품격은 훨씬 나으리
　　果川(추사가 한때 살던 곳)의 눈과
　　淸溪(추사의 집이 있던 곳)의 언덕에서
　　세 번 부르고 가시니 호호탕탕 산하로다

　짧은 제문이지만 강위가 스승을 소동파에 견주었고 품격에 대한 존
경심을 나타낸 것은 학문적으로도 지대한 영향을 받았다는 사실을 반
영하는 것이다. 이런 점에서 보면 강위의 사상 형성에 지대한 영향을
미친 것은 김정희라 할 수 있으며, 자유분방하고 고증학적인 사고를
받아들여 학문에 반영하였다. 이러한 학문의 태도로 인해 경학과 금석
문의 학문적인 한계성을 탈피하여 불교, 음양법 등에도 지대한 관심을
기울였다. 유학에서 이단시하는 학문의 사유체계에도 관심을 갖고 탐
구하여 김정희의 고증학적 실사구시와는 상이한 일면을 보인다.[9] 특히
서양 학문의 실용주의적 태도에 자극받아 현실을 객관적으로 인식한
태도는 개화사상으로 자리할 수 있는 토대로 작용하였다.

　스승인 김정희에게 받은 영향을 바탕으로 자신의 사상적 체계가 어

---

9) 金顯棋,「姜瑋의 開化思想硏究」, 경희대 사학과 석사학위논문, 1984, 12쪽.

느 정도 형성되었다고 판단한 강위는 지금까지의 생활방식이나 사유방식에 변화를 보이기 시작했다. 가장 주목되는 부분은 30세를 전후하여 전국을 방랑한 것이라 할 수 있다. 30세 이후에는 개화파의 사상에 동조하여 일정 부분 개화운동을 전개했지만, 한편으로는 전국을 유람하면서 시에 심취한 것이 특징이다.[10] 1862년 43세의 나이로 현실의 모순을 지적한 「擬三政救弊策」을 저술하여 조선후기 사회문제에 대한 인식의 일단을 드러냈다. 당시 현실에 대한 인식도 문벌의 특권과 귀천의 차별을 타파해야만 한다고 설파하여 개혁적인 성향을 드러냈다.

서양에 대한 인식의 폭을 확대한 계기적인 사건은 1873년과 74년 두 차례 중국을 시찰한 것이라 할 수 있다. 이를 통해 서양의 우월성을 인정하는 한편, 국가의 위기를 타개하기 위한 개항론의 당위성을 형성할 수 있었다. 1880년 61세에 강위는 수신사 김홍집을 따라 일본에 갔고 1882년 재차 김옥균과 함께 일본을 방문한 사건이 인식의 틀을 전환하는 중요 사건이라 할 수 있다.

50세가 넘어 중국을 방문한 강위는 청국의 학자층과 교우관계를 형성하면서 한국사회의 내적 문제나 국제사회에 대해 눈을 돌렸다. 청국을 방문한 후 강위는 한국도 하루속히 개항을 하고 개화가 이루어져야 한다고 강조한 것을 보면 알 수 있다. 강위의 국제적 인식의 틀은 1873년 정사 정건조를 따라 북경에 간 후 청국의 학자 張世準과 필담을 나눈 내용을 정리한 『北遊談草』를 통해서 짐작할 수 있다.[11] 기본적인 사항은 정건조와 장세준이 필담한 내용을 강위가 기록한 것인데, 이 내용에서 주목되는 사항이 한국을 위시한 중국, 일본, 서양 세력의 동향에 관한 것이다.

---

10) 文一平이 언급한 3대 시인은 강위, 김택영, 황현이라 하였으며, 특히 강위는 단순한 문사나 시인이 아니라 경륜에 능한 기이한 인물이라 평하였다.

11) 『강위전집』, 아세아문화사, 1978.

 1880년 강위는 61세의 나이로 수신사 김홍집을 따라 일본에 건너갔다. 明治維新 이후 일본사회의 변화 과정을 직접 경험하고 시찰한 것은 국제적 인식의 틀을 확인하고 정립하는 계기가 되었다고 할 수 있다. 수신사 김홍집의 서기로 일본에 가서 동양 삼국이 합세하여 서양인에게 모욕을 당하지 말자는 興亞會의 간담회에 참석하기도 하였다. 흥아회의 설립 취지는 동양 삼국이 합심하여 서양인들로부터 치욕을 당하는 것을 없애자는 것을 목적으로 했으며, 김홍집이 동경에 도착하자 간담회에 초청하였다. 흥아회에 참석한 강위는 관심을 표명하는 한편 회원들의 요청을 받아들여 시를 짓기도 하였다.

 1882년 3월 재차 일본을 방문하였는데, 당시 김옥균을 수행한 인원이 10명에 달하였다. 당시 일본을 방문한 일행으로는 徐光範, 金鏞元, 鄭秉夏, 柳赫魯 등이 있었다. 강위는 동경에 도착한 후 흥아회의 간담회에 참석하게 되었는데 김옥균, 서광범, 일본에 유학 중인 유길준과 동행하였다. 재차 방문한 일본에서 강위는 약 5개월 간 체류하며 일본의 사정 등을 살필 수 있었다. 귀국길에 오른 강위는 배가 下關에 이르렀을 때 한국에서 임오군란이 일어났다는 사실을 알게 되었다. 이를 계기로 대원군이 정권을 장악하여 정국의 양상이 복잡 다단하게 펼쳐지게 되자, 김옥균과 서광범은 서울에 돌아와 사태수습을 하도록 하였다.

 강위는 당분간 下關에 머물다가 중국으로 향했는데 천진에서 魚允中을 만날 계획이었다. 그러나 어윤중은 청국 군함에 승선하여 이미 한국으로 향했기 때문에 목적의식을 상실한 강위는 상해로 갔다. 청국에서 접촉한 학자들을 통해 강위는 개화운동에 도움이 될 수 있는 자료를 수집하였고, 40여 일 동안 江南機器廠에 체류하다 귀국길에 올랐다. 세 번째 청나라를 방문하고 돌아온 지 1년 반 뒤, 갑신정변이 일어나기 8개월 전인 1884년 4월 5일에 고환당 강위는 65세의 일기로 자유

분방한 삶을 마감하였다. 묘소는 성남시 수정구 복정동에 위치하였지
만 표석과 무덤은 유실되었다.[12]

Ⅲ. 「의삼정구폐책」에 나타난 현실 인식

강위의 활동에서 주목되는 사항은 문학 활동이다. 그는 1862년 삼남
지방의 민란으로 인해 서울로 상경하였고, 친구인 정건조의 요청을 받
아들여 2만 9천여 자에 달하는 시무책 「擬三政救弊策」을 작성하였
다.[13] 시무책을 작성한 강위는 내용을 다듬다가 불에 태워버렸으나 옆
에서 도운 鄭昌이 초고의 원고를 모아두었다가 4년 후에 서문을 완성
하였고, 1889년에 인쇄되어 빛을 볼 수 있었다. 강위의 열정에 찬 정치
철학과 현실인식의 깊이를 엿볼 수 있는 것이 「의삼정구폐책」이라 할
수 있다. 삼정책의 내용에서 주목되는 것은 국가의 현실을 위기로 보
았다는 점이다.

강위가 지적한 정치 형태에 관한 사항은 권력 집중화의 문제에 대한
것이라 할 수 있다. 조선후기 사회에서는 중반에 나타난 붕당정치의
형태가 일정 부분 붕괴되면서 하나의 붕당이 정국의 주도권을 장악하
거나 붕당이 급격하게 교체되는 환국이 지속되는 특징을 지닌다. 이러
한 사정으로 인해 왕권이 상대적으로 약화되면서 세도정치가 발호할
수 있게 되었다. 세도가문은 7대에서 10대에 포함되는 동성 혈연집단
으로 왕실 외척이나 山林 또는 관료가문의 성격을 지닌다. 안동 김씨
金祖淳家와 풍양 조씨 趙萬永家가 권력과 이권을 독점하였다.[14] 유력

---

12) 강위의 고손이 70년대 초 브라질로 이민을 떠나면서 고환당 묘와 부인 유씨
    를 합장했던 무덤을 파헤쳐 화장했기 때문에 없어졌다.
13) 「擬三政救弊策」, 『姜瑋全集 上』, 547~551쪽.
14) 홍순민, 「정치집단의 성격」, 『조선정치사(1800~1863)』, 242~253쪽.

한 가문의 인물들은 비정기적으로 시행되는 별시를 통해 관직에 진출하는 것이 일반화되었다. 이들은 중요 관직을 독점하여 비변사에서 자체회의를 통해 사적인 이익을 보장받고 표면적으로는 왕의 권위를 높였지만 실질적으로 왕권의 약화를 도모하였다. 이런 점에서 보면 김조순이 주장한 세도론은 수구적이고 기득권을 보장하려는 논리에 불과하다고 할 수 있다. 사회적 현실에서 야기되는 모순에 대처할 수 있는 능력이 부족한 관계로 새로운 사회세력을 우민으로 간주하는 한편, 사회구조적인 문제점은 수령이나 관료의 운영상 문제점으로 부각하는 일에 전념하였다. 결국 새롭게 성장하는 사회세력의 정치 참여를 차단한 관계로 사회적 모순을 악화시키는 결과를 초래한 것이다.

강위는 군정과 농정의 폐단을 지적하면서 근원적인 원인은 부정에 있다는 사실을 지적하고 있다.

오늘날 군정과 농정이 문드러져서 위 아래가 모두 곤궁하다. 백성은 아침 저녁의 끼니를 이을 수가 없고 나라에는 1년의 저축이 없어서 갑작스런 흉년이나 전쟁이 일어난다면 무엇으로 막겠는가.

강위가 인식하여 척결하려는 사항의 부정은 크게 제도적 모순과 권력자의 부패 고리로 인식하고 있다. 제도적 부정으로는 법의 폐단과 토지겸병의 문제점을 지적하였다. 조선후기 사회에서 파생하는 근원적인 모순은 다양한 시각에서 접근할 수 있다. 법의 폐단의 측면에서 보면 여러 가지이지만 무엇보다도 귀천을 나누는 신분제적 모순이라 할 수 있다. 양반들은 군역을 지지 않고 田稅에도 온갖 특권을 누렸기 때문에 국가재정이 궁핍화된 것은 필연적인 것이다. 따라서 조선후기 사회의 문제점을 해결하기 위한 방안은 상위 계층인 양반층에게 공평하게 조세를 매기고 군대의 의무를 지게 해야 한다는 것이다.

한편으로 강위는 삼정책에서 토지겸병을 허락하여 부의 편중을 가속화시킨 문제점을 지적하였다. 전반적으로 전정에 대한 그의 인식을 살펴보면 다음과 같다.

田制는 制度 解弛나 운영 문란으로 經界가 문란해지고 賦稅가 불균하여 陣稅, 白徵, 隱結, 餘結, 加結, 都結, 屯結, 宮結 등 다양한 명목으로 부과된다. 결국 국가나 국민이 지탱할 수 없을 정도로 폐단이 극심하게 되었다.15)

강위가 인식한 토지겸병에 따른 폐단은 결과적으로 국가재정에 막대한 손실을 끼치는 것으로 이해하고 있다. 실제로 양반들은 이런저런 구실을 붙여 군대에 나가지 않았고, 게다가 군의 경비로 내는 군포도 물지 않았다. 이런 관계로 일반 서민들은 양반이 되기 위해 신분을 속이거나 벼슬을 사거나 족보를 위조하는 사례들이 비일비재했으며, 가난한 자들은 먹을 것이 없어서 고향을 떠나거나 도망가거나 산적이나 화적으로 전락하고 있는 상황이었다.

강위가 인식한 국가재정의 고갈 현상이나 농민층의 유민화에 대한 해결 방안은 제도적 개선이었다. 그는 국가재정과 농민들의 생업 보장을 위해서는 국가가 量田事業을 실시해야 한다고 주장하였다.

국가의 田은 왕가의 私恩에 모두 위임되어 官驛田은 折受되고 豪民은 漏結하고 滑吏는 隱結하니 元帳은 400만 결인데 국가의 正稅에는 90만 결에 불과하기 때문에 經用을 지급할 수 없다. 이런 사정으로 전제가 무너지고 당연히 釐正하여 量田해야만 한다.16)

---

15) 「擬三政救弊策」, 앞의 책, 564쪽.
16) 「擬三政救弊策」, 위의 책, 603쪽.

양전사업에 대한 그의 인식은 더욱 구체화되어 나타나는데, 이를 전담하기 위한 균전소 설치를 역설하고 있다. 360개 읍에 대해 20년간에 걸쳐 점차적으로 실시해야 하며 양전을 담당하는 인재는 남을 속이지 않는 사람이어야 한다고 강조하였다. 이런 점에서 보면 강위가 지적한 해결 방안은 제도적 모순에 모아지는 것이지만 궁극적으로는 제도를 운영하는 품성이 중요하다는 사실을 지적하고 있다.

국가정책의 중요 사항은 兵政보다 우선하는 것이 없다는 것을 강조하고 있다. 軍倉에 대한 정책이 전정보다 우선하는 것으로 군창이 올바르게 되어야만 田政도 올바르게 된다고 주장한다. 군정의 폐단이 극심하게 되어 軍吏는 궁민을 포탈하고 민들이 감당할 수 없어 도망하는 현상이 반복되어 국가에 兵이 없는 상태가 되었다고 지적한다.[17]

세부적인 사항에서 보면 제도를 운영하는 수령이나 이서의 작폐가 농민 몰락을 가속화시키고 이것이 삼남지방의 농민봉기의 요인이라는 점을 지적하고 있다. 吏胥들이 농간을 부리고 鄕品들이 결탁하고, 호족들이 위세를 부리고, 수령들이 탐학하고, 장수들이 가렴주구를 일삼고 있으니 온갖 부정이 제도를 통하거나 구조적으로 이루어지고 있다는 것이다. 이런 결과 실제 토지는 모두 농민의 손에서 떠나 10만석 지기니 1만석 지기니 하는 관리 출신 또는 이서 출신의 지주가 전국 어느 곳을 막론하고 횡행하고 있다. 이와 같은 인식은 정약용이 『牧民心書』에서 지적한 내용과 유사하다.

강위가 삼정책에서 사회적 모순을 해결하기 위한 방안으로 제시한 중요한 사항 중 하나가 개혁을 위해서는 군주의 독단이 필요하다는 것이다. 군주가 이리 흔들리고 저리 흔들려서는 왕권이 확립될 수 없을 뿐만 아니라, 조그마한 개혁도 이룰 수 없다고 본 것이다.[18] 오래 된

---

17) 『姜瑋全集 上』, 590쪽.
18) 강위는 「의삼정구폐책」에서 "위정자가 비록 幣法은 변해야 된다고 생각해도

낡은 법을 시의에 맞게 뜯어고치고 잘못된 제도를 근본적으로 바로잡기 위해서는 왕의 권한이 제대로 시행되어야 한다고 주장했다.

사회개혁을 위한 해결 방안은 한편으로 귀천을 막론하고 균등하게 부세를 부과하는 것이 중요하다고 주장하고 있다. 공적이나 사적이나 면세되거나 은닉되고 누락된 세금을 환수하는 한편 종친의 경우에는 녹봉을 지급하고 토지가 있으면 모두 세금을 내야 한다는 원칙을 강조하였다. 이런 점에서 보면 강위의 해결 방안은 부세 불균등의 문제점을 지적한 후 이것을 해결하기 위해서는 세금의 균등이 중요하다고 강조하였다.

강위는 삼정책을 쓰면서 1862년 삼남의 농민봉기에만 초점을 맞춘 것은 아니다. 조선후기 사회에서 야기된 모순점을 지적하고 새로운 전면적 개혁이 없으면 국가체제가 위기에 봉착할 것이라고 예견한 것이다. 이것은 부국강병으로 나라를 일으켜야 한다는 그의 정치철학을 나타낸 것이다. 현실 개혁으로 국가체제의 발전을 기할 수 있다는 인식의 일단을 드러낸 것이라 할 수 있다. 전국을 떠돌며 사회 밑바닥의 실정에 꿰뚫어보고 그의 지식을 결부시켜 이런 방책을 제시한 것으로 이해할 수 있다. 그가 김정희의 실사구시적 실학 체계에서 나아가 광범위한 현실 개혁의 이론에도 밝았음을 보여주는 것이다.

Ⅳ. 개화기 국제적 조류에 대한 인식

소중화사상에 기초하여 조선후기 사회를 통치해 온 기득권층의 관심은 중국에 한정된 편파적인 인식 체계를 유지했을 가능성이 높다.

후환이 두려워 말을 못하고 있다는 사실을 전제로 하여 國勢가 약해지고 土豪가 발호하여 농민이 궁색해 진다"고 주장한다.

그러나 서양세력이 근접하면서 동양적 질서체계에 변수로 작용하게
되자, 한국사회에서도 서양에 대한 관심이 고조될 수밖에 없었다. 청국
이 대처하는 방식에서 문제점이 드러나고, 국가간의 생존 전략이 치열
하게 각축하는 상황에서 독자적인 외교 수단을 강구하는 것이 중요 과
제로 부상하는 시기였기 때문이다. 이러한 인식과 필요성을 자각한 조
선후기 지식인층들은 기존의 기득권 논리에 대항하여 독자적인 방향
을 설정하고 설득하는 것이 중요 과제이며 개혁 사회로 가는 관건이라
고 생각하였다. 결국 조선후기 사회는 내재된 모순과 외부의 충격으로
인해 갈등 구조를 안고 있는 것으로 대처 능력은 개혁의 속도에 비례
하는 상황이었다.

중국이 일본의 팽창주의를 의식하여 한반도에서 기존의 기득권을
유지하려는 전략의 일환이 『조선책략』의 防俄聯美論이라 할 수 있다.
즉 중국을 종주국으로 한 동아시아 국제질서 하에서 한국은 완전 종속
관계의 지배관계는 아니었다. 중국과의 교섭관계는 의례적인 형태로
관행화되었으며 내정개입은 배제된 것이었다. 그러나 중국 정부의 한
반도에 대한 관심은 일본의 팽창주의적 위협이 증대되고 러시아의 압
력이 증가하면서 새로운 변화를 수반하게 되는데 강위의 사상은 일정
부분 이를 반영하고 있는 것이 특징이다.

강위가 중국을 방문하여 얻은 것은 열강의 세력들이 균형을 이루게
한 후 한국의 주권을 지키는 방안이었다. 초창기 중국 방문에서 국제
적 정세에 대한 강위의 인식은 중국측의 의사를 반영하여 자신의 관점
이 없이 일정 부분 답습하는 형태를 보여준다. 특히 그의 저서인 『北
遊談草』에 나타난 사항은 이러한 사정을 반영하는 것이라 하겠다.19)
청국에서 우려하는 러시아의 남하정책에 대한 두려움을 비판적인 관

---

19) 「北遊談草」, 『강위전집 하』, 804~806쪽.

점에서 정리하는 것보다 일정 부분 동조하고 있기 때문이다. 청국공사 何如章과 黃遵憲 등이 러시아의 남하정책이 두렵다고 설파하면서 이러한 의도를 지지하기 위해서는 한국이 미국과 외교관계를 맺어야 한다는 의견에 적극 동조한 것이다. 미국과 외교관계를 해야만 하는 이유는 국제 관례상 통교를 먼저 튼 나라가 會主, 수석 외교국의 자리를 차지하기 때문에 한국에 대해서는 미국이 회주가 되어야만 한다는 것을 주장하였다.[20]

강위의 러시아에 대한 인식은 『조선책략』에서 주장한 내용을 대체로 답습한 것이라 할 수 있다. 러시아에 대한 대비책을 마련하는 것이 급선무이며 일본과의 관계는 부차적인 사항으로 인식하고 있다.

> 러시아는 천하에서 막강한 나라이다. 이미 서쪽을 공략하고 다시 동쪽으로 변경을 도모하니 중국의 형세도 장차 위태로운 형편이다. 만약 중국 영토가 러시아에게 유린된다면 장차 천하의 대세가 러시아로 기울어서 결국 대항할 수 없게 된다. 여러 나라들이 이 같은 사실은 인식하여 은밀하게 합종을 도모하고 러시아를 막기 위해 계획을 세운다. 우리나라는 러시아와 국경을 접하고 있으니 형세가 더욱 핍박한데 아직도 적에게 대비할 방책도 없고 오랫동안 외국의 손님을 거부한 비방만 듣고 있으니 무엇을 믿고 근심하지 않을 수 있는가.[21]

이런 점에서 보면 강위가 청국을 방문하고 청국에 형성되어 있는 국제적 조류를 탐문하여 자료를 축적하는 단계에서 반러친미적인 인식을 지녔던 것으로 보인다. 강위는 중국이 인식하고 있는 국제정세에 일정 부분 동조하여 답습한 결과 침략국의 대상을 러시아, 일본, 서양

---

20) 이광린, 앞의 논문, 31쪽.
21) 강위, 擬誥.

302 제3부 근대인식과 문화상으로 본 문화의 역사

세력 순으로 파악하였다.

러시아를 견제하기 위한 방안이나 대책은 聯美策이라 할 수 있다. 청국에서 러시아를 견제하기 위해 한국에 권장한 외교 방략이 전반적으로 연미책에 관한 사항이다. 따라서 이러한 청국의 입장을 일정 부분 반영하여 연미책의 중요성을 설파한 것이 강위의 외교노선이라 할 수 있다. 문일평은 강위가 防俄聯美의 책략에 선봉적인 역할을 수행했다고 지적하며 다음 사항을 언급하고 있다.

議에 이르러 절대로 聯俄의 불가함을 역설하고 聯美의 필요성을 절규하였으니……俄國과 연결하는 것은 불가하다. 그 이유는 아국은 虎狼의 秦이라 그가 일일이나 支那를 잊어버리지 아니할 것……조선은 支那에 가깝고 지나의 울타리가 되니 俄國에 一日이나 조선을 잊어버리지 아니함을 알 것이다.……이렇게 공평하여 만국의 신뢰를 받는 미국의 傍助나 후원을 얻게 될 때에는 만국이 따라서 和하여 俄人들도 감히 야심대로 하지 못하게 되니 미국과 연결하는 것이 가장 믿을 만하다.22)

강위의 국제적 인식체계에서 중화론적 세계관과 청국의 정략적 측면에서 강조되는 聯美防俄論은 일본을 방문하면서 전환하는 것을 이해할 수 있다. 일본 방문에 동행한 개화파의 김옥균과 개화의 의지를 다졌으며 홍아회에서 설파한 강위의 사상은 이를 반영하는 것이다. 위정척사에 입각한 폐쇄적인 사고가 주류를 형성한 한국사회에서 일본에 대해 객관적이고 정확한 정보에 입각하여 파악하는 일이 중요한 과제였다고 할 수 있다. 따라서 강위가 일본을 이해하는 관점은 한국 정부에서 인식하고 있는 오류적인 사항을 지적하려는 데 주안점을 두었

---

22) 文一平, 「朝鮮識者의 聯美說」, 『湖岩全集 1』, 25~27쪽.

기 때문에 본질적인 내용은 부차적인 것으로 이해했을 가능성이 있다. 이런 점에서 보면 청국 정부에 대한 한국의 종속국적 관계 청산은 일본을 끌어들여 극복하려는 정략적 차원에서 개화사상으로 경사되었다고 할 수 있다.

강위는 국제적 현실에 입각하여 위정척사파들의 동향에 반대하는 개화파의 논리를 대변하고 있다. 청국의 양무운동인 東道西器論에 입각하여 개항의 중요성을 간파한 강위는 개화 활동에 적극적인 자세를 보인다.

> 너희들은 척사와 위정을 앞세우며 또 일본과 화의해서는 안 된다는 거짓말을 퍼트리고 선동하여 많은 사람을 불러모아 대궐 앞에서 상소한 지 여러 달이 지났다. 달래는 말로 답변하고 엄하게 견책하기도 했지만 모질게 이를 개의치 아니하고 마치 대의를 지키기 위해 조정에 대항하여 이기려고만 한다. 군민의 생명이나 국가의 안위에 대해서는 단지 아무런 대책이 없을 뿐만 아니라 처음부터 괘념치 않고 있다.[23]

강위는 척사위정의 대의명분이 중요하지만 국제적 현실을 이해하지 못하기 때문에 국가 안위에 대한 대응책이 미흡한 면을 지적하고 있다. 그는 논의를 한층 진전시켜 일본과의 수호통상조약에 대한 당위성을 설파하여 척사파의 논리에 반박하였다.

> 오늘날 일본과 수호한 일은 우방이 서로 대등한 위치에서 모든 일을 자주적으로 처리했으니 어찌 치욕이라 하여 소란한가. 만약 일본과의 和議를 南宋의 금나라에 대한 치욕으로 병자호란의 치욕과 비교한다면 이는 절대로 같은 종류의 사례가 아니고 처음부터 비교될 수 없는

---

23) 강위, 擬誥.

데도 和라는 글자가 우연히도 같다고 옛 낱말을 주워 모아서 이처럼 비교하여 같다고 하니 어찌 도리를 어기는 것이 아니겠는가.[24]

일본과 서양세력의 침략을 방어하기 위해서는 개국한 후 통상하는 것이 중요하다고 인식하고 있다. 일본을 방문하고 강위가 느낀 일본에 대한 인식은 충격적이며 반대로 한국 정부의 대처 능력이 떨어진다는 사실에 대해 고민한 흔적을 엿볼 수 있다.

동쪽 바다 넘어 일본은 하는 일이 모두 유신에 해당하니
神戶의 樓臺만 보아도 이미 사람을 놀라게 하네
滿語에 능한 諸公은 도무지 속수무책이니
돌아가서 장차 무슨 말을 임금께 아뢸 것인지[25]

그가 인식한 일본에 대한 생각이나 현실을 한국 정부의 관료층들이 부정하거나 소홀하게 취급하는 것에 대해 문제점을 지적하고 있다. 이러한 사유는 소중화사상에 익숙한 유생층의 한계에서 발원되는 것이기 때문에 청국이나 일본에 대한 국가적 역량이나 국제 질서에서 우위를 차지하는 것을 인정하지 않는 문제점을 지적한 것이라 할 수 있다.
한편으로 강위가 실학사상에서 개화사상으로 전환한 계기는 중인층과 교우관계를 확립했던 것도 중요하게 작용한 것이라 할 수 있다. 강위는 사실 무반의 집에서 태어난 관계로 중인과 유사한 처지였기 때문에 중인층과 교우관계를 설정할 수 있었다. 특히 김정희의 문하에서 수학하면서 중인들과 자연스럽게 교우관계를 시작하였다. 김정희 문하의 중인으로는 吳慶錫, 金奭準, 李尙迪 등이 있다. 강위 자신이 언급

---

24) 강위, 擬語.
25) 강위, 「東游艸」.

한 친우들도 중인층이 많았으며 그를 따른 청년들도 중인들이 다수를
차지하였다. 강위가 진정으로 좋아한 벗은 李鳴善, 白春培, 金在玉, 李
琦라 하였는데 백춘배를 제외한 나머지는 역관이었다.26)

　당시 중인층은 해외 사정에 정통할 수 있었는데 역관으로 역할하며
외국으로 자주 여행한 것이 도움이 되었다. 청국의 건륭문화에 대한
이해가 확대되면서 전통적인 이해 방식이나 이데올로기적인 편향에서
벗어날 수 있었다. 신분적으로 정통 유학에 전념한 것이 아니기 때문
에 예학에 따른 명분론에서도 자유로울 수 있었다. 중인들이 신분적으
로 한계가 있어 자신의 사상이 정치적으로 반영되는 것은 어려운 실정
이었다. 그러나 이들의 역할은 당대 경학에 경사되어 시무에 어두운
관료층을 일정 부분 계몽하는 역할도 수행하였다. 특히 외교적 활동에
서 박규수가 역관 오경석과 동행하여 일을 처리한 사실은 이를 반영하
는 것이라 할 수 있다.

　강위의 교우관계에서 주목되는 것은 초의선사 신헌과 오랫동안 관
계를 유지한 것이다. 이런 관계로 인해 신헌과 함께 강화도의 국방책
을 논의하면서 외국의 침략에 대한 대비책을 고민했던 것이다. 한편으
로 이건창, 정만조 등 명사 30여 명이 강위를 시단의 맹주로 받들고 있
었다는 것도 강위의 교우관계의 일단을 드러낸 것이라 할 수 있다. 여
기에 포함된 유명 인사는 呂圭亨, 黃玹, 池錫永, 金弘集, 白樂訓 등이
다.

　강위와 일을 추진한 인물은 김옥균, 김홍집, 서광범, 유길준 등으로
이들은 공통적으로 개화사상에 적극적이었다. 이런 점에서 보면 강위
는 시무에 정통하여 국제정세를 파악하는 능력을 충분히 발현한 것이
며, 중인층들이 지적한 신분제적 모순이나 토지제도의 문제점에 공감

---

26) 이광린, 앞의 논문, 18쪽.

한 것이라 할 수 있다. 이와 같은 관점에서 보면 강위의 교우관계 변화는 강위의 사상적 변화와도 연관된 것이라 하겠다. 초반기에는 중인계층을 통해 국제정세에 대한 감각적 이해를 촉발했다면 이를 바탕으로 후반기에는 개화사상가들과 접촉하면서 이들에게 일정 부분 개화의 당위성을 설파하며 자신의 논리를 정립했다.

개화사상을 선도한 강위는 대내적 모순에 대한 인식도 일정 부분 달리하고 있다. 즉 근대화에서 요구되는 과학기술의 중요성과 발상의 전환에 대한 가치를 강조하고 있다.

> 우리나라는 토산품이 본래 적고 장인들의 기술 또한 보잘 것 없어서 기르는 가축이나 제조하는 물품 가운데 큰 이익을 얻을 수 있는 것이 없다. 단지 바다를 가로 막고 그물을 치거나 산을 뚫어 보화를 취하는 것은 모두 우리가 미처 생각하지 못했던 것들인데 혹시 그 목적이 이런 데 있는 것이 아닌가. 여러 사람들의 의견이 이러했기에 끝에다 기록해 둔다.[27]

서양의 과학기술을 도입하여 근대화를 이룩하는 것이 국가를 부국으로 나아가게 하는 초석이라는 사실을 강조하고 있다.

한국사회가 처한 대내적 모순의 일단에 대해 강위는 노년기에도 열정을 갖고 고심했던 흔적을 보여준다. 특히 중국을 세 번째 방문한 후 돌아오는 과정에서 양무운동에 대한 관심이 이를 반영하는 것이라 할 수 있다. 조선 주재 상무총관에 임명된 陳樹棠 일행을 태우고 인천으로 향하는 배가 있어 강위는 이에 동승하였다. 이 배에는 조선의 재정고문이 되었던 독일인 묄렌도르프, 진주사 조영하, 영선사 김윤식도 타고 있었다. 당시 중국에서는 양무운동이 활발히 일어나고 있었는데 그

---

27) 강위, 「沁行雜記」.

운동의 주도자인 정관응과 깊은 대화를 나누었고, 양무운동에 관계되는 서적들을 수집하여 갖고 온 것이다. 이를 통해 강위는 조선이 국제 사회의 일원으로 국제역학을 어떻게 이용해야 할 것인지에 대해 관심을 갖게 되었다. 그가 고국에 돌아올 즈음 임오군란의 여파도 가라앉았고 개화파가 더욱 활발히 움직이고 있었다. 그러나 그의 나이는 예순 다섯을 바라보고 있었기 때문에 그의 지식이나 국제적 조류에 대한 감각이 현실화되지는 못했다고 할 수 있다.

강위는 한편으로 외국과의 교섭을 담당할 인재의 중요성을 강조하였다. 다음은 강위의 외교문제에 대한 일단을 피력한 내용이다.

우리 조정이 근세에 이르도록 한 일을 보면 交隣과 事大의 허다한 重務를 오로지 譯官들에게 위임하고 벼슬아치의 班列에 있는 사람 가운데 滿語를 할 수 있는 사람이 있다는 말을 아직 듣지 못하였다. 지금처럼 해외에서 많은 일이 벌어지고 있는 때를 당하여 각국의 정세나 형편에 대하여 모든 것을 까맣게 모르고 있으니 나라를 다스리는 도리에 크게 어긋나는 것이다.[28]

일본의 활동에서 강위가 관심을 기울인 부분은 기계의 구입이나 선진화된 문물을 도입하는 문제였다. 구체적인 사항에 천착하여 교사나 유학자금 등에 지대한 관심을 나타냈다. 세계적인 자본주의 질서체제로 편입하기 위해서는 자금과 인재 양성의 중요성을 인식하였고 이를 실천하기 위한 방안에 대해 고심하였다. 강위의 개화사상은 한국사회의 부패 구조를 변혁하기 위해서는 일본식의 위로부터의 개혁을 중요하게 인식하였지만, 일본 정부가 갖고 있는 침략적 의도나 자본주의 체제에서 요구되는 시장 확보의 당위성 등을 중요 사항으로 분석하지

---

[28] 강위, 「沁行雜記」.

못한 한계성이 있다.

V. 맺음말

　시민사회로 이행하기 위해 선행적으로 필요한 요소는 사상적 전환과 개혁적 성향의 토대라고 할 수 있다. 강위가 활동한 시기는 전환기의 사회로 격변기 과정이 수반된 시기이다. 역사적으로 대내적 모순이 노정되었고 대외적 모순이 가중되면서 한국사회는 개혁이 당위적 과제로 등장하였다. 본질적으로 한국사회는 자본주의 시장체제로 편입될 수밖에 없는 상태이며 자체 모순을 해결하면서 대외적 충격을 완화해야만 하는 이중적 과제를 안게 된 것이다.

　강위가 살던 당대에, 실학사상 중농학파의 경향은 대내적 문제 해결을 위해 천착한 결과 토지제도의 모순에 초점을 맞추어 그 대외적인 인식은 편협하다는 한계성을 드러낸 것이 사실이다. 반면에 북학파가 주장한 개혁안들은 대외적인 동향이나 서학, 상업과 과학기술의 중요성 등을 인식했지만 현실에서 실천성이 떨어지는 문제점을 노정하였다. 조선후기 사회에 탄력적인 대내 정책이나 외교전략이 부재한 것은 북학사상이 현실 정치로 발현되지 못한 문제가 중첩되어 나타난 것이다. 이런 점에서 보면 강위 사상의 강점은 표면적으로 부국강병책에 귀결되는 것이지만 현실에 대한 냉철한 인식과 자기 비판에 기초하는 것이라 할 수 있다.

　외교정책에 대한 강위의 국제적 인식은 청국의 조선책략적 방략에서 일본의 개화사상으로 전환된 것이 특징이다. 1870년 이후 한반도를 위시한 국제정세의 변화 중 일본의 정한론, 일본군의 대만 출병 등은 일본의 침략의도를 가시화한 것으로 중국 정부의 한반도에 대한 관심이 불안감으로 변질되면서 대비책을 강구하기에 이르렀다. 한반도에 서방국가의 경제적 이권을 어느 정도 양보하면서 일본과 러시아의 세력침투를 견제하자는 방안이었다. 이러한 한반도내 세력 균형책은 중국 정부의 의도였으며 강위가 인식한 사상적 체계에 일정 부분 반영된 것이라 할 수 있다.

중국 정부가 한국 내에서 획득한 기득권을 연장 유지하려는 측면과 한국에 대한 인식이 조공제도에 의한 질서체제에서 속국으로 간주하려는 것이 문제였다. 따라서 강위는 이러한 질서체계를 탈피하여 중국과 경쟁을 유도할 수 있는 국가가 일본이라는 인식에서 개화정책에 적극적으로 동조한 것이 아닌가 한다.

한국이 일본의 식민지로 전락한 결과 강위의 개화사상은 대동아공영권이나 일본 식민주의 당위론과 맥락을 같이 하면서 일정 부분 폄하된 것이 사실이다. 그러나 당시대적 상황만을 한정시켜 논의한다면 중국의 속국으로부터 탈피하여 주권 국가체제를 유지하기 위해서는 일본을 적절하게 이용할 필요성이 있었다. 따라서 강위의 개화사상은 이러한 시각에서 이해되어야만 일정 부분 본질에 접근하게 된다고 할 수 있다.

강위의 사상은 북학사상의 연장선상에서 파악할 수 있으며, 그것을 개화사상으로 승화시킨 인물이라 할 수 있다. 물론 자본주의 사회나 제국주의에 대한 피상적인 이해로 인해 개화의 폐해에 대해서는 지나치게 경시하는 한계성을 지닌 것은 문제점이다. 그러나 국가의 강병책을 위해 열정을 불태운 역경과 사상적 발상은 그 의미하는 바가 심오하다고 할 수 있다.

동아시아 근대화와 제문제
―근대성과 근대화의 의미를 중심으로―

I

'modern', 'modernity', 'modernization'[1]은 대단히 모호한 개념이다.

---

1) 백낙청, 「문학과 예술에서의 근대성 문제」, 『창작과비평』, 1993년 겨울호, 11쪽. 위의 논문에서 백교수는 'modern', 'modernization'에 대해 다음과 같이 정의하고 있다.

* modern : 근대성의 바탕이 될 '근대' 내지 '근대적'에 해당하는데, 우리말로는 '현대(성)'라는 번역도 가능하다. 이는 영어의 modern이 그 어원인 라틴어의 modo(바로 지금)가 시사하듯이 '지금 당대'라는 의미도 내포하기 때문인데, 근대나 현대나 본질적으로 고대 또는 중세와 구별되는 the modern age의 일부이고 다만 좀 더 가까운 시기가 '현대'라고 해석한다면 크게 문제될 바 없다 하지만 양자간의 더 본질적인 차이를 설정하여 modern은 '근대'에만 해당되고 '현대'는 contemporary(동시대)의 역어일 따름이다라고 고집하는 것은, 적어도 영어의 용법과는 배치된다. 뿐만 아니라 '동시대'가 누구의 동시대이며 어떤 시대인지 분명치 않은 만큼, '탈근대'라든가 다른 어떤 명칭을 선택해서 시대 구분상 고대·중세·근대와 구별되는 현대임을 명시하는 것이 나을 것이다.

* modernity : 단순히 근대라는 시기를 뜻할 수도 있으나, 추상명사로는 바로 '근대성'이다. 즉 근대의 '근대다운 특성'이다. '현대성'이라는 번역의 가능성 및 문제점은 modern의 경우와 대동소이하다.

* modernization : '근대화' 또는 '현대화'로 번역되는데, 원래 영어에서는 건물이나 의상, 맞춤법 따위를 '현대화'한다는 의미가 주였으나, 요즈음은 근대성의 획득, 특히 자본주의적 발전의 과정을 뜻하는 '근대화'라는 의미로도 널리

그래서 이 개념들은 근대적, 근대성, 근대화로 번역되기도 하고 현대적, 현대성, 현대화로 번역되기도 한다. 그러나 번역을 어떻게 하든 이 개념들이 가지고 있는 문제는 결코 간단한 것들이 아니다. 왜냐하면 이 개념들 자체가 하나의 역사적, 정치 경제적, 문화적 산물이기 때문이다. 그러나 편의상 여기서는 근대적, 근대성, 근대화라는 번역을 택한다. 물론 현재를 근대성의 연속으로 보느냐 아니면 탈근대성으로 보느냐 하는 문제는 아직도 학계의 뜨거운 논쟁 거리가 되고 있다. 소위 모더니티와 포스트-모더니티의 논쟁이 그것이다.[2]

근대화의 문제도 이 문제와 직결되어 있는 문제다.

그럼에도 불구하고 혹자는, 이 문제를 정치학이나 경제학의 문제로만 간주하고 역사학의 문제 또는 인문과학의 문제로 보지 않으려는 경향이 있다.

과연 그렇게 볼 수 있는가? 그것이 과연 타당한 견해인가?

근대화란 주제는 인문과학의 대상이 될 수는 없는가? 또 자연과학의 문제는 아닌가?

이런 일련의 문제의식이 오늘의 세미나를 개최하는 동력이 되었다. 왜냐하면 근대화의 문제는 사회과학의 문제일 뿐만 아니라 인문과학과 자연과학의 문제라고 생각하기 때문이다. 오늘 인문, 사회 그리고 자연과학자들이 함께 모여 대화와 토론의 장을 마련한 이유도 바로 여기에 있다.

또 어떤 사람들은 근대화란 주제 자체가 지금의 시점에서 다룰 가치

쓰인다. 그러니까 이 단어는 '근대화', '현대화'로 구별해서 번역하는 것이 적절하고 편리한 셈이다. 예컨대 사회 전체의 근대화와 관련된 경우라 해도 '기술의 근대화'라든가 중국의 '4대 현대화계획'이라든가 하는 식으로 특정 분야의 개선을 말할 때는 '현대화'가 적절하다.

2) J. Habermas와 Ryotar를 비롯하여 W. Welsch, A. Giddens 등이 이 논쟁에 참여하고 있다.

가 있느냐는 의문을 제시하기도 한다. 주제 자체가 진부하다고 말하는
사람도 있다.

그러나 그런 견해에 동의하지 않는다. 왜냐하면 근대성의 문제는 우
리나라뿐만 아니라 서구의 학계에서도 여전히 핫이슈이기 때문이다.[3]
그것은 과거의 문제가 아니라 현재 진행되고 있는 핵심적 문제이다.
우리가 문화, 예술의 문제로 취급했던 모더니즘과 포스트-모더니즘의
논쟁도 근대성과 근대화를 모르고서는 그 본질을 정확하게 이해할 수
없다. 우리나라에서 이루어진 모더니즘과 포스트-모더니즘의 의미가
불분명하고, 포스트-모더니즘[4]에 대한 이해 자체가 불투명한 이유도
이 문제가 근대성과 근대화에 대한 정확한 이해없이 이루어졌기 때문
이다. 지금 우리의 주변에서 한창 논의되고 있는 식민지하에서의 개발
을 발전으로 볼 것이냐 아니면 저개발이냐 하는 문제나, 전통과 현재
에 대한 논의도 바로 근대성과 근대화에 대한 정확한 이해 없이는 무
의미하다. 또 환경오염과 생태계의 파괴, 세계 각처에서 벌어지고 있는
분쟁과 정체성에 대한 요구, 세계화와 지방화의 갈등과 같은 문제들도
근대성과 근대화의 문제와 직결되어 있다. 따라서 이 문제가 결코 진

---

3) 예컨대 'Asian value'에 관한 동·서양 학자들간의 논쟁이 그 구체적인 예이다
4) 포스트 모더니티(postmodernity), 포스트모더니즘(postmodernism) : 또 백낙청교
　수는 위의 논문 12쪽에서 포스트모더니티와 포스트모더니즘에 대해 아래와
　같이 말하고 있다. 포스트모더니티는 직역하자면 '근대 이후' 또는 '근대 이후
　성'이겠는데, '근대로부터의 이탈'이라는 취지를 받아들이고 또 추상명사화할
　때의 편의를 고려하여 '탈근대' 또는 '탈근대성'으로 옮기는 일이 흔하다. '탈
　현대'는 시대구분을 초월한 어떤 역설적인 당대적 특징을 나타내려는 의지의
　반영일 테지만, '현대' 자체가 '당대'라는 뜻을 가짐을 감안할 때 영어에서
　post-contemporary(탈당대) 운운하는 것과 마찬가지로 일종의 말장난이 될 우려
　가 있다. '이즘'이 붙어 postmodernism이 되면 더욱 복잡해진다. modernism 자체
　가 '근대주의'와 '현대주의'로의 구별이 가능하므로 '탈-근대주의'냐 '탈-현대주
　의'냐 라는 논란이 따르며, '탈근대주의'라는 또 다른 변형도 인정해야 한다
　이들 개념들의 상호관계 역시 복잡하고 논자마다 그 인식이 다르다.

부한 주제가 아니라 현재의 시점에서 우리가 함께 모여 진지하게 토론하고 연구해야 할 가장 시급하고 중요한 문제라고 생각한다.[5]

이런 문맥에서 본다면, 동아시아[6] 근대화의 문제도 결코 소홀하게 다룰 수 없는 중요한 문제다. 왜냐하면 동아시아가 직면해 있는 제문제도 바로 근대화에서 야기된 문제이고, 동시에 그것은 근대성의 문제이기 때문이다. 따라서 동아시아의 문제는 비단 동아시아 지역의 문제일 뿐만 아니라 세계적인 문제다. 동아시아의 금융 위기가 세계시장의 금융 위기로 연결되는 현실이 바로 그 구체적인 사례이다. 이것이 세계화 시대의 현실이다.

II

동아시아의 근대화를 문제 삼기 위해서 우리는 먼저 근대성이 무엇인지를 정확하게 알아야 한다. 왜냐하면 근대화란 근대성의 형성 과정이고 근대성은 근대화의 내용이자 산물이기 때문이다. 그렇다면 우리

---

5) 울리히 백(Urich Beck) 지음, 홍성태 옮김, 『위험 사회(Risikogeselischaft)』, 19쪽. 백(Beck)은 과학이나 산업의 발전은 危害들이며, 그 영향이 후세에 간다고 설파하면서, 그러나 베버나 푸코나 아도르노와 같은 비관주의에 굴복하지 않고 근대화의 왜곡된 효과보다는 합리화를 급진화함으로써 처리할 수 있을지도 모른다고 했다.

6) 동아시아와 담론의 대두에 대해서 조병한 교수는 「90년대 동아시아 담론의 개관」, 『상상』, 1997년 여름호 머리말에서 아래와 같이 설명하고 있다. 후기 자본주의의 세계적 개방 추세 속에서 동서냉전이 종식되고 국민국가의 역할이 약화되어갈 것으로 예상되는 가운데 소련권 국가사회주의의 몰락과 아울러 일본을 비롯한 동아시아 경제권의 신속한 발전이 주목된다. 특히 정보화 단계의 경제적 변혁은 세계질서에 획기적 변화를 유발할 것으로 예상되며, 근대 동아시아 지역·문화에 관한 담론도 이 역사적 변동의 의미에 대한 모색의 일환으로 볼 수 있다.

는 다시 '근대성이란 무엇인가?'라는 물음을 진지하게 되물어야 한다.

모더니티란 무엇인가?

모더니티는 언제 어디서 어떻게 형성되었나?

이 물음에 답하기 위해서 우리는 서구의 역사를 이해하지 않으면 안 된다. 왜냐하면 근대성은 서구의 근대화를 구성하는 핵심 내용이기 때문이다.

자본주의, 산업화, 도시화, 합리화, 분업 그리고 프로테스탄트 윤리, 개인주의, 인권, 시민사회, 민주주의와 같은 개념들은 서구 근대화 담론을 구성하는 기호들이다. 서구의 역사를 이해한다는 것은 이들 기호들을 이해하는 일이고 이 기호들을 둘러싸고 전개된 서양의 역사를 이해하는 일이다. 따라서 서구의 근대성의 특징이 무엇이고, 그것이 어떻게 이루어졌는가도 알아야 한다. 이런 점에서 근대성과 근대화에 대한 내재적, 외재적 설명이 필요한 것이다.

또한 서구의 근대성과 근대화를 이해하기 위해서는 근대성과 근대화가 안고 있는 명암을 있는 그대로 총체적으로 균형있게 파악해야 한다.[7] 일방적인 낙관주의나 지나친 비관주의도 근대성을 이해하는 데 도움이 되지 않는다. 이런 문맥에서 우리는 우리 사회에 유행처럼 번지고 있는 미래학자들의 낙관적인 정보사회론이나 포스트-모더니즘론에 쉽게 현혹되어서는 안 된다. 오히려 우리는 "왜 인간은 참된 인간으로 돌아가지 않고 새로운 야만 속으로 빠져들고 있는가"하는 『계몽의 변증법』이 제기한 문제로 되돌아가야 한다. 이런 문제의식을 가질 때

---

7) 새뮤얼 헌팅턴(Samuel P.Huntington) 지음, 이희재 옮김, 『문명의 충돌(*The clash of civilization*)』, 김영사, 1997, 3쪽. 헌팅턴은 서구와 비서구간의 문명의 충돌을 경계하고 이를 극복하기 위해 문명에 바탕을 둔 국제 질서만이 세계대전을 막는 가장 확실한 방어수단이라고 주장하면서 이 책 곳곳에서 서구, 비서구 문명의 명·암을 있는 그대로 분석하는 열성을 보였다.

우리는 '후기' 역사가인 후쿠야마가 선언한 "역사의 종말"[8]이란 테제가 안고 있는 문제점을 정확하게 이해할 수 있을 것이다. 그리고 오늘날 심각하게 논의되고 있는 생태계 파괴와 환경오염의 문제가 근대성과 근대화의 핵심 문제라는 사실을 인식할 수 있을 것이다.

확실히 우리는 새로운 시대에 접어들었다. 컴퓨터 혁명이 우리에게 새로운 비전을 제시한다는 사실을 부정할 사람은 아무도 없다. 그러나 그러한 새로운 비전이 테크노피아로 갈 것인지 아니면 디스토피아로 갈 것인지는 아무도 모른다. 심각한 환경오염과 생태계 파괴, 새로운 형태의 '전체주의'의 위험은 첨단 과학기술혁명이 유토피아의 꿈만을 의미하는 것은 아니라는 사실을 말한다.

III

서구 근대사회가 안고 있는 문제는 이외에도 많다.

그러나 그 가운데서 가장 심각한 문제가 바로 정체성의 위기다. 서구 사회는 현재 심각한 개인적, 집단적 정체성의 위기에 직면해 있다. 정체성이란 무엇인가?

그것은 내가 누구인가, 나는 어디에 속하는가 하는 실존의 문제다. 따라서 정체성의 위기란 서구 사회를 구성하고 있는 개인주의의 원리가 위기에 봉착해 있다는 증거다. 합리주의의 본고장에서 그것도 '나'를 중심으로 하는 개인주의가 공동체의 기본으로 인정되는 사회에서

---

8) 후쿠야마는 하나의 정부형태인 자유민주주의(Liberal Democracy)가 군주제나 파시즘, 또는 최근의 공산주의와 같은 상반되는 이데올로기를 무너뜨리게 됨에 따라, '인류의 이데올로기 진화의 종점'이나 인류 최후의 정부가 될지도 모르며, 따라서 자유민주주의는 '역사의 종말'이 된다고 주장했다. 프랜시스 후쿠야마(Fransis Fukuyama), 이성훈 옮김, 『역사의 종말』, 한마음사, 1992, 7쪽.

어떻게 이런 위기가 발생했을까?[9]

우리의 논의를 위해 중요한 사실은 소위 '유교적' 근대화론도 바로 이런 서구 근대사회가 안고 있는 윤리적 위기와 직결되어 있다는 점이다. 신유가들이 '유교적' 근대화론을 제기하는 목적은 동아시아의 경제 성장을 이론적으로 설명하는데 있는 것만은 아니다. 만약 그렇다면 그들이 '유교적' 근대화론을 하나의 대안으로 제시할 필요도 없고, 또 그것의 '보편성'을 주장하면서 베버를 비판할 이유도 없을 것이다. 따라서 '유교적' 근대화론을 제대로 이해하기 위해서도 동아시아인들은 서구의 근대성의 핵심 문제가 무엇인가를 알아야 한다.

왜 동아시아에서 '유교'가 다시 쟁점이 되는가?

유교는 과연 21세기를 대표하는 윤리로 거듭날 수 있는가?

유교가 동아시아 사회가 직면해 있는 문제들 뿐만 아니라 서구 사회의 문제들을 해결할 수 있는 잠재력을 가지고 있는가?

유교는 오히려 동아시아의 근대화에 장애물이 될 가능성은 없는가?

이런 문제들에 우리들은 답해야 할 의무가 있다. 그러나 이것은 결코 쉬운 문제가 아니다. 이것은 동서 문명과 문화에 대한 폭넓고 깊은 이해를 필요로 하는 대단히 어려운 문제다.

학문이 세분화되고 전문화되는 상황에서 동서의 근대성과 근대화를 동시에 다룬다는 것은 그래서 더욱 더 어렵다. 그러나 어렵기 때문에 인문, 사회, 자연과학자들이 함께 모여 맞대고 대화하고 토론해야 할 문제다. 그런 협동적인 작업이 없다면, 이 문제에 대한 접근은 처음부터 불가능할 것이다. 그러나 우리의 학계의 현실로 볼 때 이러한 접근이 사실상 어려운 것도 부인할 수 없는 사실이다. 이러한 어려움을 극복하고 동아시아 근대화의 문제뿐만 아니라 근대성 자체에 대해서도

---

9) 미국과 유럽에서 현재 한창 논쟁되고 있는 '공동체주의'(communitarism)의 논의가 바로 이 문제를 다루고 있다.

활발한 대화의 장이 앞으로 이루어지길 바란다.

IV

세계화 시대에서는 동아시아의 문제가 더 이상 동아시아의 문제만은 아니다.

그것은 자명한 사실이다.

그렇다면 우리의 문제의식도, 비록 동아시아의 근대화에서 출발하고 있지만, 동아시아의 틀에만 묶여 있을 수 없다. 동아시아의 문제는 서구를 이해하기 위한 방편일 수도 있고 동시에 근대성이란 보다 더 큰 문제의 틀 속에서 다시 동아시아를 이해하기 위한 방편일 수도 있다. 이런 확대된 문제의식을 가질 때에만 우리는 동아시아라는 제한된 범위를 넘어 '새로운 미래'에 대한 논의를 시작할 수 있다.

사실 우리는 주체성 없이 서구의 논의에만 매달려 왔다.

그러는 사이에 우리의 정체성도 흐릿해지고 말았다. '유교적' 근대화론은 이런 점에서 우리에게 우리의 정체성을 반성할 수 있는 계기를 주고 있다. 이런 점에서 그러한 논의는 그 이론의 진위와 관계없이 유익한 것이다. 왜냐하면 이러한 논의를 통해 우리는 '새로운 미래'에 대한 논의를 시작할 수 있기 때문이다.

그리고 '새로운 미래'는 근대성과 근대화에 대한 논의가 없이는 불가능하다. 왜냐하면 '새로운 미래'의 문제는 곧 '후기 근대성'의 문제이며 '탈-근대성'의 문제와 직결되는 문제이고 그것은 다시 근대성과 근대화의 문제로 환원되기 때문이다.

이런 문맥에서만 우리는 '동아시아의 근대화' 문제가 왜 '새로운 미래'의 문제로, 또 '동서를 넘어서는 근대화'의 문제로 발전하는지를 이해할 수 있을 것이다.

'동서를 넘어서는 근대화는 가능한가?'[10]

이 문제는 오늘 세계의 지성인들이 당면하고 있는 문제며, 또 대답을 해야 할 의무가 있는 문제이기도 하다. 우리가 포스트-모더니스트들의 방관적이고 허무주의적인 자세에 만족하지 못하는 이유도 바로 여기에 있다. 왜냐하면 그들은 이런 문제 자체에 회의적이기 때문이다.

'새로운 미래'의 문제는 결코 포기하거나 방관할 수 없는 중요한 문제다. 따라서 무엇보다 용기가 필요한 문제다.

정말 '새로운 미래는 가능한가?'

이것이 우리 지성인들에게 주어진 오늘의 '화두'다.

---

10) '동서를 아우르는 근대화는 가능한가?'라는 오늘의 문제는 상당히 어렵고 복잡한 작업임에 틀림없다. 그러나 우리가(동서양인) 같이 생각해 보아야 할 문제임에 동의를 하면서도 그 기초 작업인 동·서 문명권 관계에 대해서 서구 학자인 헌팅턴과 에드워드 사이드의 견해는 아주 다르다. 헌팅턴은 이데올로기에 의한 동서냉전이 종식된 뒤로 구미자본주의의 승리가 구가되는 분위기 속에 새로운 국제적 대립 요인으로 전통적 문명권간의 충돌을 강조하는 견해를 표했다. 그는 이 같은 문명간 충돌은 주로 서구와 비서구 문명간에 일어날 것이라고 밝히면서 서구 이외에 잔존하는 문명들(이슬람·유교·흰두·일본·슬라브 정교·라틴아메리카·아프리카) 가운데서 서구에 대립하는 주된 비서구 문명으로 이슬람문명과 동아시아의 유교문명권을 지목했다. 이에 대해 아랍계 미국인 교수인 에드워드 사이드는 문명충돌 개념은 구미자본주의의 패권을 목적으로 하는 민족, 인종, 종교간의 갈등을 조장하는 새로운 냉전 논리의 변형이라고 한다. 이 문명충돌론의 이론적 맹점은 한 문명을 단일하고 동질적인 단위로서 추상적으로 정의한 점인데, 문화에는 공식적 정통문화와 이와 경쟁하는 비정통적 문화가 공존한다는 것이다. 그리고 문명간에 엄밀한 분리가 불가능하며, 분리를 전제한다면 한 문화 안의 다양성, 차이, 복합성이 희생되고 만다. 이처럼 문명간의 절대적 대립이 불가능한데도, 민족문화간의 갈등이 존속하는 것은 서구 선진국의 제국주의 문화가 각 민족문화 속에 침투하여 이데올로기적 헤게모니를 수립하는 현실에 대항할 수밖에 없기 때문이라고 말하고 있다(조병한, 「90년대 동아시아 담론의 개관」, 『상상』, 1997년 여름호 특집, 21쪽 재인용).

의열단 성립과 인물 중심으로 본 제 창단설

Ⅰ. 머리말

1. 문제의 제기

최근의 국제정세의 변화로 한국학 연구분야에 있어서도 이데올로기적인 해석과 설명이 차지하는 비중이 많았던 종전과 비교할 때 새로운 시각의 연구가 조심스레 이루어지게 되었다. 특히 독립운동사에서도 그동안의 양적인 축적 위에는 '과연 어떤 방법이 최상의 것이었나'를 규명하려는 연구 역시 새로운 전기를 맞고 있다고 볼 수 있다.

이러한 흐름 속에서 이 글을 통해서 다음 세 가지의 문제제기를 하고 그 의의를 말하고자 한다. 첫째는 의열단이 독립운동사에서 차지하는 비중이 재고되어야 한다는 점이다. 의열단은 1919년부터 1934년까지 일본인에 대한 습격이 무려 300여 건, 1919년 창단부터 1927년까지 불과 8년간 일본관헌에 체포된 수만도 300여 명에 이르고 있다. 테러리스트인 이들에 대한 일본인들의 두려움은 어떤 독립운동단체 보다 컸었다. 당시의 국내 상황이 3·1운동의 실패에 따른 패배주의가 팽배하였을 때 독립운동사의 맥을 잇게 하였다는데 그 의의가 크다고 볼수 있다. 또한 일본인들도 "3·1 소요 이후 독립운동을 표방하는 부정단체가 수십을 헤아릴 수 있으나 표방하는 바를 향해서 감연히 행동실현을 적극적으로 하는지 寥寥한중에 홀로 그 표방하는 파괴 행위를 실재화시키려고 하는지 오직 의열단뿐이라 하겠다"라는 평가를 하고 있다

둘째는 의열단의 경우 본래가 일제의 탄압 아래서 결정된 비밀결사 독립운동 단체였다. 그래서 조직적인 필요에 의한 발표자료를 제외하면 내부적인 구성원, 자금확보, 상호연락방법 등은 절대비밀을 요하는 것이었다. 그나마의 일차적인 자료들이 해방 이후 구술에 따른 자료 정리에 의한 것이 대부분이어서 같은 사안을 두고서도 사람들에 따라 많은 차이를 보이고 있다. 이 점 역시 의열단에 한정된 문제만은 아니지만 좀더 객관적인 태도로 상호의견들을 정리해 볼 필요가 있다.

셋째는 의열단을 김원봉 중심으로 보는 데서 오는 문제를 들 수 있다. 의열단이 마치 김원봉의 활동장이었다는 시각은 3백여 명의 단원들을 간과하는 태도일 뿐 아니라 의열단의 사상적인 진행을 사회주의적 발전과정으로만 보는 시각도 있게 하였다.

이상의 문제제기를 중심으로 독립운동의 실질적인 평가 위에서 상호 다른 견해들과 주장을 객관적인 시각으로 보면서 의열단에 대한 올바른 사실들을 규명해 나가는 작업이 필요하다고 본다.

2. 연구범위와 방법

이와 같은 문제의식에서 이 글은 의열단의 창단을 시기적인 중심 논의대상으로 하고 그 이후 이에 대한 주도적인 인물을 두고 상반된 견해들을 분석하려 한다.

그러므로 이런 견해들이 다를 수밖에 없는 이유인 의열단이 갖고 있는 성격과 시대적인 상황을 기존의 연구업적을 토대로 기술하고, 본격적인 논의를 김대지중심설, 황상규·이종암중심설, 김원봉중심설로 나

누고 이를 뒷받침하고 있는 자료들을 소개하면서 결론에 도달하려 한다.

이들 자료를 보면 『약산과 의열단』에는 단장 김원봉을 비롯하여 13인이 김원봉 중심으로 서술되어 있다. 그러나 1920년대 초 의열단원이었던 柳子明의 자서전 「나의 회억」에는 황상규, 박제혁이 창단 멤버로 포함되어 있다.

또한 尹致衡의 회고에는 韓鳳根・黃相圭・申喆休・金大池・金元鳳・尹致衡 등으로 되어있다. 이종범이 쓴(「義烈團 部將 李鐘岩傳 : 一名 義烈團十年史」, 사단법인 광복회, 1970) 자료에는 1919년 11월 9일 밤 창단 자리에 모였던 사람으로 신흥무관학교 출신 동지들인 이종암・신철휴・서상락・한봉인・이성근・강세우・한봉근, 남경에서 온 김원봉, 상해에서 온 곽재기, 국내에서 온 윤소용・김상윤, 옆방에 살고 있는 배동선, 부득이한 사정으로 참석치 못한 사람들로 황상규・윤치형, 이외에도 국내외로 왕래하면서 지기 상통한 배중세・이수택・이낙준・고인덕・이병철 등이 있다고 밝히고 있다.

끝으로 김창수의 「義烈團의 組織과 金大池」(제3차 조선학 국제학술토론회 논문요지, 日本 : 大阪, 1990. 8)에서는 의열단이 결성되기까지 중요한 역할을 담당했던 인물로 김대지를 거명하고 있다.

II. 의열단의 성립과 사상

1. 의열단의 성립배경

3・1운동 이후 많은 지사들은 국내에서의 항일투쟁이 어려워지자 만주를 비롯하여 중국혁명의 근거지인 북경・상해 등지로 망명하여 민족・독립운동을 전개하고 있던 독립운동 세력에 합류하였다. 특히

북경과 상해는 각국의 혁명가들이 망명하여 정치운동을 전개하였고 제1차 세계대전의 발발로 만주, 노령 등지에서 추방된 한인들이 이곳으로 모여 새로운 독립운동의 근거지가 되었다.

한편 북만주와 서간도를 개척하여 독립운동의 근거지로 하고자 했던 시도가 현지의 어려운 사정으로 실패하자 개척에 참가했던 이들이 북경과 상해로 이동하여 단체를 조직하고 특별한 방법적인 활로를 찾지 못하고 독립운동의 기회를 모색하고 있었다.

이런 상황에서 국내의 3·1운동이 촉진제가 되어 자유로운 활동이 보장되었던 상해에 대한민국임시정부가 수립되었고, 활발한 독립운동 단체가 성립되었다. 3·1운동이 의열단에 미친 영향은 우선 독립운동의 방법과 이를 뒷받침하고 있는 사상적인 측면에서이다.

3·1운동의 경험은 향후 독립운동을 어떻게 해야 하는가 하는 방법에 대해 반성하는 계기가 되었다. 즉 '민족문화를 보존하면서 장기적인 독립을 위한 계획을 세워 실천한다는 온건주의적 입장'과 '현실적인 여건을 고려할 때 일본과의 全面戰은 수행할 수 없고 차선으로 무장 게릴라식의 독립운동이 필요하다'는 양분된 견해를 갖게 되었다.

어린 소년 장지락의 다음과 같은 술회에서 당시의 무장게릴라식의 독립운동 방법을 선택한 정서적인 일면을 엿볼 수 있다.[1]

나는 힘의 의의와 공허함을 알게 되었다. 처음에는 기독교의 종교정신이 대단히 영웅적으로 생각되었으나, 점차로 어이없게 생각되기에 이르렀다. 길거리에서 만세를 부르는 여신도들에게 일본병사가 총검을 찌르고, 찬송가를 부르는 이들에게 총을 발포하는데도 도망가지도 않고 그대로들 서서 하늘만 바라보고 기도만 드리고 있었다. 이 광경을

---

1) 李瑄根, 「1905~1945년까지의 민족의식 전개과정」, 『民族意識의 探究』, 한국 정신문화연구원, 1985. 7, 141~142쪽.

보면서 우선 느끼는 것은 일본놈들에 대한 분노였으나, 그토록 소극적으로 죽음만을 기다리고 있던 여신도들의 어리석음에 대한 일종의 분노로 변했다.

이와 같은 한 어린 소년의 심리적인 충동, 이런 감정을 배경으로 폭력에 의한 항일단체들이 결성되었다고 보아진다.

여기에 더해 3·1운동을 계기로 나타난 의식의 변화에 기초하고 있다. 3·1운동 이전 독립운동의 방법적인 경향은 社會進化論, 共和主義, 斥邪的인 民族意識이 잔존해 있던 그 시대의 민족논리를 청산하고, 人道主義, 民主主義, 民族主義가 실현된 世界改造·社會改造를 지향하게 된 진보적인 의식으로의 전환[2]케 되었고, 그 위에서 중국 동북부 지역에서 독립운동 방법론을 모색했다.

이들 가운데 일제에 항거하여 독립을 쟁취하기 위한 방법으로 무엇보다 강력한 무장조직체가 필요하다는 것을 절감, 이런 독립운동의 방법론에 뜻을 모은 사람들이 중국 동북지방을 중심으로 결성된 독립운동단체 중의 하나가 '의열단'이었다.

의열단은 비밀결사체여서 결성의 주도적인 인물에 관한 논의가 엇갈리고 있다. 그러나 상반된 의견에도 불구하고 1919년 11월 9일 밤 중국의 길림성 巴虎門 밖 중국인 潘某家에서 "천하의 정의의 사를 맹렬히 시행키로" 결의하고 다음날인 10일 의열단이 정식 창단되었다는 데는 일치를 보고 있다. 이때 결성단원으로 이름이 거명되고 있는 인물은 金元鳳, 尹世胄, 李成宇, 郭敬, 姜世宇, 李鐘岩, 韓鳳根, 韓鳳仁, 金相潤, 申喆休, 裵東宣, 徐相洛, 權晙을 비롯 모두 13인이었다.[3]

---

2) 趙東杰, 「3·1 운동 전후 한국지성의 성격」, 『역사에 있어서 보수와 진보』 제33호, 전국역사학대회 발표논문, 1990.

3) 박태원, 『若山과 義烈團』, 白楊堂, 1947, 26쪽.

2. 의열단의 강령과 사상

의열단은 성립 당초에는 단체의 이념과 행동강령과 같은 성문화된 문건은 없었다. 그러나 성립한 '公約 10條'를 보면 이들의 사상이 잘 나타나고 있다. 그 내용을 보면 다음과 같다.[4]

(1) 天下의 正義의 事를 猛烈히 實行키로 함 (2) 朝鮮의 獨立과 世界의 平等을 위하여 身命을 犧牲하겠다 (3) 忠義의 氣魂과 犧牲의 精神이 확고한 자라야 團圓이 됨 (4) 團義에 先하고 團圓의 義에 急히 함 (5) 義伯 1인을 선출하여 團體를 대표함 (6) 하지에서나 매월 一次式사정을 보고함 (7) 何時 何地에서나 招會에 필응함 (8) 被死치 아니하며 團義에 盡함 (9) 1이 9를 위하여 9인이 1인을 위하여 헌신함 (10) 團義背返한 자는 處殺함

의열단은 위에서 알 수 있듯이 조직 당초에는 성문화된 단의 강령은 아직 없었다. 그러나 의열단의 최고 목표와 이상은 (1) 驅逐倭奴 (2) 光復祖國 (3) 打破階級 (4) 平等地權의 4개의 항목[5]으로 합의를 하고 있었다.

그리고 1920년대 초반에 접어들면서 의열단은 창립당시 테러, 암살 노선을 지속시키면서 길림에서 독립운동의 자유가 비교적 보장되었던 상해로 의열단의 본부를 옮기고 「朝鮮革命宣言」를 발표하면서 기존의 자신들이 취한 독립운동 방법이 적절함을 대외에 공포하기에 이른다.

이 선언은 신채호와 김원봉 및 의열단 간부인 유자명 등이 논의, 작성하여 신채호가 문장을 기초한 것이다. 이런 만남은 1922년 11월에

---

4) 박태원, 위의 책, 27쪽.

5) 박태원, 위의 책 29쪽. 이 자료에는 4개항을 열거하고서도 5개항목이라고 잘못 예시하고 있다.

신채호와 김원봉이 북경에서 만남으로써 그 단초가 되었고, 1923년 1월 6천 4백여 자의 이 혁명선언서를 통해 민족운동의 방략 내지 이념을 개진한 바가 있다.

이 선언은 중국에서 공산주의자와 무정부주의자가 공존하였던 시기에 발표된 점에 주목하게 된다. 김원봉이 신채호와 만난 곳은 중국 무정부주의의 본산인 북경에서였고, 이런 경향은 독립운동가들에게도 영향을 미치고 있었다. 1921년 10월 이후 북경에는 아나키스트로 알려진 이회영, 유자명, 신채호 등이 魯迅, 李石會, 에르센코 등과 교류하면서 무정부주의에 관한 관심을 보이고 있었다. 이들 중에 유자명이 1924년 경에 의열단에 입단한 것과 신채호가 이 선언에 관여한 것 등으로 보아 「조선혁명선언」은 무정부주의운동의 분위기에서 집필된 것으로 보는 경향이 지배적이다.

1924년 4월 동지에서 백정기 등이 합류하여 재중조선무정부주의자동맹을 창립하고 상해 총파업에 참여하지만 한인의 아나키즘운동은 1927년에 본격화된다고 하겠다. 실제 이 선언에서 언급하고 있는 것은 다음의 내용이었다.[6]

혁명의 길은 파괴로부터 개척할지니라. 그러나 파괴만 하려고 파괴하는 것이 아니라 건설하려 그 파괴라는 것이니 만일 건설할 줄을 모르면 파괴할 줄도 모를지며 파괴할 줄을 모르면 건설할 줄도 모를지니라. 건설과 파괴가 다만 형식상에서 보아 구별될 뿐이요 정신상에서는 파괴가 곧 건설이니 이를테면 우리가 일본 세력을 파괴하려는 것이 제일은 이족통치를 파괴하자 함이다.

단지 이 혁명선언은 흔히 바쿠닌적인 파괴와 건설을 동일시하는 개

---

6) 박태원, 위의 책, 118쪽.

넘을 사용하는 정도의 아나키즘노선에 따르고 있는 것으로 지적된다. 의열단의 아나키즘의 성격은 전면적인 수용이라기보다는 초기적 형태, 혹은 독립운동의 방향설정 및 한 방편이라는 차원에서 볼 수 있다. 또한 1923년부터는 아나키스트로 자처하는 신채호와 의열단의 독립운동 방향의 일치선 위에서 발표된 선언임을 엿볼 수 있다.

그렇다고 이 선언이 기존 의열단의 사상적인 경향을 이탈한 것은 분명 아니다. 의열단 조직 당시에 4대 강령으로 '구축왜노', '광복조국' '타파계급', '평균지권'을 기본적인 이념으로 계승하면서 자신들의 방법을 정당화한 조문이다.

「조선혁명선언」은 모두 5개 장으로 되어 있다. 제1장은 강도일본이 국호를 없애고 정권을 빼앗았으며 생존적 필요조건을 박탈하였다고 전제하고, 일본의 갖가지 침략상을 열거, "일본의 강도 정치 곧 이족통치가 우리 조선민족 생존의 적임을 선언함과 동시에, 우리는 혁명의 수단으로 우리 생존적 적인 강도일본을 살벌함이 곧 우리의 정당한 수단"임을 선언한다.

제2장에서는 우리 생존의 敵인 강도일본과 타협하여 내정독립, 자치론, 참정권자, 문화운동론자 등 이른바 민족개량주의자들의 타협적인 독립운동을 맹렬히 비판하고, 이들 역시 강도정치 하에서 기생하려는 주의를 가진 자들로 모두 敵으로 규정하였다.

제3장에서는 독립운동의 외교론과 준비론 등의 迷夢을 버리고 민중직접혁명의 수단을 대안으로 제시하고 있다.

제4장은 강도일본을 구축하는 데는 오직 혁명으로만이 가능한데, "혁명의 제1보는 민중각오의 요구이고 선각한 민중이 전체의 민중을 위하여 혁명적인 선구가 됨이 민중각오 제1보"라고 하고 폭력의 대상을 조선총독부 및 관공리, 일본천황 및 각 관공리, 정탐노, 매국노, 적의 일체 시설물로 삼았다.

끝으로 제5장에서는 혁명의 방법으로 파괴에서 시작하고 있으나 이는 건설을 위한 것이라고 하였다. 그리고 구체적인 파괴의 대상을 (1) 고유적인 조선을 발전하기 위한 異族統治의 파괴, (2) 자유적 조선민중을 발견하기 위한 특권계급의 타파, (3) 민중생활의 발전을 위한 경제 약탈제도의 파괴, (4) 민중전체의 행복을 증진하기 위한 사회적 불균형의 파괴 등 의열단 창립 시기의 4대 강령과 유사한 내용을 반복하고 언급하고 있다. 그리고 「조선혁명선언」은 마지막으로 다음과 같이 끝을 맺고 있다.

민중은 우리 혁명의 대본영이다.
폭력은 우리 혁명의 유일 무기이다.
우리는 민중 속에 가서 민중과 악수하고 끊임없는 폭력—암살, 파괴,
　　폭동으로
강도일본의 통치를 타도하고
우리 생활에 불합리한 제도를 개조하야
인류로써 인류를 압박치 못하며
사회로써 사회를 剝削치 못하는
이상적 조선을 건설할지니라.

이 4개의 항목은 그 뒤 수차의 수정을 거쳐 1928년 10월 4일에 「朝鮮義烈團 第3次 全國代表大會宣言」으로 다음과 같이 정리되기에 이른다.

1. 조선민족의 生存敵인 일본제국주의의 통치를 근본적으로 타도하고 조선민족의 자유독립을 완성할 것.
2. 봉건제도 및 일체 반혁명세력을 잔제하고 진정한 민주국을 건립할 것.

3. 소수인이 다수인을 박삭하는 경제제도를 소멸시키고 조선인 각국의
   생활상 평등의 경제조직을 건립함.
4. 세계상 반제국주의의 민족과 연합하여 일제 침략주의를 타도할 것.
5. 민중의 무장을 실시할 것.
6. 인민의 언론, 출판, 집회, 결사, 거주에 절대 자유권이 있을 것.
7. 인민은 무제한의 선거 및 피선거권이 있을 것.
8. 一郡을 단위로 하여 지방자치를 실시할 것.
9. 여자의 권리를 정치, 경제, 교육, 사회상에서 남자와 동등할 것.
10. 의무교육, 직업교육을 실시할 것
11. 조선 내 일본인의 각종 단체 및 개인이 소유한 일체 재산을 몰수할
    것.
12. 매국적, 정탐 등 반도 일체 재산을 몰수할 것.
13. 농민운동의 자유를 보장하고 빈고농민에게 토지, 가옥, 기구 등을
    공급할 것.
14. 공인운동의 자유를 보장하고 노동평민에게 가옥을 공급할 것.
15. 양로, 육영구제 등 공공기관을 건설할 것.
16. 대규모의 생산기관 및 독점성질의 기업(철도, 광산, 수리, 전기, 은
    행 등)은 국가에서 경영할 것.
17. 소득세는 누진율로 징수할 것.
18. 一體 苛斂雜稅를 폐지할 것.
19. 해외거주동포의 생명·재산을 안전하게 보장하고 귀국동포에게 생
    활상 안전지위를 부여할 것.

   이상의 강령에 의하면 의열단의 사상적인 경향은 사회주의적인 지
향을 보이고 있다.
   그러나 보다 엄밀한 의미에서 마르크스-레닌주의로의 이데올로기적
인 특징을 보이고 있는 것은 아니라는 의견이 아직은 지배적이다. 따
라서 의열단은 강령 4번째에서 알 수 있듯이 '세계상의 반제국주의의

민족과 연합하여 일제침략주의를 타도할 것'이라고만 되어 있다. 의열단은 '사회주의와의 연계를 어디까지나 조선일반 민중들의 민족혁명을 수행하는데 있어서 동맹군' 정도로 규정하고 있다. 이는 1930년대 이후 민족통일전선 내지 민족협동전선 구축을 통한 일본제국주의의 타도를 그들의 목표로 삼고 있음에서도 알 수 있다. 지금까지 연구된 바에 의하면 의열단을 이데올로기적인 서열로 본다면 중도 좌파로 보는 것에는 무리가 없을 것이다.

한편 1920년대는 공산주의운동이 활기를 띠면서 소비에트공산정권 수립이 가시화되었던 시기였다. 이는 압박받는 민족에게 희망을 주었던 것 같다. 이러한 시대적인 영향으로 의열단 역시 반제국주의 연합을 언급하고 있다고 보아진다. 이런 경향의 연장선에서 1920년대 초반에 발표된 의열단의 강령과 사상도 독립운동 노선에 있어서 어느 단체, 사상에 치우치지 않는 조심스런 중립적 자세를 견지하려는 노력을 보이고 있음을 그 강령에서 느낄 수 있다.

그러나 이를 의열단의 사회주의 노선의 급선회로 보는 시각도 있다.[7] 그 대표적 논거를 강만길 교수는 1923년의 「조선혁명선언」을 통해 일단 민중혁명노선으로 나아갔다가 1925년에 주요 단원이 황포군관학교에 입교한 것을 계기로 사회주의적 영향을 받았다고 하고 있다. 또한 의열단의 사회주의적인 변모는 같은 시기 어느 비사회주의 단체들 보다 심화되었다고 한다.

하지만 이런 의견은 의열단을 김원봉 중심으로 보는 점에서 쉽게 내릴 수 있는 것으로 보인다. 또한 당시의 국제적인 상황을 볼 때 1927년 4월 제1차 국공합작이 무너진 상황에서도 김원봉은 장개석 국민당 정부로부터 원조를 받고 있는 때였다. 뿐만 아니라 이 강령에서 보인 내

---

7) 강만길, 『조선민족혁명당과 통일전선』, 화평사, 1991, 30~46쪽.

용들이 강 교수도 지적하고 있듯이 30년대 이후의 한국국민당, 한국독
립당 등 순수 우익정당들도 대부분 이와 같은 사회 경제정책 성향을
표방하고 있음을 볼 때, 의열단이 최소한 강령을 발표한 1928년까지는
아직도 엄밀한 의미의 중도적인 입장에서 독립운동을 추진해가려 했
다고 볼 수 있다. 뿐만 아니라 의열단의 사상이 일시에 변화를 보였다
는 것을 설명할 수 있는 특별한 변수가 없다.

결국 의열단의 사상적인 경향은 당초에는 순수한 민족주의적 열정
으로 출발하였다. 하지만 점차 국제정세의 변화와 사상이 분화 등으로
나타나는 제반 시대변화에 따라 의열단의 고유한 활동과 사상적인 영
역을 유지하면서 변화를 유용해 갈 수밖에 없었다고 본다. 이런 필요
성에 의해서 의열단은 1919년 11월 창단 직후에 공약 10조라는 포괄적
인 독립열정을 담은 이 단체의 목적을 발표했고, 그 후 국제적 변화 속
에서 사회주의적인 요소를 가미해가게 되지 않았나 생각된다.

한편 「조선혁명선언」을 통해서는 아나키즘적인 특징을 보이고 있다.
아나키즘은 공산주의와는 달리 프롤레타리아 권력의 중앙집권주의 보
다는 국가체제 의식의 소멸을 주장하고 자유로운 협약에 바탕한 공동
의지의 자유연합주의를 추구한다고 볼 수 있는데, 이 점에서도 의열단
을 '사회주의화 되었다'고 보는 시각은 재론의 여지가 있다고 본다. 또
한 「제3차 전국대표대회선언」에서도 사회주의적인 경향을 내부적으로
강하게 갖고 있다 해도, 당시의 독립운동계 상황에서 임정을 중심으로
무조건 통합하고자 했던 점에서 사회주의적인 경향은 '민족혁명당'을
출범시키면서 본격화한 것이라고 볼 수 있다.

3. 의열단 창단관련 인물과 활동

의열단의 창단과 관련된 인물은 이상에서 언급된 자료를 종합하면

모두 18명에 이른다.[8] 그들의 개별적인 인적사항을 정리하면 다음과
같다.

<표 1> 의열단 창단 관련 인물

	이름	출신지역	신분 및 학력	독립활동 및 경력
1	이종암	밀양	신흥무관학교	의열단부단장
2	김원봉	밀양	동화중, 중앙중, 신흥무관학교	의열단단장, 민족혁명당총서기, 광복군 부사령관, 대한임시정부 군무부장
3	윤세주	밀양	동화중	밀양 3·1운동 주도, 밀양폭탄사건(22세)
4	이성우	함북 경원군	신흥무관학교	밀양폭탄사건(22세)
5	곽 경	충북 청주		밀양폭탄사건(29세)
6	강세우	한남	신흥무관학교	
7	한봉근	밀양	신흥무관학교	
8	한봉인	밀양	신흥무관학교	
9	김상윤	밀양	동화중, 신흥무관학교	종로경찰서 및 효제동투탄, 밀양폭탄사건(24세)
10	신철휴	경북 고령	신흥무관학교	
11	배동선		농민참관인	
12	서상락	달성군 성복	신흥무관학교, 독일유학	
13	권 준	경북 상주	신흥무관학교	종로경찰서, 총독부, 동양척식주식회사 투탄
14	윤치형	밀양	전홍표 거사지도	3월밀양독립만세 주도, 밀양폭탄사건
15	황상규	밀양	길림의 조선독립군 정사의 열단 고문	

---

8) 이들 인물과 관련된 자료는 아래 문헌들을 참조, 작성한 것임.
   이정식·한홍구 엮음,『항전별곡』, 거름, 1986 ; 한국정신문화연구원,『한국민
   족문화대백과사전』, 1991 ; 염인호,「후기의열단의 국내 대중운동」,『이원순
   교수 정년기념한국사논총』, 1991 ; 이원조,「3·1운동 당시 영남유림의 활동」,
   『부대사학』4, 1980 ; 박성수,「의열단 연구」,『한국정신문화연구원 논문집
   2』; 박태원, 앞의 책 ; 김창수,「義烈團의 組織과 金大池」, 제3차 조선학 국
   제학술토론회 논문요지, 日本 : 大阪, 1990. 8 ; 이종범, 앞의 글.

16	김대지	밀양	동화중	의열단 부단장
17	배중세	경남 마산		밀양폭탄사건(27세)
18	박제혁	부산범일동	싱가폴 사업	부산경찰서 폭파(26세)

이상의 18인에 관한 좀 더 상세한 인적사항을 정리한다.

李鐘岩(1896~1930)

독립운동가. 일명 鐘淳. 경북 대구출신. 농업학교를 중퇴하고 19세에 대구은행에 들어가 출납계 주임이 되었다. 1917년 만주에서 온 독립운동가와 비밀결사를 조직하고 은행돈 1만 9,000원을 가지고 미국유학을 가려다가 만주로 가서 그 이듬해에 통화현 독립군군관학교에 입학하여 군사학을 배웠다.

1919년 상해에서 폭탄제조법을 배우고 의열단을 조직한 뒤 단원 최경학과 총탄을 가지고 국내에 잠입하여 밀양경찰서를 폭파하려다가 실패했다. 1920년 의열단 부단장이 된 뒤 폭탄을 밀수입하여 일본 각 기관 파괴를 기도하였으나 발각되어 실패하였다.

1922년 3월 상해를 방문한 일본육군대장 다나카(田中初一)를 저격하려다가 실패하고 붙잡혔다. 뒤에 탈출하여 1923년 대한민국임시정부 신임장을 휴대하고 군자금 모금차 밀입국하여 활동하던 중 대구에서 일본관헌에 잡혀 1년형을 선고받았다. 1962년 건국훈장 국민장이 추서되었다.

윤세주(1900~1942)

경상남도 밀양군 부북면 감천리 출생. 1919년 3·1운동 때 밀양에서 만세운동을 주도하였으며 만주길림으로 망명. 비밀결사체인 의열단에 입단한 뒤 그해 10월 단원 곽재기, 황상규, 이성우 등 수명과 결사대를 조직하여 조선총독부, 동양척식주식회사, 경성일보사 등 일제의 식민 통치 기관을 폭파할 것을 결의하였다.

1920년 3월 중국인으로부터 3개의 폭탄을 구입한 뒤, 동지들과 폭탄과 무기의 국내반입 및 군자금 모금, 폭파공작 방법 등을 구체적으로 협의한 다음 각기 별도로 국내에 잠입하였다. 그해 6월 매일 숙소를 바꾸면서 비밀리에 거사시기와 지점을 물색하던 중 일본경찰에 붙잡혀 1921년 경성지방법원에서 7년 징역형을 선고받았다.

출옥 후 중국으로 망명, 대한민국임시정부에 협력하며 항일운동 계속. 1937년 김원봉과 조선민족혁명당을 조직하고 중앙위원 겸 선전부장으로 활동하고 그해 김원봉과 조선의용대를 또 편성하여 항일전투를 전개하였다. 윤세주의 최후에 관해서는 두 가지의 설이 있다. 하나는 1942년 화북의 타이항산에서 일본군과 교전 중 전사하였다는 것이고, 다른 하나는 일본군에 붙잡혀 총살당했다는 것이다. 1982년 건국훈장국민장이 추서되었다.

이성우(1899~1929)

본적은 함경북도 경원이며 노령 동부 시베리아 우스문에서 출생하여 그곳과 만주국경에서 성장하였다. 1918년 이종암, 서상락, 강세우와 만주 통하현에 있는 신흥학교에 입학했다. 1919년 3·1운동이 일어나자, 지금은 배우기보다는 실행할 때라고 생각하고 동지들과 함께 학교를 자퇴하고 길림에 가서 같은 해 의열단을 조직하였다.

총독부 고관사살, 주요기관 폭파 등의 목적을 실현하기 위해 김원봉과 함께 상해에 가서 폭탄 20여 개와 권총, 탄환 약 100발을 구입, 1920년 5월 곽재기, 황상규 등과 같이 서울에 들어와 의열단의 1차 의거대상인 밀양경찰서 폭파를 준비하던 중, 6월 이 계획을 탐지한 일본경찰에 잡혀 1921년 경성지방법원에서 징역 8년을 선고 받고 서대문형무소에서 복역하였다. 청진형무소로 이감되어 복역 중인 1922년 8월 감옥 안의 동료들과 탈옥하려다가 실패하여 형이 2년 가산되었다. 1928년 3월 출옥하였다. 1968년 건국훈장 국민장이 추서되었다.

곽경(1893~1952)

독립운동가. 본관은 현풍. 충청북도 청주출신. 서울에서 경신학교를 졸업하고 귀향하여 청주 청남학교 교사로 있었다. 1909년 대동청년당 당원으로 지하 공작활동을 진행하였다. 1919년 3·1독립만세운동이 일어나자 시위투쟁에 참가한 뒤, 그해 7월 황상규, 윤소룡, 김기득 등과 함께 만주 길림성 동녕현 소수분으로 갔다. 그해 11월 김원봉을 비롯 13인으로 결사 조직인 의열단을 조직하였다. 먼저 실력투쟁과 직접행동을 통하여 조국독립을 쟁취하자는 기본방침 아래 전국에 걸친 일제 기관의 파괴와 교란을 실천하고자 했다.

이에 1920년 2월 상해로 가서 폭탄 3개와 필요한 재료를 사서 경상남도 밀양청년단장 김병환에게 보냈다. 그리고 6월 서울로 와서 동지들과 은밀히 조선총독부의 기관을 폭파하고자 정황을 밀탐하던 중 경기도 경찰부에 동지 6명과 함께 체포되었다. 곧이어 경남경찰부로 이송되었고 이듬해 경성지방법원에서 징역 8년을 언도받고 경성감옥에서 복역하다가 1927년 1월 감형되어 출옥하였다. 그리고 1930년 다시 국외로 망명, 만주 상해 노령 등지에서 독립운동을 하다가 광복과 함께 귀국했다. 1963년 건국훈장국민장에 추서되었다.

권준(1895~1959)

독립운동가. 본관은 안동. 원명은 重煉. 경상북도 상주출신. 경성공업전습소를 거쳐 1919년 3·1운동 직후 만주로 망명하여 신흥무관학교를 졸업하였다. 이어서 동지들과 의열단을 창단하고, 종로경찰서, 조선총독부, 동양척식주식회사 투척사건과 동경 니쥬바시 투탄의거 등의 활동을 위한 자금조달을 목적으로 국내에서 활동하다 잡혀 일시 옥고를 치른 후 다시 상해로 망명했다. 1924년 상해에서 열린 중국국민당 제1차 전국대표회의에 참관인으로 참석, 손문의 추천장으로 황포군관학교에 들어가 군사학을 전공, 졸업 후에는 손문의 북벌전쟁에 참가했다.

1932년 남경에서 국민당의 원조를 받아 한인군사학교를 설립하여 간부를 양성하였다.

1937년에는 조선의용대 비서장으로 항일무한방위전에 참가하기도 했다. 1942년에는 조선의용대가 대한민국임시정부 휘하의 광복군에 합류할 때 임시정부에 들어가 1944년 내무부 차장의 업무를 수행하기도 했다.

광복 직후는 무한진구 교초 선무단장과 광복군 제5지대장에 임명되어 활동하다가 1945년 12월 귀국. 1948년 정부수립 후 육군대령으로 특채되어 제106여단장, 초대경비사령관 등을 지냈다. 1968년 건국훈장 국민장이 추서되었다.

김상윤(1897~1927)

경남 밀양군 상남면 지산리 출생으로 동화중을 졸업했다.

박제혁(1895~1921)

부산 범일동 출신. 싱가포르서 사업을 하다가 의열단의 밀양경찰서 폭파에 참가하여 검거되자 90일간의 단식으로 목숨을 끊었다.

황상규(1890~1941)

독립운동가. 본관은 창원. 밀양출신. 1908년 상동고명학원, 마산창신
학교, 동화학교 등을 설립하고 『동국사감』이라는 국사책을 저술, 젊은
학도들에게 이를 가르쳐 독립정신과 애국정신을 함양하는데 주력하였
다. 1913년 경상북도 풍기에서 조직된 대한광복단에 참여, 대구의 친일
파 장승원을 사살하는 등의 활동을 벌였다.

일본경찰로부터 그의 활동이 주목받게 되자 1918년 만주의 길림으
로 망명, 서일, 유동열, 김규식, 김좌진 등과 함께 북로군정서를 조직하
고 재정담당에 임명되어 군자금 모금에 주력하였다. 1918년에는 기미
독립선언서 보다 1년 앞서 만주에서 발표된 무오독립선언서에 서명했
다.

1919년 상해에서 임시정부가 수립되자 재정위원에 임명되어 군자금
모금에 힘써 당시 18만 원이라는 거액의 자금을 모았다. 특히 당시 동
양척식주식회사 관리인인 양인보를 설득시켜 경상남도 창녕군의 척식
회사 소작료 1년분을 그대로 임시정부자금으로 헌금케 한 것은 유명한
일화이다.

1919년 11월 9일 길림에서 김원봉, 곽재기 등과 의열단을 조직, 그
일원으로 밀양폭탄사건에 가담하여 검거된 뒤 징역 7년을 선고 받아
옥고를 치렀다. 이때에 그는 일본경찰의 혹독한 고문에도 불구하고 스
스로 자기의 혀를 깨물어 끝내 자백하지 않아 일본경찰은 백지로 기소
하였다. 출옥한 뒤 신간회조직에 참여, 서기장에 임명되어 독립운동을
계속하였다.

Ⅲ. 인물 중심으로 본 의열단 제 창단설

1. 金大池 中心說(밀양의 비밀결사 조직)

의열단의 창단에 관한 異見 中에 김대지 중심설을 주장하는 글은 동국대 김창수 교수의 논문이다.[9] 원래 의열단이 결성되기까지 그 중요한 역할을 담당했던 인물은 金大池(대지·치환·인식·일창·정창, 1881~1942)[10]였다는 요지의 글이다.

김대지는 경남 밀양출신으로서 향리의 同和中學에서 수업한 뒤 이 학교에 남아 후진교육에 종사하였다. 이 학교는 애국지사인 全鴻杓가 교장으로 있으면서 많은 항일투사를 양성한 곳으로 유명하다. 이런 연고로 그 후 동화중학교는 재단법인의 認可를 받지 못했다는 이유로 폐교당하고 말았다. 뒤에 黃尙奎, 金元鳳, 高仁德, 金相潤 등도 모두 이 학교 출신이다.

그는 1910년의 경술국치 직후 향리인 밀양에서 황상규, 윤치형 등 동지들과 함께 '一合社'라는 항일 비밀결사를 조직하였고, 1913년에는 채기중, 유창순, 김상옥, 황상규 등과 '대한광복단'을 조직하여 활동하다가 국내에서 항일투쟁이 어려워지자 1917년 새로운 항일독립투쟁의 근거지를 찾아 중국 동북지방으로 향했다.

그리고 만주의 길림, 봉천 등지에서 국내로 내왕하면서 독립운동을 위한 비밀결사를 조직하려다가 발각되어, 1918년 평양복심법원에서 징역 4개월을 언도 받고 복역하였다. 그 뒤 다시 상해로 망명하여 대한민

---

9) 김정명, 『朝鮮獨立運動 Ⅱ : 民族主義 運動篇』, 442~443쪽 ; 김주영, 「푸른 얼 - 반일독립투사 김대지선생」, 『장백산』 1989년 5호, 길림성민족사무위원회 ; 김창수, 「의열단의 조직과 김대지」, 제3차 조선학 국제학술토론회 논문 요지, 日本 : 大版, 1990. 8 등의 글에서 이와 같은 주장을 하고 있다.

10) 김창수, 앞의 글에는 김대지의 연대기를 1981~1942으로 인쇄하고 있다. 이는 1981년이 아닌 1881의 착오로 보인다.

국임시정부 수립에 주도적으로 참여하여 독립운동의 방향을 제시하였다. 이후 1919년 10월말 경 임시정부의 국내조사위원으로 임명되어 국내 잠입을 목적으로 중국 동북지방으로 향했다.

그는 우선 吉林省 寧古塔에 근거지를 정하고 독립투쟁의 방법으로 비밀결사를 통한 투쟁이 첩경이라는 지론 하에 윤세복, 김동삼, 곽재기(곽경) 등과 함께 그 조직을 의논하는 한편, 후일 의열단의 창단 멤버가 된 李成宇, 李鐘岩, 韓鳳根, 姜世宇, 申喆休, 徐相洛, 權俊 등을 길림성 유하현에 있는 新興武官學校에 입교토록 주선해 주기도 했다.

1919년 5월 그는 임시정부에서의 활동과 함께 황상규와 비밀결사단체의 창단을 논의하였다. 한편으로는 그가 추천했던 이성우, 이종암, 한봉근, 신철휴, 김상윤 등 신흥무관학교 단기반 출신들의 우국 청년들을 규합하였다. 그리하여 여러 동지들의 찬동을 얻어 비밀결사단을 조직했는데 이때가 6월경이었으며 조직의 이름은 아직 정하지 못하고 있었다.11)

이때 그의 고향 밀양에서 한 열혈 청년이 찾아 왔다. 그가 바로 뒤에 그의 추천으로 의열단의 단백(단장)이 된 황상규의 처조카 김원봉이었다. 그는 담대하고 침착하며 애국심에 불타는 김원봉이 마음에 들어 그를 지도하면서 비밀결사조직의 전면에 행동인으로 내세우기로 마음 먹었다. 그때까지만 해도 김원봉은 1898년 출생이므로 21살의 어린 나이었고 핵심당원으로 삼는 것조차 주저하였다12) 한다.

그때까지 본격적인 활동을 펴지 못했던 비밀결사의 단명을 정하는 것과 활동을 위한 준비를 끝내기 위해서 그는 먼저 길림으로 가서 황상규를 만나 비밀결사의 이름을 '義烈團'으로 정하였는데 이는 이 조

---

11) 국사편찬위원회, 『朝鮮獨立運動史資料 2』, 386~392쪽.
12) 金珠英, 「푸른얼 - 반일독립투사 김대지선생」, 『장백산』 1989년 5호, 길림성민족사무위원회.

직의 공약 중 제1조에서 따온 것으로 '正義의 일을 猛烈히 실행한다'
는 뜻에서 나온 것이다. 의열단의 인장은 김대지가 고안했는데, 단원과
비단원을 구별하는 데 쓰여졌다고 한다. 이는 또한 앞으로 새 동지를
포섭하는 것을 편리하게 하고 나아가 조직의 비밀엄수를 위한 방편이
었다고 한다. 이와 같이 의열단의 조직에는 김대지가 주도적인 역할을
수행했고, 오직 김대지 지도아래 동지들이 협력하여 민족독립을 위해
노력하였다. 그러므로 일제 관헌측의 조사에도 의열단장 김원봉도 김
대지의 지도를 받고 그를 스승으로 모셨다고 기술하고 있다.

의열단이 창단되자 그 활동을 위한 준비로 길림의 북로군정서에는
황상규, 상해의 대한민국임시정부에는 김대지를 파견하였다. 특히 김
대지가 상해에 파견된 것은 무기와 폭탄을 구입하기 위해서 였으며,
이때 구입해 온 무기와 폭탄으로 1920년 3월부터 시작되는 의열단의
제1차 암살파괴계획이 추진된 것이라고 한다.

의열단의 창단에서 김대지 중심설의 논리는 대체로 창단 당시 김원
봉이 나이가 어렸고, 그때까지의 독립운동의 활동경력이 특별히 없다
는 점을 지적하고 있다. 또한 김대지의 임정에서의 활동이 강조되면서
임정의 영향력 아래에서 의열단이 활동한 것이라는 암시를 한다.

2. 신흥무관학교 황상규·이종암 중심설

신흥무관학교에서 황상규와 이종암을 중심으로 의열단 창단을 보려
는 입장으로 이를 뒷받침하고 있는 자료는 광복회의 「의열단 부단장
이종암전」 등이 있다. 비록 많은 자료의 뒷받침을 받지는 못하고 있지
만 신흥무관학교가 의열단 탄생의 직접적인 만남의 공간이 되었고, 무
력을 통한 독립운동의 방법적인 뜻을 실질적으로 배울 수 있었던 곳이
었다는 점에서 설득력을 지닌다.

이종암의 본명은 鐘淳(족보와 호적), 아명이 이종암이다. 1896년 1월 대구시 달성군에서 태어났다. 1905년 부재서당에서 3년간 『대학』, 『논어』 등 경전을 익혔다. 어려서는 침착하고 내성적이어서 싸우는 아이들을 논리적으로 잘잘못을 따지고 잘못한 아이에게 편잔을 주는 그런 성격이었다.

보통학교를 졸업하고 신학문을 배우려고 대구 농림학교에 입학했다. 그러나 가정형편상 한 학기를 끝으로 1914년 대구은행 견습생으로 취직했고, 다음해 결혼을 했다. 1914년부터 17년까지는 대구를 중심으로 비밀결사운동인 광복단운동, 조선국권회복단 중앙총부 조직, 친일파부호 장승원 저격, 군자금모집일 등등 활발한 활동들이 일어나고 있던 상황이었다.

20세의 약관인 이종암이 이런 일을 독립운동의 대열에서 직접 모의하기에는 너무나 어렸다. 그러나 그는 언제나 개인적으로 독립운동가들과 접촉을 가지려고 노력했다. 그리고 또 지도와 편달을 받기도 했다. 더구나 같은 은행의 직원으로 있는 이영국, 신상태 등의 선배가 국권회복사건으로 검속을 받는 일까지 있어 그들의 언행이 이종암에게 큰 감명을 준 것이다.

그는 항상 말이 적고 웃음이 없었다. 통쾌하게 웃는 것을 본 이가 없는 정도였고 술은 곧잘 했으나 한번도 실수한 적이 없다 한다. 그러던 1917년 그는 대구은행에서 1만 5백원을 갖고 잠적, 다음해 2월 봉천으로 갔던 것이다. 그리고 三光商會를 열고 무역상을 시작하면서 양건호란 별명으로 행세를 했다.

종암은 봉천에서 具榮泌과 金大池를 만났다. 구영필과는 천도교 관계로 교분이 두터웠고 선배로 섬기고 있던 사이였다. 그래서 종암이 먼저 봉천에서 기다리고 있던 차였다.

그러다가 1918년 4월 길림에 있었던 신흥무관학교 2학년에 입학을 하게 되었다. 이때 외지에서 온 서상락, 한봉인, 그리고 신철휴와 함께 같은 방에서 생활을 했다. 이후 제2분교인 통화현 고산자 하동으로도 함께 옮겼다.

이곳에서 제2기로 이종암, 신철휴, 한봉인 등이 졸업하고, 한봉근이 4기로 졸업했다. 그리고 다시 길림으로 갔다. 길림성 파호문 밖 중국인 潘某씨의 집을 종암이 세를 얻어 동지들의 거처 및 연락소로 정해 두었던 것이다. 며칠을 두고 여러 가지 의견을 교환했고 북로군정서 회계책임을 지고 있던 황상규도 좋은 의견을 제공해 주었다. 그는 자신의 경험으로 보아 군대조직은 가망이 없다고 생각하게 되었다.

이때 김원봉도 여기에 왔다. 뒤이어 곽재기도 도착했다. 김원봉은 얼마 전에 신흥무관학교에도 온 일이 있는데 그때부터 종암은 그를 좋은 동지라고 생각했다.

그후에 김원봉은 이종암의 도움으로 길림에 같이 묵으면서 의열단 조직에 가담하게 되었다. 이때에 김원봉도 군대조직은 가망없는 일, 인원경비도 문제려니와 무엇보다 무기가 문제라는 것을 인식하게 되었다. 그리고 남은 유일한 방법은 '폭력행사 밖에 없음'을 공감하게 되었다. 이런 생각은 신흥무관학교에서부터 胚胎되어온 것이었고 그러므로 황상규 중심으로 직접행동대를 조직하자고 동지들은 굳게 맹세하게 되었다.

그리고는 1919년 11월 9일 밤에 의견을 모았고 10일 아침에 혈맹의 서약을 함으로서 의열단이 창단된 것이었다. 창단 당시에는 성문화된 강령은 없었고 1928년 11월 10일 「창단 제9주년을 기념하면서」라는 선언문과 동시에 체계화된 21항의 강령이 발표되었다. 그리고 이듬해인 1929년 12월에 의열단의 해체선언이 있었다. 여기서 해체의 이유는 "전단원이 主義的으로 분립되어 있어 조직상 통제가 사실상 불가능하기 때문"이라고 하고 있다.

이때까지 종합한 이 자료의 결론은 '황상규가 의열단 단장이었다'는 것이다. 창단 당시의 공약 10조 가운데 제5조인 의백(단장)문제인데 당일에 김원봉을 의백으로 선출한 것으로 기록하고 있으나, 결코 그것이 아니라고 한다.

창단은 이종암을 중심으로 한 신흥무관학교 출신들이 재학 당시부터 뭉쳐서 움직일 때 이를 격려하고 의견도 제시해준, 북로군정서의 總財政權을 장악하고 있던 황상규라는 것이다. 또한 연령으로 봐도 거의 10년 위이며, 그동안의 경험으로나 독립운동의 열의와 학식, 인품으로도 황상규가 단장이었다고 주장하고 있다. 더구나 김원봉은 너무 어렸다. 마침 창단혈맹을 굳히던 그 날 군정서 일 때문에 자리를 같이하지 못했을 뿐 이미 동지들 사이에는 황상규를 의백으로 모셨던 것이다.

그래서 첫 번째 총공격 때부터 황상규도 입국하여 활동했던 것이다. 이때에 倭警의 검속에 검거되어 법정에 섰을 때 국외에 유일하게 남아있던 김원봉을 단장이라고 해 버렸고, 그후에도 김원봉은 계속 해외에 있었으므로 不知不識간에 김원봉이 자타가 공인하는 단장이 된 것으로 추측하여 전해진다.

또한 의열단의 창단동지들 가운데 끝까지 검거되지 않은 사람은 김원봉을 비롯, 강세우·김상윤·서상락 등 소수에 지나지 않는 것도 김원봉단장설이 나오게 된 이유 중의 하나이다.

이와 같은 입장은 김원봉 중심으로 의열단을 분석해 온 그동안의 시각에서는 소수의 의견이다. 하지만 앞에서 언급했듯이 의열단이 갖고 있는 비밀결사체로서의 성격을 전제한다면 황상규, 이종암을 중심으로 의열단이 창단되었다고 볼 수 있는 논리는 최소한 의열단창단 직후만이라도 충분한 설득력을 갖는다고 생각되어진다.

3. 金元鳳 中心說

호는 若山으로 1898년 3월에 密陽郡 府北面 甘川里 57번지에서 金海金氏 73世, 三判公派 42世孫으로 父 김주익과 月城 李씨의 9남2녀 중 장남으로 태어났다. 8살에 서당에서 글을 배우고 그런 중에 『通鑑』을 읽었고, 11살에는 신학문을 배우기 위해 보통학교 2학년에 편입했다. 그리고 13세에 당시 밀양읍 內1洞의 同和中學 2학년에 진학했다.

이곳에서 김원봉은 교장 全鴻杓와 만나게 되고 이는 소년의 성장에 커다란 영향을 주었다. "우리가 목숨이 있는 동안은 강도일본과의 투쟁을 단 하루라도 게을리 할 수 없다", "빼앗긴 국토를 도로 찾고 잃어버린 주권을 회복하기 전에는 우리는 언제나 부끄럽고, 언제나 슬프고, 또 언제나 비참하다"고 역설했던 교장을 김원봉은 35년의 세월 동안 잊지 않고 있었다[13] 한다. 그러나 일본은 재단법인이 아니라는 이유로 이 학교를 폐쇄하였고, 그는 표충사에서 각종 병서를 읽으면서 "조국광복의 대업은 무력으로 이루어진다"는 신념을 다졌다.[14]

그 후 서울에 상경하여 中央中學 2학년에 편입, 재학중인 李明鍵, 이여성을 만나게 되었고, 세 소년은 '산처럼', '물처럼', '별처럼' 크고 넓고, 빛나는 삶을 살 것을 맹세하였다. 또 그는 재학 중에 교내 웅변대회에서 '사회발전은 종교에 있느냐, 교육에 있느냐?'는 주제의 교내 웅변대회를 통해 동료학생에게 깊은 인상을 남기기도 했고, 1914년 전국 유랑에 나선다.

이 여행을 통해 김원봉은 姜宅鎭이란 인물을 만나 강한 사회주의자의 인상을 받기도 했다[15]고 한다. 이때에 김원봉은 一合社, 大韓光復會 등 국내항일운동단체의 활동사실에 접하게 되고, 군대조직을 기반

---

13) 박태원, 앞의 책, 6쪽.
14) 박태원, 위의 책, 8~9쪽.
15) 박태원, 위의 책, 9~11쪽.

으로 한 무력투쟁의 방법에 확신을 갖게 되었다. 그리고 그는 이런 뜻
을 펴기 위해 다시 天律의 德華學堂에 입학하였으나, 1917년 이 학교
가 폐교됨에 따라 그의 군사학 공부도 일시 좌절되었다. 그는 다시
1918년 金若水, 李如星과 동행하여 남경으로 향했다. 이때 이들은
1918년 11월로 제1차 세계대전 종결로 나타난 새로운 정세에 대해 구
체적인 항일투쟁의 방안을 숙의하였다. 그리고 얻은 결론은 먼저 서간
도 지역에 군대를 조직하는 것, 둘째 상해에서 잡지를 발간하는 것, 셋
째 파리강화회의에 참석, 일본대표를 암살하는 것이었다. 그리하여 김
약수는 토지 확보를 위해 길림으로, 김원봉은 吳淞同濟大學에 재학중
이었던 金鐵城을 일본대표 암살을 위해 파리강화회의에 파견시켰으
나[16] 이 암살계획은 권총이 없어서 성사되지 못했다.

이때 김원봉은 국내에서의 3·1운동의 발발 소식을 들었다. 그러나
그 방법이 '비폭력'을 천명한 것에 크게 실망한 나머지 두 사람은 고국
으로 돌아갔지만 김원봉은 다시 길림으로 갔다.

그리고 그는 거기(신흥무관학교)에서 여러 동지들을 만나고 폭탄제
조술을 배웠다. 또한 金佐鎭, 孫逸民, 黃尙奎 등을 만나는 과정에서
그는 자금도 자금이려니와 총을 구하기가 어려워 군대조직을 한다는
것이 현실적인 한계성임을 절감하게 된다.

마침내 1919년 11월 9일 길림성 파호문 밖 중국인 집에 모인 독립지
사들 13인은 밤을 새워 가며 숙의를 거듭한 끝에 다음날 의열단 성립
을 보게 되었다. 이날 모인 13인에 의해 김원봉이 선거를 통해 단장으
로 선출되었다. 이를 일제관헌 자료에서 보면 다음과 같다.[17]

1919년 4·5월경 양건호(이종암)는 길림에서 김원봉과 동거중, 한봉

---

16) 박태원, 위의 책, 14~17쪽.
17) 경상북도경찰부, 앞의 책, 97쪽.

근, 김옥(김상윤)이 서로 한자리에 모여 급진적 독립운동을 모의하였는데, 그 방법으로서 조선 내 주요건물, 친일선인의 파괴, 암살을 급선무로 삼아 먼저 폭탄제조법 및 그 사용법 연구의 목적으로 동년 7월 양건호가 김원봉과 함께 상해에 이르렀을 때 마침 상해에서는 여운형이 주재하는 임시정부의 별동대라고 할 수 있는 救國昌險團에서 독립운동 계획의 목적으로 폭탄제조 조작을 연구하였다. 특히 김성근이 가장 열심히 배우고 있었는데, 여기에 양건호, 김원봉도 함께 배워 김원봉은 약 1개월 만에 길림으로 돌아와, 동지 곽재기 등 3인이 서로 길림에 이르러 동년 음력 12월 길림성 파호문 밖 중국인 반모집에서 급진적 독립운동을 표방한 결사를 조직하였는데, 이것이 곧 의열단의 탄생이다.

이와 같이 일본관헌 자료도 비교적 상세하게 김원봉 중심의 의열단 창단을 기술하고 있다. 여기에서 조직일자를 음력 12월로 잘못 기록하고 있는 것은 분명한 오류이나 '김원봉이 길림으로 돌아와 동료를 규합, 의열단을 결성했다'는 식의 기술을 하고 있음을 볼 수 있다.

그리고 약산이 지도하는 의열단 제1차의 암살·파괴계획은 1920년 3월부터 개시, '밀양의 폭탄사건'을 추진하는 과정에서 단원들이 사전 검거되고 말았다. 그리고 이를 1년 동안을 미뤄 실시한 공판의 공소 시유를 보도한 당시 『동아일보』 1921년 3월 5일자에는 의열단과 김원봉에 관해서

모두 조선독립운동을 위하여 極力으로 진력하려던 자인데, 일찍이 신흥무관학교의 생도인 김원봉 등으로 더불어, 금일의 상태는 우리가 신흥학교에서 공부만하고 있을 수가 없은즉, 속히 독립의 목적을 이루려 하면, 직접행동을 하지 아니하면 안되겠다고, 이에 의열단이라 하는 결사를 조직하고, 조선독립을 위하여 활동하기 위하여, 일동이 길림에 모여서 논의하고자 하여, 동년 10월에 차례로 길림에 모여서 그곳에서

몇 사람에게 같이 일하기를 권유하고, 동월 상순에 길림성 파호문 밖 중국인 潘모씨 방을 근거로 하고 모여서, 목적을 속히 달함에는 폭발탄과 총기를 조선내에 많이 수입하여 총독부 요로의 고관과 친일파의 중요인물을 살해하고, 중요한 관공서와 조선인을 害롭게 하는 동양척식주식회사의 건물을 파괴하여, 조선인 일반에 독립사상을 더욱이 왕성케 하고 친일파에게 위협을 하기로 결의하고……

여기서는 비교적 상세하게 의열단을 기술하고 있다. 이는 물론 의열단원들의 심문을 통해 얻은 정보를 통해서 알게된 사실일 것이다.

이와 같은 일본관헌의 자료에서 보이는 김원봉 중심의 의열단 창단은 이후 일반인들에게 기정 사실로 받아들여졌다. 또한 해방이 될 때까지 일제에 검거되지 않고 독립운동을 지속적으로 수행한 김원봉이 의열단 창단단장으로 자연스럽게 받아들여진 것으로 보인다.

IV. 맺음말

이상의 논의를 통해 의열단의 성립배경과 창단주도자에 대한 諸論을 고찰했다. 이를 종합하면 의열단 성립은 1919년 3·1운동을 통해 비폭력 독립운동의 참담한 실패를 목격하고 결국 적극적인 무장독립운동을 전개해야 한다는 의식을 바탕으로 조직되었다. 그러나 비밀결사조직체적 성격으로 인하여 의열단 창단에 참여한 인물들인 김원봉, 이종암, 황상규, 김대지 중 누가 주도하였나, 또 누가 창단단장이었는가 하는 점에는 서로 다른 입장을 보이고 있다.

본 소론을 통해 일본인들이 작성한 당시의 자료에서나, 해방 후의 독립운동 연구자들 역시 대체로 의열단창단을 김원봉 중심으로만 보고 있는데 대해 이론의 여지가 있음을 밝혔다. 이 논지는 첫째, 당시 김원봉이 의열단 창단단장이 될 정도의 나이가 아니었고 오히려 김원봉은 김대지, 황상규, 이종암 등에게 사상적인 면에서 영향을 받았다는 점.

둘째는 일단 김원봉중심설을 수용한다 해도, 그것은 그가 의열단 창단 당시 비록 나이는 어렸으나 의열단의 활동자금을 확보하는 일, 동지들 상호간을 연결하는 연락책으로서 역할을 수행키 위해 직접적인 무력파괴 현장에 참여하지 않았고, 다른 사람들이 왜경에 체포되면 자신의 독립운동 활동비중을 감소시키기 위해 현장에 없는 김원봉을 단장이라고 한 것이 일본관헌의 자료근거가 된 것이 아닌가 하는 점.

셋째는 해방은 되었으나 민족은 다시 분단의 고통으로 이어졌고 독립운동 또한 객관적인 평가가 유보된 채 남북한의 체제 이데올로기의 필요에서 관심을 끌만한 주제가 아니었다. 이런 상황은 나아가 월북한 혹은 중도좌파적인 독립운동가에 대한 연구 역시 활기를 띨 수 없었다는 것이다. 이런 외적인 조건과 함께 의열단연구의 일차자료가 거의 전무한 상태에서 『若山과 義烈團』이 유일한 의열단 연구의 실마리를 제공하여 왔다. 그러나 이 자료의 객관성은 ‘김원봉이 생존시 직접 자신이 구술한 것을 소설가인 저자가 썼다’는 점에서 의심할 수 있다는 점.

그래서 의열단 창단을 주도한 인물은 적어도 창단 초기에는 김대지, 황상규, 이종암 중심이었으리라는 주장이 설득력을 가질 수 있다고 본다.

마지막으로 의열단이 독립운동의 한 방법으로 또 당시의 국제정세를 수용해가면서 전개하였던 독립운동변천과정을 단순하게 공산주의운동, 사회주의운동으로만 고정시켜 보게 됨으로써 그 활동성과를 과소평가 해온 것도 앞으로 재고돼야 할 것으로 본다.

민영환의 러시아 황제 니콜라이 2세
개관식 수행과 근대 문물의 수용

Ⅰ. 머리말

기존 한국 사학계의 전통시대 대외관계 및 교통로 연구는 주로 중국과 일본에 국한되어 연구되어 왔던 것이 현실이다. 때문에 유럽이나 미국·러시아 등과 관련하여서는 별다른 연구가 진행되고 있지 못하다. 그것은 당시 우리의 대외교섭이 주변 몇몇 나라에 국한되어 있기 때문에, 당연히 사대와 교린관계로 귀착되는 동아시아 사회질서에서는 그럴 수밖에 없었던 제약성이 따르기 마련이었다. 그러나 고종대인 1876년 江華島條約 이후 우리나라가 근대사회로 접어들면서부터는 정부차원에서 서구와 직접 접촉하는 등 다양한 외교관계를 유지하고자 하는 정책으로 방향전환하지 않을 수 없었다. 심지어 배와 기차, 마차 등을 갈아타면서 그야말로 지구를 한바퀴 도는, 당시로서는 매우 험난한 과정을 거쳐 러시아의 황제 대관식에 참여할 정도로 여러나라와 관계하는 모습이 보이기까지 한다.

그 과정에서 제국주의 국가간의 상호갈등을 외교적으로 이용하여 국권을 유지하고자 정부에서는 당시 貞洞俱樂部의 일원으로 세력을 유지하고 있던 閔泳煥을 특명전권대신으로 파견하여 러시아와 비밀조

약 체결을 준비하였다. 다른 한편으로는 재정고문 및 군사교관 초빙을 관철시켜 일본의 침략을 막아보려는 고육책을 취하기도 하였다.

그러나 아직까지 이상의 내용에 대해서는 학계에서 큰 주목을 하지 못하고 단지 피상적으로 언급되는 수준에 머물고 있었다. 따라서 우선적으로는 민영환 등 러시아 사행을 파견하게 되는 배경과 이를 수행해 가는 과정에서 그들이 통과하는 지역 사정은 물론이고 그들이 보고 들은 내용을 상세히 분석할 필요가 있다. 다음 모스크바와 페테르부르크 등 러시아 주요처에서 그들이 만난 관리 및 니콜라이 2세와 주고받은 내용과 문서 등을 구체적으로 분석하여야 할 것이다.

이러한 러시아 사행에 대해 고병익은 특히 이 사행이 러시아 세력이 한반도에서 거의 최절정기에 있을 때 이루어졌다는 점, 그리고 이 대관식을 계기로 하여 한러간의 직접 교섭 과정과 내용을 집중적으로 분석하였다.[1] 그러나 문화적 측면에서의 접근은 아직까지 미루어지고 있다고 이해된다. 또한 당시의 주요 외교문서 및『海天秋帆』과『環璆日記』의 분석에 집중하였다. 이 문서는 공적인 성격이 매우 강하기 때문에 그 내면에 숨겨져 있는 내용들을 제대로 전달하지 못한 감이 적지 않다. 반면 당시는 소개되지 않았던 관계로 민영환의 수원으로 참여하여 내면의 중요한 기록을 남긴 윤치호의 영문일기(『尹致昊日記』)를 분석하지 못한 한계점이 남아 있다. 한편 이민원은 민영환 특사의 외교교섭 과정과 이에 대한 러시아측의 반응에 범위를 제한하여 주로 조선측의 입장에서 이 부분을 재구성하였다.[2]

본 연구는 그간의 연구성과를 토대로, 근대민족국가 수립을 위한 기회를 모색하던 한말 建陽 연간 대외교섭과 기술문화 수용의 문제를 러

---

1) 高柄翊,「露皇載冠式에의 使行과 韓露交涉」,『歷史學報』28, 1965, 41쪽.
2) 李玟源,「俄館播遷期의 朝露交涉 - 閔泳煥特使의 活動을 중심으로 - 」,『尹炳奭教授華甲紀念韓國近代史論叢』, 知識産業社, 1990, 342쪽.

시아와 관련한 내용을 중심으로 살펴보고자 한다. 아관파천 이후 열강의 세력각축 과정에서 이를 극복하고 자주적 근대국가를 수립하고자 하는 고종과 정부 당국자의 노력을 적극 밝힘으로써 러시아 사절의 역사적 성격이 우리에게 보다 구체적으로 보여질 수 있을 것이다.

앞서 제기한 내용을 과학적으로 밝히기 위해서는 첫째, 기존 연구 성과를 살핀다. 둘째, 민영환과 윤치호 등 사절단원이 남긴 공식 기행 기록과 그들의 일기를 분석한다.[3] 셋째, 서울학연구소에서 1995년 러시아 일원 답사 중 페테르부르크에서 발굴한, 고종이 러시아 황제에게 보낸 서한[4]을 분석할 것이다. 넷째, 추체험적 인식에서의 접근이 필요하며 이상의 분석을 통해 소기의 연구목적을 달성코자 한다.

II. 使行의 파견경위와 러시아 입국 이전의 경로

1896년(建陽 1) 3월 10일 특명전권공사 閔泳煥을 비롯한 공식사절을 임명하여 러시아 황제 니콜라이 2세(Nicholas II) 대관식 파견이라는 특별한 조치는 아관파천 이후 조선을 둘러싼 열강들의 갈등과정에서 이

---

3) 이와 관련한 주요 문서는 『海天秋帆』(민영환)과 『環璆日記』(김득련), 『尹致昊日記』(四) 등이 있다. 『해천추범』은 『환구일기』와 대동소이한데 그것은 민영환의 명의로 김득련이 만들어 준 것으로 즉, 『해천추범』 전문은 『환구일기』를 기반으로 만들어진 것이다(高炳翊, 앞의 논문, 66쪽). 본고에서는 1959년 乙酉文化社 刊을 활용하였다. 『해천추범』은 공적 외교교섭 문제는 거의 나오지 않고 사행의 일반적 견문과 관계된 내용이 중심을 이룬다. 반면 영문으로 기록된 『윤치호일기』는 1971년 국사편찬위원회에서 복간한 것으로 한러간의 외교교섭 과정에서의 숨은 이야기와 당시 윤치호가 보고들은 바를 주관적 입장에서 기록한 것으로 앞의 기록물들과 대비된다. 그는 여행과 협상 과정에서 숨겨진 많은 사실을 제시하는 한편 사행들과 일부 다른 견해를 피력하고 있어 당시 상황을 객관적으로 비교 검토하는데 좋은 참고자료가 된다.

4) 러시아 페테르부르크 국립문서보관센터 소장자료.

루어진 것이다. 그것은 러시아 정부의 초청에 의한 것으로 조선 정부가 이들을 대관식에 참여시킨 이유는 대관식의 축하와 양국 친선교류5) 및 청국의 속방에서 벗어났음을 세계에 알리 계기를 마련하는데 있었다.6) 그뿐 아니라 러시아와 몇 가지 외교협상을 통해 일본의 위협에서 벗어나고 고종이 환궁을 하고자 하는 의미도 포함되어 있었다.

조선 정부의 러시아 황제 대관식 파견 문제는 아관파천 직전인 1896년 정월에 들어서자마자 정부 當路者 간에 어느 정도 논의가 있었던 듯하다. 그해 1월 9일 兪吉濬의 주선으로 尹致昊를 만난 자리에서 러시아파인 李範晉은 그에게 국왕('His Majesty')의 개인적 임무를 가지고 李學均과 함께 러시아를 가겠느냐고 물었고, 이 자리에서 윤치호는 숙고해보겠다고 답한 적이 있었다. 그러나 러시아에 대해 평소 부정적인 입장을 갖고 있었던 윤치호는 러시아 특사를 "나라의 통치권을 포기하는 것과 같은 영광스럽지 못한 임무를 가지고" 가는 것으로 이해하여 특별한 욕망을 보이지 않은 듯하다. 그러나 당시 閔王后의 참살을 겪은 직후 러시아 공사관에 국왕이 移御(1896. 2. 10～1897. 10. 17)해 있는 상황에서 반일 감정은 조야에서 풍미하고 있었고, 그 역시 일본보다는 러시아에 대한 어느 정도의 긍정적 인식을 가지고 있었기에7) 이

5) 필자 미상, 「韓末外交舞台에 남긴 珍聞 - 露都特派大使의 高級隨員 尹致昊氏 - 」, 『朝光』 3권 5호, 1937. 5, 36쪽, "그때 고종이 로국공사관에 기거하시고 또는 로국의 세력이 강대하기 때문에 일종의 축하와 친선을 도모하는 의미에서 특사를 보내었시오".

6) 『독립신문』, 건양 원년 10월 24일자, 「논설」, "첫째는 아라샤 황제 대관례에 세계 각국이 다 대사를 보내어 아라샤 황제와 인민을 대하여 치하를 하는데 조선도 남의 나라와 같이 사신을 보냈은 즉 양국 교제상에 매우 유조한 일이고, 둘째는 조선 사기에 처음으로 공사를 구라파에 보내어 조선이 자주독립한 나라로 세계 각국에 광고를 하였으니 나라의 경사요……".

7) 『尹致昊日記』 1896년 2월 25일자, "러시아 정부는 일본 정부가 현명하지 못한데 비해 현명하게 처신한다. 일본은 (이노우에를 예를 들면) 거만하다. 그러

후 공식적인 사행주선이 들어오자 승낙하게 되었던 것으로 보인다.

그해 3월 초부터 대관식 사행 선정은 본격화된 것으로 보인다. 즉, 3월 7일 러시아 공사 베베르(韋貝, K. Weaber)[8]는 러시아 공사관을 방문한 윤치호에게 고종이 세인트 페테르부르크(St. Peterbrug)에서 거행될 니콜라이 2세의 대관식에 사절 파견을 생각하는데, 대표로 민영환이 가장 유력한 후보라는 점을 전달한 바 있다. 이어 같은 달 10일 고종은 宮內府特進官 종1품 민영환을 특명전권공사로 삼아 러시아 황제 대관식에 참석케 한다는 詔勅을 내리고 11일 서임하였다. 연이어 19일 隨員으로는 학부협판 尹致昊, 2등 參書官(서기관)으로 3품 金得鍊, 3등 참서관으로 외부주사 金道一을 서임하였다.

3월 29일 민영환을 비롯한 대관식 사절들은 러시아 공사 베베르와 점심을 하는 등 사전 준비작업을 수행하기 시작하였다. 30일에는 外部에서 國旗 3개와 도장('大朝鮮國特命全權公使之章')을 보내왔다. 이어 러시아측 통역인 러시아 공사관 서기관 스테인(師德仁, Stein), 민영환 개인담당 隨從 孫熙榮 등 총 6명으로 사행 구성을 확정하였다.

그러나 민영환은 아직까지 마음의 준비가 덜 된 듯하다. 그는 당일 아침 윤치호에게 자신의 직을 사임할 결심을 하였다고 말한 바 있다. 그 이유로 그는 "만약 내가 대사로 가면, 국왕이 다른 당(another party)

나 러시아는 정중하다.……일본은 모든 것을 원하나 러시아는 아무것도 요구하지 않는다".

8) 1865년 세인트 페테르부르크대학 동방언어과 석사를 졸업한 그는 중국 톈진 러시아 영사로 근무하다가 1884년 「조러수호조규」에 따라 1885년 러시아 공사관이 설치되자 초대 공사로 임명되었다. 그는 적극적인 외교정책을 펼쳐 러시아의 극동진출 정책을 측면에서 보조하였지만, 외무대신을 역임한 무라비예프(Muravieff)등의 반감을 사서 공사는 스페이에르(Speer)로 교체되었고 그는 멕시코 대사로 좌천되었다. 박종효,『러시아와 조선(1895~1898)』, 모스크바 국립대학, 1993, 8~13쪽.

에게 나를 감시할 비밀 특명을 부여할 것이 확실하기 때문이다"라고 하였다.9) 다른 한편 민영환은 베베르에게 어떤 실책에 대한 비난이라도 막아주고 적어도 1년 동안 유럽을 여행할 수 있도록 하겠다는 확약을 해 줄 것을 청하였다. 이에 베베르는 이 두 가지 내용을 모두 지원하겠다고 약속하였고, 비로소 민영환은 안심하고 떠날 것을 확정할 수 있었다.

이와 같은 규모를 갖춘 정부 차원의 공식적인 러시아 여행은 우리나라 역사상 처음 있는 일이었다. 경비는 인천 海關에서 약 4滿 元의 銀을 마련하여, 동행하는 스테인에게 추심케 하였다.10) 이들 일행은 4월 1일 아침 8시 경 러시아 공사관으로 가서 고종을 알현하고 그로부터 친서 1통, 도서 1통, 위임장 1통, 訓諭 1통을 받아 물러났다가, 다시 불러 잘 갔다 오라는 말을 들었다. 이어 돈의문(서대문) 밖에서 기다리고 있던 법부대신 李範晋과 작별하고 외부와 탁지부에서 연회를 준비한 마포로 갔다. 이곳에서는 총리대신 서리 내부대신 박정양 이하 각부 대관들이 酒宴으로 이들을 송별하였다.

사행은 이어 영등포를 지나 오류동에서 점심을 하고 오후 6시 경 인천 제물포에 도착하였고, 7시 경 러시아 2등군함 크레마시호에 탑승하였다. 그런데 이 군함은 베베르 공사의 주선으로 러시아에서 특별히 보낸 것이었다.

---

9) 『尹致昊日記』 1896년 3월 30일자. 그런데 윤치호가 언급한 '비밀당(the secret party)'은 성기운·주석면·민경식으로 구성되어 있었는데 상해에서 중도 귀국한 성기운을 제외한 이들은 후일 러시아 현지에서 회동하게 된다. 이들에 대해서는 후술할 예정이다.

10) 그 외에 민영환은 여행동안 쓸 개인 여비로 고종으로부터 2만 달러를 받았다. 그는 상해에서 윤치호의 부인에게 100달러를 주겠다고 약속한 적이 있었다. 『尹致昊日記』 1896년 4월 11일자.

1. 중국(1896. 4. 4~4. 11)

4월 2일 10시 인천항을 출항한 크레마시호는 이틀 후인 4일 청국 상하이(申滬)에 도착하였다. 스테인이 먼저 하륙하여 프랑스 조계의 콜로니 호텔(Hotel de Colonie)에 숙소를 정하였고 일행은 마차를 타고 도착하였다. 이곳에는 이미 홍콩에서 온 閔泳翊과 서울에서 온 閔泳琦(璘)가 며칠 전부터 머물고 있어 그들과 회동할 수 있었다.

6일에는 상하이의 러시아 銀行主 복고짓로프가 호텔에 와서 은행사무를 대강 예기하였고, 상하이해관 부세무관 밀렌도르프(穆麟德)가 다녀갔다. 7일 오후에는 마차를 타고 張園에 가서 차를 마시고 사진국(관)에 들어가 일행이 각각 寫眞을 찍었다. 8일 밤 일행은 인력거를 타고 가로를 구경하였다. 당시 민영환의 눈에 비친 국제도시 상하이의 풍경은 대단히 번화한 것이었다. 그는

　　각국 汽船은 부두를 가리우고 서양식 가옥은 半空中에 솟았고 각국 貨物이 구름같이 쌓였다. 참 동양의 제일 가는 緊華한 큰 항구다.[11]

라고 이곳에 대한 첫인상을 피력하고 있다. 또한

　　市街가 쪽 곧은데 양쪽에 華洋店鋪가 빈 틈이 없이 즐비하고 각색 珍寶가 山같이 쌓여 사람의 눈을 현란케 한다.[12]

라든지

　　電灯과 煤灯(까스)이 蓮하여 달리고 각 商塵이 다 열리어 夜市가 되

---

11) 『海天秋帆』 1896년 4월 4일자.
12) 『海天秋帆』 1896년 4월 8일자.

고 灯燭輝煌하여 白畫와 같고 군데군데 茶樓에 꽃 같은 美人들이 늘
어 서고, 여기 저기 음악 소리에 街途가 요란하다. 來人去客이 愉快하
고 활발하여 遊戲場을 이루니 각지 상인들이 종일 분주하다가 밤이면
틈을 타서 遊興을 하느라 매일 이렇다고 한다.[13]

고 하여 우리보다 앞선 중국의 근대문화 발전상에 대한 놀라움을 표시
하고 있다.

9일 영국상선 '皇后號'가 밤에 상하이에 도착하자 이들은 운항일정
을 정리하였다. 즉, 10일 행장을 수습하고 상하이에서 11일 황후호를
타고 나가사키·요코하마를 거쳐 태평양을 건너, 거기서 다시 기차로
뉴욕을 지나 대서양을 건너 런던·베를린을 지나 러시아 수도 모스크
바로 가는 여행 일정을 잡았다. 이날 일행은 민영익·민영기와 작별하
고, 나가사키를 향해 출발하였다.

2. 일본(1896. 4. 12~4. 17)

일행은 중도에 일본의 나가사키와 고베·요코하마·도쿄를 거쳤다.
먼저 12일 일본의 유수 항구인 나가사키(長崎)에 도착하였는데, 이때
민영환은 "山川이 明媚하고 가옥이 즐비하여 商業이 興旺하니 한번
볼 만하다"고 간단한 감회를 밝혔다. 6시 경 상륙하여 러시아 태평양
함대 수사제독 알렉셰프와 러시아영사 틸로프(Tilof)를 방문하는 것으
로 그쳤다. 13일부터 15일까지 行船하였다. 그러나 심한 안개로 해중
에 닻을 내리고 일시 항행하지 못한 적도 있었다. 일행은 양식과 소채
를 위해 15일 잠시 고베(神戶)에 정박하여, 가판에서 서울 정동 언더우
드 집에 3년 동안 있었다는 제이슨(Jaison)이라는 사람을 만나 환담하였

---

13) 『海天秋帆』 1896년 4월 8일자.

다. 배는 오후에 항해하여 16일 오후 2시 경 요코하마(橫濱)에 도착하였다. 상륙하여 러시아 영사 로발로프(Robalov)를, 이어 기차로 80리 거리에 있는 도쿄(東京)의 조선공사관을 방문하였다. 그러나 서리공사 李台植은 귀국하고 신임공사 李夏榮은 오고있는 중이므로 서기 劉燐만 만날 수 있었다. 일행은 일본에 유람 중인 義和君이 머무는 곳에 갔으나 외출하여 만나지 못하였다.

17일 기차로 요코하마로 돌아와 오전 9시 황후호에 승선하였다. 민영환은 요코하마와 도쿄를 보고 조선과는 달리 일본이 근대화의 궤도에 오르고 있다는 점에 극찬을 보내고 있다.

어제 요코하마에 닿으매 산천의 수려함과 가옥의 高大함과 시가의 整齊함과 電灯까스의 줄로 다른 것이 사람의 눈을 크게 뜨이더니 東京에 간 즉 모든 배치한 것이 모두 절묘하며 정밀한 데서 더 정밀함을 힘쓰고 日新한 데서 더 일신하려 하니 이것은 이 나라 사람들이 西洋制度를 부지런히 흡수하여 文明에 나가서 外國의 손을 빌지 않고 다 하여 놓은 것이다.[14]

또한 윤치호는 도쿄에서 후쿠자와(福澤諭吉)의 慶應義塾에서 조선 유학생 3인이 교육받고 있다는 소식을 들을 수 있었다.

3. 캐나다(1896. 4. 18~5. 6)

배는 4월 18일부터 28일까지 11일간 태평양을 향해하여 오후 4시 빅토리아의 歷路이자 영국의 속지인 한 작은 포구에 잠시 정박하여 승객을 탑승시켰다. 29일 오전 5시 캐나다 소관의 벤쿠버 항에 도착하여 벤

---

14) 『海天秋帆』 1896년 4월 17일자.

쿠버 호텔에 투숙하였다. 그런데 일행은 이곳에서 엘리베이터를 처음 보았다. 그 감회를 민영환은 다음과 같이 적고 있다.

陞降하기 難便함을 생각하여 下層에다 한칸 방만한 機械 집을 놓아 두고 전기로 사용하여 마음대로 승강(층마다 있음)하니 참 奇想의 말이다.15)

일행은 이곳의 아스팔트 도로, 전차 등을 보고, 30일 기차로 미국 뉴욕을 향하였다. 5월 1일부터 계속해서 車中에서 보낸 일행은 5일에야 몬트리올에 하차하여 이곳의 윈저(Windsor) 호텔에 투숙하였다.16)

4. 미국(1896. 5. 6~5. 9)

다음 날인 5월 6일 사절단은 이곳 몬트리올에서 뉴욕행 기차로 바꾸어 타고 오후 9시에 도착하였다. 민영환은 "모든 설비와 구조가 몬트리올보다 百倍나 되어 眼目의 황홀함을 말할 수 없다. 참 세계에 유명할 만하다"고 뉴욕 도착 후 느낀 첫인상을 피력하였다. 이들은 월도프(Woldoff) 호텔에 투숙하였는데, 이 호텔은 뉴욕에서 가장 신식이고 세련된 호텔이라고 전한다.

8일 정오 주미공사 徐光範이 기차로 영접을 와서 같이 행동했는데, 윤치호는 그가 거의 매 시간마다 신과 옷을 갈아입는 것 같다고 언급하였다. 이들은 오후 3시 러시아 영사 올라롭스키 및 그 부인과 더불어 噴水臺·鐵橋·전기박람회사 등을 관람하였다. 뉴욕에 대해 민영환은

---

15) 『海天秋帆』 1896년 4월 29일자.
16) "市街에 燈光이 낮같고 層屋이 하늘에 솟은 것이 上海에 비할 것이 아니다" 라 하여 서구 문화에 대한 경원감을 언급하였다. 『海天秋帆』 1896년 5월 5일 자.

몇 십리가 되는 땅이나 시가가 사통팔달하고 도록의 長廣을 다 尺量하여 그 곧은 것이 金夷絲 같고 좌우 시가에 4, 5층 집부터 10여 층 집이 즐비하고 金碧으로 휘황찬란하게 꾸미었고 밤이면 전등과 가스불이 날이 새도록 밝아서 星月에 빛을 빼앗으며 시가지 위에 다리를 가설하고 철도를 놓아 기차를 다니게 하였다. 인구가 근 300만인데 밤낮으로 사람은 어깨를 비비고 車馬는 꼬리가 맞닿는다. 음악장 · 유희장이 四時에 쉴 때가 없다.17)

고 하면서 이때 '長春園裡 無愁地 不夜城中 極樂天'이란 시를 지어 미국 중심지역인 뉴욕 시가의 웅장함에 경탄하였다. 한편 윤치호는 "브로드웨이, 서스펜션 브리지, 엄청나게 큰 상점들, 떠있는 레일로드, 플라스틱 호텔, 아름다운 카페, 센트럴 파크, 강변 차도……가게 · 도로 · 정거장 · 공부의 번잡함과 발자국 소리 등등" 이 모든 것들은 자신에게는 '아늑한 환상같다'고 하였다. 그는 신문기자는 마치 벌처럼 바쁘지만, "신문은 매우 선정적이고 가끔은 쓰레기 같다"고 다소 비판적인 견해도 피력하였다. 또한 미국인들의 일본에 대한 인식은 긍정적이지만 우리나라의 현실에 대해서는 별다른 이해가 없는 점에 불만을 토로하기도 하였다.18)

5. 영국(1896. 5 10~5. 16)

일행은 공사 서광범의 부두 작별을 뒤로 하고 9일 영국 상선 루마니아(Rumania)호를 타고 대서양으로 향하였고 10일부터 계속 항해하여 15일 퀸즈타운(Queen's Town) 항에 잠시 정박하였다가 16일 오전 6시 드

---

17) 『海天秋帆』 1896년 5월 8일자.
18) 『尹致昊日記』 1896년 5월 9일자, "뉴욕의 모든 사람의 입에서 일본 칭찬이 자자하다. 아무도 우리나라 왕비의 운명에 관해 알고 걱정하는 사람은 없다".

디어 영국 리버풀(Liverpool)에 도착하였다. 연해 공업도시 리버풀은 "兩
岸 부두가 24리인데 다 도로 쌓았고 돛대는 삼대 서듯하고 가옥은 휘
황찬란하며 人烟이 조밀하여 서양에 온 뒤로 처음 보는 큰 항구"였다.
일행은 상륙하여 영국 수도 런던(倫敦, London)에 들어갔다. 사행은 자
신들이 그간 거친 여러 외국도시 가운데 런던은 가장 인상적인 곳으로
기억하였다. 민영환은

> 인구 500만이요, 시가 · 점포 · 가옥 · 차마가 다 뉴욕과 같으나 웅장
> 함은 지나치다. 땅은 좁고 사람은 많아서 시가에 몇 층으로 隨道를 파
> 고 그 속으로 가옥도 있고 점포도 있고 철도도 있고 차마도 왕래하니
> 繁華함이 세계의 제일이요 또 길에 다니는 사람들이 점잖아서 지껄이
> 는 일이 없고 말굽 소리와 수레바퀴 소리 뿐이니 그 國法의 嚴明함을
> 알겠다. 여황이 재위한 지 50여 년인데 토지를 널리 개척하고 날로 부
> 강하여 참 國泰民安한 熙皞世界다. 수정궁 · 박물관 · 각 학교와 奇觀
> 고적이 각국 중 제일이라고 하나 앞길이 바빠서 못 보게 되니 유감이
> 다.[19]

라고 세계 제1의 도시로서 런던을 평가하였다. 이들은 짧은 시간이지
만 로얄호텔, 템즈강, 웨스트민스터 사원, 하이드 공원(Hyde Park) 등을
구경하였다. 윤치호는

> 런던은 내가 본 어느 곳보다 가장 아름다운 곳이다.……모든 이런 유
> 쾌한 광경은 나로 하여금 좋은 영국(Merry England)에 머물수 있었으면
> 하는 마음을 갖게 한다.[20]

---

19) 『海天秋帆』 1896년 5월 16일자.
20) 『尹致昊日記』 1896년 5월 16일자.

고 하면서 이곳의 일정이 그들에게 오직 두 시간만 남았다는 점을 애
석해하였다. 일행은 오후 10시 배를 타고 독일로 향하였다.

6. 네덜란드와 독일(1896. 5. 17)

사절단은 17일 오전 6시 네덜란드 지경인 풀나싱(Pulnasing) 항에 상
륙하여, 이곳에서 기차로 독일 베를린에 도착하였다. 독일에 대해서 민
영환은

> 독일이 프랑스와 전쟁한 뒤로 국세가 부강하고 지식이 날로 향상 진
> 보하여 당할 나라가 없고 학교가 精美하고 陸軍이 强勁하고 의학과
> 음악이 또 극진하여 각국 학자들이 아무리 졸업한 뒤라도 이 나라에서
> 다시 연구를 해야 행세를 한다고 한다.[21]

고 국방력과 학술, 예술의 발전상을 극찬하였고, 윤치호는 독일관원들
이 옷을 잘 입고 잘 처신한다고 하면서,

> 정거장에서 소년들과 상냥한 소녀들이 내가 동방(the East)에서 전혀
> 맛본 적 없는 맥주를 판다. 우리가 지나간 독일 도시들은 안락하게 보
> 인다. 심지어 큰 도시에도 차가 없어 보인다.……여자들은 미국에 비해
> 매너가 매우 상냥하고 차분하다.[22]

라고 하여 독일사람들에 대해서는 매우 긍정적인 인식을 가지고 있음
이 보인다.[23] 그러나 빠듯한 일정을 감안하여 여장을 풀지 않고 단지

---

21) 『海天秋帆』 1896년 5월 17일자.
22) 『尹致昊日記』 1896년 5월 17일자.
23) 윤치호는 이로부터 한참 지난 식민지 시기 자신의 기고문과 한 잡지기자와의

프리드릭(Friedrick) 호텔에서 저녁을 먹은 후 오후 11시 다른 기차편으로 출발하였다. 이어 네덜란드를 지나치면서 차창가에 비친 그곳 풍경을 윤치호는 "더러운 도로들, 많지 않은 수레와 짐차, 정적과 여유없는 분위기가 깔려 있다. 미국과 같은 번잡함이 없다"고 촌평하였다.

7. 폴란드(1896. 5. 18~5. 19)

일행이 러시아 경내로 들어가기 직전 마지막으로 거쳐간 곳은 폴란드였다. 18일 오전 8시 이들은 러시아 국경 알렉산드로프(Alexandrov)에 도착하여, 이곳에서 400리를 가서 왈소(Walsow)24)에 도착, 유럽(Europe)

인터뷰 내용에서 독일과 러시아의 농촌상황을 묘사한 적이 있었는데 기고문에서는 "독일의 쪽은 같은 향촌 같은 벽지궁항이라도 도로가 청결하고 가옥이 조밀하여 어느 곳이나 물부어 샐틈없을 듯 밥을 굴려도 먼지 하나 아니 묻을 듯이 정리되어 규모에 쌔여있고 길가에도 의복을 풀어 허트리거나 발을 벗고 다니는 아녀자 하나 볼 수가 없으나 로서아편을 보면 모든 것이 거칠고 簫條하며 주민의 생활상태가 퍽이나 궁빈해보여 길가에서도 발벗고 다니는 여자를 흔히 볼 수가 있으며 도시의 시설로는 별로 다른 나라에 비하여 손색이 있을 것이 없었으나 하여간 모든 것이 굉장웅대하기만 하고 규모에 째이지 못한 것은 일목요연하게 알 수 있었으며, 도시의 화려한 것으로는 그때 조선으로는 감히 비교도 못해볼 지경이었지만 촌락주민의 생활은 오히려 조선의 촌락보다도 저열한 곳이 얼마이고 있었다."(尹致昊, 「(只今으로 三十一年前)露西亞에 大使갓든 이약이」,『別乾坤』1927년 4월, 11쪽)고 하였고, 기자에게는 "독일은 참 그때만하여도 훌륭하더군요. 입으로 警할 것 같아요. 산이나 사람이나 집이나 길이나 모다 기름칠한 것같이 반지르하고 윤택이 나요. 그러나 로서아에 들어서니 天壤之判이 드군요. 빈민이 많고 길이 좁고 똑 원시시대 같습디다."(필자 미상,「韓末 外交舞台에 남긴 珍聞 - 露都特派大使의 高級隨員 尹致昊氏 - 」,『朝光』3권 5호, 1937. 5, 38쪽)라 하여 러시아와 대비되는 독일 기술문화의 우수성을 밝히고 있다. 그러나 이 글이 나올 당시는 독일과 일본이 긴밀한 동맹관계를 유지하고 있던 시기이기 때문에 다소 과장적 측면도 적지 않다고 보여진다.

24) 폴란드의 수도 바르샤바를 뜻함.

호텔에 유숙하였다. 민영환은 "이 땅은 전 폴란드 서울인데 예전에는 먼저 개화하고 자주하던 나라더니 백여 년전에 정치가 부패하고 관인이 백성을 학대하여 내란이 여러번 일어나되 진정하지 못하다가 나중에는 러시아・오스트리아・프랑스 삼국이 그 땅을 分裂하였다는 말을 들었다. 참 위정자의 前鑑과 儆戒가 되겠다."고 열강의 각축과정에서 급기야 식민지로 전락한 폴란드에 대한 연민의 정을 표시하였다. 윤치호는 "이 불쌍한 나라―세 마리 늑대에 의해 찢겨진 양처럼, 인접 3개 국에 의해 분할된 왕국―의 운명을 생각할 때 슬픔을 느낀다"고 하여 민영환과 같은 입장을 밝히고 있다. 일행은 이곳에서 처음으로 白夜현상을 체험할 수 있었다.

Ⅲ. 대관식 참석과 근대적 제 시설의 시찰

1. 모스크바(1896. 5. 20~6. 8)

사행은 5월 20일 오후 3시 모스크바(Moscow)에 도착하였다. 이들은 곧바로 모스크바 주재 조선공사관으로 가 여장을 풀었고 이후부터 러시아에서 사행 임무를 수행하였다. 그런데 공사관은 궁내부에서 미리 정해 놓은 것으로 그 위치는 당시 지번으로 城內 드롭니콥스키이洞 바바알스카야路 제42호였다는 점이 확인된다. 공사관에서는 差役(廳直) 4인이 시종을 하고 사환 21인과 쌍두마차 3량을 준비하고 있었다. 민영환 등은 당일부로 공사관 옥상에 우리나라의 旗를 게양하였다.[25] 이날 사행은 모스크바에서 머무르는 경비는 러시아의 호의로 지불된다는 말을 들었고, 민영환은 페테르부르크로 떠나기 하루 전인 6월 7일

---

25) 윤치호의 표현을 빌면 그것은 '러시아 역사상 우리나라의 기가 오늘 아침 모스크바의 하늘에 처음 걸려진 것'이었다. 『尹致昊日記』 1896년 6월 21일자.

까지의 19일 동안의 생활에 대해 "만약 육체적인 만족이 사람을 행복하게 만든다면 우리는 매우 행복했다"고 하여 모스크바 현지에서의 생활에 대단히 만족하고 있음을 표명하였다.

모스크바 도착 다음날인 21일 일행은 니콜라이 황제의 행차를 목격하였는데, 윤치호는 화려함이 그 어떤 것에 비할 바 없음을 전하였다. 당시 외부 아시아국장 카피니스트(Kapinist)가 일행을 방문하였고, 다음날 오후 2시 親書와 禮物은 먼저 바치고 國書는 페테르부르크에 가서 바치라는 러시아 측의 공문을 받았다. 이에 민영환은 22일 대례복을 입고 전 수행원과 같이 오후 1시 마차를 타고 크레믈린궁으로 들어갔다. 민영환은 통역을 위해 수원 윤치호를 데리고 황제의 집무처로 들어갔고 김득련·김도일은 밖에서 기다렸다.[26] 민영환은 니콜라이 2세에게 고종의 친서와 예물단자를 올렸다. 건양 원년(1896) 4월 1일자로 작성된 '친서' 내용은 황제의 대관식을 경축하고 민영환을 통해 축하선물을 보낸다는 내용이다.[27] 이에 황제가 영어로 치하하고 일행의 路程과 모스크바의 경치를 물었다. 민영환과 윤치호는 허리를 세 차례 구부리고 물러났다. 이어 오후 3시 경에는 외부대신 로바노프를 방문하였다.

다음날인 23일 일행은 모스크바 총독 셀세이를 방문하였다. 윤치호는 모스크바에 대한 인상으로 거리는 깨끗하고 넓으나 매우 지저분하

---

26) 그런데 러시아에서 러시아어 전문 통역관인 김도일 대신 중요한 경우 러시아어를 거의 모르는 영어통역 전문가인 윤치호를 민영환이 통역으로 굳이 쓰고자 결정했던 이유에 대해 윤치호는 예컨대 김도일의 한국어에 대한 지식은 실제 황태후를 '황뎨에미!'라 부를 정도로 일천하였기 때문이라는 점을 들고 있다. 『尹致昊日記』 1896년 5월 22일자.

27) 러시아 페테르부르크 국립문서보관센터 소장자료, "代朕之名前詣闕 下恭參慶辰 齎呈親書……願兩陛下 寵遇該使臣閔泳煥時 賜延見 其所陳述 信用聽納……".

고, 도로가 큰 자갈로 채워져 포장된 것처럼 보인다는 점을 특기하였
다. 24일 오후 민영환은 러시아 법부대신 무라비예프와 敎部長 파베에
드노세프를, 이어 청국대표 李鴻章과 일본태표 야마가타(山縣有朋)을
만났다. 그러나 이들과 특별한 내용의 대화를 나눈 것 같지는 않다. 22
일 러시아 황실에서 대관식 절차 인쇄물을 보냈고, 25일에는 명일 대
관식에 참례하라는 청첩장과 절차표를 보내왔다. 일행은 이날 기념 사
진을 촬영하였고, 오후 1시 터키 공사를 방문하였다.

26일 대관식 참석을 위해 민영환은 대례복을 입고 각국 공사와 같이
크레믈린궁으로 갔다. 궁중 근처의 도로는 화물과 군중으로 왁자지껄
하였다 한다. 후일 윤치호는 이날 대관식의 화려하고 웅장한 풍경에
대해 다음과 같이 술회하였다.

   암 굉장하였지요. 로국은 자기네의 번영과 광대를 자랑하기 위하여
식장은 참말로 화려와 장엄을 다하였습디다. 세계의 일류정치가와 외
교관이 모이고 로국에서는 방방곡곡에서 대표자가 운집하여 모스크바
는 문자 그대로 인산인해를 이루었드군요. 찬란한 식장에서 대관식을
거행하였는데 금은의 장식과 음악과 軍刀와 환호는 日月을 無光케 하
였지요. 참 굉장합디다. 만세를 부르고 소리를 치고……이러는 판에 한
편에서 2천여 명의 군중이 치어죽어도 그것도 모르고 야단하였지요.[28]

그런데 러시아의 관례상 모든 대관식 참석자들은 모자를 벗지 않으
면 안되었다. 이에 당황한 일행은 숙의 끝에 조선의 관례상 공식행사
에서 갓을 벗을 수 없다고 결정[29]하여 결국 식장 밖에서 대관식을 구

---

28) 필자 미상, 「韓末 外交舞台에 남긴 珍聞 - 露都特派大使의 高級隨員 尹致昊
   氏 - 」, 『朝光』 3권 5호, 1937. 5, 38쪽.
29) 그 과정에서 윤치호와 김득련 사이에 의견대립이 있었다. 윤치호는 국제관례
   에 따라 갓을 벗고 참석해야 한다고 주장하였고, 김득련은 우리나라 풍속과

경할 수밖에 없었다.[30] 그것은 우리나라 공사뿐 아니라 청국·터키·페르시아(波斯)의 공사도 마찬가지였다.

　일행은 28일 오전 11시 축하례를 한다는 청첩을 받고 모두 대례복을 입고 크레믈린궁으로 가서 황제 내외에게 慶禮를 하였다. 이날 역시 윤치호가 영어로 통역하였다. 오후 1시 영국공사 오쿠너가 방문하였고, 오후 9시 일행은 다시 소례복을 입고 연회석에 참가하여 자정까지 놀다가 공사관으로 돌아왔다. 29일 오전 10시 크레믈린궁을 다시 관람하였다. 조선측 사행은 이때 제국문서보관소(Imperial Archives)에서 고종이 러시아 황제에 보낸 선물을 공식적으로 전달하였다. 선물은 자수를 박은 병풍 2개, 큰 대나무 창문 가리개 4개, 진주조개로 세공한 캐비넷 1개, 니켈 화로 2개였다.[31] 오후 2시에는 博物院을 관람하였는데, 윤치호는 자신이 미국 체류시절 관람한 워싱턴 스미소니안 박물관의 화려함만 못하다고 하였다. 4시에 일본대사 야마가타가 민영환을 방문하였

　어긋나므로 참석을 못하더라도 그렇게 할 수 없다고 하였는데 결국 고례를 강조한 김득련의 입장이 민영환에게 반영되었다. 이민원, 앞의 논문, 349쪽 참조.

30) 그 뿐 아니라 이러한 갓쓰고 한복입은 사행들의 모습은 러시아인들에게 독특하게 보이지 않을 수 없었다. "본국에서부터 외국사람들과 교제가 많든 민씨도 외인교제에 조금도 생소치 아니하여 하등의 失態도 없었지만 크다란 관복에 갓쓰고 가죽신고 그 중에도 상투튼 것이 서양아이들의 눈에는 이상하고 우습게 뵈여……"(尹致昊, 「(只今으로 三十一年前)露西亞에 大使갓든 이약이」,『別乾坤』1927. 4, 12쪽) ; "불편하지 않습니까?" "웨요. 아주 불편해서 죽을번 했습니다. 길거리에 나가면 구경꾼이 모여들고 애들이 줄을 따라다니고 참말 창피하였습니다. 그래서 那終 민영환씨가 한국에 다시 갈 때에는 양복을 입고 가섰지오."(필자 미상, 「韓末 外交舞臺에 남긴 珍聞 - 露都特派大使의 高級隨員 尹致昊氏 - 」,『朝光』3권 5호, 1937. 5, 39쪽).

31) 조선 정부의 선물에 대해 윤치호는 여타 국가들의 그것과 비교할 때 창피할 정도로 초라하여 '빈궁한 조선!'을 보여주는 것 같아 가슴이 아프다는 점을 토로하였다.『尹致昊日記』1896년 5월 29일자.

으나 일행이 외출중이라 만나지는 못하였다. 일행은 4~6시 초상화를 그렸다. 7시 궁내부에서 연극구경 청첩이 왔으나 민영환은 참석하지 않고 수원과 두 참서관만 보냈다. 이들은 황실극장에 가서 발레를 관람하였다. 발레 내용은 첫 번째 것은 러시아 역사와 관련한 것이었는데 화려하고 음악은 매우 좋았고, 두 번째 내용은 '청춘의 축제'(a feast of youth)로 아름답고 우아한 것에 감명을 받았다 한다.[32]

사행은 30일 러시아 황실의 초청으로 대연회(萬民宴)에 참석하였고, 다음날 탁지대신 위테의 방문을 받고, 이어 회화박물관을 관람하였다.

6월 1일 민영환은 흑룡강 총독 두웁흐고이를 방문하고 朝鮮流民의 소환 문제를 논의하였는데, 민영환은 총독에게 그 중 雜類가 많으니 잘 조치하라는 점을 당부하였다. 여기서 우리는 민영환이 러시아의 조선유민에 대해 대단히 부정적인 입장을 가지고 있었음을 알 수 있다. 이주민 문제는 나중에 살펴 볼 사행의 귀국 과정 서술부분에서도 상세히 언급된다. 2일에는 경마를 관람하고 귀족원 무도회에 참여하여 잠간 보고 돌아왔다. 3일 접대관 바쉬코프 초청에 응해 술과 안주를 대접받았는데, 러시아의 음주문화는 손님을 청하면 주인이 먼저 간단히 술과 고기 한 상을 내오는 것이 우리와 비슷하다는 점을 이해하였다.[33] 4일에는 황궁무도회에 참석하였다.

---

32) 그러나 민영환은 조선의 국법에 國喪 중에는 음악 연극을 못하는 것이라 이날의 경축 공연에는 부득이 참례하였어도 사사로이 오락은 못하겠다고 향후 연극에는 참여할 수 없다고 사절하였고 이후 러시아측에서도 다시는 청하지 아니하였다 한다. 『海天秋帆』 1896년 6월 13일자.

33) 윤치호는 회고담에서 "미국이나 영독인 중에는 시가로중에서도 醉酒의 人이 다니는 것을 볼 수 없으나 露都에서는 취인이 아침절에 좌왕우왕하는 것만 보아서도 그의 정도를 알 수 있었다"고 하여 서민들의 음주문화의 문제점도 밝히고 있다(尹致昊, 「(只今으로 三十一年前)露西亞에 大使갓든 이약이」, 『別乾坤』 1927. 4, 12쪽).

5일 다시 대례복을 입고 황태후를 방문하였는데, 우리나라의 기후와 산천을 물어 이에 응했다. 민영환 등 사행이 러시아 체류 이후 실무적인 외교교섭을 시작한 것은 이날 외부대신 로바노프를 방문하면서부터였다. 그 내용은 공적 성격을 갖는 것이므로 비밀로 간직하고자 한 민영환의 기록에는 나타나지 않지만 개인기록인 윤치호의 일기에는 상세히 나타나고 있다. 그것은 조선 정부의 당면과제인 다음과 같은 다섯가지 제안을 러시아 정부로부터 승인받고자 하는 것이었다.

이는 대관식 사행의 가장 큰 임무를 담은 것인데 즉, ① 조선군대가 믿을 만한 군대로 훈련될 때까지 왕의 보호를 위한 경비. ② 군사교관. ③ 궁내부 및 광산·철도를 담당할 고문관. ④ 조선과 러시아 간의 전신가설. ⑤ 일본채를 상환하기 위한 300만 엔의 차관 제공이었다. 그러나 그 내용은 즉시 답할 수 있는 성질이 아니었으므로 로바노프는 요청들을 적어달라고 하였고, 민영환에게 '가능한한 빨리' 화답을 주도록 노력하겠다고 답하였다. 이에 민영환의 메모를 스테인은 러시아어로 번역하여 로바노프에게 전달하였다.

6일 러시아 외부와 황실에서 금일 오후 3시 황제에게 국서를 올리라는 통보가 오자 민영환은 윤치호를 대동하고 폐현하였다. 이때 민영환은 니콜라이 2세에게 로바노프에게 제시한 내용의 다섯 가지 요구사항을 반복하여 청하였다. 이에 황제는 로바노프와 재무대신 위테(Witte)와 상담하라면서, "당신은 우리의 도움을 믿어도 될 것이다"라는 점을 강조하여 러시아측은 조선에 대해 각별한 호의를 가지고 있음을 표명하였다. 이어 민영환은 황제에게 국서와 더불어 베베르와 스페이어의 노력에 감사하다는 고종의 메시지를 같이 전달하였고 이에 니콜라이 2세는 고맙게 듣겠다고 회답하였다.

최근 서울학연구소의 사료탐사 과정에서 발굴한 자료에 의하면 민영환이 니콜라이 2세에게 봉정한 「國書」는 建陽 元年 4월 1일자로 작

성된 것으로 그 주요 내용은 민영환에게 교섭에 관한 전권을 위임한다
는 내용으로[34] 고종의 御璽와 외무대신 李完用의 도장이 찍혀 있다.
일행은 이어 오후 6시 황실의 각국 외교관 초청 연회에 참석하고, 8시
페트로프스키 공원을 산책하였는데, 연회시 음악·무용·오페라·노
래 등 모든 것이 이들에게는 매우 이색적이고 흥미로웠다.

7일에는 황실 초청으로 觀兵式에 참여하였다. 이날 민영환은 러시
아주재 조선공사관의 27명의 使喚에게 훈장과 賞牌(記念章)를 나누어
주었다. 각국 공사관의 관례로 조선 궁내부에서 칙명으로 보낸 상패는
銀에다가 우리나라 국기를 박고 전면에는 '건양 원년'이라고 새기고 후
면에는 '대조선 공관'이라 새긴 것이었다.

이날 민영환은 재무대신 위테를 방문하여 그에게도 로바노프와 니
콜라이 2세에게 한 내용을 다시 전달하였다. 이에 위테는 현재 러시아
보다 100배나 약한 일본은 조선에 영향력을 행사하려고 시도하나 결국
러시아가 압도할 것은 의문이 없다고 하여 러시아의 군사적 우위에 강
한 자신감을 표명하였다. 그러나 그는 군사 감독관과 재정 고문관은
승인할 수 있으나 차관 제공과 러시아 병사의 왕실수비는 어렵거나 불
가함을 피력하였다.

2. 페테르부르크(1896. 6. 8~8. 19)

일행은 니콜라이 2세가 行宮이 있는 페테르부르크(St. Peterbrug)로
移御함에 따라 8일 오전 11시 기차편으로 그곳의 임시 공관으로 향해
그날 자정에 도착하였다. 임시공관은 카빈비스키이街 제4호에 있는 스

---

34) 러시아 페테르부르크 국립문서보관소 소장문서, "大朝鮮國 大君主 李㷗問
    大俄羅絲國 大皇帝陛下……朕素親愛之宮內府特進官從一品閔泳煥 作爲特
    命全權公使 前往貴國京城 妥辦一體涉事宜……".

테인의 집인데, 원래 페테르부르크에는 우리 공관이 없었고 장기간 빌려 쓸 마땅한 집이 없던 터에 스테인의 집 가족이 별장으로 간다 하므로 그 집을 빌리기로 결정한 것이다. 매달 150루블로 빌린 이 집은 넓지는 않지만 배치가 깔끔하고 매우 아름다운 집으로 방은 몇 개 없다. 이 임시 공관은 큰길 옆에 있어 행인이 밤낮으로 그치지 아니하였다. 도착 다음날 사행은 주방을 새로 만들고 남녀 사환 1인씩과 문지기 1인, 요리사 1인을 고용하고 기타 물건은 있던 것을 그대로 쓰고, 쌍두마차 하나를 마련하였다. 10일 옥상에 우리나라 기를 게양하였다.

바르샤바와 마찬가지로 이곳에서도 일행은 백야현상을 볼 수 있었는데, 해가 오전 1시에 뜨고 오후 10시에 들어갔다 한다. 페테르부르크 주변의 경치는 삼림이 매우 울창하고, 도시 경관 중에서는 8마리 사자가 이치로 되어 있는 니콜라스 다리가 가장 아름다운 것으로 윤치호의 눈에 비쳤다. 그는 도로들은 돌로 넓고 깨끗하게 포장되어 있었던 것에 인상을 받았다.

11일에는 動物院을 관람하고, 12일에는 페테르부르크 중심을 흐르는 내바강을 관광하였다. 저녁 후 스테인과 그의 동생 및 손희영과 같이 알렉산드리아 공원 옆에 있는 聖이삭(Isac)성당을 구경하였다. 일행은 성당의 옥탑까지 500계단을 올라가 市의 웅장한 경관을 보았다. 이때 스테인은 재무대신 위테가 조만간 페테르부르크에 조선의 영사관을 개설해야만 한다는 점을 생각하고 있다고 전했다.

그런데 특기할 만한 사실은 모스크바에서와는 달리 이때부터 김도일의 통역 독점에 대한 윤치호의 불만이 표출되고 있음이 나타난다는 점이다. 윤치호는 통역과정에서 자신의 여백이 없다는 점을 피력하면서 나아가 민영환에 대한 인간적 회의감까지 일기에 적고 있다.[35] 윤

---

35) 또한 페테르부르크 재류 중인 7월의 어느날 밤 윤치호와 김도일이 드라이빙을 나갔는데, 민영환이 개인적인 의사소통을 막기 위해 수종 손희영을 동석

치호는 적어도 1년 동안 머물면서 러시아어와 프랑스어를 배울 수 있게 된 것은 즐겁지만, 민영환과 또 다른 긴 여행을 하길 원하지 않는다는 점을 밝혔고, 이 점은 그가 귀국시 사행들과 같이 행동하지 않고 어학연수차 프랑스를 경유하는 일정을 잡는 점에서도 분명히 나타난다.

13일 다시 민영환 등은 외부대신 로바노프를 방문하였다.『海天秋帆』에는 특별한 내용이 없지만 윤치호는 앞에서 언급한 5가지 제안과 관련한 민영환과 로바노프의 대화 내용을 구체적으로 기록하고 있어 좋은 참고가 된다. 그에 의하면 로바노프는 일본으로부터 조선의 독립과 평화를 지키기 위해 조선의 국왕은 그가 원하는 만큼 러시아 공사관에 머물 수 있고, 보호를 받을 수 있다는 점을 언급하였다 한다. 이에 대해 민영환은 국왕이 항상 러시아 공사관에만 머물 수 없고 가능한한 빨리 궁전으로 돌아와야 한다는 점을 말하면서 러시아 정부에서 궁궐보호 병사를 파견해 줄 것을 재차 요구하였다. 이에 로바노프는 궁궐에 병사를 파견하는 것은 영국과 독일이 반대할 것이라며 난색을 표명하였다. 그렇지만 고종이 환궁하면 러시아로부터 안전을 위한 도덕적 보장을 받을 수 있을 것이라는 점을 부연하였다.

이에 다시 민영환은 200여 명의 군사감독자를 보내어 이들로 하여금 국왕을 보호하고 조선 군대를 훈련시켜야 한다는 점을 역설하였다. 그러나 로바노프는 그들은 일본병사와 서울에서 마찰을 일으키게 될 것이라 하면서 ① 러시아인 군사고문관은 파견할 수 있고, ② 차관은 신중히 고려해 볼 것이다. ③ 한러간의 전신선에 관해 러시아는 서울과 블라디보스토크간 해저전선을 기꺼이 개설할 필요는 있으나 청국과의 관계를 고려해 볼 때 계획을 세우기는 어렵다고 하였다. 결국 로바노프는 민영환의 요구의 일부를 수용하고 자신이 어렵다고 주장한

시킨 적도 있었다.『尹致昊日記』1896년 7월 27일자.

사항은 정중히 거부하는 내용으로 결론을 지었다.

별다른 성과 없이 회담을 끝낸 일행은 다음날인 14일 기차로 페테르부르크로부터 50리 거리에 있는 皇村 行宮[36]과 그 지역에 있는 외부관 불란손의 집에 다녀왔다. 이곳은 100여 명이 거주하는 조그마한 곳인데, 윤치호는 알렉산더 1세가 쓰던 침대와 가구가 매우 소박하다는 점에 흥미를 표시하였다. 15일은 우리나라의 단오에 해당하는 날로 민영환은 그네를 뛰고 앵두를 파는 것이 우리나라의 풍속과 같다는 점에 놀라움을 표시하였고, 이역만리에서 명절을 맞는 입장에서 "고향 생각이 간절하다"고 술회하였다.

16일에는 러시아 외부 아시아국장 카피니스트(Kapinist)를 방문하여 재차 외교교섭을 진행하였다.[37] 이때 민영환은 그에게 5가지 제안 중 가장 중요한 것은 고종의 신변위협을 해결할 궁중경비병 문제라 거듭 말하면서, 문서로서 그가 주문한 사항에 대한 결정사항을 확답받기를 원하였다. 그러나 카피니스트로부터 러시아 정부는 그에 관한 준비는 하고 있지만 조선의 군사상태를 알지 못하는 상황에서 확답할 수 없다는 원론적인 입장만 들은 채 회담은 종결되었다. 이렇듯 러시아 정국 담당자와의 수차례에 걸친 회담에도 불구하고 조선측 입장을 관철시키지 못한 민영환은 낙담하지 않을 수 없었다. 윤치호는 그러한 상황을 민영환의 "한숨소리가 집을 떠나갈 듯하며" 그는 자신의 무능력 때문에 임무가 실패로 돌아갔음에 불만을 토로하기 시작하였다고 기록하고 있다.

17일에 일행은 동물원을 관람하였고, 19일 주조선 러시아 공사 베베르의 처남 막스(Marx)가 방문하여 같이 뾰트르(Peter) 대제가 개척시 거주한 내바강변의 집을 방문하였다. 이 집은 4, 5칸쯤 되는 얕은 집인데,

---

36) 캐서린 2세의 여름 행궁을 말함.
37) 『尹致昊日記』 1896년 6월 16일자.

민영환은 "이 검약한 것을 후세의 모범으로 두었다 하니 참 中興한 賢主이다"라 하여 러시아 중흥 군주의 소박한 생활에 경의를 표시하였다. 이날부터 윤치호에게는 새로운 변화의 바람이 일기 시작하였다. 그것은 그가 당일 아침부터 마담 보이빈(Voivin)에게 1달 40루블로 일주일에 6일씩 하루 두 시간 프랑스어 공부를 시작한 것이다. 윤치호는 이후 프랑스어 공부를 열심히 하였고 그로부터 한 달 정도가 되면서부터 민영환이 칭찬할 정도로 어느 정도 성과가 보였던 듯하다.[38]

사행은 21일부터 30일까지 페테르부르크 일대를 관광하거나 농업과 임업과 관련한 주요 근대적 시설을 살피면서 시간을 보냈다.[39] 그 내용을 보면 즉, 내바강 건너의 섬들을 관람하고, 畵師 알렉산드로프스키에게 대관식에 참여한 사신일행과 더불어 초상화를 그리게 하였다. 또 내바강 남쪽의 황제묘를 관람하고 맥주제조소에서는 제조과정을 견학하였다. 농정대신 엘모노프도 방문하고 농사와 식목에 관해 담화하였고 그로부터 임업학교 관람을 요청받았다. 이에 일행은 林業學校를 방문하여 학교장의 안내를 받고 오랫동안 담화를 나누었다. 알렉산더 1세 치하인 97년 전에 세워진 이 임업학교는 400명 이상의 학생이 있는데, 러시아 정부는 매년 136,000루블을 지원하였고 140명의 학생이 기숙사를 활용할 수 있었다. 또한 농업박물관도 관람하였다. 러시아 측에서는 이 박물관은 세계에서 가장 크다고 하였는데, 이때 민영환은 특히 水車에 관심을 보였다.[40]

---

38) 『海天秋帆』1896년 7월 11일자, "尹喼悟가 서울 정동학교에서 불어를 배워서 대강 말을 통하더니 이곳에 온 뒤로 매 月謝金 40元을 주고 여교사 1인을 초빙하여 매일 오전부터 오후 1, 2시까지 배운 것이 1달쯤 되었는데 퍽 將就하여 가니 그 힘써 공부하는 것이 참 부럽고 고마운 일이다".

39) 『尹致昊日記』1896. 6. 21~30일자 참조.

40) 『海天秋帆』1896년 6월 29일자. 이와 관련된 구체적 내용은 뒤의 주 44)와 주 48)의 내용 참조.

당시 윤치호는 민영환에게 교도소와 병원을 포함하여 페테르부르크에 있는 모든 공공기관을 방문하자고 강력히 제안하였지만 이런데 대한 그의 관심은 매우 늘쩍지근하였다. 군사문제 전문가로서뿐 아니라 왕실의 중심신료로서 민영환의 관심은 오히려 러시아의 군제 및 재정 운용 등에 있었다. 이 점은 향후 그의 기록 중 많은 부분을 차지한다. 민영환은 러시아의 징용제, 병역의무 등 養兵 방식과 러시아의 군함과 해군에 관한 내용을 소개하고 있다.

그러한 과정에서 30일 재무대신 로바노프가 민영환에게 5가지 요청에 대한 서면 답변을 보냈다. 그 요지는 ① 왕은 그가 원하는 한 러시아 공사관에서 머물 수 있다. 만약 궁중으로 돌아갈 경우 러시아 정부는 그의 안전을 보장할 것이다. 경비병은 러시아 공사관에 남게 한다. ② 러시아 정부는 군사고문 문제에 관해 한국 정부와 협상하기 위하여 서울에 숙련된 고위관리를 파견할 것이다. 그의 첫 번째 임무는 한국의 국왕을 보호할 수 있는 경비병을 조직하는 데 있다. 한국의 경제적 상태를 조사할 또 다른 숙련된 사람을 파견할 것이다. ③ 이러한 두 믿을 만한 관리는 서울에 있는 러시아 공사관의 지시 아래 고문으로 역할할 것이다. ④ 차관문제는 한국의 재정상태를 완전히 파악할 때까지 신중히 고려할 것이다. ⑤ 러시아는 양국간 육상전선 가설에 동의하고 그 계획을 실현시키기 위해 가능한한 지원을 아끼지 않을 것이다 라는 것이다. 이는 러시아 정부의 최종 결론으로 조선측은 그들로부터 군사고문과 재정고문 파견을 확약받을 수 있었다. 결국 조선측이 제기한 5가지 제안은 국제정세를 고려한 러시아 측의 소극적 접근으로 두 가지만 타결되었던 것이다. 이에 민영환은 외교적 목적이 충분히 실현되지 못한 나머지 자신의 마음이 심란하게 되었음을 때때로 동료들에게 하소연하기도 하였다. 하여간 큰 틀에서 사행의 공식적인 외교교섭은 이로서 모두 마무리되었고 더 이상의 새로운 협상은 어려웠다.

이즈음 사행은 귀국 경로를 선택해야 하는 고민에 빠지지 않을 수 없었다. 6월 26일 스테인은 시베리아 경로가 편하다는 점을 설명하였다. 그러나 민영환은 북방 육상경로 보다는 왔던 길을 되돌아가는 남방 항해를 더 선호하였다. 이에 스테인이 시베리아 루트가 남방보다 덜 힘들다고 설명하였다. 윤치호도 만약 자신이 민영환의 위치에 있다면 기꺼이 조선 관리가 한번도 선택한 적이 없었던 시베리아 루트를 택했을 것이라는 점을 언급하였다. 이틀 후인 28일 스테인은 이집트에 지금 콜레라가 창궐하는 상태라고 하고 적도의 열기는 참기 어렵다는 점을 말하여 민영환으로 하여금 선택을 재고할 것을 요청하였다. 그러나 당시에 그것을 확정하지 못하고 이후 7월 22일에야 민영환은 시베리아 루트 선택을 잠정적으로 설정하고[41] 8월 중순에 이르러 일행은 북방경로를 통한 귀국을 확정할 수 있었다.[42]

7월부터 사행은 페테르부르크에 이후 한달 반 가량 머물면서 정열적으로 러시아의 대표적인 근대적 제 시설을 시찰하고 기술을 수용하는데 대부분의 일정을 보내기로 하였다. 같은 달 1일 민영환 일행은 경무관 쎌벨란스키를 방문하여 재판소와 수형제도를 보고 싶다는 의사를 피력하였다. 3일 오후에는 페테르부르크 재판소를 구경하면서 러시아의 재판 및 수형제도를 이해할 수 있었다.

윤치호의 소개에 의하면 이 기간 그곳에는 508명의 죄수가 수감되어 있는데, 그 중 147명은 정치범이었고 경범자들은 일반 감방에 머물고 있었다. 감방 내에는 침대·세면대·테이블·찬장·컵·성경 복제본이 있었고, 285개의 좁은 감방은 깨끗하고 냄새도 없었다. 수형기간은 12~14개월을 넘지 않는다. 10년 이상의 죄인은 중앙의 감옥에 제한되어 있다. 교도소에는 3종류의 예배당이 있는데 그리스정교(希臘

---

41) 『尹致昊日記』 1896년 7월 22일자.
42) 『海天秋帆』 1896년 8월 14일자.

殺), 천주교(로마)와 개신교(프로테스탄트)가 있다. 또 목욕실·도서
관·병원이 구비되어 있다. 그런데 이들 시설을 유지하는 데는 30만
루블이 소요된다고 한다. 교도소의 여기저기에는 공원이 있고 산보도
허용된다. 이러한 최상의 시설은 차르 정부가 문명화되었음을 반증하
는 것으로 윤치호는 보고 있다.[43]

7일은 니콜라이 1세(Nicholas I) 탄생 100주년 기념일이었는데, 오후
에 학부대신 초대로 機械學校(the Technological School)를 방문하고 시설
과 기술을 소개받았다. 8일에는 농업박물관 위원이 와서 각색 농기의
제조, 사용법, 판매처 등을 안내하였다. 이때 민영환은 고종의 자금으
로 강철로 된 풍차와 水車(펌프) 구입 문제를 논의하였다. 이에 담당자
는 원한다면 그것들은 독일 함부르크를 통해 제물포로 보낼 것이라 민
영환에게 말하였다.[44] 이에 일행은 다시 7월 10일 아침 담당자와 기계
에 관한 최종 합의를 위해 농업박물관에 갔는데, 구입이 확정되었는지
확정되었다면 어떤 경로로 들어왔었을까의 여부는 자료상 불분명하다.

9일에는 造紙所(the State Paper Mills)와 관영 면포제조소(the New
Cotten Mills)를 관람하였다. 조지소에서는 제지법과 러시아 지폐를 소
개하였는데, 3,700명의 남녀 종업원이 하루 8시간 일을 하고 조판공이
1년에 600루블, 일반 노동자는 240루블을 받는다 한다. 면포제조소의
공장장은 영국인 헨리 하워드로 시설은 2,300마력이고 1,800명의 근로
자와 95,000개의 방추가 있다고 한다. 일행은 돌아오는 길에 영국공사
오쿠너와 미국공사 부릿긴리지를 방문하였다.

10일 민영환은 오후 김도일과 함께 외부대신 로바노프를 방문하였
다. 이어 내바강변을 거닐다가 에럴스터 호텔에서 요리와 술을 먹었다.
그런데 일행은 이번 대관식에 사용한 술은 모두 이 호텔 것이라는 소

---

43) 『尹致昊日記』 1896년 7월 3일자.
44) 『尹致昊日記』 1896년 7월 8일자.

식도 알게 되었다. 11일 윤치호는 화가 알렉산더로 하여금 모스크바에서 그리게 한 초상화를 두 시간에 걸쳐 마무리하였다. 알렉산더는 러시아 제국 미술아카데미의 구성원으로 대관식에 참석한 38명의 아시아 사람들을 그려주기로 주문받은 바 있는 능력있는 화가였다. 이날 밤 윤치호는 개인적으로 세계적인 대문호인 톨스토이의 명저『전쟁과 평화(War and Peace)』를 다음날 1시까지 읽으면서 러시아 문학에 흥미를 표시하였다.[45]

12일 12시에는 영국대사 오쿠너가 답방하여 대화하였고, 오후 9시 안드로코프 왕자의 방문을 받았다. 그는 한국의 인구, 학교 등 몇 가지 문제를 물어 보고 잠시 후 돌아갔다. 이날 밤 민경식이 오데사(Odessa)에 도착했다는 전보가 일행에게 도착했다.

이틀 전 러시아 황실로부터 폐현하라는 통지를 받은 민영환 등은 14일 정오 소례복을 입고 발티카 정거장으로 나가 특별기차로 그날 오후 2시 알렉산더 궁전으로 갔다. 의전담당자가 역에서 일행을 맞아 행궁이 있는 피터호프(Peterhoff)까지 호위하였다. 민영환과 사행들은 폐현에 앞서 알렉산더 궁전을 관람하였는데, 의자, 신발, 탁자들은 뾰트르(Peter) 대제가 손수 만든 것이라는 것과 噴水를 본 것, 다른 방과는 아주 다른 '중국방'들이 여러 개 있다는 점에 흥미로워 했다. 그런데 폐현의 절차가 이전과 다른 특이한 사실은 니콜라이 2세와의 통역을 윤치호 대신 김도일이 담당하였다는 점이다. 민영환이 어떤 이유에서인지 여행 중간에 윤치호를 완전히 불신하고 있음이 현실적으로 나타난 것이다. 민영환은 니콜라이 황제와 마지막으로 악수하였고, 황제가 자신의 사진을 고종에게 전달하라고 주고, 언제 떠날 것인가를 물었다. 민

---

45)『尹致昊日記』1896년 7월 11일자. 윤치호는 민영환에게 러시아의 책들이 한국의 어느 좋은 책보다도 좋으나 한국어로 번역하기는 어렵다고 말한 적이 있었다(『尹致昊日記』1896년 6월 25일자).

영환은 北路 시베리아로 갈 예정이라 대답하고 물러나서 기차로 다시 임시 공관으로 돌아왔다.

15일 오후 7시 3일전 전보를 보낸 비서랑 閔景植과 참서관 朱錫冕이 페테르부르크에 도착하였다. 이들은 민영환 사행 출발부터 불과 3일 후인 4월 4일에 서울을 출발하여 홍콩·싱가포르를 지나 이집트까지 왔는데, 괴질이 유행하여 통과치 못하게 하므로 10여 일을 유숙하다가 터키를 지나 러시아 南京 오데사港에 상륙하여 기차로 지금에야 당도하였다는 점을 전하였다. 오는 도중 더위로 큰 고생을 하였다 했다. 원래 구성원은 협판 成岐運을 포함한 3인이었는데 그는 煙臺와 上海에서 체류하는 도중 병이 나 중도에 귀국하였다. 그러나 또 다른 인원들이 어떤 임무를 띠고 러시아로 파견된 것인지는 분명치 않다.[46]

16일에는 군부의 탄약제조소와 염직물 공장을 방문하여 상세한 내용을 그곳 관계자로부터 들었다. 탄약제조소에서는 하루에 40만발의 탄약을 만드는데, 밀어붙이면 하루 100만 발도 가능하다고 한다. 이곳에서 후일 참고를 위한 전쟁의 政守하던 형상을 상세히 조각한 형상을 보았다. 일행은 다음날에도 이곳을 찾아와 상세히 관람하였다. 이곳에서 1천여 명의 노동자가 영국과 독일 양국에서 수입한 기계로 탄환과 대포를 제조하고 있었다. 다음 칼로코(Caloco)라는 이름을 가진 염직물 공장은 독일인이 경영하는 것으로 공장에는 500마력을 가진 8대의 염직기계와 2천여 명의 직원이 있다 한다. 근로자들은 하루 13시간 30분씩 노동을 하는데 그 중 2시간은 식사시간이었다. 이들은 하루에 직물 2,200통을 염색하였다. 이날 주전소도 관람하였으나 별다른 내용을 남기자는 않았다.

---

46) 민영환은 민경식과 주석면이 공사관 문 안에 숙소를 정하고 식사를 같이 하며 객지 회포를 서로 위안이 되니 '참 特地의 奇緣'이라 하는 등 반가움을 표시하였다.

18일에는 해군 將官 후스도프와 造船廠을, 이어 작은 기선으로 30 리 떨어진 탄환제조창까지 관람할 수 있었다. 민영환은

연일 小陸兵器의 제조함을 보니 세계 각국에서 장차 어디에 다 쓰려는지 날마다 쉬지 않고 병기만 제조하니 참 生靈을 위하여 딱한 일이다. 하늘이 우리 생령을 편안히 하시려면 이러한 제조는 아니하고 農器만 제조할 날이 꼭 있을 것이다.[47]

라 하여 당시 열강들의 군비경쟁을 우려하면서 다소 낭만적인 바램을 해보았다. 일행은 해양박물관(Naval Museum)을 황급히 보고 공관으로 돌아왔다. 19일에는 군부대신 반노프(Vanrov)를 방문하고 오는 길에 외부대신 로바노프를 찾았으나 만나지 못하였다. 20일 일행은 해군 將官 후스도프의 초청으로 쿤론쓰탈트港에 있는 海口 砲臺를 관람하고 두어 번 試射의 기회를 갖게 되었다. 이어 러시아 발틱함대의 군함을 관람하고 황제가 순항할 때 타는 군함인 오네가(Onega)호에 올라보기도 하였다.

21일에 일행은 수도국을 관람하였다. 이곳 상수도 시설은 당시로부터 50년 전에 창시한 것인데 하루에 2억 4천만 리터의 물을 전 시에 공급하였다. 영국과 미국의 엔진을 활용하여 1년 40만 루블을 벌어들인다 한다. 민영환은 이를 상세히 관찰하였는데,

큰 철관으로 내바강 물을 끌어올려 물 거르는 기계에 올리면 鐵篩(sieve)가 받아 미세한 먼지라도 다 걸러진다. 그 뒤에 큰 石窟같은 저수지로 끌어올린다. 저수지 안에 하층에는 큰 돌을 펴고 중간에는 작은 돌을 펴고 위에는 細沙를 펴서 물이 平順하게 上水機 있는 데로 흐르

---

47) 『海天秋帆』 1896년 7월 18일자.

면 상수기가 190척 되는 곳까지 올린다. 여기에서 다시 철관으로 都內
각체에 分派하여 페테르부르크 ―都의 日用하는 물이 다 이 물이요
성내에는 우물이 없다. 강물을 끌어올리는 데에서 분파하는 곳이 1里
거리나 되는데 한 방울 물이 새어 나오지 아니 하는 참 큰 시설이요 퍽
편리한 일이다.[48]

라 하여 상수도 보급의 편리함을 극찬하고 있다. 22일과 23일은 별다
른 활동이 없었던 듯 특별한 기록은 없다. 일행은 24일 외부대신 로바
노프를 방문하였고, 25일 병영제도를 시찰하였다.[49] 돌아오는 길에 해
군협판 클예메에르와 1등 무장관 포쉬예트를 방문하였다. 이 중 특히
포쉬예트는 40년 전에 우리나라 각 포구를 유람하였으며 블라디보스
토크의 한 지역을 개척하여 그 땅 이름을 자기 이름으로 하였던 사람
이다. 26일 민영환은 민경석·주석면과 같이 크라스노에, 야아슬로에
서의 觀兵式을 관람하였고, 27일에는 외부대신 로바노프, 아시아국장
카피니스트 등을 호텔로 청하여 만찬을 대접하였다.

　7월 28일에는 블란손이 방문하였고, 31일에는 그와 함께 근교 30리
거리의 풀코바(Pulkova) 천문대를 관람하였다. 윤치호에 의하면 유럽에
서 가장 좋은 천문대로 보여지며, 렌즈의 직경만도 34인치라 한다. 천
문대에서는 午正이 되면 전기가 스스로 통하여 午砲를 발사하였는데
이는 페테르부르크 정오의 표준이었다. 민영환은 이 천문대를 보고,

48) 『海天秋帆』 1896년 7월 21일자.
49) 『海天秋帆』 1896년 7월 25일자, "(병영의) 매 칸에 3명씩 거주하게 되고 침
　　상·의자는 다 각각이고 식당·욕실·병원과 各日에 조련을 하는 큰 집이 있
　　는데 다 정결하고 또 전일 사용하던 복장·기계와 전승할 때 가져온 물건을
　　진열한 營房이 있으며 퍽 화려하다".

은하라는 것은 여러 별의 광선을 발사하는 것이라 한다. 대개 서양 사람의 과학 중에 천문학이 더욱 발달되어 彗星이 몇 해에 한 번씩 보일 것을 미리 알고 있어서 우리나라와 같이 재앙으로 여기지 아니한다.[50]

고 하여 각별한 감회를 표시하였다. 그러나 사람들이 많아 일행은 관측기계로 달과 별을 보는 기회를 갖지는 못하였다.

8월 1일에는 겨울궁전(溫宮)으로 더 유명한 에르미타주(Hermitazu)를 관람하였다. 윤치호는 이곳에는 가치있고 현란한 수집물들이 진열되어 있는데, 단지 힐끗 보는 데도 2, 3시간으로는 부족하다 한다. 그는 다른 기회에 혼자 한번 더 이곳을 올 수 있으면 하는 바램을 해보았다. 2일에는 수통과 수차로 도로에 물을 뿌리며 시가를 청결히 하는 광경을 목격하였다. 3일은 러시아 태황후의 탄신일로 축기와 축등을 시가에 게양하였다. 이날 외부대신 로바토프를 방문하였다. 4일에는 크론스타트 관찰사 가스노코프 등을 엘예스트 호텔에 초청하여 만찬을 베풀었다. 5일에는 궁내부 소관 磁器제조 공장을 관람하였는데, 일행에게는 우리 사옹원·東分院과 유사한 것처럼 보였다. 이어 유리제조소에 갔다. 일행은 유리 그릇을 만드는 과정을 목격하였다.

큰 풀무도가니 화루에다가 그 재료를 녹여 쇠기름이나 양汁같이 되면 鐵管으로 찍어내며 입으로 불면 그릇이 된다. 그릇의 各色으로 되는 것과 대소 후박이 다 부는대로 된다고 하니 이것도 奇異한 일이다.[51]

---

50) 『海天秋帆』 1896년 7월 31일자.
51) 『海天秋帆』 1896년 8월 5일자.

다음으로 양초공장을 시찰하였다. 윤치호의 보고에 의하면 양초공장은 1846년에 영국인 자본가가 설립하여 지금까지 운영하는데, 하루에 25~30만 개를 생산하였다. 근로자들은 하루 11시간 노동하는데, 여자들은 1,200개의 양초 케이스를 제작하였다. 이러한 양초 제작은 교회 수입의 원천이라고 한다.

6일에는 탁지부대신 마아췌를 방문하였고 탁지부 상무국장 란고보이가 방문하였다. 7일 윤치호를 제외한 나머지들이 민영환의 방에서 이날 아침 문을 잠그고 비밀 사항을 논의하였다.[52] 그 내용은 알 수 없으나 이 점 또한 윤치호의 거부감을 사는 커다란 계기가 되었음은 더 말할 나위가 없다. 이날 일행은 외부대신 로바노프를 다시 방문하였고, 이어 마차로 군사고문관으로 내정된 푸치아타 집을 방문하여 서양의 결혼식 문제 등을 담소하였다. 러시아 형이라기보다 이태리 형에 가까운 푸치아타는 조선의 軍務 상태를 조사하기 위해 러시아 정부에서 지명한 사람인데, 조선군대 재조직의 임무를 맡을 예정으로 있었다.[53]

8일에는 러시아 외부에서 일행을 위한 만찬 초대장을 보냈고, 외부대신 로바노프, 아시아국장 카피니스트 등이 먼저 기다리고 있었다. 이때 비공식 사절인 주석면도 옆에 있었던 점이 특이하다.[54] 일행은 8월 9일 一食(日融)을 목격하였다. 이번 일융은 아시아 동쪽에서만 보이고 구라파에서는 아니 보이는 것은 지구가 회전하는데 가리워진 까닭이라고 한다.

11일에는 독일·프랑스·벨기에·오스트리아·일본·터키 각 공사를 두루 방문하였다. 이때 민영환은 근대적 도서관을 보게 되었는데, "전등을 가설하여 밤에도 (책을) 보게 하니 참 勸學하는 큰 시설이다"

---

52) 『尹致昊日記』 1896년 8월 7일자.
53) 『尹致昊日記』 1896년 8월 4일자.
54) 『尹致昊日記』 1896년 8월 8일자.

라고 소개하고 있다. 다음날인 12일은 음력 7월 4일에 해당하는데, 음력 6월 10일 민영환의 아우 泳瓚이 부친 편지가 도착하였다. 민영환은 "집과 국가가 다 편안한 소식을 알게 되니 위안되고 다행함을 말할 수가 없다"고 하면서 이역만리에서 편지를 받아보는 반가운 감정을 토로하였다. 당일 일본공사 니시(西德二郎)가 일행을 방문하고 돌아갔다. 이날 밤 윤치호는 일행과 작별의 감정을 표하는 다음과 같은 4행의 장시를 작성하여 자신의 감회를 표현하였다.

> 三春欲暮離漢城　俄都凉風見秋聲
> 重洋東舟敦友誼　南北殊路信愁情
> 我留語學開茅塞　君歸努力輔文明
> 梅花時節相逢約　口盃剪燭話平生[55]

Ⅳ. 시베리아 루트를 통한 귀국과정

8월 14일 일행은 5일 후인 19일에 귀국하기로 결정하였다. 노정은 기차로 시베리아로 가서 흑룡강에서 배로 블라디보스토크까지 가서 원산・부산을 경유, 제물포에 도착하기로 정하였다. 군사고문관 푸치아타가 러시아 정부 명령으로 조선으로 가게 된다 하여 동행하기로 약속하였고 그의 집에서 담화하였다. 이날 아침 수원 윤치호는 민영환에게 프랑스로 가기를 결심했다고 말하였고, 다음날인 15일 일행이 귀국행장을 수습할 때 다시 한번 프랑스어 공부차 남로로 귀국하기로 정하였다는 점을 일행에게 공식화하였다.

16일에는 러시아 외부에서 니콜라이 2세의 친서 답장을 가져왔고,

---

55) 『尹致昊日記』 1896년 8월 13일자.

국서 회답도 동봉하였다. 이날 저녁 후 윤치호는 민영환, 김득련과 마지막으로 내바강변을 산책하였다. 가스와 전기등이 내바강의 둑을 비치는 매우 아름다운 광경의 밤이었다고 윤치호는 말한다. 그는 이들 일행과 작별하는 감정을 시로 표현하였다.

煤電爭光不夜城 秋雨遠濕暮鍾聲
半生風波何時靜 一點淚傷九曲情[56]

윤치호는 18일 오후 8시 기차로 프랑스 파리로 출발하였다. 민영환은 윤치호에게 100루블을 전달하였고, 일행이 페테르부르크 정거장까지 가서 작별하였다. 스테인은 바르샤바 정거장까지 수행하였다. 이번 러시아 여행에 대한 그의 총평은 자신의 역사에서 '쓰라린 한 장면'이었고 비로소 그는 '자유의 달콤한 행복'을 맛볼 수 있었다 한다.[57] 한편 이날은 민영환의 지구인식(세계관)에 일대 변화가 오는 날이다. 즉, 그는

대개 페테르부르크는 지세가 높아 달이 크고 더 밝게 보이고 旣望(16일)의 달이 오후 9시에 나오니 이것을 추측하여 보면 지구의 형체가 둥근 것을 확실히 알겠다.[58]

고 하여 지구원형설을 체험적으로 인정하는 입장에 비로소 서게 된다.
윤치호가 프랑스로 떠난 다음 날인 19일 민영환 일행은 페테르부르크에서 같이 1달 여를 보내던 민경식, 주석면과 이날에서야 작별을 하

---

56) 『尹致昊日記』 1896년 8월 16일자.
57) 『尹致昊日記』 1896년 8월 18일자.
58) 『尹致昊日記』 1896년 8월 18일자.

고 민영환 일행은 오후 12시 2명의 밀사, 해군장관·신문기자들과 이별을 고하고 기차로 출발하여 그날 밤을 차 속에서 보냈다. 일행은 20일 오후 5시 경에야 모스크바 정거장에 도착할 수 있었다. 다시 기차를 바꾸어 귀국 일정을 재촉하였다. 중로에 노브고로드(Novgorod) 지방 박람회 관람 예정을 가졌다. 이곳은 전일 재무대신 위테와 유람하던 곳으로 가는 길에 같은 목적을 가진 일본공사 니시(西德二郎)를 우연히 만났다. 한편 당일 오전 6시에 윤치호는 베를린에 도착하였고 이후 자신의 일정대로 나가 21일 파리에 도착하였다.[59]

  21일 오후 7시에 노브고로드에 당도한 사행은 미리 관찰사가 준비한 마차로 숙소에 도착하였는데 이들은 총순(경위) 2인과 순검 2인이 경호하는 등 예우를 갖춘 대접을 받았다. 사행은 이날부터 23일까지 3일간에 걸쳐 박람회장을 구체적으로 관람하였다. 이틀차인 22일에는 각 기계소·제조소·도서관·蠟人所(납인형을 제조하는 곳)·동물원·식물원·악기점 등을 두루 유람하고, 해군 기계처도 관람하였다. 3일차에는 서양화실과 병원 및 시베리아와 블라디보스토크의 생산물을 판매하는 점포도 구경하였다. 이들은 열기구(風具)를 타고 한참 돌았다. 푸치아타가 일이 있어 동행하지 못하다가 이곳에 당도하여 재회하였다. 24일에는 박물회장인 전 武將 제몰야아세프의 초대로 근처 호텔에서 오찬하였고, 관찰사 바라노프의 초대로 만찬을 하였다. 민영환의 눈에 비친 노보고로드의 풍경은 "市街와 岸과 鋼橋와 舟橋의 전등과 가스등이 밝아서 星月의 광채가 없는 것 같다"는 것이었다. 25일에 그는 여러 현지 관리를 자신이 묵고 있던 호텔로 청하여 만찬을 대접하였다.

---

59) 윤치호는 파리에서 프랑스어를 배우고 정당·상원·행정부·군사 등 각종제도에 대해 관심을 가져보았지만, 향수와 실의를 견디지 못하고 1897년 1월 27일 귀국하였다. 이민원, 앞의 논문, 348쪽 참조.

이날 이후부터 민영환의 기록은 주로 歸路 日程과 지역에 대한 간
략한 내용 설명으로 되어 있다. 그 일정을 보면 다음과 같다. 7월 26일
볼가강에서 기선 푸쉬킨호 승선→ 카잔(27일)→ 노보쮀빗춰, 사마라
(Samara)에서 기차를 탑승하였다(28일). 이 기차는 페테르부르크에서 일
행을 위해 준비한 것인데 車室이 5칸으로 다른 사람은 태우지 않아 편
하다 한다. 시베리아로 가는 길인 우파아(OUfa), 앗사, 바조바야(29일)
→ 쉬미일하, 쿠울간(Kouroan)(30일)→ 몽고와 인접한 옴스크(Omsk)에
도착하였다(31일). 깔라치, 자미스키야를 경유하였다.

일행은 이어 9월 1일 우빈스까야, 추림, 그리보속고에→ 볼온트냐야
(2일)→ 이린스크, 일다알트(3일)→ 아진스크(4일)를 거쳤다. 여기서부터
는 산로가 엄하고 차의 진행이 몹시 더디었다. 연로에 정거장과 음식
점이 없어 차내에서 다과를 조금 먹고 지내면서 크라스노야스크에 도
착하여 일행은 기차 안에서 잠을 잤다. 5일 푸치아타와 스테인이 전보
국을 다녀와서 외부대신 로바노프가 황제를 모시던 西러시아 키예프
땅에서 졸지에 병이 나서 이달 1일 사망하였다는 소식을 일행에게 전
하였다. 기차를 다시 갈아타기 위해 민영환과 김득련 · 김도일 · 손희
영 · 스테인 · 푸치아타가 각기 사륜거를 타고 행장은 따로 차에 싣고
떠났다. 비조리스크, 간스크(Kansk)(6일)→ 진쓰카야 · 불이노빈야췌렘쇼
오와 · 랏스군트냐야(7일)→ 알가쉐스카야 · 감스참트카야 · 니이즈네 우
진스카야(8일)→ 후도렌스크(9일)→ 투린스카야 · 기이렐체스크 · 될브쓰
카야(10일)→ 제롭스카야를 경유하여 시베리아의 중앙지대의 대도회인
일츠크츠크의 제쿨츠 호텔에서 숙박하였다(11일).

일행은 며칠간 일츠크츠크에 머물면서 12일 총독과 관찰사를 방문
하였다. 이후 답례로 총독과 관찰사가 숙소를 방문하였다. 민영환은 이
곳의 풍경과 감상을 다음과 같이 묘사하였다.

점포가 정제하고 화려하여 페테르부르크 제도를 모방하고 인물이 清秀하며 街上 車輪 소리가 그치지 아니하고 복잡하매 참 크게 번화한 도회다. 몇 천리 황량한 벌판에 이러한 시설은 참 의외다. 이것은 러시아 상하가 정치를 잘하여 날로 문명하여 가는 까닭이요, 참 부러운 일이다.[60]

일츠크츠크부터 한러국경에 이르기까지의 노정에서 일행에게 특이하게 인식된 것은 이주민인 귀화 러시아인 문제였다. 민영환은 이곳에서 김도일의 외척되는 申益祿(20세)과 처 4孫(17세)의 소식을 들었다. 그들은 블라디보스토크에서 생장하고 근처 학교에서 공부하고 작년에 이곳 대학에 입학하였는데 3년간이면 졸업한다고 한다.

일행은 13일 총독 초청 연회에 참석한 후 오후 10시에 마차로 다시 길을 떠났다. 이어 14일 바이칼 大湖에서 기선을 타고 미소바이아에 도착하였고, 오후 마차를 타고 모렐이스카야와 가빈쓰카야를 경유하였다. 벨크니우딘스크 · 온홋즈카야(15일)→ 쿠우림스카야 · 몰칸스카야를 지나 보보올로나스카야에서 숙박하였다(16일). 이어 17일 돈데스카야 · 베그례미쉘스카야를 경유하여 18일 치타(Tchita)에 당도하여 호텔에 숙박하였는데 이곳 관찰사가 방문하였다. 다음 날인 19일 일행은 손상된 차 바퀴 수리차 하루 더 묵을 것을 결정하고 관찰사를 방문하였다. 이곳 沿界는 청국과 인접하여 청인이 왕래하며 장사하는데 滿洲人이 많다고 한다. 저녁에는 관찰사의 초청으로 만찬을 하였다. 그런데 당시 민영환은 심한 감기와 기침으로 몸살을 앓고 있었다.

20일에는 볼이노파보롭나야 · 자이다롭으크카야, 우리나라의 추석에 해당하는 9월 21일은 가엘기나 · 민시노오와 · 네르친스크를 경유하였다. 22일 작은 강을 건너 구벤스카야 · 쎄들예젠스카야를 경유한 일행

---

60) 『海天秋帆』 1896년 9월 12일자.

은 내일부터는 마차를 그만두고 배로 동으로 갈 예정이었다. 가는 곳
주위 여러 곳에서는 철도의 공역이 벌어지고 있었는데, 그것이 완공되
면 페테르부르크에서 15일이면 블라디보스토크에 도착한다고 한다. 23
일에는 질웃츠카야江에서 기선 베든야호를 타고 순항하여 그리노보이
소오키나에 도착하였는데 그곳의 추위는 일행에게는 견디기 어려울
정도였다. 24일 오후 3시에 흑룡강 상류 이그나아쉬노예에 도착하였다.
민영환은 이때 지형을 구체적으로 상고하니 흑룡강의 발원이 장백산
에서 나오지 아니한 것을 알겠다 하였다. 25일 배는 쵤야아 옆에 도착
한 후 다시 순항하였다. 내일은 명성황후의 忌辰으로 민영환 등은 선
실에서 國旗를 내걸고 香床을 내놓고 촛불을 켜고 관복을 입고 東向
하여 4拜하고 서로 향하여 눈물을 뿌렸다. 26일 비빗과와를 거쳐 불라
고에젠스크에 도착하였다.

이곳은 김도일이 10년 전 공부하였다고 하는 곳인데 지금도 우리나
라 학생 3명이 있다고 한다. 이 지역은 러시아 이주민이 밀집해 있는
곳으로 민영환은

우리나라 사람의 러시아에 이주한 사람이 해삼위부터 여기까지 아니
사는 데가 없고 자연히 촌락을 이루어 사는 사람이 몇 만명인지 알 수
가 없고 러시아에 입적한 사람도 많다. 현재도 5천여 명이 왕래하는데
예서 700리 되는 땅에 금광에서 품팔이하여 생활을 한다 하고 그중 6
인이 와서 인사한다. 元山 朴基淳은 전에 頭民(民會長)을 지내었다고
하는데 아직도 상투가 있고 鏡城 金鳳律, 吉州 黃彌龍·韓萬聖, 慶興
韓明星, 東萊 鄭云瑞 등이다. 다 10여년 전에 왔다고 한다. 그 사람들
의 말이 오늘날에 본국의 사행 절차(행렬)를 보기는 참 의외의 일이요
기꺼움과 감상을 이루 말할 수 없다고 하며 만일 조정에서 소환하시는
명령만 있으면 流民들은 다 본국으로 귀환하겠다고 한다.[61]

고 하여 이곳에 대한 인상을 남기고 있다. 28일에는 관찰사가 일행을
방문하였다. 민영환은 그에게 우리 유민들을 잘 보호해달라고 신중히
부탁하여 그로부터 긍정적인 답변을 받았다. 또한 선중에서 여러 사람
을 대접하고 관찰사를 답방하였다. 이날 러시아 이주민으로 이곳에 사
는 大川 閔鳳善, 鏡城 黃碩甫와 하바로프스크 땅에서 장사차 이곳에
와 있는 利川 李浩然, 端川 尹鳳珍, 明川 千學善 등을 만났다. 민영환
은 이들에게 아무쪼록 수습하여 속히 고국으로 와서 거주하라고 효유
하였고, 이들은 商利로 자본만 좀 되면 고국으로 귀환할 예정이라고
대답하였다. 사행일행은 29일에는 러시아 정부 소유의 바론코프호를
타고 다음날 출발할 예정을 잡았다. 30일 뽀얄고야에서 잠시 쉬고 출
발하였는데 이곳의 남쪽은 만주이고 북쪽은 러시아 지역이다.

　10월 1일 아라제, 2일 에카테리나 콜스카야・미해로세면옴스카야를
경유하였다. 이곳의 우리 이주민은 200여 호로 다 러시아에 입적하였
다 한다. 민영환은 현지인 南錫昌을 만났다. 3일 유우고와야를 거쳐 하
바로프스크에 도착하였다. 이곳은 시베리아의 중심지로 총독 독홉스키
는 모스크바에서 민영환이 사귄 사람으로 일행을 위해 숙소를 公廳에
정해 놓았다. 이곳에도 우리나라 유민이 사는 촌이 있는데, 그 이름은
보쉬코프村으로 촌민들은 농업과 상업으로 지낸다. 4일에 그 두민 金
福吉이 수 10인을 데리고 와서 보자 민영환은 고국을 잊지 말라고 이
들을 외유하였다.[62] 총독이 방문하고 이후 만찬에도 참여하였다. 중간
에 박물원을 관람하였는데 특이한 것은 우리나라의 의복 기구도 볼 수
있다는 점이다. 5일에는 마차를 타고 연병모습을 보고 사관학교・여학
교 등 학교를 관람하였다.[63] 김복길이 우리 음식으로 저녁을 마련하였

---

61) 『海天秋帆』 1896년 9월 27일자.
62) 『海天秋帆』 1896년 10월 4일자.
63) 페테르부르크 체류시절 민영환은 다음과 같이 러시아인의 교육방법을 소개하

다. 6일에 일행은 救火所(消防所)를 시찰하였다. 오후에는 우리나라 사람의 都所(민회의실)를 가니 頭民이 100여 인을 데리고 와서 보았다. 그들에게 민영환은 "지금은 양국이 서로 화합하게 지내니 잘들 살고 쓸데없는 일로 和氣를 상하지 아니 하도록 하라"고 당부했고, 그들은 다행이 雜類가 없이 규칙을 지켜 와서 러시아인의 慢侮를 아니 받고 있다고 하였다.

이날 일행은 칙하초프호를 타고 항해를 재개하였다. 스테인·푸치아타는 볼일이 있어 동행하지 못하고 수일 뒤에 블라디보스토크에서 만나기로 하였다. 7일 갓사게빛쵀봐·메미코오를, 8일 코스롭으스카야를 경유하여 일행은 9일에야 이만 땅에서 상륙하여 정거장에서 기차를 타고 다시 출발하였다. 10일 드디어 조선과 국경을 접하고 있는 블라디보스토크 정거장에 하차하여 부관찰사 등의 영접을 받고 숙소로 치이호이오쩨안[64] 호텔을 정하였다. 민영환에 의하면 블라디보스토크는

> 본시 청국 땅인데 무라비예프가 개척하고 개항한 지가 30여 년이다. 인구가 3만 6천이요 또 우리나라 사람이 2천여 명이요 淸國人이 만여 명이요 日人이 4~500명이다. 각 기계창과 모든 시설이 나날이 발전한다. 이곳은 러시아 동변 끝이요 우리나라 北境과 서로 연하고 청국은 강 하나로 경계가 되고 동으로 日本海를 접하였다.……대개 己巳年(단종 6년) 흉년에 北渡한 사람이 오기를 시작하고 지금은 8도 사람이 연락부절하여 한 번 오면 돌아가지 아니하는 사람이 많다고 한다.[65]

고 있다. "남녀가 8세이면 다 학교에 입학하고 만일 입학을 아니하면 부모에게 벌을 주고, 벙어리·소경·귀머거리도 다 학교가 있어 가르치고 빈궁한 사람과 고아도 가르치는 의숙이 있어서 국내에 학교가 무수하다. 대·중·소 학교에서 재주대로 배우고 문·무·상·농·공을 전문으로 가르치는 학교가 있어서 전국 사람이 한가지 재주는 다 배우고 문자를 못 통하는 사람이 없으니 참 아름답고 長遠한 시책이다."(『海天秋帆』, 1896년 8월 9일자).

64) 태평양을 뜻함.

고 한다. 11일 頭民 安世鼎 등 8인이 와서 일행을 보고 돌아갔다.[66] 일행은 관찰사를 방문하였고, 이어 이주민 都所를 방문하였다.[67]

12일에는 부관찰사·경무관·경무보 등이 일행을 방문하였다. 그 중 경무보 고보로스단예프는 원래 함경도 慶源 사람으로 성은 李씨로 본은 全州인데 어려서 러시아에 들어가 수양하여 대학까지 졸업하고 지금은 경무보의 관직에 올라 있다. 그는 아무리 러시아에서 관리가 되었어도 본국으로 갈 마음이 늘 간절하다고 한다. 또한 갑오년(1894)에 호남소모관으로 있었다는 서울 安洞살던 李璋夏가 음력 7월에 인천항에서 배를 타고 가다 鏡城 땅에서 파선되어 간신히 살아 8월에 육지로 여기까지 와서 학교에 입학할 예정이라고 하며 서울 소식을 전하였다. 공주사람 朴永夏는 鏡城에서 4년을 있다가 유람하러 왔다고 한다. 金思深이라는 사람은 10년 전에 서울서 와서 여관을 하며 생활한다고 한다. 영변 출신의 金思贊은 병자년(1876)에 이곳에 왔다고 하며 전에 두민을 지냈다고 한다.

이어 13일에는 速秋社 麁洞에 사는 洪重錫이 와서 그 아들 秉一이 금년 19세인데 러시아 문학은 익숙하나 국문과 학문을 배우지 못하여 서울 학교로 보낼 예정이라 한다는 예기를 듣고 민영환은 자식 가르치는 뜻이 무던함에 감명을 받았다. 그 반면 북청사는 進士 李鍾國과 李庸信이 와서 말하되 러시아어를 배우려고 여기까지 왔더니 마음에 맞지 아니한 일이 있어서 일간 환국한다고 하였다. 오후에 스테인과 푸치아타가 기차로 이곳에 도착하였다. 14일 두민 안세정 등이 도소에

---

65) 『海天秋帆』 1896년 10월 10일자.
66) 『海天秋帆』 1896년 9월 11일자.
67) 민영환은 이때 자신의 감정을 "도소는 우리나라 국기 한 벌을 만들어 두고 매년 성상폐하의 만수성절에는 이 기를 내어 걸고 송축을 한다 하니 그 국가를 위하는 정신이 감사하다"라고 표현하였다. 『海天秋帆』 1896년 10월 11일자.

오찬을 준비하였고, 관찰사가 일행을 방문하여 군악으로 홍취를 돋구었다. 15일 부관찰사와 경무관의 인도로 소학교와 여학교를 시찰하였다. 하바로프스크 총독이 항구로 우리가 탈 배를 준비하라고 전보하였다. 귀국선은 4월 1일 인천항에서 타던 러시아 군함 크레마쉬호였는데, 오후에 탑승할 수 있었다.

민영환이 파악하는, 이 항구에 거주하는·우리 유민들은 連秋社·秋風社·水淸社 등의 조선인 집단부락을 만들어 생활하고 있었다.[68] 총호수가 7천인데 러시아에 입적한 것이 반 이상이라고 한다. 그런데 러시아 의복을 입고 러시아 말만하여 연소한 사람은 본국의 풍속을 알지 못하니 민영환으로서는 내버려 둘 수가 없는 일이었다. 그는 "곧 조약을 정하고 領事館을 개설하여 관리해야 할 것이라고 귀국하려는 사람은 召還하고 상업할 사람은 租界를 정하여 살게 하여야 流散되고 동요된 폐단이 없을 것이다. 이것이 정책의 시급한 것이요 또 유민들의 소원"으로 파악하였다.

블라디보스토크를 뒤로 한 일행은 남행하여 10월 16일 배 안에서 멀리 우리나라 關北의 산봉우리를 보게 됨으로써 드디어 조선 관내에 도착함을 알 수 있었다. 17일 오전 6시에 원산항 外洋을 지났다고 뱃사람이 전하였다. 오후에 동쪽으로 '마쓰시마'(松島)라 하는 큰 산이 보였는데 이 섬은 울릉도를 가리키는 것이다.[69] 18일 오전 10시 드디어

---

68) 이중 連秋社는 4개의 촌락인데 우수리강 연안에 있는 1천여 호(헝거우, 다전자, 눅수허, 항거우村)요, 추풍사는 15개 촌락으로 경흥 越便 연안에 있는 5천여 호(록두, 척슨덕, 주루허, 바다시, 연추, 지신허, 항별씨, 만서골, 한천거우, 아지미, 강허재, 시지마, 방청동, 몽고개, 암장비촌)요 수청사는 4개 촌락으로 해삼위 근처에 있는 1천여 호(수청, 上下, 시비거우, 륙전커우촌)다. 『海天秋帆』 1896년 10월 15일자.

69) 그런데 민영환은 이것은 일본의 섬으로 이해하고 있다. 『海天秋帆』 1896년 10월 17일자.

부산항에 도착하였다. 이곳에서는 감리서 주사 오달영·박정규와 전 첨사 박기종이 마중 나왔다. 그러나 상륙하지는 않고 오후 5시 서남쪽 으로 항행을 계속하여 다음날 항행 과정에서 호남지계와 운무 중에 멀 리 한라산을 볼 수 있었다.

충청도 서천만을 거쳐 인천항에 입항한 것은 10월 20일이었다. 민영 환은 "반년을 여행하다 장차 입경하게 되니 참 다행한 일이다"고 다소 담담하게 감회를 적었다. 이들은 마중 나온 인천감리와 경무관, 외부 교섭국장 金珏鉉, 러시아공사 베베르, 비서승 金鴻陸을 만났다. 인천 의 順信昌旅館에 숙소를 정하여 민영환의 아우 泳瓚과 매형인 승지 金永廸와 환담하였다. 21일 정오에 사행은 오류동에 당도하였고, 이어 마포에 도착하였다. 이곳에서 궁내부대신 李載純 이하 수많은 대관이 나와서 맞았다. 민영환은 6시에 돈의문(서대문)으로 입성하여 김득련· 김도일과 같이 고종에게 復命하고 친서를 바친 후 물러나면서 6개월 21일 동안의 공식적인 러시아 황제 대관식 사행의 길을 마무리할 수 있었다.

V. 맺음말

이상에서 러시아 황제 니콜라이 2세 대관식 참석과 관련하여 閔泳 煥 등 외교사절단의 여행경로와 그 과정에서 이들이 보고 느낀 바를 살펴보았다. 대관식 사행은 조선 정부와 러시아 정부 상호간의 필요에 의해 이루어졌다. 조선 정부는 1896년 2월 아관파천 이후 열강 사이에 서 등거리 외교정책을 견지하면서 한편으로는 閔왕후를 살해한 일본 측의 조선지배 정책에 강한 두려움을 갖고 있었다. 그것은 결국 '引俄 拒日'정책으로 표출되어 러시아라는 강력한 국가의 지원으로 이를 해결하려고 하였다. 당시는 후발자본주의 국가인 러시아도 내부적으로는 차르 체제를 공고히 하고 유럽과 중앙아시아에서 영국 등 서구 제국주의 국가와 경쟁하면서, 밖으로는 태평양으로의 진출을 통하여 세계 대제국으로서의 위상을 확보하기 위해 극동정책을 강화하는 시기였다. 그 일환으로 러시아 블라디보스토크와 접경한 조선을 자국의 강고한 세력권 아래 두고자 하였다.

그러던 중 마침 러시아황제 니콜라이 2세의 대관식을 기회로 하여 조선과 러시아의 이해가 일치하게 되었다. 이에 조선 정부는 러시아공사 베베르와 숙의하여 민영환을 대표로 하는 대관식 사절을 파견하기로 결정하였다. 이 사행은 우리나라 역사상 처음으로 세계일주 과정을 거쳐 이루어진 것이었다. 일행은 아시아의 중국·일본을 거쳐 태평양을 건너 아메리카 대륙 북부에 위치한 캐나다와 미국을 경유하였다. 이어 대서양으로 향해 유럽국가인 영국·네덜란드·독일·폴란드를 지나 러시아 경내로 들어갈 수 있었다. 그 과정에서 근대화의 궤도에 오르고 있는 열강과 식민지로 전락한 폴란드 현실을 이해할 수 있었고, 또 한편으로는 뉴욕·런던 등 세계 최고의 문화도시를 통해 근대 자본주의 문화에 큰 충격을 받기도 하였다.

사행은 대관식이 거행되는 모스크바에 도착하여 공사관을 신설하고 각국 공사들과 더불어 대관식에 참석하는 한편 이곳에서 뿐 아니라 이후 페테르부르크로 자리를 옮겨 로바노프, 위테를 비롯한 러시아 정부의 핵심인물들과 외교교섭을 진행하였다. 그러나 실무교섭과정에서 국제관계를 고려한 러시아측의 회피로 조선측의 입장을 완전히 관철시킬 수는 없었다. 단지 해결된 것은 군사고문과 재정고문을 조선에 초빙하는 것이었다. 결국 소기의 목적을 충분히 달성하지 못한 사행은 한달 반 가량 페테르부르크에 머물면서 러시아 정부당국의 적극적인 협조에 힘입어 이후 러시아의 문화와 예술 뿐 아니라 대표적 근대적 시설물들을 시찰하는 데 큰 관심을 보였고 많은 시간을 할애하였다. 한편으로는 러시아와 우리의 문화와 풍속 등을 비교할 기회도 갖을 수 있었다.

이들은 임업학교, 농업박물관 등 각종 박물관, 재판소, 교도소, 기계학교, 조지소, 면포제조소, 탄약제조소, 직조공장, 조선창, 해양박물관, 천문대, 자기제조소 등을 들렀고, 각종 군사시설과 병영제도를 관찰하였다. 또한 시베리아 루트를 통해 육로로 지나는 곳마다 각급 지방관들과 환담하면서 그들의 생활상태와 문화, 지역사정을 이해하는데 집중하였다. 사행은 귀국 과정에서 일츠크츠크부터 조선의 국경에 이르는 동안 수 차례에 걸쳐 러시아에 귀화하여 활동하는 조선 이주민들과 만나 환담하면서 이들에 대한 깊은 이해를 할 수 있었다.

전체적으로 볼 때 민영환 등 러시아 사행은 초기의 목적인 조러간의 외교협상보다는 오히려 개인적인 입장에서 국제적 안목을 넓히는 데 큰 의미가 있었다고 생각된다. 水車 도입 현상에서 보이듯이 이를 우리의 실정에 충분히 적용시켜 조선이 근대적 발전의 길로 나가도록 하는데 어느 정도 가능성을 마련할 수도 있었을 것이다. 그러나 당시 충분한 내외적 여건이 성숙되어 있음에도 불구하고 사절단이 이를 제대로 해결하기에는 개인적인 역량에 한계가 있었다. 또한 민영환과 윤치호의 갈등에서 알 수 있듯이 구성원들간의 인식의 차이가 있었고, 윤치호·김도일의 통역과정에서의 갈등도 큰 문제였다.

그럼에도 불구하고 1896년 4월 1일부터 그해 10월 21일까지 무려 반년 이상의 긴 여행과정을 통해 이들이 보고 느낀 것은 이제 막 근대화의 길에 접어든 조선의 관인으로서는 매우 충격적으로 받아들이지 않을 수 없었다. 따라서 이를 살펴보는 것은 아관파천을 전후로 한 기간 적게는 한국과 러시아, 크게는 국제관계의 변화문제를 전망할 수 있는 기회가 될 것이다. 나아가 본 연구는 중국과 서양을 경유하는 이들 사절단의 일정과 해당 지역의 사정을 우리측 입장에서 기술된 자료를 통해 살핌으로써 근대화 과정에서 관료들의 문화적 충격과 대외인식 전환의 계기를 파악하는데도 一助할 것으로 기대된다.

국내 석탑 관련 연구사 정리(Ⅰ)

Ⅰ. 머리말

불교문화권인 우리에게 불교미술은 친숙하다. 곳곳에 절이 있고, 절이 있는 곳에서 항상 보이는 것이 탑이다. 현재 우리나라에는 약 1,000기 가량의 탑이 존재한다. 석탑에 대한 연구는 고고학을 비롯하여 건축, 역사, 미술 등 여러 분야에서 다양하게 진행되어 왔다. 현재 축적된 연구 및 조사 자료의 양이 결코 적지 않기 때문에, 하나의 글에서 이 모든 것을 총체적으로 다 정리한다는 것은 지나친 욕심일 것이다. 그럼에도 불구하고 현재 국내의 석탑연구가 어떠한 과정을 거쳐 어디에 이르렀는지 살펴보는 것은 지난 연구 자료들을 유용하게 활용하는 데도 도움이 될뿐더러, 앞으로의 연구 방향 설정 및 진행에 있어서도 필요한 작업이리라 사료된다. 미흡하지만 본고에서 연구사 정리를 하는 의의를 여기서 찾고자 한다.

석탑에 관한 연구가 여러 방면에 걸쳐서 심도 있게 연구된 배경에는 석탑을 통해 살펴볼 수 있는 함의가 불교, 불교미술, 사원 건축, 역사적 흐름, 등 여러 분야에 걸쳐있기 때문이다. 이 모든 것을 다 아우르고 있어야 진정한 석탑에 관한 연구사 정리가 될 수 있다고 생각하지만, 필자 능력부족으로 인해 석탑에 대한 일반적 자료와 형식에 관한 연구 위주의 자료들을 주로 정리했음을 일러두는 바이다.

II. 국내 석탑의 기원

석탑은 불교의 발생지인 인도에서 동아시아에 이르기까지 국내에만 존재하는 불교건축 양식이다. 탑 자체는 불교의 발생과 더불어 건립되기 시작하였으며, 불교를 받아들인 대부분의 국가에서는 그 양식의 변용이 있었을지언정 불상과 더불어 예배대상으로 함께 전파되었다. 그러나 그 양식과 형태에 있어서 중층형식의 석탑을 중점적으로 건립한 것은 한반도 지역이 유일하다고 볼 수 있다. 때문에 국내 석탑의 연구는 개별 석탑에 대한 각론적 연구도 물론 많이 수행되었지만, 그 발생의 기원과 배경에 대한 연구 역시 심도 있게 수행되었다고 보여진다.

탑의 기원에 대한 연구는 국내 탑파연구의 시원인 우현 고유섭(1905~1944)[1]의 연구에서부터 드러난다. 그는 자신의 유명한 저서

---

1) 又玄 高裕燮 선생은 우리나라 탑파 연구에 있어서 시조격에 해당하는 인물이다. 일제 강점기에 경성대학에서 미술사를 전공하였는데 특히 탑파 연구에 있어서 독보적인 학문적 업적을 남겼다. 그는 당시 조선에 있던 탑파들 100여기 이상을 직접 현지 조사를 통해 연구하였으며, 탑 자체에 대한 조사와 더불어 역사적 맥락에서의 의미까지 포함하여 고찰하였다. 아울러 한국 석탑의 기원을 목탑으로 규정하고, 우리의 석탑이 시원양식에서 전형양식을 거쳐 정형기에 확립된다는 발달사를 정리했다. 그의 이러한 연구 성과는 지금까지도 후학들에 의해서 그대로 받아들여지고 있으며 석탑에 대한 연구가 진행이 되면 될수록 그 논지가 정확했음이 거듭 밝혀지고 있다. 대표 저서로『조선탑파의 연구』(을유문화사, 1948)가 있으며, 그의 사후 간행된『우현고유섭저작전집』(통문관, 1993)에 모든 연구 성과가 정리되어 있다. 그의 삶과 학문에 대한 연구논문으로는 다음과 같은 글들이 참고할 만하다.
박경식,「고유섭과 탑파연구」,『미술사학연구』248호, 한국미술사학회, 2005 ; 문명대,「고유섭의 미술사학」,『한국미술사학의 이론과 방법』, 열화당, 1978 ; 김임주,「고유섭연구」, 홍익대학교 박사학위논문, 1990 ; 목수현,「한국 고미술 연구에 나타난 고유섭의 예술관 고찰」, 서울대학교 석사학위논문, 1991 ; 김영애,「고유섭의 생애와 학문세계」,『미술사학연구』190-191호, 한국미술사학회, 1991 ; 강병희,「아직도 넘어서지 못한 탑파연구의 고전」,『역사

『조선탑파의 연구』에서 이미 탑의 어원이 범어의 stupa와 chaitya에서 왔음을 밝히고, 이들이 의미하는 바의 차이점에 대해 논하였다. 아울러 인도에서 발생한 '석가의 무덤'인 탑이 국내에 어떻게 의미 변용되어 들어왔는지에 대한 추적도 보인다. 이것이 어떠한 전파 경로를 거쳐 삼국으로 불교와 함께 들어왔는지에 대해 역사적인 맥락에서의 고찰도 놓치지 않았다. 국내 석탑의 시원양식이 목탑에 기원한다고 주장한 그의 연구는 대부분 후학들에게 정설로 받아들여지고 있다.

우현 선생의 수제자였던 황수영(1918~)은 불교미술과 탑파연구에 있어서 그의 이론을 승계하여 더욱 정교하고 풍부하게 발전시켰다고 볼 수 있다. 이들의 연구는 일반적으로 널리 받아들여지는 한국 석탑 연구의 정석에 해당하는 바, 비단 석탑의 기원에 관해서 뿐만 아니라 석탑연구의 전체적인 분야에서 반드시 짚고 넘어가야 할 중요성이 있다고 할 수 있다.

석탑의 기원을 밝히는 구체적인 연구 결과물들은 크게 세 유형으로 나눠볼 수 있는데, 첫째로 불교 발생지인 인도의 시원 탑파형식과 의미에 대한 비교 연구를 행한 저술들이 있다. 둘째로는 인도의 시원형식의 탑이 동아시아 지역을 거쳐 국내로 전파되는 과정의 변천을 알아보기 위해 중국 등지의 탑과 비교하여 연구한 저술들이 있으며, 마지막으로 국내 석탑의 시원양식에 해당하는 탑들에 대한 연구가 있다.

인도의 시원형 탑파에 대한 연구를 짚고 넘어가기 전에 불교사적인 관점에서 불탑의 기원에 대한 연구를 행한 저술이 있음을 밝혀야 하겠다.

안양규의 「불탑 신앙의 기원과 그 본질에 대해」(『종교연구』 18호, 한국종교학회, 1999)가 그것이다. 이 글에서 그는 불교 경전 중에서 불

와 현실』 17, 한국역사연구회, 1995.

교의 四大聖地와 불탑신앙에 관한 내용을 최초로 언급한 『大般涅槃
經』(Mahāparinibbāna-suttanta)을 통해 불탑신앙의 기원과 본질에 대해
연구했다. 『열반경』에서는 불탑은 붓다 사후 붓다를 대신하고 있는 것
으로서 생전의 붓다와 동일한 존경을 받아야 한다고 가르치고 있다고
한다. 붓다가 남긴 추상적인 法 대신, 시각적이고 쉽게 접근할 수 있는
불탑을 통한 붓다 숭배는 초기 불교의 대중화와 체계로서의 종교로 발
전하는 데 주요한 역할을 하고 있음을 밝혔다. 아울러, 초기 불교 교단
내에서 불탑신앙을 둘러싸고 출가비구와 재가신도의 위상과 역할이
구별되고 있음을 파악하였다. 출가비구는 불탑 숭배의 한계성을 자각
하고 붓다의 가르침(法)과 禪定에만 힘쓰도록 장려되고 있었으며, 재
가자에게만 주로 불탑 신앙이 장려되었다고 한다는 점 등을 밝혀냈다.
석탑 이전에 탑이 왜 불교에서 예배대상으로 자리 잡게 되었는지에 대
해 불교사적인 관점에서 연구한 유일한 논저라고 볼 수 있다.

　인도의 시원형 탑파의 형식과 의미에 대해 논한 연구물로는 천득염
의 「인도시원불탑의 의미론적 해석」(『건축역사연구』 제4권, 대한건축
역사학회, 1993)이 있다. 그는 이 연구에서 탑이 초기 불교에서 어떤 의
미를 갖고 지어졌으며, 그것이 어떠한 상징으로 드러나게 되었는지를
밝혀냈다. 아울러 그 양식이 반구형에서 가구적 기단을 갖춘 형식으로
바뀌면서 감실이 생기고 내부에 불상이나 경전 등을 안치할 수 있게
됨으로써 더 강한 상징성을 표현할 수 있게 되었다고 하였다. 전체적
으로 위의 논문과 더불어 인도 시원탑의 이해를 도울 수 있는 연구물
이라고 볼 수 있을 것이다. 그 외 인도의 시원탑에 대한 각론적 연구로
서 박경식의 「sanchi 1탑에 관한 고찰」(『문화사학』 제3호, 한국문화사학
회, 1995)를 참고할 만하다.

　불탑의 전래 과정에서 국내 석탑의 양식에 직접적으로 영향을 미친
것은 인도 지역의 탑이 아니라 간다라 지역을 거쳐서 중국을 통해 들

어온 전파과정에 있다고 볼 수 있다. 그런 맥락에서 손신영의 「간다라 미술의 교류 연구 특집 - 간다라 방형기단 불탑의 일고찰」(『강좌미술사』 제25호, 한국불교미술사학회, 2005)과 천득염의 「간다라의 불탑형식 - 불탑건축의 전래와 양식에 관한 비교론적 고찰」(『대한건축학회논문집』 제10권 제6호, 대한건축학회, 1994)은 불탑 전파과정에서 중요한 역할을 한 간다라 지방의 탑을 연구한 의미 있는 논저라고 볼 수 있다. 이 연구를 통해 우리는 인도의 시원형식 탑파와는 다른 간다라의 특색 있는 불탑이 어떤 과정과 영향 아래에서 형성되었는지를 알 수 있으며 나아가 국내에 전파된 불탑과의 관련성 및 영향성에 대해 파악할 수 있을 것이다.

이와 더불어 우리나라를 비롯한 중국 북부 및 동아시아 일대의 중층형 탑파양식을 '북방계'로 보고 이에 대한 비교 연구를 진행한 논문들이 있다. 김성우의 「극동지역의 불탑형의 시원」(『대한건축학회 학술발표대회 논문집 - 계획계』 제3권 제2호, 대한건축학회, 1983)과 김은중·주남철의 「동양 탑파건축의 의의 변천에 관한 계통적 연구 - 북방계 탑파 건축을 중심으로」(『대한건축학회논문집』 제1권 제1호, 대한건축학회, 1985)가 우선적으로 선행된 연구들이라고 볼 수 있다. 김성우의 연구는 극동지역 불탑형의 시원에 해당하는 중국탑의 형식이 기원후 2세기에서 3세기 사이에 이루어졌음을 밝혔으며, 간다라에서 전파된 불탑이 중국에 어떻게 변용되어 받아들여졌는지에 대해 역사적인 맥락에서 고찰하였다. 김은중과 주남철은 이 연구를 통해 아시아의 석탑들을 크게 북방계, 중간계, 남방계로 나눌 수 있다고 하였고, 나아가 북방계가 중국을 거쳐 한국을 지나 일본으로 전래되었다는 것을 밝혀냈다. 또한 인도의 시원형식 탑파가 전파되는 과정에서 각 지역별로 어떻게 변용이 되었고, 수용되고 누락된 것은 무엇인지 살펴보았다.

이러한 연구는 임영배·천득염·박익숙의 「한국과 중국의 탑파 형식에 관한 연구 1 - 시원탑파의 형식을 중심으로」(『대한건축학회논문집』 제8권 제5호, 대한건축학회, 1992)와 동일 저자들의 「한국과 중국의 탑파 형식에 관한 연구 2 - 초기탑파의 유형을 중심으로」(『대한건축학회논문집』 제8권 제6호, 대한건축학회, 1992)에 이르러서 더욱 발전적으로 정리되었다. 이들은 불탑의 발생과 전파의 과정에 중점을 두어 극동지방 탑파형식을 체계적으로 고찰하고자 하였다. 선학들의 연구를 심화시켜 시원기 불탑의 형태와 건립 위치 등을 고려하여 인도 및 주변국가에 있는 불탑들을 크게 始原型, 南方型, 간다라형, 高塔型, 極東型(北方型)으로 분류하였고, 이 중 극동형을 한국탑의 원류가 되는 것으로 파악하고 있다. 극동형 탑의 기원과 특이성에 대하여 논술하였으며 이것이 한국, 중국, 일본으로 각기 전파되어 어떤 변화 과정을 통해 수용되었는지 심도 깊게 고찰하였다.

김인창은 좀 더 일반론적으로 다층누각형 목조건물의 틀을 따른 '중층형 탑파'의 기원에 대해 포괄적인 연구를 진행하였다. 그는 「중층형 탑파의 기원」(『대한건축학회논문집』 21권 10호, 대한건축학회, 2005)에서 인도의 시원형 탑파와 비교하여 양식면에서 많은 차이를 보이는 중층형 탑파의 기원에 대해서 추적 연구하였다. 우선 기존 연구에 대한 고찰로 중층형 탑파에 관한 섹켈(Dietrich Seckel)의 인도 스투파양식변천설과 레더로스(Lothar Ledderose)의 중국자체기원설의 의미와 부족한 점을 짚어냈다. 나아가 중층형 탑파는 인도의 부조에서 화면을 구획하기 위해 사용한 건축구조에서 파생하였음을 알 수 있다고 밝혀냈다. 아울러 '탑'이라는 용어 자체가 초기에는 종교적 의미가 없는 '다층누각형 망루'와 동일하게 사용되었다는 점을 밝혀 중층형 탑파의 양식적 기원에 대한 이해를 도왔다. 또한 본래 무덤의 의미를 갖고 있는 스투파와 달리, 중층형 탑파의 상징성은 金堂에 가까운 것으로서, 사원의 역할을 겸하고 있는 것으로 해석할 수 있다고 했다.

완벽하지는 않지만, 지금까지 살펴본 연구 저술들을 통해 국내 석탑의 기원과 배경에 대해 어느 정도 의미 있는 고찰이 가능할 것으로 사료된다. 불교의 국내 전파 이후의 석탑 발생과 변천 과정에 관한 연구 정리는 뒤에 따로 논의를 할 것이므로 여기서 언급하지는 않을 것이다. 그러나 국내 석탑 양식 중에서도 특색 있는 일련의 석탑군으로서 '전탑'에 대해서는 언급하고 넘어가지 않을 수 없을 듯하다. 전탑은 국내에서도 경주의 분황사 모전석탑과 안동 일대의 전탑군에만 존재한다. 국내에 불탑의 양식을 전래해 준 중국에서 발전시킨 탑의 양식이 전탑이었고, 신라 最古의 석탑이 분황사의 모전석탑인 점을 감안할 때 전탑 역시 국내 불탑의 기원에 대한 연구에 있어서 빼놓을 수 없다고 할 수 있다.

전탑에 대한 포괄적인 연구로는 박홍국의 『한국의 전탑연구』(학연문화사, 1998)를 참고할 만하다. 여기서 논하고자 하는 기원에 대한 연구로 의미 있는 것은 임세권의 「한국 전탑의 전래와 변천과정」(『미술사학연구』제242·243호, 한국미술사학회, 2004)을 들 수 있다. 그는 이 논문에서 경주와 안동지역을 중심으로 발생한 우리나라 전탑의 기원과 양식 변화에 대해 추적 연구하였다. 구체적으로는 목탑의 양식에서 출발했다는 점은 동일하지만, 그 양식적 특성이 목탑과 많이 다르며, 지역적으로는 경주 일부와 안동지역에만 존재하는 한국 전탑의 전래 과정과 양식의 변천에 대해 연구했다. 전탑이 당시 중국에서 유학한 승려 계층에 의해 주로 도입이 되었을 것이라는 추론을 펼치며, 신라에서 제일 오래된 석탑이 분황사 모전석탑인 점을 감안할 때 신라 석탑의 초기 양식은 전탑이었을 것이라고 주장한다. 아울러 경주지역의 전탑과 안동지역의 전탑은 시기와 형식에 있어서 차이가 있는 만큼 독자적인 전파 혹은 발전 경로를 갖고 있을 것으로 추정하였다. 나아가 안동지역의 전탑 특징에 대하여 구조적으로 연구하여 강안형과 산지

형의 두 유형이 존재함을 밝혀내고 차이점과 공통점에 대하여 서술하였다.

이상으로 국내 석탑의 기원과 배경에 관해 의미 있는 연구들을 개략적으로나마 정리해 보았다. 탑파에 대한 연구는 미술사학계뿐만 아니라 건축학계를 위시한 다른 학계에서도 많은 연구를 행하고 있기 때문에 비록 기원과 배경에 관한 것 뿐이라지만, 전체적인 연구를 다 다루지는 못하였음을 밝혀둔다. 이에 필자가 연구사적으로 의미가 있다고 판단되는 연구를 우선적으로 정리해 보았으나, 능력의 부족으로 미처 파악하지 못하거나 잘못 판단한 연구가 있을 수 있음을 일러두고자 한다.

Ⅲ. 고구려 탑

고구려 불탑에 관한 연구는 현재 남아있는 탑이 없고, 탑터 및 관련 유적들이 대부분 북한에 존재하기 때문에 국내에서는 연구된 사항이 많지 않다. 고구려 탑에 대한 총체적인 연구는 방학봉의 연구를 참조할 만하다. 그는 『고구려 성과 절터연구』(신성, 2006)에서 「고구려 절터에 대한 연구」와 「발해의 탑과 고구려탑에 대한 비교연구」를 통해 고구려 탑의 양식에 대해 서술하였다.

고구려의 탑터 혹은 탑이 있었던 것으로 추정할 수 있는 자료들로는 1) 平壤市 力浦區域 龍山里에 위치한 定陵寺 탑터, 2) 평양시 大城區域 淸岩里土城 내에 위치한 金剛寺 탑터, 3) 평양시 대성구역 林興洞에 위치한 上五里 탑터, 4) 黃海北道 鳳山群 土城里에 위치한 토성리 탑터, 5) 평안남도 순천시 룡봉리에 있는 요동성 무덤벽화에 그려진 무덤벽화 탑, 6) 평양시에서 서쪽으로 40리 떨어진 大宝山에 있는 靈塔

寺 탑, 7)『삼국유사』권3, 燎東城 育王塔조에 기재되어 있는 요동성 육왕탑, 8) 함경남도 신포시 오매리에 위치한 梧梅里 탑터의 8개가 존재한다.

이들은 모두 아늑한 산비탈이나 구릉지대에 남향하여 지어졌다. 평면형태는 오매리 탑터가 유일한 4각형 탑이고, 나머지는 모두 8각형 탑이다. 이 중에서 석탑은 영탑사탑 한 개뿐이며 나머지는 모두 목탑이다. 탑의 층고는 남아있는 실물은 물론이고, 자세히 기록된 문헌도 없어 고증이 불가능하다. 유일하게 요동성 육왕탑을 7층 목탑으로 건립하였다는 기록이 있으나, 이를 통해 모든 고구려 불탑을 7층으로 단정 짓기에는 무리가 있다. 건탑 재료에 따라서 목탑, 석탑, 토탑으로 나눌 수 있겠으나, 대부분이 목탑이고 석탑은 영탑사탑이 유일하며 토탑은 삼국유사에 기록된 육왕탑의 초기 형태가 흙으로 되어 있었다고 전해질 뿐이다. 이러한 고구려의 탑은 대부분 1탑 3금당의 형식을 따라 절 내부에 세워졌다고 보여진다.[2]

그 외 국내에서 연구된 고구려 불탑에 대한 연구로는 문명대의 「고구려 불탑의 고찰」(『역사교육논집』제5호, 역사교육학회, 1983)이 있다. 실례가 하나도 남아있지 않은 연구에 많은 어려움이 있었으나,『삼국유사』의 문헌학적 근거와 요동성 무덤벽화의 탑 그림, 그리고 발굴된 탑지의 기록을 근거로 가능한 영역에서 고구려 탑의 원형을 추론해 보고자 노력하였다. 추론의 결과 고구려 불탑의 양식적 특징은 다면다층에 있고, 특히 8면에 7층이 가장 보편적이었으리라 추정한다. 또한, 이것은 신라나 백제의 것과는 구별되는 뚜렷한 특징이며 경북 이북지방의 고려 불탑 양식에 그대로 재현되고 있음을 밝혔다.

고구려 불탑에 관한 연구는 앞으로 탑터에 불과하지만, 대부분의 자

---

2) 방학봉,『고구려 성과 절터연구』, 신성, 2006, 265~326쪽 참조.

료가 있는 북한 지역에 대한 연구가 진행되지 않으면 남아있는 고구려 양식의 고려 불탑을 통한 연구가 유일한 방편이라고 사료된다.

Ⅳ. 백제 탑

현존하는 백제의 석탑은 익산 미륵사지석탑과 부여 정림사지오층석탑이 있다. 이 두 불탑은 한국 석탑의 기원을 알려주는 단서로 미술사적 측면에서 중요한 문화재로 평가되어 오고 있으나 아직까지는 어느 것이 먼저인지를 확신할 수 는 없다. 하지만 고유섭의 『조선탑파의 연구』(을유문화사, 1948), 천득염의 「백제계 석탑의 조형특성과 변천에 관한 연구」(고려대 건축공학과 학위논문, 1990), 김정기의 「한국 석탑 양식의 분석적 연구」(『한국미술사의 현황』, 도서출판 예경, 1993) 등의 연구에서 밝힌 바와 같이 미륵사지석탑이 한국 탑파의 시원양식이라는 것이 일반적이다.

탑의 기원에서 밝힌 것처럼 석탑은 목탑양식을 번안한 것이다. 목조탑은 특성상 쉽게 썩고 불에 타기 쉽기 때문에 석재로 바꾸어 새로운 불탑양식이 발생되었을 것이라는 것은 쉽게 생각할 수 있다. 따라서 양식 발전사상 석탑의 시원양식이 될 수 있는 것은 바로 이전의 탑파 양식 즉 목탑의 양식을 가장 충실하게 구비하고 있는 탑이 시원양식이 된다는 것은 당연한 논리이다. 이런 관점에서 시원양식이 가져야 할 논거를 가장 잘 나타내 주고 있는 것이 미륵사지석탑이다.

이에 대한 연구는 천득염의 「백제계석탑의 양식분류와 특성 고찰」(『백제 양식 석탑』, 미륵사지유물전시관, 2005)에 잘 나타나 있다. 미륵사지석탑은 그 전체 양식에 있어서 목조의 가구수법을 그대로 따르고 있어 후세에 볼 수 있는 석탑과는 상당히 다른 차이점이 있다. 즉 목조건축을 석조로 번안하는 과정에서 間의 나눔, 십자형 내부 공간, 초석, 고맥이돌, 계단, 우주의 민흘림과 안쏠림, 평방, 창방, 문비, 찰주, 옥개석의 후림과 조로, 반전 등이 나타난다. 위에 열거한 것들은 목조건축물의 특징들로서 미륵사지석탑이 목조양식을 답습했음을 알려 준다. 그리고 김정기는 「전형양식의 석탑과 미륵사지석탑」(『마한백제문화』제1집, 원광대학교, 마한백제문화연구소, 1975)에서 미륵사지석탑의 건립시기가 현존 最古라고 밝히고 있고, 「미륵사탑과 정림사탑 - 건립시기의 선후에 관하여」(『고고미술』 164, 한국미술사학회, 1984)에서 석탑 기단의 판축수법에 대해 밝히면서 미륵사지석탑의 건립연대가 선대였음에 힘을 실어주고 있다.

목조탑을 재현하려는 데서 시작된 백제 석탑은, 시대가 점차 내려옴에 따라 석재가 가지고 있는 시공상의 난점은 규모의 축소와 세부형식의 간략화를 가져왔고, 정림사지석탑과 같은 백제 석탑의 전형양식이 성립되게 되었다. 미륵사지석탑이 세부 구성형식상 석탑으로서 정형화되지 못하였음에 반해, 정림사지오층석탑은 정돈된 형식미와 완숙한 의장을 보여주고 있다. 좁고 낮은 단층기단과 각층 모서리기둥(隅柱)에 보이는 민흘림, 탑신의 오금, 얇고 넓은 각층 옥개석의 형태, 옥개석 단부에서 나타나는 반곡, 옥개석 하부의 받침수법, 낙수면의 내림마루인 隅棟 등에서 목탑적인 기법을 볼 수 있지만 맹목적인 목조양식의 모방에서 탈피하여 창의적 변화를 보여주면서 석탑으로서의 완벽한 구조형식을 확립하게 되었다.[3]

백제계 석탑의 특징을 살펴보면, 이은창의 「백제 양식계 석탑에 대하여」(『불교학보』 3·4합집, 동국대학교 불교문화연구소, 1966), 김정기의 「백제계석탑의 특징」(『마한백제문화』, 원광대학교 마한백제문화

---

3) 천득염, 「백제계석탑의 양식분류와 특성 고찰」, 『백제 양식 석탑』, 미륵사지 유물전시관, 2005, 196쪽.

연구소, 1987), 정영호의 「한국의 불탑미술」(『한국의 농경문화』 3집, 경기대학교박물관, 1991), 고유섭의 『한국탑파의 연구』(동화출판사, 1975) 등에 잘 나타난다. 초기적 이중기단 혹은 단층기단, 평편한 갑석, 우주의 민흘림, 田字形 4매석 · 圍字形 8매석 조립된 옥개석, 2단의 옥개받침, 부드러운 곡선, 별석으로 조립된 초층탑신 등이 백제계 양식의 특징이다.

위의 특징을 이은 백제계 석탑들은 대부분 고려시대, 그리고 충청도와 전라도 지방에 세워졌다. 정선종의 「백제계 석탑에 관한 일고찰 - 건립배경과 시기를 중심으로」(『사학지』 20호, 단국사학회, 1986), 박경식의 「백제계 석탑의 건립 배경에 관한 고찰」(『문화사학』 24호, 한국문화사학회, 2005) 등의 연구를 보면 백제계 석탑이 노령 이남과 차령산맥 금강 이북에 나타나지 않는 것은 이 지역이 백제의 고토이면서도 후백제와 관련이 적은 까닭이라고 했다. 즉 후백제와 관련이 있는 지역에서만 백제계 석탑이 나타나는 것은 이 탑들이 후백제 이후 건립되었음을 나타낸다. 견훤은 후백제를 건국하면서 자신의 정치적 기반을 다지기 위해 백제부흥을 제창하는데 이에 따라 되살아난 백제 의식은 백제지역에 백제계 석탑을 건립하는 것으로 나타난다고 했다. 박경식은 922년 미륵사개탑의 기록에 주목하여, 이 불사는 당시 정권을 잡고 있던 견훤이 깊게 개입했을 가능성을 제시하였는데, 그 이유로 사찰의 창건과 동시에 진행된 무왕대의 발전을 상기시켜 후백제인들의 의식을 한곳으로 집결시키고자 했던 견훤의 정치적 의도가 내재된 것으로 파악하였다.

현재 백제계 양식이라고 추정되는 석탑은 약 40여 기가 있다. 그러나 그 분류를 체계적으로 정리한 논문은 아직까지 없는 실정이다. 앞으로 연구 활동이 보다 활발하게 이루어지길 바란다.

V. 신라 탑

현재 미술사학계의 정설로 받아지고 있는 신라 석탑의 발전은 고유섭이 『조선탑파의 연구』(을유문화사, 1948)에서 말한 것처럼 시원기→전형기→정형기를 거치며 발전했다고 한다. 이에 박경식은 「芬皇寺模塼石塔에 관한 考察」(『신라문화재학술발표논문집』, 신라문화선양회, 1999)에서, 분황사모전석탑은 중국의 전탑에서 기인한 양식이라기보다는 인도의 석탑양식이 중국을 거쳐 신라에 수용된 결과에서 비롯된 것으로 이해하였다. 따라서 분황사모전석탑은 양식 자체만으로 볼 때 목탑과 전탑의 양식이 절충된 것으로 보이지만 벽돌과 석재라는 재료상의 차이에서 전탑의 영향이라기보다는 새로운 양식의 수용이라는 의미에서 발생된 것으로 보아야 한다고 했다. 이 석탑이 건립된 시대배경과 목적을 생각할 때 단순히 불교적인 면만이 강조된 것이 아니라 호국적인 의미 역시 내재된 것으로 보아야 한다. 분황사모전석탑은 조성 당시 주변에 같은 형식의 석탑을 건립한 것으로 보이는데, 전체적인 주류를 이루지 못하고 통일신라와 고려시대에 이르러 소수의 예를 남기고 있다. 그것은 석재를 벽돌과 같이 잘라 조성한다는 모전석탑의 특수성으로 인해 널리 유행하지 못한 데서 기인한 것으로 생각된다. 뿐만 아니라 의성 탑리오층석탑은 분황사모전석탑의 영향을 받아 건립된 것이 아니라 기존의 목탑과 중국 전탑의 영향 아래 건립된 석탑으로 양 석탑은 독자적인 계보를 형성하며 신라 석탑의 한 계보를 확립했던 것으로 보았다.

시원기 석탑의 연구는 박경식의 「新羅 始原期 石塔에 대한 考察」(『文化史學』 19호, 한국문화사학회, 2003)이 대표적이다. 지금까지 신라 시원기 석탑들에 대해서 분황사모전석탑은 중국의 전탑과 목탑의 양식이 혼재되어 건립되었으며, 의성 탑리오층석탑도 같은 계통의 탑으로 이해되어 왔다. 결국 기원적인 신라 석탑들은 중국의 영향만으로 건립되었다는 것이다. 그러나 당시 백제 미륵사지에 이미 석탑이 건립되어 있었고 장이들의 왕래가 있었던 것으로 보아 중국의 영향만으로 치부하는 것은 모순이 있다. 신라 시원기 석탑들이 외형적 측면에서는 중국 전탑의 영향을 받았지만 이외에도 백제와 같이 불교 전래 이후 축적된 목탑기술, 서역문화의 유입을 통한 인도 석탑의 영향 등이 복합적으로 작용하였을 것이다. 분황사모전석탑은 신라에서 확립된 목탑과 새롭게 전래된 모전석탑의 양식이 혼합되어 건립되었다. 그리고 의성 탑리오층석탑은 옥개석 상면의 낙수면의 층급받침은 전탑의 영향이 아니라 분황사모전석탑의 영향으로 볼 수 있다. 이후 양 석탑의 양식이 모전석탑과 석탑계 모전석탑으로 독자적인 계보를 확립하며 고려시대까지 꾸준하게 건립되었다.

전형기 석탑의 연구로는 박경식의 「新羅 典型期 石塔에 대한 考察」(『文化史學』 20호, 한국문화사학회, 2003)이 있다. 전형기 석탑의 중심선상에 있던 감은사지삼층석탑과 고선사지삼층석탑에 나원리오층석탑, 구황동삼층석탑, 장항리사지오층석탑을 추가해 전자의 2기를 전형Ⅰ기, 후자의 3기를 전형Ⅱ기로 구분, 전형Ⅰ기는 향후 신라 석탑은 이렇게 만들어진다는 양식의 예고편과 같은 성격을 지녔다면, 전형Ⅱ기는 전형기에서 시작된 신라 석탑의 양식이 발전되고 정돈되면서 정형기로 돌입하는 시기에 해당된다. 전형기의 석탑 양식에서 전형Ⅰ기는 통일된 신라의 문화적 역량이 최대한 집결되어 앞선 시기와는 완전히 다른 양식의 석탑을 창출한 시기였다. 석탑의 특성으로는 목조건축의 충실한 재현, 규모의 거대함, 많은 석재를 사용한 건탑 등을 확인할 수 있었다. 전형Ⅱ기의 석탑에서는 목조건축의 재현에 충실하면서도 석탑을 구성하는 석재의 감소와 더불어 통일된 나라의 기품과 위상에 걸맞는 당당한 석탑들이 건립되었다. 아울러 정형기 석탑의 양식이 이로부터 시작되어 완성된 것으로 보았다.

정형기 석탑에 대한 연구로는 박경식의 「신라 定形期 석탑에 대한 소고」(『文化史學』 21호, 한국문화사학회, 2004)가 있다. 석탑의 양식에 서는 전기와 후기의 차이를 발견할 수 없었지만 사용된 석재의 수에 따라 구분이 가능함을 알 수 있었다. 특히 8세기 석탑 중 건립연대가 확실한 갈항사지삼층석탑에서 석재의 수가 확연히 달라짐으로 인해, 적어도 신라석탑은 758년을 기점으로 기술적, 양식적 완성을 이루었음 이 확인되었다. 따라서 원원사지삼층석탑, 마동삼층석탑, 봉기동삼층석 탑, 용명리삼층석탑, 간월사지삼층석탑을 전기에, 갈항사지삼층석탑, 청군동삼층석탑, 불국사삼층석탑, 술정리동삼층석탑은 후기의 작품으 로 구분할 수 있다.

아울러 석탑 건립기술의 발전 측면에서 석재수가 전기에는 34매 가 량의 석재를 사용하는 반면 후기에 이르러 22매 이내의 석재를 사용하 는 2개의 군으로 구분되고 있음과 동시에 주로 기단부에서 변화가 일 어나고 있음을 확인했다. 따라서 신라 석탑은 시간이 지날수록 규모가 축소되고 단아해지면서 안정된 양식을 완성하고 있음을 알 수 있었는 데 이 같은 규모의 축소는 건탑기술의 발달과 더불어 불교의 확산에 따른 석탑의 수요와 공급의 원칙과도 부합되는 현상으로 보인다. 나아 가 전형기에 비롯된 장엄조식[4]은 8세기 전기에 건립된 원원사지삼층 석탑에서 기단으로부터 탑신에 이르기까지 십이지와 사천왕상이 조식 됨으로써 건탑 원인에 변화를 가져온 것으로 파악되었다. 뿐만 아니라 전기 석탑에 비해 후기 석탑에서 장엄 조식이 나타나지 않음은 당시의 정치사회적인 요인에 있음도 파악하고, 나아가 갈항사지삼층석탑 전체

---

4) 불교에서는 당탑이나 불, 보살을 장식하는 것을 범어로 장엄이라고 한다. 석 탑에서 기단과 탑신표면에 불교상을 비롯하여 여러 가지 물상을 조각하는 것 도 이에 포함된다. 嚴飾 또는 嚴淨이라 하여 세속적인 장식과 구별된다.

를 덮었던 금동판의 장식은 원원사지삼층석탑에 근원이 있음도 제시
하였다.

이외에 전형기와 정혁시 석탑의 비교 연구에 관해서는 박경식의
「신라 典型·定形期 석탑의 비교」(『文化史學』 22호, 한국문화사학사,
2004)가 있다. 전형기 석탑은 신라 석탑의 기본적인 틀만을 완성했기에
거대함에 비해 기술적인 측면에서 문제점을 내포하고 있었다. 하지만,
이에서 확립된 기본적인 양식은 정형기에 이르러도 변함없이 적용되
었다. 정형기에 이르러 불교의 중흥과 이에 따른 사찰의 증가는 분명
석탑에 대한 수요를 증가시켰고, 이에 따른 공급의 문제도 대두되었음
은 자명한 것으로 생각된다. 이 문제에 당면했던 당시의 석공들은 새
로운 실험정신과 시도를 거듭해 결국에는 석탑을 보다 빠르고 저렴하
게, 그러면서도 목조건축의 재현에 충실하고자 했던 초기정신을 살리
면서 기술적인 완성을 이룩했다. 사용된 부재의 수를 정형기에 비해
1/4수준으로 줄이면서 그렇게 아름답고 빼어난 자태를 지닌 석탑을 건
립했던 것이다. 이는 석재의 채취와 가공, 그리고 조립에 이르는 전 공
정이 확립되었음을 의미하는 것으로 보았다. 뿐만 아니라 석탑의 표면
에 직접 장엄을 가함으로써 신앙적으로도 한 차원 승화시킨 신앙세계
를 구축했다. 결국 전형기에서 마련된 석탑 건립의 토양은 70여 년의
시간을 거치며 발전을 거듭해 정형기에 이르러 완성되었다. 나아가 정
형기에 이룩된 석탑 건립의 기술력과 여러 양상은 9세기에 이르러 다
양한 장르의 석조물이 전국적으로 건립될 수 있는 토대를 마련하고 있
다.

이상 신라계 석탑에 대해 알아보았다. 이미 연구된 자료들 중에서
신라의 양식 분류를 3기로 단정짓지 않은 것도 있지만 학계 주류의 입
장에 대해 정리하였음을 밝힌다.

Ⅵ. 맺음말

이상 삼국시대 석탑의 특징에 대해서 기존 연구된 자료에 대한 정리를 하였다. 석탑의 기원에 대한 연구는 개론적인 내용에 있어서는 고유섭의 연구를 시작으로 하여 황수영의 것을 참고할 수 있겠다. 여러 연구를 통해 불탑은 인도에서 시작하여 간다라 지방과 중국을 거쳐 한반도로 전파된 것을 알 수 있었다. 불탑의 등장 배경과 종교적 의미에 대해서는 안양규가 불교 경전을 이용하여 심도 있는 연구를 행하였으며, 인도 시원형 탑의 형식과 의미에 관해서는 천득염과 손신영의 글이 참고할 만하다. 불탑의 전래 과정에 있어서 간다라 지방과 중국의 탑에 대한 연구를 행한 의미 있는 연구는 김은중, 주남철, 김성우, 천득염, 박익수의 글이 있다. 포괄적이고 일반적인 의미의 다층 누각형 탑의 기원에 대한 연구로는 김인창의 것을 주목할 만하다. 아울러 특수한 탑파형식의 하나인 전탑에 관한 연구는 박홍국과 임세권의 글을 꼽을 수 있을 것이다. 완벽하지는 않지만, 국내에 불탑이 전파 및 발생되는 과정에 대해서 많은 의미 있는 연구들이 있어왔음을 알 수 있다.

고구려 탑에 관한 연구는 현재 물리적인 연구의 어려움 때문에 밝혀진 것이 많지 않다. 그 와중에 의미 있는 연구는 방학봉이 대부분 하였으며, 문명대의 글을 참고할 만하다.

백제계 석탑에 관한 연구로는 고유섭의 연구가 역시 유명하다. 백제계 석탑의 시원으로부터, 양식의 특징과 축조수법에 관하여 연구가 소상히 되어 있고, 황수영과 김정기의 연구 또한 중요하다고 보는데 특히 후학들에게 끼친 영향이 커서 그 연구들을 체적으로 되새겨 봄이 바람직하다고 생각된다. 천득염이 자신의 연구에서 백제계 양식의 선후관계와 여러 형식들을 잘 분류하고 있어서 다른 연구자가 연구하는 데 참고가 될 것이라 생각한다.

　신라계 석탑에 대해서는 고유섭의 의견이 거의 정설로 받아들여진
다. 신라 석탑을 3시기로 나누어 구분하는데 박경식의 연구가 이를 대
표적으로 계승하고 있다. 시원기→ 전형기→ 정형기로 나누어 각 시기
별 석탑의 양식이나 수법, 특징 등을 연구하였는데, 각 시기의 세세한
부분보다는 주로 통시적 안목에서 진행되어 왔다고 비판하면서 그 논
지를 전개하고 있다. 백제계 석탑과 신라계 석탑은 현존하는 우리나라
석탑의 대부분을 차지하고 있기 때문에 그 연구된 바가 크고 깊다고
할 수 있다.

　부분별 연구된 성과는 크지만 학문으로써의 체계적인 틀이 확립되
기를 바라면서 기 조사된 연구들에 대한 연구사를 정리해 보았다. 탑
이라는 것은 공장에서 찍어내듯이 정형화된 하나의 틀을 가지고 있는
것이 아니기 때문에 연구자의 관점에 따라 바뀔 수 있다. 그리고 살펴
본 바와 같이 항상 백제계 혹은 신라계에 속하지 않는 것도 있고, 꼭
그렇게 나누어야 할 필요성도 없다고 본다. 연구자의 관점에 따라 탑
은 다른 모습으로 비춰질 것이기 때문에 정형화한다는 것은 자칫 시야
를 흐트러트릴 가능성이 있다. 앞으로 연구하는 사람들은 이 사실을
숙지하고 연구에 임하기를 바라는 마음에서 졸고를 마친다.

참고문헌

자료

『高麗史』, 『世宗實錄』, 『世祖實錄』, 『經國大典』, 『史記』
『靑邱野談』, 『朝鮮詩選』, 『尹致昊日記』, 『海天秋帆』
李瀷, 『星湖僿說』上
丁若鏞, 『牧民心書』
국역 『栗谷全書』, 한국정신문화연구원, 1988.
『姜瑋全集』, 아세아문화사, 1978.

『基督申報』, 『靑年』, 『東亞日報』, 『朝鮮日報』, 『朝鮮新聞』, 『海日新報』
『時代日報』, 『京城日報』, 『기독교신문』, 『槿友』, 『조선그리스도인회보』
『그리스도 신문』, 『독립신문』, 『대한그리스도인 회보』
『조선여자기독교청년회연합회 회록』, 『韓國獨立運動史資料』
조선총독부, 『朝鮮治安狀況』(1922년)

광주YWCA 70년사 편찬위원회, 『광주YWCA 70년사』, 1992.
노천명, 『梨花 70年史』, 梨花大出版部, 1956.
대한YMCA연맹, 『한국YMCA운동사(1895~1985)』, 1986.
대한YWCA역사편찬위원회, 『YWCA40년사』, 1962.
閔淑鉉, 朴海瑛 共著, 『梨花 100年史』, 知人社, 1981.
배화여자중·고등학교, 『배화칠십년사』, 1968.
서울YWCA, 『서울YWCA十五年史』, 1975.
숭의여자중·고등학교, 『숭의육십년사』, 1963.
이화여자대학교, 『이화80년사』, 1967.

418

정신여자중·고등학교동창회, 『정신여자중·고등학교동창회역사』, 1984.
한국YWCA연합회50년사편찬위원회, 『한국YWCA 반백년』, 1976.
한국YWCA 50년사 편찬위원회, 『한국YWCA 반백년』, 1976.

국내 단행본

姜東鎮, 『日帝의 韓國侵略政策史』, 한길사, 1980.
강만길, 『조선민족혁명당과 통일전선』, 서울 : 화평사, 1991.
고유섭, 『조선탑파의 연구』, 을유문화사, 1948/『한국탑파의 연구』, 동화출판
　　　사, 1975.
基督敎思想 編輯部, 『韓國歷史와 基督敎』, 大韓基督敎書會, 1983.
金正明, 『朝鮮獨立運動』, 東京 : 原書房, 1967.
金龍德, 『朝鮮後期思想史硏究』, 서울 : 乙酉文化社, 1977.
김활란, 『그 빛속의 작은 생명』, 여원사, 1965.
민경배, 『한국기독교회사』, 대한기독교서회, 1982.
민경배, 『한국기독교사회운동사』, 대한기독교출판사, 1987.
朴慶植, 『日本帝國主義의 朝鮮支配』, 청아, 1986.
박경식, 『우리나라의 석탑』, 역민사, 1999.
박경식, 『Korean art book - 탑파』, 예경, 2001.
박용옥, 『한국근대여성사』, 정음사, 1975.
박용옥, 『한국여성독립운동』, 독립기념관, 1989.
박용옥, 『한국근대항일운동사연구』, 지식산업사, 1996.
박종효, 『러시아와 조선(1895~1898)』, 모스크바 국립대학, 1993.
박찬승, 『한국근대정치사상사연구』, 역사비평사, 1992.
박태원, 『若山과 義烈團』, 白楊堂, 1974.
방학봉, 『고구려 성과 절터 연구』, 신성출판사, 2006.
발해사 편집실, 『발해의 유물 유적(상)』, 서우얼출판사, 2006.
손인수, 『한국근대민중교육사』, 배영사, 1988.
손인수, 『신사임당의 생애와 교훈』, 박영사, 1988.
孫直銖, 『朝鮮時代 女性敎育硏究』, 서울 : 成均館大學校出版部, 1982.
안신영, 『태화기독교사회관50년사』, 태화기독교사회관, 1964.
유달영, 『최용신양의 생애』, 서울아카데미사, 1956.
유동준, 『兪吉濬傳』, 일조각, 1987.

李光麟, 『강위의 인물과 사상』, 일조각, 1976.

이균영, 『신간회 연구』, 역사비평사, 1992.

李能和, 『朝鮮基督敎 外交史』, 조선기독교창문사, 1928.

이덕주, 『태화기독교사회복지관의 역사, 1921~1993』, 태화기독교사회복지관, 1994.

李萬烈, 『한국기독교와 민족운동』, 종로서적, 1986.

李萬烈, 『韓國基督敎 文化運動史』, 大韓基督敎出版社, 1987.

이완재, 『한국사에 비춘 '성남지역'의 역사』, 민족문화사, 1993.

이재철, 『하남의 역사』, 피플뱅크, 1995.

이정식 · 한홍구, 『항전별곡 : 조선독립동맹자료집 1』, 거름, 1991.

이종범, 『의열단 부단장 이종암전』, 사단법인 광복회, 1970.

이화여자대학교 출판부, 『개화기 여성의 사회진출』(한국여성사 2), 1969.

梨花女子大學校, 『韓國女性史』 I, 서울 : 梨花女子大學校出版部, 1972.

장충식, 『한국의 탑』, 일지사, 1989.

전택부, 『인간 신흥우』, 대한기독교서회, 1971.

전택부, 『한국기독교청년회 운동사(1899~1945년)』, 정음사, 1978.

정세현, 『항일학생민족운동사연구』, 일지사, 1975.

정영호, 『한국의 석조미술』, 서울대출판부, 1996.

丁堯燮, 『韓國女性運動史』, 일조각, 1984.

조선야소교연합공의회, 『기독교의 세계적 사명』, 기독교창문사, 1929.

조동걸, 『일제하 한국농민운동사』, 한길사, 1978.

千和淑, 『한국 여성기독교사회운동사』, 혜안, 2000.

추계 최은희 문화사업회 편, 『한국근대여성사(하)』, 조선일보사, 1990.

최은희, 『조국을 찾기까지』上 · 中 · 下, 탐구당, 1972.

澤正彦, 『日本基督敎史』, 大韓基督敎書會, 1979.

프랜시스 후쿠야마(Fransis Fukuyama), 이성훈 옮김, 『역사의 종말』, 한마음사, 1992.

황수영, 『불탑과 불상』, 세종대왕기념사업회, 1999.

황수영, 『한국불교미술사론』, 민족사, 1990.

국내 연구논문

강만길, 「독립운동 과정의 민족국가건설론」, 『한국민족주의론』, 창작과 비평사, 1982.

강춘화, 「太姙과 申師任堂」, 『신사임당 탄신 50주년 기념논문집』, 사단법인 율곡학회, 2004.

高柄翊, 「露皇載冠式에의 使行과 韓露交涉」, 『歷史學報』 28, 1965.

김성우, 「극동지역의 불탑형의 시원」, 『대한건축학회 학술발표대회 논문집 - 계획계』 제3권 제2호, 1983.

김용섭, 「일제 강점기의 농업문제와 그 타개방안」, 『한국근현대농업사연구』, 일조각, 1992.

김은중·주남철, 「동양탑과 건축의 의의 변천에 관한 계통적 연구 - 북방계 탑과 건축을 중심으로」, 『대한건축학회 논문집』 제1권 제1호, 1985.

김인창, 「중층형 탑파의 기원」, 『대한건축학회 논문집 - 계획계』 제21권 제10호, 대한건축학회, 2005.

김정기, 「전형양식의 석탑과 미륵사지석탑」, 『마한백제문화』 제1집, 1975.

김정기, 「미륵사탑과 정림사탑-건립시기의 선후에관하여-」, 『고고미술』 164, 한국미술사학회, 1984.

김정기, 「백제계석탑의 특징」, 『마한백제문화』 10, 원광대학교 마한백제문화 연구소, 1987.

김정기, 「한국 석탑양식의 분석적 연구」, 『한국미술사의 현황』, 도서출판 예경, 1993.

김주영, 「푸른얼 - 반일독리투사 김대지선생」, 『장백산』, 길림성민족사무위원회, 1989.

金駿錫, 「朝鮮前期의 社會思想 - 小學의 사회적 기능을 중심으로」, 『東方學志』 29, 1981.

김창수, 「항일독립운동사에서의 의열투쟁의 성격」, 『한국학 연구』 2, 숙명여대 한국학연구소, 1991. 5.

김필례, 「하령회의 유래」, 『YWCA월간』 제4권 제5호, 1956년 7월.

金顯棋, 「강위의 개화사상 연구」, 경희대 사학과 석사논문, 1984.

김현숙, 「일제하 민간협동조합에 관한 연구」, 『일제하의 사회운동』, 문학과 지성사, 1987.

남철규·천득염, 「중국 탑파의 초기형식에 관한 연구」, 『대한건축학회 학술대회 발표 논문집 - 계획계』 제21권 2호, 대한건축학회, 2001.

남화숙, 「1920년대 여성운동에서의 협동전선론과 근우회」, 서울대 석사학위논문, 1989.

문명대, 「고구려 불탑의 고찰」, 『역사교육논집』 5, 역사교육학회, 1983.

박경식, 「SANCHI 1탑에 관한 고찰」, 『문화사학』 3, 한국문화사학회, 1995.

박경식, 「8 · 9世紀 新羅石塔의 比較 硏究」, 『동양학』 27, 1997.

박경식, 「芬皇寺模塼石塔에 관한 考察」, 『분황사의 재조명』, 1999.

박경식, 「新羅 始原期 石塔에 대한 考察」, 『文化史學』 19, 2003.

박경식, 「新羅 典型期 石塔에 대한 考察」, 『文化史學』 20, 2003.

박경식, 「신라 定形期 석탑에 대한 소고」, 『文化史學』 21, 2004.

박경식, 「신라 典型 · 定形期 석탑의 비교」, 『文化史學』 22, 2004.

박경식, 「백제계 석탑의 건립 배경에 관한 고찰」, 『문화사학』 24, 한국문화사
학회, 2005.

박경식, 「고유섭과 탑파연구」, 『미술사학연구』 248, 한국미술사학회, 2005.

박성수, 「의열단연구」, 『한국정신문화연구원 논문집』 2, 한국정신문화연구원,
1996.

백낙청, 「문학과 예술에서의 근대성 문제」, 『창작과비평』 1993년 겨울호.

손신영, 「간다라 방형기단 불탑의 일고찰」, 『강좌미술사』 25, 한국불교미술사
학회, 2005.

宋麟在, 「韓半島를 圍繞한 列强間의 교섭관계(1805-1902)」, 『성곡논총』 7,
1976.

愼鏞廈, 「1920年代 韓國民族運動의 特徵」, 『韓國民族運動과 新幹會』(신간회
창립60주년기념 학술회의 발표문), 조선일보사, 1987.

안양규, 「불탑 신앙의 기원과 그 본질에 대해」, 『종교연구』 18, 한국종교학회,
1999.

염인호, 「후기 의열단의 국내 대중운동」, 『이원순교수 정년기념 한국사논총』,
1991.

오장환, 「의열단 사상에 관한 연구 : 사상적 경향과 변천을 중심으로」, 건국대
학교 석사학위논문, 1982.

李萬烈, 「한말 기독교인의 민족의식 형성과정」, 『한국기독교와 민족운동』,
1986.

李萬烈, 「한국근대사와 YMCA」, 『韓國基督敎와 歷史意識』, 지식산업사, 1986.

이미경, 「신사임당의 교육사상연구」, 한국교원대학교 대학원 석사학위논문,
1992.

李玟源, 「俄館播遷期의 朝露交涉 - 閔泳煥特使의 活動을 중심으로」, 『尹炳
奭敎授華甲紀念韓國近代史論叢』, 知識産業社, 1990.

422

이배용, 「한국 근대 여성의식 변화의 흐름」, 『한국사 시민강좌』 15, 1994.
이배용, 「일제시기 여성운동의 연구성과와 과제」, 『韓國史論』 26, 1996.
이원조, 「3·1운동 당시의 영남유림의 활동」, 『부대사학』 4, 1980.
이은창, 「백제 양식계 석탑에 대하여」, 『불교학보』 3·4합집, 동국대불교문화
　　연구소, 1966.
李效再·鄭忠良, 「여성단체활동에 관한 연구」, 『이화여대 논총』 14집, 이화여
　　대 한국문화연구원, 1969.
임세권, 「한국 전탑의 전래와 변천과정」, 『미술사학연구』 242, 243, 한국미술
　　사학회, 2004.
임영배, 천득염, 박익수, 「한국과 중국의 탑파형식에 관한 연구 (1) - 시원탑파
　　의 형식을 중심으로」, 『대한건축학회 논문집』 제8권 제5호, 대한건축
　　학회, 1992.
임영배 외 2인, 「한국과 중국의 탑파형식에 관한 연구 (2) - 초기탑파의 유형을
　　중심으로」, 『대한건축학회 논문집』 제8권 제5호, 대한건축학회, 1992.
장규식, 「1920~1930년대 YMCA 농촌사업의 전개와 그 성격」, 『한국기독교와
　　역사』 4, 1995.
장석홍, 「1920년대초 國內秘密結社의 성격」, 『한국독립운동사연구』 제7집,
　　1993.
丁曉燮, 「李朝時代에 있어서 女性의 位置」, 『亞細亞女性硏究』, 서울 : 淑明
　　女子大學校出版部, 1964.
丁曉燮, 「일제치하의 브나로드운동에 관한 연구」, 『숙명여대논문집』 14, 1974.
趙東杰, 「조선농민사의 농민운동과 농민야학」, 『한국사상』 16, 1978.
趙東杰, 「韓美啓蒙主義의 構造와 獨立運動上의 位置」, 『韓國民族主義의 成
　　立과 獨立運動史硏究』, 지식산업사, 1989.
趙東杰, 「1910년대 民族敎育과 그 評價上의 問題」, 『韓國民族主義의 成立과
　　獨立運動史硏究』, 1989.
趙東杰, 「3·1운동 전후의 民族知性」, 『韓國民族主義의 발전과 독립운동사
　　연구』, 지식산업사, 1993.
조병한, 「90년대 동아시아 담론의 개관」, 『상상』 1997년 여름호 특집.
朱昇澤, 「姜瑋의 사상과 文學觀에 대한 考察」, 서울대학교 박사학위논문,
　　1991.
지수걸, 「1932~35년간의 조선농촌진흥운동」, 『한국사연구』 46, 1984.
지수걸, 「일제시기 브나로드운동 재평가해야」, 『역사비평』 9호, 1990.

千寬宇, 「磻溪 柳馨遠研究」, 『歷史學報』 29, 1952.

천득염, 「백제계석탑의 양식분류와 특성 고찰」, 『백제양식석탑』, 미륵사지유물전시관, 2005.

천화숙, 「1920년대 독립운동의 변천과 특성」, 『경원대학논문집』, 1987.

천화숙, 「한국과 일본의 기독교 수용과 역할에 관한 비교연구」, 『경원대학논문집』, 1991.

천화숙, 「日帝下 朝鮮女子基督敎靑年會聯合會 硏究」, 국민대학교 박사학위논문, 1995.

천화숙, 「조선시대 여인상과 신사임당」, 『신사임당 탄신 50주년 기념논문집』, 사단법인 율곡학회, 2004.

최문형, 「열강의 대한정책에 대한 일연구」, 『역사학보』 92, 1981.

한규무, 「일제하 한국기독교 여성운동과 근우회」, 『한국기독교의 역사』, 기독교문사, 1994.

한규무, 「일제하 한국 장로교회의 농촌운동」, 『오세창교수회갑기념 한국근현대사논총』, 1995.

韓㳓劤, 「朝鮮前期의 社會思想 - 小學의 사회적 기능을 중심으로」, 『韓國史論』 3, 서울대학교, 1975.

日文

大橋陸憲 編著, 『日本の階級構成』, 岩波新書, 1978.

田村直臣, 『女子學院, 五十年史』, 女子學院同窓會, 1928.

平塚益德著作集工, 『日本敎育史』, 敎育開發硏究所, 1985.

英文

E. S. Brunner, Rural Korea - Preliminary Survey of Economic Social and Religions Conditions, 1926.

Elise, V. Jones & Ernest M. Best, Comments on the Report of the Survey in Korea and the Status of the YMCA and YWCA, 1930.

Helen K. Kim, "The Young Women's Christian Association", K. M. F., Vol.XXV, No. 1, 1929. 1.

K. Strong, World YWCA's Minutes, No. 19

Mrs. Choi Pil Ley, "The Development of Korean Women during the Past Ten Years",

424

The Korea Mission Field Vol. XVX, No.4, 1923.11, Seoul, Korea.

S. N. Eisenstaclt, *Modernization : Protest and Change,* Englewood : prentice Hall, 1961.

찾아보기

428

430

432

434

출 전

제1부 시대가 만든 여성, 여성이 이끈 역사

「조선시대 여성의 사회적 지위에 대한 역사적 고찰 - 주자학과 실학의 사상적
　기반을 중심으로」, 『論文集』, 暻園大學 學術研究委員會, 1992.
「일제하 조선여자기독교청년회연합회의 여성운동」, 『實學思想硏究』 9집, 무
　악실학회, 1997.
「조선 YWCA 연합회의 창립과 초기 조직」, 『亞細亞文化硏究』 1집, 경원대학
　교 아시아문화연구소, 1996.
「1920년대 조선여자기독교청년회연합회의 조직확대와 이념」, 『우송 조동걸
　교수 정년기념논총 한국사학논총』, 조동걸선생 정년기념논총간행위
　원회, 1997.
「1920~30년대 조선여자기독교청년회연합회의 농촌사업의 전개와 그 성격」,
　『史學硏究』 57집, 韓國史學會, 1999.
「1920~30년대의 여성운동과 유각경」, 『城南文化硏究』 6, 성남문화원, 1999.

제2부 지역과 문화교류로 본 여성의 역사

「16세기 한국과 중국의 여성문화 교류 - 신사임당과 『조선시선』에 나타난 사
　례를 중심으로」, 『亞細亞文化硏究』 14집, 경원대학교 아시아문화연
　구소, 2008.
「한국과 일본의 기독교 수용과 역할에 관한 비교연구 - 19세기 후엽을 중심으
　로」, 『論文集』 9, 暻園大學 學術研究委員會, 1991.
「1920년대 조선여자기독교청년회연합회의 농촌사업과 경기지역」, 『城南文化
　硏究』 7집, 성남문화원, 2000.
「한국 근대 여성운동의 전개와 성남여성운동 - YWCA의 운동을 중심으로」,
　『城南文化硏究』 8집, 성남문화원, 2001.

제3부 근대인식과 문화상으로 본 문화의 역사

「조선후기 강위의 개화사상」, 『城南文化研究』 11집, 성남문화원, 2004.

「동아시아 근대화의 제문제 - 근대성과 근대화의 의미를 중심으로」, 『亞細亞文化研究』 2집, 경원대학교 아시아문화연구소, 1997.

「의열단 성립과 인물중심으로 본 제 창단설」, 『인문논총』 1, 경원대학교 인문과학연구소, 1992.

「민영환의 러시아 황제 니콜라이 2세 개관식 수행과 근대 문물의 수용」, 『亞細亞文化研究』 3집, 경원대학교 아시아문화연구소, 1999.

「국내 석탑 관련 연구사 정리(Ⅰ)」, 『亞細亞文化研究』 13집, 경원대학교 아시아문화연구소, 2007.